EVROPA

Ernst Fraenkel (1898–1975)
Hanna Fraenkel, geb. Pickel (1904–1975)

November 1940 in den USA

Ernst Fraenkel

Der Doppelstaat

5. Auflage

Mit einem Nachwort von Horst Dreier

Herausgegeben von Alexander v. Brünneck

Europäische Verlagsanstalt

Rückübersetzung aus dem Englischen
von Manuela Schöps in Zusammenarbeit
mit dem Verfasser (1974)

Bibliographische Information der Deutschen Nationalbibliothek
Die Deutsche Nationalbibliothek verzeichnet diese Publikation in der Deutschen Nationalbibliographie; detaillierte bibliographische Daten sind im Internet über http://dnb.d-nb.de abrufbar

5. Auflage CEP Europäische Verlagsanstalt, Hamburg 2023

Umschlaggestaltung: +malsy, Bremen
Signet: Dorothee Wallner nach Casper Neher »Europa« (1945)

Printed in Germany

ISBN 978-3-86393-019-6

Informationen zu unserem Verlagsprogramm finden Sie im Internet unter
www.europaeische-verlagsanstalt.de

Meiner Frau,
ohne deren hingebungsvolle Fürsorge und unermüdliche Ermutigung dieses Buch nicht entstanden wäre,
in Erinnerung an die gemeinsam erlebten, schweren Jahre der bürokratisierten Rechtlosigkeit

E. Fr.

Inhalt

Vorwort des Herausgebers zur 5. Auflage (2023)

1. Leben und Werk Ernst Fraenkels

Ernst Fraenkel (1898–1975) gehört zu den wichtigsten deutschen Politikwissenschaftlern. Er schrieb bis heute grundlegende Arbeiten zu vier politischen Systemen: über die Weimarer Republik, über den Nationalsozialismus, über die USA und über die Bundesrepublik Deutschland. Alle seine Schriften entstanden aus der unmittelbaren Anschauung eines theoretisch gebildeten, praktisch engagierten und politisch sensiblen Zeitgenossen. Fraenkels Gesammelte Schriften erschienen 1999 bis 2011 als Gesamtausgabe in sechs Bänden. Sein Leben wurde 2009 umfassend dargestellt von Simone Ladwig-Winters.[1]

Fraenkel promovierte 1923 in Frankfurt am Main bei Hugo Sinzheimer, einem der Begründer des deutschen Arbeitsrechts. 1927 wurde er Anwalt in Berlin. Er war Syndikus des Deutschen Metallarbeiter-Verbandes und vertrat die SPD in öffentlich-rechtlichen Streitigkeiten. In vielen Publikationen stritt er leidenschaftlich für die Erhaltung der Demokratie der Weimarer Republik.[2] In einer dieser Veröffentlichungen formulierte Fraenkel als erster Autor das Konzept des konstruktiven Mißtrauensvotums, das 1949 in Art. 67 GG geltendes Verfassungsrecht wurde.

Die Nationalsozialisten beließen Fraenkel wegen seiner freiwilligen Teilnahme am ersten Weltkrieg – in immer beschränkterem Umfang – die Möglichkeit zur Ausübung des Rechtsanwaltsberufes. Er vertrat Gegner des Regimes und beteiligte sich an der Widerstandsarbeit des »Internationalen Sozialistischen Kampfbundes (ISK)«. Für dessen in Paris erscheinende Zeitschrift »Sozialistische Warte« schrieb er sechs Artikel, die z. T. in Deutschland als Flugblätter verteilt wurden. Rechtzeitig gewarnt floh Fraenkel am 20. September

1 Ernst Fraenkel, Gesammelte Schriften, hrsg. v. Alexander v. Brünneck, Hubertus Buchstein, Gerhard Göhler, Bd. 1 bis 6, Baden-Baden 1999–2011; Simone Ladwig-Winters, Ernst Fraenkel – Ein politisches Leben, Frankfurt/New York 2009; dazu Hubertus Buchstein/Gerhard Göhler (Hrsg.), Vom Sozialismus zum Pluralismus, Beiträge zu Werk und Leben Ernst Fraenkels, Baden-Baden 2000.

2 Ernst Fraenkel, Gesammelte Schriften, Bd. 1, Recht und Politik in der Weimarer Republik, hrsg. v. Hubertus Buchstein unter Mitarbeit von Rainer Kühn, Baden-Baden 1999.

1938 aus Berlin in die USA. Das bleibende Ergebnis seiner Auseinandersetzung mit dem Nationalsozialismus ist sein Buch »Der Doppelstaat[3]«.

Von 1939 bis 1941 absolvierte Fraenkel ein Studium des amerikanischen Rechts an der Law School der University of Chicago. Während des Krieges publizierte er in den USA zwei Bücher: die englische Fassung des »Doppelstaats« unter dem Titel »The Dual State«[4] und die im Blick auf die bevorstehende Besetzung Deutschlands verfaßte Studie »Military Occupation and the Rule of Law«.[5] Von 1945 bis 1950 arbeitete Fraenkel als Rechtsberater bei amerikanischen Behörden in Korea.[6]

1951 kehrte Fraenkel nach Deutschland zurück. Seitdem lehrte er Politikwissenschaft am späteren Otto-Suhr-Institut der Freien Universität Berlin. Über zwanzig Jahre lang entwickelte er eine ungewöhnlich erfolgreiche Publikations- und Vortragstätigkeit zu zentralen Themen der Politikwissenschaft: In umfangreichen Amerikastudien vermittelte er der deutschen Öffentlichkeit die Prinzipien, Institutionen und Verfahren der amerikanischen Demokratie.[7] Grundlegend für das Selbstverständnis der deutschen Demokratie wurden seine verbreiteten Arbeiten zur Theorie und Verfassung des Pluralismus. Sein zuerst 1964 publizierter Sammelband »Deutschland und die westlichen Demokratien« erschien in neun Auflagen.[8] Fraenkels Pluralismusstudien bilden bis heute einen zentralen Bezugspunkt für die Debatten über die Konkretisierung des Demokratiegebotes des Grundgesetzes. In allen seinen neueren Arbeiten kam es Fraenkel entscheidend darauf an, Deutschland in den Kreis der westlichen Demokratien einzuführen, als deren Gegenbild er den Doppelstaat der NS-Zeit erlebt und erlitten hatte.

3 Abgedruckt mit allen Schriften Fraenkels zur Thematik in: Ernst Fraenkel, Gesammelte Schriften, Bd. 2, Nationalsozialismus und Widerstand, hrsg. v. Alexander v. Brünneck, Baden-Baden 1999.

4 Ernst Fraenkel, The Dual State, A Contribution to the Theory of Dictatorship, New York 1941, Reprinted New York 1969 und 2017.

5 Ernst Fraenkel, Military Occupation and the Rule of Law, Occupation Government in the Rhineland, 1918–1923, London/New York/Toronto 1944.

6 Ernst Fraenkel, Gesammelte Schriften, Bd. 3, Neuaufbau der Demokratie in Deutschland und Korea, hrsg. v. Gerhard Göhler unter Mitarbeit von Dirk Rüdiger Schumann, Baden-Baden 1999.

7 Ernst Fraenkel, Gesammelte Schriften, Bd. 4, Amerikastudien, hrsg. v. Hubertus Buchstein und Rainer Kühn unter Mitarbeit von Cord Arendes und Peter Kuleßa, Baden-Baden 2000.

8 Neueste separate Ausgabe: Ernst Fraenkel, Deutschland und die westlichen Demokratien, 9. erweiterte Auflage, herausgegeben und eingeleitet von Alexander v. Brünneck, Baden-Baden 2011; zuvor mit allen Schriften Fraenkels zur Thematik in: Ernst Fraenkel, Gesammelte Schriften, Bd. 5, Demokratie und Pluralismus, hrsg. v. Alexander v. Brünneck, Baden-Baden 2007.

2. *These und Ansatz des Doppelstaates*

Die These des Doppelstaates[9] ist, daß das nationalsozialistische Herrschaftssystem in zwei große Bereiche zerfällt: Im Normenstaat gelten alte und neue Vorschriften in dem Umfang, wie es zur Funktionsfähigkeit des auf Berechenbarkeit angelegten, im Prinzip weiter privatkapitalistisch strukturierten Wirtschaftssystems erforderlich ist. Im Maßnahmenstaat handeln die nationalsozialistischen Funktionsträger unabhängig von allen formalen Regeln und inhaltlichen Gerechtigkeitsvorstellungen so, wie es ihnen zur Erhaltung ihrer Macht und zur Durchsetzung ihrer spezifischen politischen Ziele – z.B. der Judenverfolgung – zweckmäßig scheint. Im Zweifel setzen sich die Prinzipien des Maßnahmenstaates gegen die des Normenstaates durch. Dieser Bezugsrahmen hat sich in vielen empirischen und theoretischen Studien als plausibel erwiesen.[10]

Das Spezifische des Ansatzes von Fraenkel besteht in der besonderen Form seines empirischen Zuganges: Er beschreibt die Funktionsweise des nationalsozialistischen Herrschaftssystems aus der unmittelbaren Anschauung eines Mitlebenden und Mitleidenden. Er greift aus der Fülle der politischen, administrativen und judikativen Vorgänge die typischen Beispiele heraus, wie sie nur einem wissenschaftlich und praktisch erfahrenen Autor erkennbar sind. Die von ihm ausgewählten Fälle und Tatsachen analysiert er exemplarisch im Hinblick auf ihre verallgemeinerungsfähigen Hintergründe und Konsequenzen.

Das Phänomen des Doppelstaates erklärt Fraenkel auf mehreren Ebenen: Er leitet den Doppelstaat aus sozialen, ökonomischen und politischen Interessenlagen ab. Er entwickelt den Doppelstaat aus der deutschen Staatstradition und aus den deutschen antidemokratischen Ideologien, wie sie maßgeblich bei Carl Schmitt ihren Ausdruck gefunden hatten.

Der Ansatz der Argumentation im Doppelstaat hebt sich deutlich von der Pluralismustheorie ab, die Fraenkel im Kern schon vor 1933, in ausgearbeiteter Form nach 1960 vertrat. Das ist jedoch keine theoretische Inkonsequenz, sondern notwendiger Ausdruck der unterschiedlichen Problemlagen. Der Pluralismus ist bei Fraenkel ein normatives Konzept zur Ausfüllung der Demokratiegebote der Weimarer Verfassung und des Grundgesetzes. In diesen Kategorien konnte der Nationalsozialismus nicht erfaßt werden. Im Doppelstaat ging es darum, die Erscheinungsformen und Gründe für die Vernich-

9 Die folgenden Ausführungen beruhen auf dem Vorwort des Herausgebers zu Ernst Fraenkel, Gesammelte Schriften, Bd. 2 (Fn. 3), S. 8–22.

10 So exemplarisch die Besprechung des Doppelstaates von Michael Stolleis, Juristenzeitung 1984, S. 1096 f.

tung des Pluralismus zu untersuchen. Für diese Fragestellung liefert der im Doppelstaat entwickelte Ansatz ein bis heute gültiges originäres Konzept.

Ernst Fraenkels Doppelstaat ist ein Standardwerk über die Politik, die Justiz und das Recht im Nationalsozialismus. In den USA, in Großbritannien, in Deutschland und Italien erlangte der Doppelstaat den Rang eines Klassikers in der Literatur über die nationalsozialistische Epoche.

3. *Der Urdoppelstaat von 1938*

Die erste Fassung des Doppelstaates schrieb Fraenkel in Berlin in den Jahren 1936 bis 1938 unter den demütigenden Umständen, die ihm als Juden und bekannten sozialdemokratischen Gegner des Regimes auferlegt wurden.[11] Er bezeichnete das 1938 abgeschlossene Manuskript selbst als den Urdoppelstaat.[12] Veröffentlicht wurde der Urdoppelstaat von 1938 erstmals 1999 in Ernst Fraenkels Gesammelten Schriften, Bd. 2, S. 267 bis 473.[13]

Wie Fraenkel selbst bemerkte,[14] beruht die Argumentation des Urdoppelstaates ganz wesentlich auf den Erfahrungen seiner Anwaltstätigkeit von 1933 bis 1938.[15] Fraenkel verstand die heimliche und mühevolle Ausarbeitung des Urdoppelstaates nicht nur als wissenschaftliche, sondern auch als politische Aufgabe. Das Buch sollte die damals in Deutschland verbreiteten Illusionen über die Möglichkeiten einer jedenfalls teilweisen Erhaltung des herkömmlichen Rechtssystems bekämpfen. Es sollte den hinter der Aufrechterhaltung traditioneller Fassaden verborgenen wahren Charakter des Regimes entschleiern.

11 Dazu Ernst Fraenkel, in diesem Band, S. 41.

12 Dazu Ernst Fraenkel, in diesem Band, S. 39.

13 Weitere Einzelheiten zum Urdoppelstaat vgl. das Vorwort des Herausgebers zu Ernst Fraenkel, Gesammelte Schriften, Bd. 2 (Fn. 3), S. 13–22.

14 Dazu Ernst Fraenkel, in diesem Band, S. 41.

15 Zu Fraenkels Anwaltstätigkeit 1933 bis 1938: Vgl. die Personalakten des Preußischen Justizministeriums und des Reichsjustizministeriums betreffend Dr. Ernst Fraenkel, 1924 ff., Bundesarchiv (Dahlwitz-Hoppegarten) R 022/056082. Stefan König, Vom Dienst am Recht, Rechtsanwälte als Strafverteidiger im Nationalsozialismus, Berlin/New York 1987, S. 53, 85/6, 91, 97/8, 113; Tillmann Krach, Wie Ernst Fraenkel 1934 dem Berufsverbot entging, Recht und Politik 1991, S. 52–55; Tillmann Krach, Jüdische Rechtsanwälte in Preußen, Über die Bedeutung der freien Advokatur und ihre Zerstörung durch den Nationalsozialismus, München 1991, bes. S. 254–256, 351–353; Tillmann Krach, Strafverteidigung durch jüdische Rechtsanwälte in der NS-Zeit, NJW 1995, S. 1384–1390; Simone Ladwig-Winters, Anwalt ohne Recht – Das Schicksal jüdischer Rechtsanwälte in Berlin nach 1933, Berlin 1998, bes. S. 39–41, 80/81, 125; Douglas G. Morris, Legal Sabotage, Ernst Fraenkel in Hitler's Germany, Cambridge University Press 2020.

Im formalen Aufbau und in der Gliederung bildet der Urdoppelstaat von 1938 weitgehend die Vorlage für die als Bücher publizierten Fassungen des *Dual State* von 1941 und des *Doppelstaates* von 1974. Im Vergleich mit dem Doppelstaat von 1941/74 ist der Urdoppelstaat leidenschaftlicher, in den Formulierungen pointierter, in den Schlußfolgerungen zugespitzter. Man merkt der Urfassung noch deutlicher als den späteren Fassungen an, daß sie Fraenkel unter dem übermächtigen Druck der »bürokratisierten Rechtlosigkeit« niedergeschrieben hatte, wie er seine damaligen Lebensbedingungen in der Widmung des Doppelstaates an seine Frau Hanna Fraenkel, geb. Pickel, im Jahre 1974 charakterisierte.[16] In der Sprache und der Begrifflichkeit des Urdoppelstaates schlägt sich noch mehr als in der Fassung von 1941/74 das Bemühen Fraenkels nieder, den Zeitgenossen die Augen über das Regime zu öffnen und einen eigenen Beitrag zum Widerstand gegen das Unrecht zu leisten.

Vor allem ist hervorzuheben: Der Urdoppelstaat von 1938 ist ein singuläres historisches Dokument. Er ist – was bisher in der Literatur nicht bemerkt wurde – die einzige innerhalb Deutschlands während der nationalsozialistischen Zeit ausgearbeitete umfassende kritische Analyse des Regimes.[17] Nur Fraenkel selbst wies darauf hin, daß der Urdoppelstaat »die einzige wissenschaftliche Untersuchung ist, die in der ›inneren Emigration‹ entstanden ist«.[18]

Der Urdoppelstaat ist ein Beleg dafür, daß es bis 1938 in Deutschland möglich war, anhand der allgemein zugänglichen Informationen das nationalsozialistische Herrschaftssystem empirisch zu untersuchen und es in praktisch-politischer Absicht theoretisch zu analysieren. Der Urdoppelstaat zeigt, daß es auch unter den Bedingungen des Nationalsozialismus die Möglichkeit gab, auf rechts- und sozialwissenschaftlichem Gebiet unabhängig zu arbeiten. – Aber niemand außer Ernst Fraenkel schrieb ein vergleichbares Werk.

16 Ernst Fraenkel, in diesem Band, S. 5. Die Widmung lautet: »Meiner Frau, ohne deren hingebungsvolle Fürsorge und unermüdliche Ermutigung dieses Buch nicht entstanden wäre, in Erinnerung an die gemeinsam erlebten, schweren Jahre der bürokratisierten Rechtlosigkeit. E. Fr.«

17 Die Untersuchung von Sebastian Haffner, Germany: Jekyll & Hyde 1939 – Deutschland von innen betrachtet, übersetzt aus dem Englischen von Kurt Baudisch, Berlin 1996, ist ebenfalls »ein herausragendes Dokument« (Hans Mommsen, Besprechung des Buches in der Frankfurter Allgemeinen Zeitung vom 7. November 1997). Haffner verfaßte diese Untersuchung aber erst nach seiner 1938 erfolgten Emigration aus Deutschland im Winter 1939/40 in England.

18 Brief Ernst Fraenkels an Dr. Benseler vom 18.9.1969, Bundesarchiv, N 1274, Bd. 97.

4. *Der Dual State von 1941*

Es gelang Fraenkel, das Manuskript des Urdoppelstaates von 1938 in französischem Diplomatengepäck aus Deutschland ins westliche Ausland bringen zu lassen. Nach seiner Flucht am 20. September 1938 aus Berlin in die USA arbeitete Fraenkel das Manuskript für eine englische Übersetzung um. Weil das Buch jetzt nicht mehr für deutsche Leser, sondern für die amerikanische und englische Öffentlichkeit bestimmt war, trat der Charakter einer wissenschaftlichen Analyse des nationalsozialistischen Herrschaftssystems stärker hervor. Viele Passagen wurden abgemildert oder ergänzt. Neue Gedankengänge wurden eingefügt, die dem angelsächsischen Leser das Verständnis erleichtern sollten. Um die englische Übersetzung des Begriffes Maßnahmenstaat in »Prerogative State« plausibel zu machen, fügte Fraenkel z. B. eine Abgrenzung zum Begriff der »Prerogative« bei John Locke ein[19]. Durch diese Überarbeitung gewann der Doppelstaat an analytischer Schärfe und Überzeugungskraft.

Die englische Übersetzung von E. A. Shils erschien um die Jahreswende 1940/41 unter dem Titel »The Dual State« in der Oxford University Press, New York. Der Dual State fand sofort große Aufmerksamkeit in der amerikanischen und englischen Öffentlichkeit.[20]

Bereits 1942 veröffentlichte Franz Neumann in New York mit dem »Behemoth« die zweite große Analyse des nationalsozialistischen Herrschaftssystems. Er widersprach darin offen der zentralen These des Doppelstaates.[21] Über den »Behemoth« publizierte Ernst Fraenkel 1942 eine Rezension, in der er sich Franz Neumanns theoretischem Ansatz weithin anschloß.[22]

Aus heutiger Sicht stellt sich das Verhältnis zwischen »Dual State« und »Behemoth« so dar: Während sich die Untersuchung Fraenkels auf die Zeit bis 1938 beschränkt, steht bei Franz Neumann das Dritte Reich der unmittelbaren Vorkriegs- und der Kriegszeit im Mittelpunkt. Man kann den Behemoth als historische Fortentwicklung des Doppelstaates verstehen. Unter dem Ein-

19 Ernst Fraenkel, The Dual State, A Contribution to the Theory of Dictatorship, New York 1941, Reprinted New York 1969, p. 66/7.

20 Vgl. die Nachweise von elf Rezensionen in der Tagespresse und in Fachzeitschriften in: Book Review Digest 1941, S. 318; sowie die dort nicht nachgewiesenen Rezensionen von Isabel Paterson, New York Times vom 7. Januar 1941, S. 17 und von Taylor Cole, An Interpretation of the Nazi Regime, The Review of Politics 1941, S. 254–256.

21 Franz Neumann, Behemoth, The Structure and Practice of National Socialism, New York 1942; Neueste Ausgabe: Franz Neumann, Behemoth, Struktur und Praxis des Nationalsozialismus 1933–1944, Neu herausgegeben von Alfons Söllner und Michael Wildt, Hamburg 2018.

22 Ernst Fraenkel, Gesammelte Schriften, Bd. 2 (Fn.3), S. 576–579.

druck der Vorbereitung und Durchführung des Krieges erweiterte sich der Maßnahmenstaat zu dem alles verschlingenden Unstaat, den Franz Neumann mit dem Namen des alttestamentarischen Ungeheuers Behemoth kennzeichnete. Die beiden großen Bücher der Freunde[23] Ernst Fraenkel und Franz Neumann über den Nationalsozialismus stehen nicht in einem unauflösbaren Gegensatz. Sie ergänzen sich, weil sie unterschiedliche Entwicklungsphasen des Regimes analysieren.

Der Doppelstaat war in seiner englischen Fassung nach 1945 nur in wenigen Exemplaren in Deutschland verfügbar, die meist nur mit Schwierigkeiten über die Fernleihe zu beschaffen waren. Die erste Rezension des Dual State in einer deutschen Fachzeitschrift erschien 1969 in der Kritischen Justiz; die erste Besprechung in der deutschen Presse war ein Artikel von Helmut Ridder 1970 in der ZEIT.[24] Unter diesen Umständen blieb die Rezeption des Doppelstaates zunächst begrenzt. Karl Dietrich Bracher z. B. bezeichnete in seinem zuerst 1969 erschienenen Standardwerk »Die deutsche Diktatur« Ernst Fraenkels Doppelstaat zwar – in einer Fußnote – als »grundlegend«, setzte sich damit aber nicht inhaltlich auseinander.[25] In entsprechender Weise erwähnte das ebenfalls zuerst 1969 erschienene, weitverbreitete Taschenbuch von Martin Broszat »Der Staat Hitlers« den Doppelstaat lediglich an einer Stelle.[26]

5. *Der Doppelstaat von 1974*

Fraenkel befaßte sich nach seiner Rückkehr nach Deutschland im Jahre 1951 nur noch am Rande seiner umfassenden wissenschaftlichen Tätigkeit mit dem Nationalsozialismus. Seit den sechziger Jahren schlugen ihm viele Kollegen und mehrere Verlage eine deutsche Ausgabe des Doppelstaates vor.[27] Er sträubte sich lange Zeit dagegen. Möglicherweise fürchtete er, daß aus den historischen und theoretischen Teilen des Doppelstaates, insbesondere aus seiner Kapitalismuskritik, Einwände gegen die von ihm seit Ende der fünfziger Jahre entwickelte Pluralismus-Konzeption abgeleitet werden könnten.

23 Vgl. die Gedenkrede Ernst Fraenkels auf Franz L. Neumann in: Ernst Fraenkel, Gesammelte Schriften, Bd. 6, Internationale Politik und Völkerrecht, Politikwissenschaft und Hochschulpolitik, hrsg. v. Hubertus Buchstein und Klaus-Gert Lutterbeck, Baden-Baden 2011, S. 362–373.

24 Rezension des Verfassers, Kritische Justiz 1969, S. 319–321; Helmut Ridder, DIE ZEIT vom 12.6.1970.

25 Karl Dietrich Bracher, Die deutsche Diktatur, 1. Aufl., Köln 1969, S. 235, Anm. 22.

26 Martin Broszat, Der Staat Hitlers, 1. Aufl., München 1969, S. 404.

27 Zur Vorgeschichte und den Einzelheiten der Entstehung der deutschen Ausgabe des Doppelstaates vgl. den Nachlaß Ernst Fraenkel im Bundesarchiv in Koblenz, N 1274, Bd. 97–98, 153–157.

Vor allem scheute er die Wiederbegegnung mit der nationalsozialistischen Epoche, unter der er so gelitten hatte.

Nachdem 1969 ein unveränderter Nachdruck des *Dual State* bei Octagon Books, New York, erschienen war, vereinbarte Fraenkel auf vielfaches Drängen 1971 mit der Europäischen Verlagsanstalt in Frankfurt am Main eine deutsche Ausgabe des Doppelstaates. Da die deutsche Vorlage für die Übersetzung ins Englische von 1940 nicht erhalten war, mußte eine Rückübersetzung des englischen Textes angefertigt werden. Fraenkel wollte diese Aufgabe auf keinen Fall selbst übernehmen, wie er in einem Brief vom 8. April 1970 schrieb:

»Von einem können Sie mich nicht abbringen: ich werde diese Übersetzung nicht selber vornehmen. Dies ist nicht nur ein Zeit-, sondern auch ein seelisches Problem. Ich habe mehr als 5 Jahre unter dem Naziregime in Berlin als Anwalt praktiziert und ich habe mir, was ich damals auf dem Herzen hatte, im Doppelstaat aus der Seele geschrieben. Als der Krieg ausbrach, habe ich einen Strich unter meine bisherige Beschäftigung mit dem Dritten Reich gezogen und in den verflossenen drei Jahrzehnten nichts mehr über diesen Fragenkomplex veröffentlicht und auch nicht über Nationalsozialismus gelesen. Ich glaube, durch Abfassung des Dual State das meine zur theoretischen Klärung dieses Problemkreises beigetragen zu haben, ich habe die einschlägige Literatur bis zum physischen Ekel gelesen und kann es nicht über mich bringen, nochmals in diese ›Materie‹ hineinzusteigen. Dies wäre aber unvermeidlich, wenn ich die Übersetzung vornähme oder auch nur maßgeblich an ihr beteiligt wäre.«[28]

Es gelang schließlich, für die Übersetzung die damalige Studienrätin Manuela Schöps zu gewinnen, die am Otto-Suhr-Institut bei Fraenkel studiert hatte und mit seinem Werk und seiner Denkweise vertraut war. Je mehr die Übersetzung voranschritt, desto mehr befaßte sich Fraenkel wieder selbst mit dem Doppelstaat. Er redigierte schließlich den gesamten Text sehr sorgfältig. Bis zur Überprüfung vieler Anmerkungen wirkte er an allen Detailproblemen der Erstellung der deutschen Fassung mit.

Inhaltlich nahm Fraenkel nur geringe Veränderungen der englischen Vorlage vor. Er strich insbesondere die oben erwähnten Ausführungen über die »Prerogative« bei Locke, weil er meinte, daß sie für den deutschen Leser nicht nachvollziehbar seien. Einige Literaturnachweise stellte Fraenkel auf neuere, leichter zugängliche Ausgaben um. Mehrere Anmerkungen wurden durch neuere Literaturangaben ergänzt, andere entfielen, weil sie für den deutschen Leser überflüssige Nachweise enthielten.

28 Brief Ernst Fraenkels an den Verfasser, Bundesarchiv, N 1274, Bd. 98.

Die – oft von Krankheitsperioden unterbrochene – intensive Beschäftigung mit der deutschen Ausgabe des Doppelstaates wurde zu Fraenkels letzter großer wissenschaftlicher Aufgabe. Je mehr er wieder an dem Doppelstaat arbeitete, desto mehr sah er darin ein Kernstück seines wissenschaftlichen Vermächtnisses. Drei Monate, nachdem der Doppelstaat im Dezember 1974 auf deutsch erschienen war, starb Fraenkel am 28. März 1975 in Berlin.

Die deutsche Fassung des Doppelstaates fand große Verbreitung und Anerkennung. Die Begriffe Doppelstaat, Normenstaat und Maßnahmenstaat wurden nach 1974 in der wissenschaftlichen Literatur über den Nationalsozialismus umfassend rezipiert. Das Bundessozialgericht übernahm Fraenkels Begrifflichkeit in einem Grundsatzurteil vom 11. Sept. 1991, in dem es die Todesurteilspraxis der Wehrmachtsgerichte dem Maßnahmenstaat zuordnete.[29]

Eine italienische Übersetzung erschien unter dem Titel »Il doppio Stato« mit einer Einführung von Noberto Bobbio 1983 in Turin bei Einaudi.[30]

Eine neue Ausgabe der englischen Fassung von 1941 erschien 2017 bei Oxford University Press.[31] Herausgeber Jens Meierhenrich behandelt im Vorwort »An Ethnography of Nazi Law: The Intellectual Foundations of Ernst Fraenkel's Theory of Dictatorship« auch die Rezeption des »Dual State« in der englischen und amerikanischen Literatur.

Eine auf neue Quellen gestützte Untersuchung zu Fraenkels Tätigkeiten in Berlin zwischen 1933 und 1938 als einfallsreicher Rechtsanwalt, mutiger Gegner des Regimes und theoretisch gebildeter Autor engagierter publizistischer und wissenschaftlicher Schriften veröffentlichte Douglas G. Morris 2020 bei Cambridge University Press.[32]

6. *Der Doppelstaat als Beitrag zur Theorie der Diktatur*

Die englische Fassung des Dual State von 1941 hatte den anspruchsvollen Untertitel »A contribution to the theory of dictatorship«. Es ist auffällig, daß Ernst Fraenkel in der noch von ihm selbst verantworteten deutschen Fassung des Doppelstaates von 1974 diesen Untertitel entfallen ließ. Möglicherweise

29 Entscheidungen des Bundessozialgerichts, Bd. 69, S. 211 (216/7).

30 Zur Rezeption Ernst Fraenkels in Italien vgl. Angelo Bolaffi, Dalla »Kollektive Demokratie« al doppio Stato« nell'analisi di Ernst Fraenkel, »Annali« della Fondazione Giangiacomo Feltrinelli 1983/1984, p. 1065–1091.

31 Ernst Fraenkel, The Dual State, A Contribution to the Theory of Dictatorship, With an Introduction by Jens Meierhenrich, Oxford University Press 2017.

32 Douglas G. Morris, Legal Sabotage, Ernst Fraenkel in Hitler's Germany, Cambridge University Press 2020.

wollte er den Doppelstaat nicht in die lebhaften theoretischen Diskussionen der damaligen Zeit einbeziehen. Der Doppelstaat wurde seitdem als Analyse des nationalsozialistischen Herrschaftssystems rezipiert. Nach 1989 wurde auch erörtert, ob die Herrschaftssysteme der DDR oder der Sowjetunion doppelstaatliche Strukturen aufgewiesen hatten. Wie weit der Ansatz des Doppelstaates im Sinne des englischen Untertitels verallgemeinerungsfähig ist, muß weiteren vertieften, insbesondere vergleichenden Untersuchungen überlassen werden.

7. Editorische Anmerkungen zu diesem Band

Die hier vorgelegte 5. Auflage gibt den Doppelstaat in der Fassung wieder, die für Bd. 2 der Gesammelten Schriften von Ernst Fraenkel 1999 erarbeitet wurde. Um die Benutzung für wissenschaftliche Zwecke zu erleichtern, wurden der Satzspiegel und die Paginierung des Doppelstaates aus Bd. 2 der Gesammelten Schriften S. 39 bis 266 ohne Änderungen in diese Einzelausgabe übernommen.

Auf den S. 19 bis 34 dieser Ausgabe sind in Faksimile sieben Dokumente reproduziert, in denen sich Fraenkels Leben der Jahre 1934 bis 1940 widerspiegelt. Der Brief von 1934 gibt einen Eindruck von Fraenkels Tätigkeit als Verteidiger von Regimegegnern. Die übrigen Dokumente sind authentische Zeugnisse der Verfolgung und Vertreibung Ernst Fraenkels aus dem nationalsozialistischen Deutschland.

Dem Band vorangestellt ist ein Foto von Ernst und Hanna Fraenkel, das nach einem rückseitigen Stempel in den USA im November 1940 entstand, also kurz vor dem Erscheinen des Dual State, der ersten Publikation des Doppelstaates.

Frankfurt (Oder), im Januar 2023

Alexander v. Brünneck

Dokumente in Faksimile 1934 bis 1940

Vorbemerkung des Herausgebers

Im folgenden werden in verkleinertem Faksimile sieben Dokumente aus den Jahren 1934 bis 1940 wiedergegeben, die Ernst Fraenkels Anwaltstätigkeit, seine Vertreibung und seine Ausbürgerung aus Deutschland betreffen.

1. Brief Ernst Fraenkels in einer Strafsache wegen Vorbereitung zum Hochverrat vom 19. Januar 1934 (Vorlage im Archiv der Gedenkstätte Deutscher Widerstand, Berlin). – Zur gemeinsamen Anwaltstätigkeit von Ernst Fraenkel und Franz Neumann, die am 2. Mai 1933 durch die gewaltsame Vertreibung Franz Neumanns beendet wurde, vgl. Ernst Fraenkels Gedenkrede auf Franz Neumann in: Ernst Fraenkel, Reformismus und Pluralismus, Materialien zu einer ungeschriebenen politischen Autobiographie, zusammengestellt und hrsg. von Falk Esche und Frank Grube, Hamburg 1973, S. 168-179, zum Abdruck vorgesehen in Bd. 6 der Gesammelten Schriften von Ernst Fraenkel.
2. Belassung der Rechtsanwaltszulassung durch den Reichsminister der Justiz vom 8. April 1935 (Vorlage im Nachlaß Ernst Fraenkel, Bundesarchiv Koblenz, N 1274, Bd. 70.)
3. Rücknahme der Rechtsanwaltszulassung durch den Kammergerichtspräsidenten vom 20. Oktober 1938 (Vorlage im Nachlaß Ernst Fraenkel, Bundesarchiv Koblenz, N 1274, Bd. 70.)
4. Reisepaß ausgestellt durch den Polizeipräsidenten in Berlin vom 27. August 1938 (Vorlage im Nachlaß Ernst Fraenkel, im Besitz von Ludmilla und R. Wolfgang Müller, mit einigen handschriftlichen Eintragungen von R. Wolfgang Müller, die nach Angaben von Loni Steppat, der Schwester von Hanna Fraenkel, einzelne Umstände der Flucht aus Deutschland erläutern.)
5. Unbedenklichkeitsbescheinigung des Finanzamtes Tempelhof vom 12. November 1938 (Vorlage im Nachlaß Ernst Fraenkel, im Besitz von Ludmilla und R. Wolfgang Müller, mit einigen handschriftlichen Eintragungen von R. Wolfgang Müller, die nach Angaben von Loni Steppat, der Schwester von Hanna Fraenkel, einzelne Umstände der Flucht aus Deutschland erläutern.)

6. Antrag auf Aberkennung der deutschen Staatsangehörigkeit der Geheimen Staatspolizei, Staatspolizeileitstelle Berlin, vom 22. Dezember 1939 (Vorlage im Politischen Archiv des Auswärtigen Amts, Inland II A/B, 83-76, Ausbürgerungen, R99869).
7. Bekanntmachung des Reichsministers des Innern über den Verlust der deutschen Staatsangehörigkeit vom 15. Juli 1940, veröffentlicht im Deutschen Reichsanzeiger und Preußischen Staatsanzeiger Nr. 168 vom 20. Juli 1940, Zweite Beilage (Wiedergabe von zwei Ausschnitten).

Dr. ERNST FRAENKEL * ~~Dr. FRANZ NEUMANN~~
Rechtsanwalt am Kammergericht ~~Rechtsanwalt bei den Landgerichten I, II u. III~~
BERLIN ~~SW 68, Alte Jakobstraße 148-155 III (am Halleschen Tor) – Fernsprecher: A 7 Dönhoff 5533~~
Postscheckkonto: Dr. Fraenkel und Dr. Neumann Berlin 17787 – ~~Bank der Arbeiter, Angestellten und Beamten, A.-G.~~
~~Dep.-Kasse SW 68, Lindenstraße 3 – Dr. Fraenkels Konto Nr. 704 – Dr. Neumanns Konto Nr. 703~~

jetzt Berlin=Tempelhof,
Thüringerring 50
Baerwald 3672

BERLIN, den 19.Januar 1934.

Frau
Gertrud N e u m a n n,
Berlin=Tegel Freie Scholle
Alemendeweg 32

Frau
Wally H ö p p n e r , Berlin=TegelFreie Scholle
Erholungsweg 40.

In der Angelegenheit Ihres Ehemannes habe ich heute im Polizeipräsidium Rückfrage gehalten.

Es wurde mir hierbei eröffnet, dass ein Haftbefehl wegen Vorbereitung zum Hochverrat ergangen sei. Die Akten befänden sich zur Zeit bei der Oberreichsanwaltschaft in Leipzig. Dort=selbst wird untersucht, ob Hochverrat vorliegt oder ob die Strafverfolgung wegen eines anderen Delikts in Frage kommt. Nach den mir gemachten Angaben sind in dieser Angelegenheit insgesamt 46 Mann verhaftet, die teils der früheren sozialistisch[en] Arbeiterjugend, teils der früheren SPD angehört haben und sich bemüht haben, die aufgelösten Organisationen aufrecht zu er=halten bezw. wieder herzustellen.

Die Beschuldigten sollen durchweg geständig sein und be=finden sich zur Zeit auf dem Polizeipräsidium Station 8, doch ist mir ihrer Ueberführung in die Untersuchungshaft nach Moabit in kürzester Frist zu rechnen.

Es wurde mir bekanntgegeben, dass bei einzelnen der Be=schuldigten auch Flugblätter bezw. anderes illegales Material aufgefunden worden sei. Bei welchen der Beschuldigten das der Fall sei, konnte mir der zuständige Beamte allerdings nicht mitteilen. Es wird angenommen, dass zum mindesten der Tatbestand des Gesetzes vom 14.7.1933 (Bildung bzew. Aufrechterhaltung nicht erlaubter Parteien) bei allen Beschuldigten gegeben sei. Ob daneben noch andere Delikte begangen wurden, steht noch offen.

Hochachtungsvoll
Fraenkel
Rechtsanwalt.

Der Reichsminister der Justiz

I p 14 F.1743/35.

Berlin W 8, den 8. April 1935.
Wilhelmstr. 65.
Fernsprecher: A 1 Jäger 0044.

Im Anschluß an den Erlaß vom 20. Februar 1934 – II h F 1743 –.

Von der Zurücknahme Ihrer Zulassung zur Rechtsanwaltschaft bei dem Kammergericht gemäß § 3 des Gesetzes vom 7. April 1933 – RGBl. I S. 188 – sehe ich ab.

Im Auftrage.
gez. Dr. Nadler.

Beglaubigt
[Unterschrift]
Ministerial-Kanzleisekretär.

An
Herrn Rechtsanwalt Dr. Ernst Fraenkel
in
Berlin-Tempelhof.

Der Kammergerichtspräsident.

3830. D. 39 1/38.

Berlin W.35, den 20. Oktober 1938
Elßholzstraße 32
Fernruf: 27 0013.

An

Herrn Rechtsanwalt

...Dr. Ernst Fraenkel..............

Bln- Tempelhof

Eschwegering 23

Der Herr Reichsminister der Justiz hat Ihre Zulassung als Rechtsanwalt durch Erlaß vom 17. Oktober 1938 - I p. 14 F. 2053 - auf Grund von § 1 Ziff. 1 der 5. Verordnung zum Reichsbürgergesetz vom 27. September 1938 (RGBl. I S. 1403) mit Ablauf des 30. November 1938 zurückgenommen.

In Vertretung

Vizepräs.

DEUTSCHES
REICH
REISEPASS

DEUTSCHES REICH

Gebühr 3,- RM

Geb.-Buch Nr.

J

REISEPASS

Nr.

NAME DES PASSINHABERS

Ernst Fraenkel

~~BEGLEITET VON SEINER EHEFRAU~~

~~UND VON KINDERN~~

STAATSANGEHÖRIGKEIT:

DEUTSCHES REICH

Dieser Paß enthält 32 Seiten

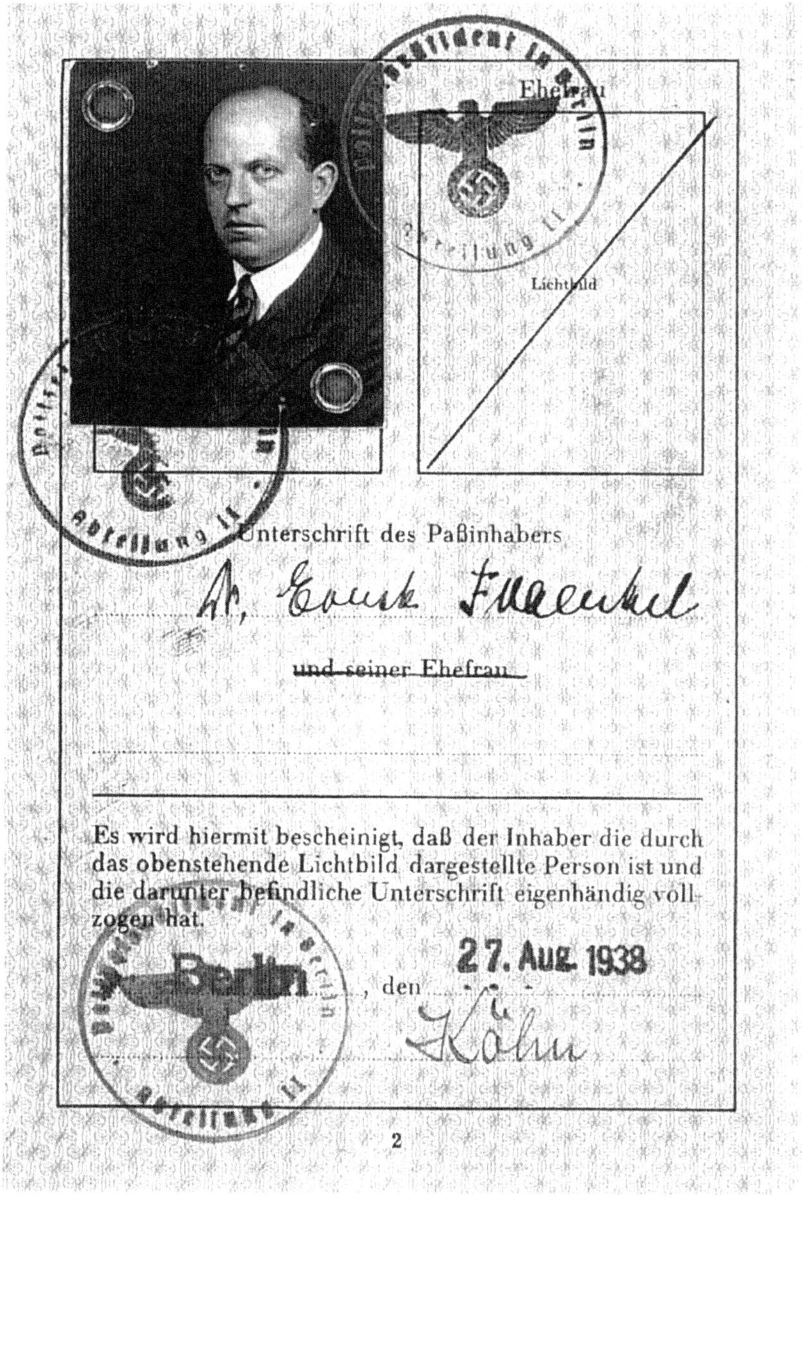

Ehefrau

Lichtbild

Unterschrift des Paßinhabers

Dr. Ernst Fraenkel

~~und seiner Ehefrau~~

Es wird hiermit bescheinigt, daß der Inhaber die durch das obenstehende Lichtbild dargestellte Person ist und die darunter befindliche Unterschrift eigenhändig vollzogen hat.

Berlin, den 27. Aug. 1938

2

PERSONENBESCHREIBUNG

	Ehefrau
Beruf Rechtsanwalt	
Geburtsort Köln a/Rh.	
Geburtstag 26. 12. 1898	
Wohnort Berlin	
Gestalt mittel	
Gesicht oval	
Farbe der Augen blau	
Farbe des Haares blond	
Besond. Kennzeichen keine	

KINDER

Name	Alter	Geschlecht

3

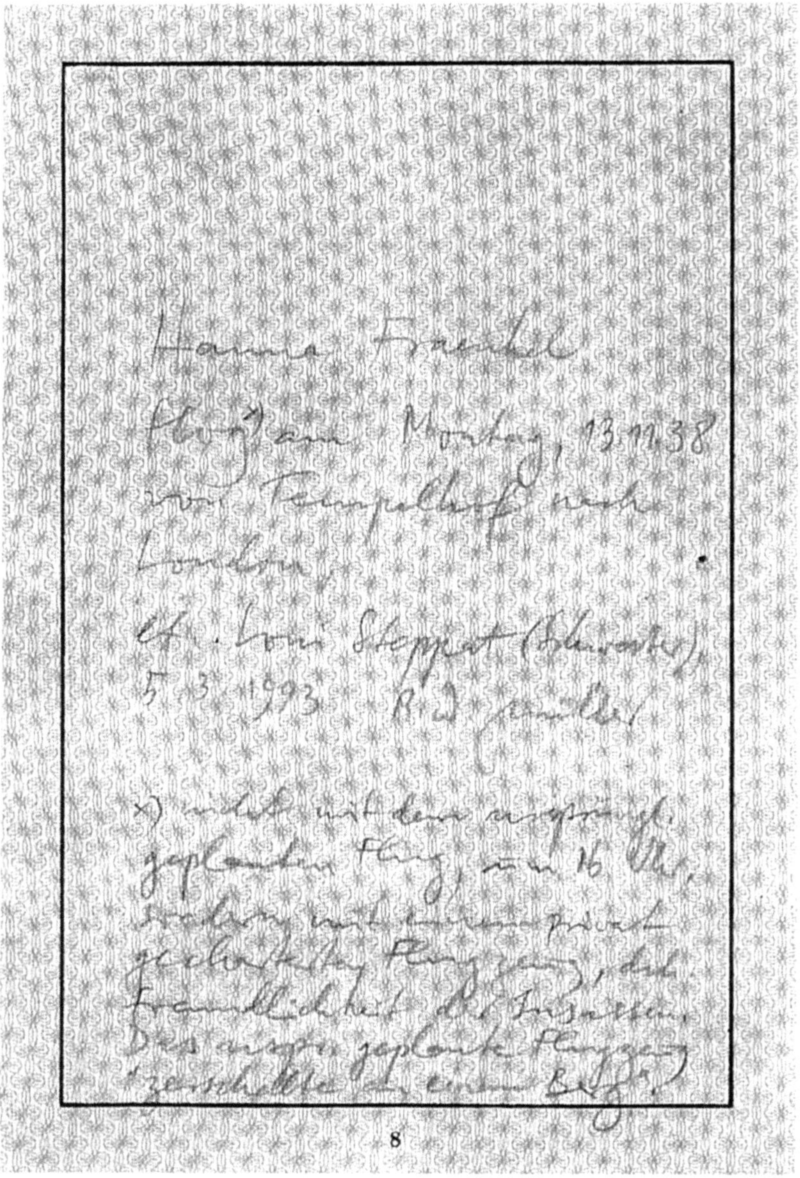

Hanna Fraenkel
flog x) am Montag, 13.11.38
vom Tempelhof nach
London.

cf. Loni Steppat (Schwester),
5. 3. 1993 [illegible]

x) nicht mit dem ursprüngl.
geplanten Flug um 16 Uhr,
sondern mit einem privat
gecharterten Flugzeug, [illegible]
Freundlichkeit der Insassen.
Das ursprgl. geplante Flugzeug
zerschellte an einem Berg.

8

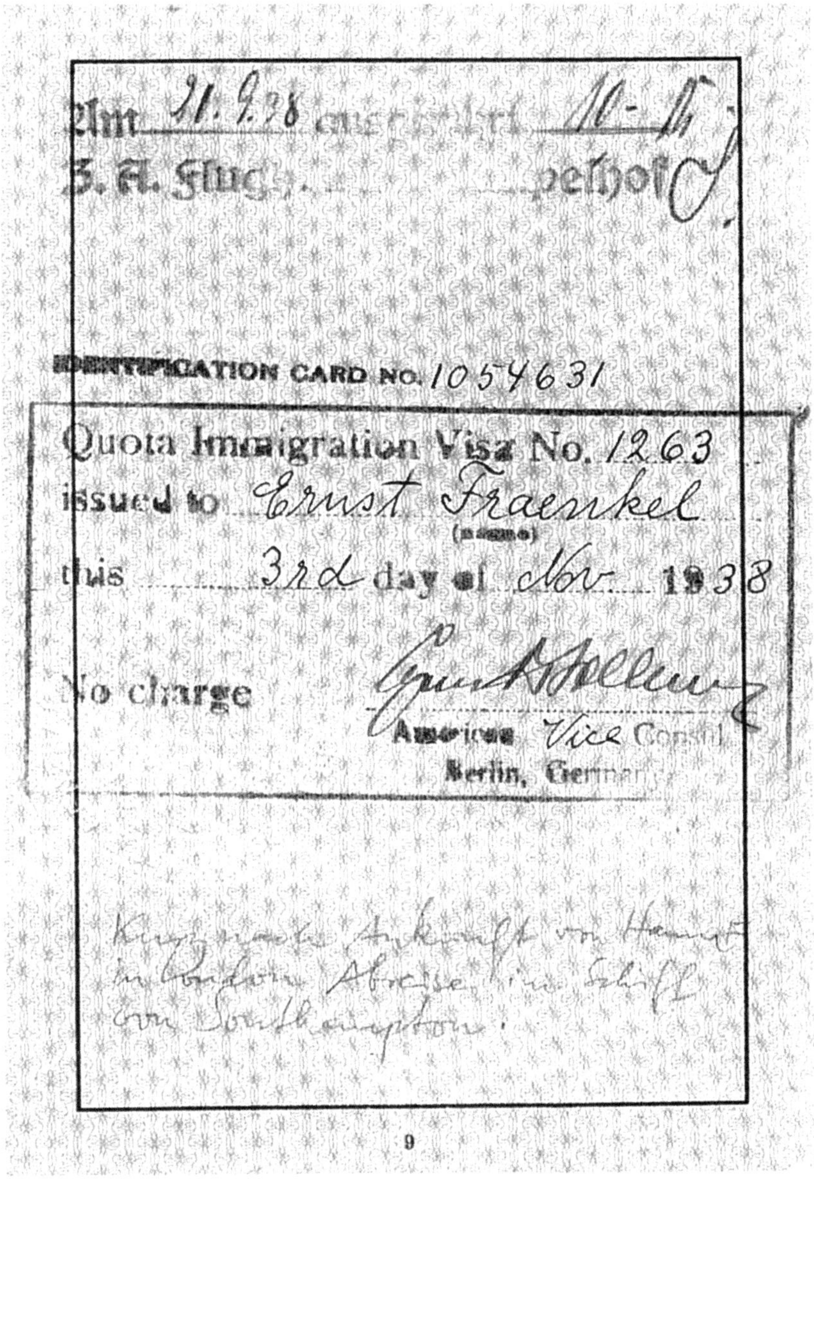
Am 21.9.38 ausgereist 10-11

Z. A. Flug ... ...pelhof

IDENTIFICATION CARD NO. 1054631

Quota Immigration Visa No. 1263

issued to Ernst Fraenkel

(name)

this 3rd day of Nov. 1938

No charge

American Vice Consul

Berlin, Germany

9

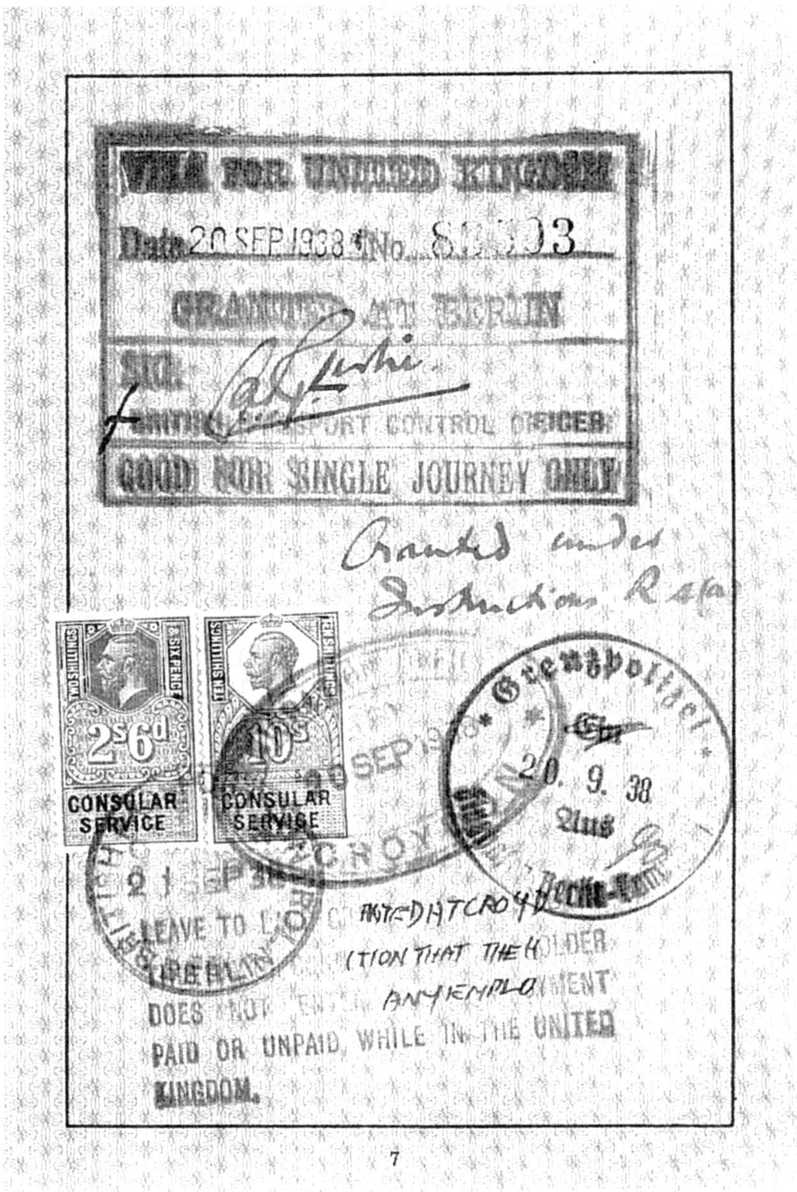

VISA FOR UNITED KINGDOM

Date 20 SEP 1938 No.

GRANTED AT BERLIN

SIG.

BRITISH PASSPORT CONTROL OFFICER

GOOD FOR SINGLE JOURNEY ONLY

Granted under Instructions

2s 6d CONSULAR SERVICE

10s CONSULAR SERVICE

SEP 1938

Grenzpolizei

20. 9. 38

Aus

LEAVE TO LAND

TION THAT THE HOLDER

DOES NOT

ANY EMPLOYMENT

PAID OR UNPAID, WHILE IN THE UNITED

KINGDOM.

7

Finanzamt Tempelhof
Finanzamt

Steuer-Nr.: 7 / 951

Zimmer Nr.: 305

Berlin SW. 68
Schützenstraße 3
Zimmer Nr. 305, 12. Nov. 1938
Str. Nr.
Fernsprecher: 17 59 31
Apparat Nr. 305

An die Devisenstelle

Berlin NO 43

Neue Königstr. 61–64

Diese Bescheinigung ist dem von Ihnen beabsichtigten Antrage an die Devisenstelle Berlin beizufügen; sie kann vom Finanzamt jederzeit widerrufen werden.

Unbedenklichkeitsbescheinigung

— Gültig bis zum Widerruf ~~193~~ —

Der Rechtsanwalt Dr. Ernst Fraenkel

geboren am 26. Dezember 1898 zu Köln a/Rh.,

und seine Ehefrau Hanna F. geborene Pickel,

geboren am 19. März 1904 zu Hannover,

letzte Anschrift: Berlin-Tempelhof Eschwegering[×] Str. Nr. 23,

(bevollmächtigter Vertreter: Wirtschaftsprüfer Werner Günther,

Anschrift: Berlin W. 35, Tirpitzufer Str. Nr. 60/62)

~~hat~~ — haben — gegenwärtig keine Reste an Steuern, Zuschlägen, Strafen, Gebühren und Kosten.

Reichsfluchtsteuer ist bezahlt.

Im Auftrag:

[Signature]

Finanzamt Tempelhof Berlin Nr. 4

Vordruck A 107 c 4. 38. 10 000

× Eschwegering

Mr 12/XI 38

Wegen Fehlens dieser Bescheinigung oder "wegen Fehlens des J im Paß" (Irrtum...) durfte Hanna Fraenkel am 12.11.38 nicht die Sperre in Tempelhof zum Flug nach London passieren (Mitt. d. Schwester Lori Steppat, 5.3.1993, RWM.)

Geheime Staatspolizei
Staatspolizeileitstelle Berlin

Berlin C 2, Grunerstr. 12, Ecke Dircksenstraße

Eingangs- und Bearbeitungsvermerk

An das
Reichssicherheitshauptamt,
B e r l i n SW 11,
Prinz Albrecht Str.8.

Geschäftszeichen und Tag Ihres Schreibens

Geschäftszeichen und Tag meines Schreibens
– Stapo D I b – F.7585/38 –.
22.Dezember 1939.

Betrifft: Antrag auf Aberkennung der deutschen Staatsangehörigkeit.

Bezug: Erlaß vom 12.April 1937 – II B 3 – Allgem. 342 E. –

Anlage: Drei.

Ich beantrage die Aberkennung der deutschen Staatsangehörigkeit des Rechtsanwalts

Name: Dr.phil. F r a e n k e l (1924. Universität Frankfurt a.M)
Vorname: Ernst
Geburtstag u.-ort: 26.12.1898 in Köln/Rhein
Abstammung: Jude ev.Rel.
Letzter inländ.Wohnsitz: Berlin-Tempelhof, Eschwegring 23
Letzter bekannter Aufenthalt: London
Zeit der Abwanderung: 21.9.1938
Begründung:
F. hat von 1922 bis zur Auflösung der SPD angehört und den früheren Metallarbeiterverband arbeitsrechtlich vertreten. Er hat umfangreiche Beziehungen zu einflußreichen Funktionären und Gewerkschaftlern unterhalten.

Ich habe von den Eheleuten Ernst und Hanna Fraenkel folgende Konten sichergestellt:

1.)

Anlagen

03-76 11/6

Fernruf

Postscheckkonto

1.) Bei der Reichskreditgesellschaft A.G. Berlin W 8, Französische Str.49–56, die Konten Ernst Fraenkel und Frau Hanna, Chicago-Illinois, Auswandererguthaben 2.166,-RM und das Sonderkonto gemäß Ri IV-53 mit 84,-RM und

2.) bei der Frankfurter Bank in Frankfurt a.M., Konto-Nr. 102 179 Dr. Ernst Israel Fraenkel = 113,85 RM und Konto Nr. 23744 Frau Hanna Fraenkel Guthaben 9.622,10 RM.

Der Genannte ist verheiratet mit

Vorname: Hanna

Geburtsname: P i c k e l

Geburtstag u.-ort: 19.3.1904 in Hannover

Abstammung: Deutschblütig, glaubenslos

Tag der Eheschließung: 24.12.1932

Politischer und krimineller Leumund: Nichts Nachteiliges.

Aus der Ehe sind keine Kinder hervorgegangen.

Die Erstreckung der Aberkennung auf die Ehefrau wird beantragt, da diese das Reichsgebiet ebenfalls verlassen hat.

Im Auftrage:

Müller

Zweite Beilage
zum Deutschen Reichsanzeiger und Preußischen Staatsanzeiger
Nr. 168 Berlin, Sonnabend, den 20. Juli 1940

(Fortsetzung aus der Ersten Beilage.)

Bekanntmachung.

Auf Grund des § 2 des Gesetzes über den Widerruf von Einbürgerungen und die Aberkennung der deutschen Staatsangehörigkeit vom 14. Juli 1933 (Reichsgesetzbl. I S. 480) in Verbindung mit § 1 der Verordnung über die Aberkennung der Staatsangehörigkeit und den Widerruf des Staatsangehörigkeitserwerbes in der Ostmark vom 11. Juli 1939 (Reichsgesetzbl. I S. 1235) erkläre ich im Einvernehmen mit dem Herrn Reichsminister des Auswärtigen folgende Personen der deutschen Staatsangehörigkeit für verlustig:

1. Abraham, Philipp Israel, geb. am 27. 12. 1878 in Pakosch (Krs. Mogilno),
2. Abraham, Meta Sara, geb. Kastellan, geb. am 24. 12. 1884 in Koschmin,
3. Adler, Lothar Israel, geb. am 7. 7. 1887 in Brückenau/Bayern,
4. Adler, Ellen Sara, geb. Lorge, geb. am 22. 5. 1900 in Kassel,
5. Adler, Herbert Jakob Ludwig Israel, geb. am 16. 10. 1928 in Frankfurt/Main,
6. Adler, Siegfried Israel, geb. am 31. 1. 1897 in Haßfurt/Main,
7. Adler, Margarete Sara, geb. Binswanger, gesch. Kaff, geb. am 8. 8. 1902 in Berlin-Charlottenburg,
8. Angreß, Carl Israel, geb. am 6. 8. 1883 in Bożanowitz (Krs. Rosenberg, O/S.),
9. Angreß, Meta Sara, geb. Schnitzer, geb. am 5. 10. 1890 in Boronow,
10. Angreß, Günter Israel, geb. am 30. 5. 1914 in Breslau,
11. Angreß, Eva Sara, geb. am 15. 10. 1919 in Breslau,
12. Auerbach, Richard Israel, geb. am 6. 2. 1892 in Posen,
13. Auerbach, Ella Sara, geb. Levi, geb. am 15. 1. 1900 in Frankfurt/Main,
14. Auerbach, Brigitte Sara, geb. am 14. 10. 1926 in Berlin,
15. Auerbach, Robert Israel, geb. am 14. 2. 1929 in Berlin,
16. Bamberg, Karl Friedrich Richard, geb. am 8. 9. 1881 in Berlin,
17. Bamberg, Alice Klara, geb. Hartog, geb. am 3. 4. 1884 in Antwerpen,
18. Bamberg, Alice Elisabeth Margot Charlotte, geb. am 28. 6. 1914 in Frankfurt/Main,

52. Daltrop, Marga Sara, geb. am 12. 9. 1922 in Güstrow i. M.,
53. Danziger, Sigismund, geb. am 27. 10. 1887 in Briesen/Westpr.,
54. Danziger, Jenni, geb. Frankenstein, geb. am 6. 3. 1889 in Ortelsburg,
55. Danziger, James, geb. am 23. 9. 1912 in Berlin,
56. Eichtersheimer, Carl Theodor, geb. am 24. 8. 1869 in Mannheim,
57. Eisenstark, Sally, geb. am 6. 5. 1891 in Nemmersdorf (Krs. Gumbinnen),
58. Eisenstark, Racha, geb. Aschheim, geb. am 14. 8. 1898 in Breslau,
59. Eisenstark, Gerhard, geb. am 7. 5. 1929 in Insterburg,
60. Engel, Julius, geb. am 20. 3. 1866 in Libomischl (Bez. Horowitz/Böhmen),
61. Engel, Klara, geb. Rosenfeld, geb. am 1. 7. 1885 in Pilsen,
62. Eschwege, Jonas Israel, geb. am 17. 9. 1872 in Pappenheim (BA. Weißenburg/Bayern),
63. Eschwege, Sara Eugenie, geb. Goldberg, geb. am 19. 7. 1875 in Felsberg/Krs. Melsungen,
64. Felsenstein, Erich, geb. am 15. 12. 1901 in Fürth/Bayern,
65. Felsenstein, Paula, geb. Hirsch, geb. am 7. 5. 1911 in Hamburg,
66. Felsenstein, Arnold, geb. am 19. 5. 1931 in Fürth/Bayern,
67. Felsenstein, Karola, geb. am 29. 9. 1932 in Fürth/Bayern,
68. Felsenstein, Ludwig, geb. am 9. 12. 1936 in Fürth/Bayern,
69. Fraenkel, Ernst, geb. am 25. 12. 1898 in Köln/Rh.,
70. Fraenkel, Hanna, geb. Pickel, geb. am 19. 3. 1904 in Hannover,
71. Friedländer, Georg, geb. am 27. 1. 188[illegible] in Breslau,
72. Friedländer, Alice, geb. Jungmann, geb. am 2. 6. 1903 in Berlin,
73. Friedmann, Gustav Israel, geb. am 29. 11. 1890 in Neudietendorf (Krs. Gotha),
74. Friedmann, Frieda Sara, geb. Frank, geb. am 9. 8. 1893 in Mellrichstadt (Bayern),
75. Friedmann, Martin Israel, geb. am 8. 1. 1930 in Erfurt,
76. Ganz, Frederik William David Israel, geb. am 11. 4. 1898 in New York,

Abkürzungen

a.a.O.	am angegebenen Ort
Abs.	Absatz
Akademie Ztschr.	Zeitschrift der Akademie für Deutsches Recht
Anm.	Anmerkung
AOG	Arbeitsordnungsgesetz
Arb. R. S.	Arbeitsrechtssammlung, Entscheidungen des Reichsarbeitsgerichts und der Landesarbeitsgerichte
Arbeitsr. Entsch.	Arbeitsrechtliche Entscheidungen
Arch. d. öff. Rechts	Archiv des öffentlichen Rechts (ab Band 27)
Arch. f. öff. Recht	Archiv für öffentliches Recht (bis Band 26)
Arch. f. Rechts- u. Soz.- Phil.	Archiv für Rechts- und Sozialphilosophie
Arch. f. Rechts- u. Wirtsch.- Phil.	Archiv für Rechts- und Wirtschaftsphilosophie
Arch. f. Szw.	Archiv für Sozialwissenschaften und Sozialpolitik
Art.	Artikel
Aufl.	Auflage
Bad. Verw. Ztschr.	Badische Verwaltungszeitschrift
Bd.	Band
bes.	besonders
betr.	betreffend
BGB	Bürgerliches Gesetzbuch
BGBl.	Bundesgesetzblatt
Bl. f. Gefk.	Blätter für Gefängniskunde
Bln.-Tempelhof	Berlin-Tempelhof
bzw.	beziehungsweise
D. Jstz.	Deutsche Justiz
D.A.Z.	Deutsche Allgemeine Zeitung
d.h.	das heißt
D.J.	Deutsche Justiz
D.J.Z.	Deutsche Juristenzeitung
DAF	Deutsche Arbeitsfront
DBG	Deutsches Beamtengesetz
DDR	Deutsche Demokratische Republik
dergl.	dergleichen
ders.	derselbe
Dr.	Doktor
Dt. Bergw. Ztg.	Deutsche Bergwerks-Zeitung

Dt. Rechtswissenschaft	Deutsche Rechtswissenschaft
Dtsch. Arb. R.	Deutsches Arbeitsrecht
Dtsch. Recht	Deutsches Recht
Dtsch. Rpfl.	Deutsche Rechtspflege
Dtsch. Rw.	Deutsche Rechtswissenschaft
Dtsch. Str.	Deutsches Strafrecht
Dtsch. Verw.	Deutsche Verwaltung
Dtsch.R.Z.	Deutsche Richter Zeitung
e.V.	eingetragener Verein
ebda.	ebenda
Ed.	Editor/Edition
ed. by	edited by
Entsch. des KG und OLG München	Entscheidungen des Kammergerichts und des Oberlandesgerichts in München
etc.	et cetera
ev. Rel.	evangelische Religion
f.	folgende
ff.	fortfolgende
Fft. Ztg.	Frankfurter Zeitung
Fn.	Fußnote
Frankfurt a. M.	Frankfurt am Main
geb.	geboren
Gestapo	Geheime Staatspolizei
gez.	gezeichnet
GG	Grundgesetz
GVG	Gerichtsverfassungsgesetz
H.	Heft
H.Z.	Historische Zeitschrift
Hans. R. u. Ger. Ztg.	Hanseatische Rechts- und Gerichtszeitung
Hg.	Herausgeber
HGB	Handelsgesetzbuch
HJ	Hitlerjugend
Höchst. R. Rspr.	Höchstrichterliche Rechtsprechung
Hrsg.	Herausgeber
hrsg. v.	herausgegeben von
Ib.	Ibidem
insbes.	insbesondere
ISK	Internationaler Sozialistischer Kampfbund
J.W.	Juristische Wochenschrift
Jahrb. f. Entsch. der freiw. Gbk.	Jahrbuch für Entscheidungen der freiwilligen Gerichtsbarkeit
Jg.	Jahrgang

Kap.	Kapitel
Kart. Rundschau	Kartellrundschau
KPD	Kommunistische Partei Deutschlands
KZ	Konzentrationslager
Mbl. f. i. Verw.	Ministerialblatt für innere Verwaltung
MEW	Marx Engels Werke
Mr.	Mister
N.F.	Neue Folge
N.V.	Neue Volks-Zeitung
NJW	Neue Juristische Wochenschrift
No.	Nummer
Nr.	Nummer
NS	Nationalsozialismus
NS Hago	Nationalsozialistische Handwerks-, Handel- und Gewerbeorganisation
NSBO	Nationalsozialistische Betriebszellenorganisation
NSDAP	Nationalsozialistische Deutsche Arbeiterpartei
NSKK	Nationalsozialistisches Kraftfahrkorps
NSV	Nationalsozialistische Volkswohlfahrt
OLG	Oberlandesgericht
op. cit.	opere citato/operum citatum
OVG	Oberverwaltungsgericht
p.	page
PGS	Preußische Gesetzessammlung
Pr. Gesetz über die Geh. Staatspolizei	Preußisches Gesetz über die Geheime Staatspolizei
Prof.	Professor
R. Verw. Bl.	Reichsverwaltungsblatt
R.A.G.	Entscheidungen des Reichsarbeitsgerichts in Arbeitssachen (Band und Seite)
RAG	Reichsarbeitsgericht
Reger	Entscheidungen der Gerichte und Verwaltungsbehörden auf dem Gebiete des Verwaltungs- und Polizeistrafrechts, begründet von Reger
RGBl.	Reichsgesetzblatt
RGSt.	Entscheidungen des Reichsgerichts in Strafsachen (Band und Seite)
RGZ	Entscheidungen des Reichsgerichts in Zivilsachen (Band und Seite)
RM	Reichsmark
RV	Reichsverfassung
S.	Seite

s.	siehe
s.a.	siehe auch
s.S.	siehe Seite
SA	Sturmabteilung
SAP	Sozialistische Arbeiterpartei
Soz. Vers. Ges.	Sozialversicherungsgesetz
Sp.	Spalte
SPD	Sozialdemokratische Partei Deutschlands
SS	Schutzstaffel
Stapo	Staatspolizei
Stenogr. Berichte	Stenographische Berichte
StGB	Strafgesetzbuch
StPO	Strafprozeßordnung
Str.	Straße
TU	Technische Universität
u.a.	unter anderem, und andere
USA	United States of America (Vereinigte Staaten von Amerika)
usw.	und so weiter
v.	von/bei Gerichtsverfahren in den USA: versus (gegen)
V.B.	Völkischer Beobachter
v.H.	vom Hundert
Verf.	Verfasser
Verkehrsr. Abh.	Verkehrsrechtliche Abhandlungen
vgl.	vergleiche
z. B.	zum Beispiel
z. T.	zum Teil
Zentralblatt für Jgdr. u. Jgdwohlf.	Zentralblatt für Jugendrecht und Jugendwohlfahrt
Ztschr. f. ausl. öff. u. Völkerr.	Zeitschrift für ausländisches öffentliches Recht und Völkerrecht
Ztschr. f. Beamtenr.	Zeitschrift für Beamtenrecht
Ztschr. f. d. ges. Staatsw.	Zeitschrift für die gesamte Staatswissenschaft
Ztschr. f. d. ges. Staatswesen	Zeitschrift für das gesamte Staatswesen
Ztschr. f. d. ges. Stw.	Zeitschrift für die gesamte Staatswissenschaft
Ztschr. f. dtsch. Kult. Philos.	Zeitschrift für deutsche Kulturphilosophie

Vorwort zur deutschen Ausgabe (1974)

Mehr als ein Vierteljahrhundert ist vergangen, seitdem ich am 15. Juni 1940 den Schlußpunkt unter die englische Fassung dieses *The Dual State* genannten Buchs gesetzt habe. *The Dual State* war eine Übersetzung der illegal im nationalsozialistischen Deutschland verfaßten und illegal aus dem nationalsozialistischen Deutschland geschmuggelten ersten Fassung des *Doppelstaats*, nachdem dieses Manuskript anläßlich meiner im Herbst 1938 erfolgten Emigration einer sorgfältigen Revision unterzogen worden war. Letztere war notwendig, um eine Anzahl von Mißverständnissen und Ungenauigkeiten zu beseitigen, die sich unschwer aus den ungewöhnlichen Umständen erklären lassen, unter denen das Manuskript entstanden war. Die erforderlichen Änderungen erstreckten sich zumeist auf Details. Im Aufbau und in den Schlußfolgerungen stimmen der Ur-Doppelstaat und die endgültige Fassung des Manuskripts überein. Dies gilt um so mehr, als sie sich auf die gleichen Quellen stützen.

Zur damaligen Zeit habe ich keinen Augenblick angenommen, daß das ursprünglich in deutscher Sprache abgefaßte Buch jemals in deutscher Sprache erscheinen werde. Dies mag erklären, weshalb ich zwar die erste, für mich einen Affektionswert darstellende, nicht aber die endgültige Fassung der deutschen Ausarbeitung aufbewahrt habe. Die vielfach angeregte Publikation einer deutschen Fassung des Buchs war daher nur möglich, wenn der ins Englische übersetzte Text ins Deutsche zurückübersetzt wurde. Dies ist inzwischen geschehen. Das vorliegende Buch ist diese Rückübersetzung.

Stößt eine Rückübersetzung ganz generell auf erhöhte Schwierigkeiten, so gilt dies insbesondere für einen juristisch-politologischen Text – namentlich, wenn dessen Abfassung nicht nur wissenschaftliche, sondern auch politische Ziele verfolgt. Bei der Herstellung des Manuskripts und seiner Übersetzung in die englische Sprache wurde besonderer Nachdruck darauf gelegt, die Herrschaftsstruktur des Dritten Reichs in wissenschaftlichen Kategorien zu erläutern, die dem sozialwissenschaftlich geschulten amerikanischen Leser vertraut waren – notfalls sie so zu umschreiben, daß sie ihm verständlich wurden. Ich verweise nur auf so grundlegende Begriffe wie »Ausnahmezustand« und »Martial Law«. Die Übersetzung des deutschen Textes ins Englische war aber nur dann sinnvoll, wenn sie zugleich eine Transponierung der

Begriffe aus dem nationalsozialistischen in das amerikanische Regierungssystem enthielt.

Bei der Rückübersetzung war es daher unerläßlich, diesen Transponierungsprozeß rückgängig zu machen. Hieraus ergab sich jedoch die Notwendigkeit, an mehr als einer Stelle, unter Verzicht auf die Verwirklichung des Postulats einer tunlichst wörtlichen Übersetzung, den ursprünglichen Text unter Verwendung der angegebenen Fundstellen zu rekonstruieren. Dies war insbesondere bei einzelnen Abschnitten des ersten Teils des Buchs erforderlich, während diese Schwierigkeiten bei den nicht-juristischen Teilen des Manuskripts nur vereinzelt in Erscheinung traten.

So wurde denn der Abschnitt, der sich mit Fragen der gerichtlichen Nachprüfung polizeilicher Verfügungen beschäftigt, großenteils neu geschrieben, während auf den Abdruck des Abschnitts über Gewaltenteilung verzichtet wurde – basiert doch die deutsche Gewaltenteilungslehre primär auf Montesquieu, während in der amerikanischen Gewaltenteilungslehre der Einfluß Lockes überwiegt.

Die Arbeit hätte ohne die Hilfe von Frau Studienrat Manuela Schöps nicht durchgeführt werden können. Sie übernahm die ungemein schwierige Aufgabe der Rückübersetzung und hat in Angleichung an die Sprache des frühen deutschen Manuskripts (soweit dieses noch vorhanden war) einen der englischen Fassung entsprechenden deutschen Text hergestellt. Die Rückübersetzung machte es erforderlich, daß sie sich in Gedankengänge einarbeitete, die zu so verschiedenen Disziplinen wie der Jurisprudenz, Soziologie, Politologie und Nationalökonomie (von der Geschichte ganz abgesehen) gehören. Nur dank ihrer umfassenden Allgemeinbildung und methodischen Schulung war es ihr möglich, diese Aufgabe zu meistern. Ich spreche ihr meinen tiefempfundenen Dank aus.

Das Buch beschränkt sich darauf, Vorgänge zu behandeln, die sich vor meiner Emigration zugetragen haben. Eine Ausnahme besteht nur insoweit, als die Kristallnacht, die sich in den Wochen nach meiner Auswanderung abgespielt hat, mitberücksichtigt worden ist. Hieraus erklärt sich, daß in dem vorliegenden Buch lediglich das Dritte Reich der Vorkriegszeit analysiert worden ist.

The Dual State ist zur Jahreswende 1940/41 im Verlag der Oxford University Press in New York erschienen. Das Buch ist in zahlreichen amerikanischen und englischen wissenschaftlichen Zeitschriften rezensiert worden. Eine allerdings unvollständige Liste von Besprechungen findet sich in *Book Review Digest* 1941, S. 318. Etwa zehn Jahre nach seinem Erscheinen war das Buch vergriffen. Im Jahre 1969 kam ein unveränderter Nachdruck des *Dual State* heraus, der im Einverständnis mit der Oxford University Press von »Octagon Books« (New York) besorgt wurde.

Das Buch ist ein Produkt der inneren Emigration. Seine erste Fassung, die auch dem vorliegenden Text der deutschen Ausgabe zugrunde liegt, ist in der Atmosphäre der Rechtlosigkeit und des Terrors entstanden. Sie beruht auf Quellenmaterial, das ich im nationalsozialistischen Berlin gesammelt habe und auf Eindrücken, die sich mir tagtäglich aufgedrängt haben. Es ist aus dem Bedürfnis entstanden, diese Erlebnisse und Erfahrungen theoretisch zu erfassen, um mit ihnen innerlich fertig zu werden. Sie gehen weitgehend, wenn auch nicht ausschließlich, auf die Anwaltstätigkeit zurück, die ich in Berlin in den Jahren 1933-1938 ausgeübt habe.

Obwohl Jude, war ich wegen Teilnahme am Krieg auch nach 1933 zur Anwaltschaft zugelassen. Die Zwiespältigkeit meiner bürgerlichen Existenz machte mich für die Widersprüchlichkeit des Hitlerregimes besonders hellhörig. Dem Gesetze nach gleichberechtigtes Mitglied der Anwaltschaft war ich dennoch auf Schritt und Tritt Schikanen, Diskriminierungen und Demütigungen ausgesetzt, die ausnahmslos von der »staatstragenden Partei« ausgingen. Wer nicht die Augen vor der Realität der Verwaltungs- und Justizpraxis der Hitlerdiktatur verschloß, mußte von dem frivolen Zynismus betroffen sein, mit dem Staat und Partei für weite Lebensbereiche die Geltung der Rechtsordnung in Frage stellten und gleichzeitig mit bürokratischer Exaktheit in anders bewerteten Situationen die gleiche Rechtsvorschrift angewandt haben.

Gestützt auf den in Ausübung meiner Anwaltspraxis gewonnenen Einblick in das Funktionieren des Hitlerregimes glaubte ich, im Nebeneinander eines seine eigenen Gesetze im allgemeinen respektierenden »Normenstaats« und eines die gleichen Gesetze mißachtenden »Maßnahmenstaats« einen Schlüssel zum Verständnis der nationalsozialistischen Herrschaftsordnung gefunden zu haben.

Schon als ich begann, Materialien zu sammeln und zu sichten, mit dem Ziel, ausfindig zu machen, ob diese Arbeitshypothese geeignet sei, zu einem besseren Verständnis der Anatomie und Physiologie des Hitlerregimes zu gelangen, war ich mir voll bewußt, daß in einer auf Terror beruhenden totalitären Diktatur nur Apologeten dieses Herrschaftssystems sich ungestört der traditionellen wissenschaftlichen Methoden bedienen könnten, wenn sie sich an die Erforschung eines politisch brisanten Themas heranwagten. Jeder Versuch mutmaßlicher Gegner des Nationalsozialismus, die Bewegungsgesetze aufzudecken, die der Verfassungswirklichkeit des Dritten Reichs zugrunde lagen, stand unter dem Verdacht, den Tatbestand der »Vorbereitung zum Hochverrat« zu erfüllen. Als mutmaßliche Gegner des Dritten Reichs galten nicht nur alle Juden, sondern auch solche »Arier«, die in der »Kampfzeit« als »Gegner der Bewegung« hervorgetreten waren. Nach nationalsozialistischer Doktrin waren sie aufgrund ihrer Abstammung oder politischen Vergangenheit dazu prädestiniert, bei der Vornahme staatstheoretischer Studien notwendigerweise zu staatsfeindlichen Ergebnissen zu gelangen.

Der Gedanke, es sei bei der Klärung der mich bewegenden Fragestellung möglich, empirische Forschungsmethoden zu verwenden, hatte von vornherein auszuscheiden, weil ein solches Unterfangen vor der Geheimen Staatspolizei nicht hätte geheim gehalten werden können. Nicht durchführbar wäre aber auch der Versuch gewesen, mich primär auf eine Analyse von Rechtsfällen zu stützen, in denen ich als Anwalt tätig gewesen bin. Ganz abgesehen davon, daß eine solche Forschungsbasis viel zu schmal gewesen wäre, um relevante Schlußfolgerungen zuzulassen, hätte sie denkbarerweise die Sicherheit meiner ehemaligen Klienten gefährdet und kam schon allein aus diesem Grunde nicht in Betracht.

Nicht nur in Ausnahmefällen haben Leser des englischen Textes ihr Bedauern darüber ausgedrückt, daß ich aus den angegebenen Gründen unterlassen habe, wenigstens an ein oder zwei Fällen zu demonstrieren, wie sich bei Handhabung der Gerichtsbarkeit der doppelstaatliche Charakter der nationalsozialistischen Herrschaftsordnung geltend gemacht habe. Ich glaube, dieser Anregung dadurch am besten nachkommen zu können, daß ich in einem »Anhang« die Prozeßgeschichten von je einem arbeitsrechtlichen[1] und einem strafrechtlichen[2] Fall vortrage. Der arbeitsrechtliche Fall, der zweimal das Reichsarbeitsgericht beschäftigt hat, gab mir den letzten Anstoß, das Phänomen des »Doppelstaats« theoretisch zu untersuchen; der strafrechtliche Fall gab mir Gelegenheit, die praktische Verwertbarkeit meiner Thesen zu erproben.

Hingegen schien es keineswegs abwegig, weit verstreute, in amtlichen Entscheidungssammlungen und Fachzeitschriften veröffentlichte Gerichtsurteile einer Durchsicht zu unterziehen und daraufhin zu prüfen, ob sie einen Einblick in *gesellschaftliche* Vorgänge ermöglichten, die sich im Dritten Reich abspielten und Rückschlüsse auf die Alltagspraxis der *staatlichen* Organe der nationalsozialistischen Exekutive und Judikative zuließen. Es handelt sich mit anderen Worten um die Frage, ob und inwieweit Gerichtsurteile als Quellenmaterial zur Erforschung der Verfassungswirklichkeit des Dritten Reichs zu verwerten sind.

1 [In diesem Band, S. 260.]
2 [In diesem Band, S. 263.]

Der naheliegende Einwand, vermutlich habe doch eine Zensur bestanden, die die Publikation von Gerichtsurteilen verhindern sollte, deren Bekanntgabe dem Regime unliebsam hätte werden können, trifft zwar für Urteile des Volksgerichts generell und für sonstige Urteile der politischen Strafgerichtsbarkeit zu, dürfte aber kaum für die Entscheidungen anderer Gerichte gelten. Vielmehr wurden relativ häufig in den Fachzeitschriften Urteile abgedruckt, die linientreue Anhänger des Regimes in ausgedehnten Anmerkungen einer scharfen Kritik unterzogen. So begrenzt auch der Einblick sein mag, den das Studium publizierter Gerichtsurteile in das Funktionieren eines diktatorischen Regimes ermöglicht, mag es sich doch als hilfreich erweisen, um das schablonenhaft konstruierte Bild der nationalsozialistischen Herrschaftsordnung durch eine Vielzahl von Momentaufnahmen zu korrigieren. Letztere sind so realitätsnah, wie dies in einem Regime möglich ist, zu dessen kennzeichnendem Merkmal es gehört, seinen wahren Charakter zu verschleiern.

Das Vorwort zur englischen Ausgabe habe ich im Jahre 1940 mit dem Ausdruck des Bedauerns abgeschlossen, daß ich aus naheliegenden Gründen meinen in Deutschland verbliebenen Freunden nicht namentlich für die Hilfe danken könne, die sie mir bei Konzipierung und Vorbereitung des Buchs geleistet hatten. Es mußte bei einer pauschalen Danksagung verbleiben. Die Hilfe bestand vornehmlich in dem kritischen Interesse, das sie der Fragestellung, den Thesen und dem ihnen zugrunde liegenden theoretischen Ansatz entgegenbrachten. Es war von unschätzbarem Wert für mich, daß ich dies alles im Gespräch mit ihnen entwickeln, ergänzen und korrigieren konnte, bevor ich daran ging, es versuchsweise zu formulieren. Obwohl sie nur im engsten Kreise stattfinden konnten, waren diese Rücksprachen für uns ein Lebensbedürfnis. Sie dienten dazu, zu verhindern, daß wir in der Einsamkeit der inneren Emigration geistig und seelisch erstickten. Die Hilfe, die mir meine Gesinnungsgenossen angedeihen ließen, erstreckte sich auch auf ihre Bereitschaft, Materialien, Exzerpte und Manuskripte an sicheren Stellen aufzubewahren und bei ihrer »Verschickung« ins Ausland behilflich zu sein.

Es wäre eine leere Geste, die damals unterbliebene öffentliche Danksagung an meine Gesinnungsfreunde jetzt namentlich nachzuholen. Nur allzu viele von ihnen sind inzwischen verstorben, andere sind in alle Winde verstreut und zu manchen habe ich die innere Fühlung verloren. Ich möchte mich darauf beschränken, mit Dankbarkeit vor allem den Namen von Fritz Eberhardt und mit Wehmut den Namen von Martin Gauger zu nennen.

Das Buch wäre ohne die Ermutigung und ständige Unterstützung nicht zustande gekommen, die mir der in der illegalen Untergrundbewegung besonders aktive und vorbildlich disziplinierte Internationale Sozialistische Kampfbund (ISK) hat zukommen lassen. Mit dessen »Inlandsleiter« Dr. Hellmut von Rauschenplat (Dr. Fritz Eberhardt), dem es oblag, die Arbeit der lokalen Widerstandsgruppen dieser Bewegung zu koordinieren und die Verbindung zu der in Paris domizilierten Emigrationsleitung aufrecht zu erhalten, habe ich jahrelang auf das engste zusammengearbeitet. Auf langen Spaziergängen haben wir unsere Gedanken über den Sinn und die Notwendigkeit der illegalen Arbeit miteinander ausgetauscht und versucht, uns größere Klarheit über das Phänomen des Nationalsozialismus zu verschaffen. Wiederholt habe ich im Anschluß an solche Aussprachen deren Ergebnisse in Form von kurzen Aufsätzen Fritz Eberhardt in das Stenogramm diktiert. Sie waren für die Publikation in der in Paris erscheinenden Zeitschrift des ISK *Sozialistische Warte* bestimmt und sind anschließend als illegale Flugblätter in Deutschland verbreitet worden. Einige von ihnen sind unlängst in meinem Buch *Reformismus und Pluralismus* abgedruckt worden. Einer dieser Artikel enthält die Urfassung des *Doppelstaats.* Er ist unter dem Pseudonym Conrad Jürges erschienen.

Fritz Eberhardt hatte Kontakt zu einem Beamten der französischen Botschaft, der sich bereit erklärte, ein antinationalsozialistisches Manuskript im Diplomatengepäck aus Berlin nach Paris zu befördern. Auf diese Weise hat die erste Fassung des Doppelstaats den Weg in die Freiheit gefunden.

In der letzten Phase meiner Anwaltstätigkeit habe ich im Freundeskreis meine Arbeit häufig als die eines Weichenstellers bezeichnet, d. h. ich habe es als einen wesentlichen Bestandteil meiner Bemühungen angesehen, darauf bedacht zu sein, daß der in Frage stehende Fall im »Normenstaat« behandelt werde, und nicht im »Maßnahmenstaat« lande. Befreundete Kollegen bestätigten mir, daß auch sie wiederholt bewußt darauf hingearbeitet haben, daß ihre Mandanten *gerichtlich* bestraft würden.

Mit Martin Gauger – dem im Jahre 1941 in Buchenwald ermordeten Justitiar des lutherischen Rats – bin ich im Jahre 1934 oder 1935 durch den Tegeler Gefängnispfarrer Harold Pölchau bekannt gemacht worden. Damals wurden Organisationen und Verbände, die zur Bekennenden Kirche gehörten oder mit ihr verbunden waren, den gleichen Verfolgungen und Drangsalierungen ausgesetzt wie einige Jahre zuvor die Verbände der sozialdemokratischen und gewerkschaftlichen Arbeiterbewegung. Da ich die letzteren wiederholt juristisch beraten hatte, konnte ich gleichsam aus Erfahrung sprechen. Der im Nachtrag behandelte Fall *Delatowsky und Genossen*[3] mag illustrieren, was sich im Verlauf eines solchen Prozesses abspielen konnte.

Mein Gedankenaustausch mit Martin Gauger erstreckte sich zunächst auf juristische Spezialfragen, die seit der Zuspitzung des Kirchenkampfs einen er-

3 [In diesem Band, S. 260.]

heblichen Teil seiner Arbeitskraft in Anspruch nahmen. Unsere Aussprachen beschränkten sich nicht auf konkrete juristische Probleme. Es war unausweichlich, daß in unseren bis tief in die Nacht ausgedehnten Unterhaltungen auch die rechtstheoretischen, philosophischen und soziologischen Aspekte des Phänomens »Doppelstaat« zur Sprache kamen. Nicht ohne Erstaunen stellten wir fest, wie grotesk verzeichnet das Bild gewesen war, das sich jeder von uns von dem Menschentyp gemacht hatte, dem sein nunmehriger Gesprächspartner vor dem Umbruch angehört hatte. So haben wir denn in einer frühen Morgenstunde die »Einheitsfront der Naturrechtler« begründet – ein Vorgang, der in dem rechtstheoretischen Kapitel dieses Buches seinen Niederschlag gefunden hat.

Unvergeßlich ist mir der Abend, an dem Martin Gauger, dessen »Humor und Geschick mit Menschen umzugehen« Annedore Leber (in dem Buch *Das Gewissen steht auf*) hervorgehoben hat, von einer Rücksprache mit dem Justitiar der Gestapo Dr. Werner Best berichtete. Als es Gauger nach vielen Mühen gelungen war, bis zu Best vorzudringen, um die Freigabe von beschlagnahmten Geldern der Bekennenden Kirche zu erreichen, nahm er die Gelegenheit wahr, gleichsam im Plauderton Best die Theorie des Doppelstaats klarzumachen. Wir haben es als eine makabre Bestätigung unserer theoretischen Bemühungen angesehen, daß in einem Beitrag zum *Jahrbuch der Akademie für Deutsches Recht*[4] Best weitgehend Gedankengänge entwickelte, die Gauger ihm dargelegt hatte.

Je unerträglicher nach dem »Anschluß« der Terror wurde, je rascher sich das »Großdeutsche Reich« dem Kriege näherte, desto problematischer wurde die Basis meiner Existenz. In der Endphase meiner anwaltlichen Tätigkeit habe ich den eigentlichen Nutzen meiner Zulassung zur Anwaltschaft im Besitz des Anwaltsausweises erblickt, der mir die Benutzung der Präsenzbibliothek des Kammergerichts und der Staatsbibliothek ermöglichte. In der »Oase« Staatsbibliothek trafen sich – rein zufällig natürlich – solch »zuverlässige Staatsfeinde«, wie Theodor Heuss, Otto Suhr, Ernst von Harnack, Heinrich Acker und andere. In der Rotunda auf und ab gehend, tauschten wir unsere Gedanken aus.

In diesen Bibliotheken habe ich die Exzerpte gesammelt, die ich zur Abfassung des *Doppelstaates* benötigte. Dort habe ich auch einen erheblichen Teil des Urdoppelstaats geschrieben.

In eingehenden Rücksprachen, die ich bei Ferienaufenthalten im Ausland mit meinen bereits vorher emigrierten Freunden Franz Neumann und Otto Kahn-Freund führte, ist zuerst der Plan aufgetaucht, in Vertiefung und Ergän-

4 [Dazu mit Nachweis der Fundstelle in diesem Band, S. 118.]

zung der zunächst mehr skizzenhaften Ausführungen über den Doppelstaat eine systematische politikwissenschaftliche Analyse dieses Phänomens vorzunehmen.

Die Herausgabe der deutschen Ausgabe dieses Buchs geht auf Alexander von Brünneck, wissenschaftlicher Assistent am Seminar für Wissenschaft von der Politik an der TU Hannover, zurück. Er hat sich unermüdlich dafür eingesetzt, daß das Buch ins Deutsche rückübersetzt und von der Europäischen Verlagsanstalt verlegt werden solle. Seine Bemühungen sind um so höher zu bewerten, als ich infolge wiederholter schwerer Krankheiten nicht in der Lage war, das Projekt so intensiv zu fördern, wie ich es gewünscht hätte. Für seine außergewöhnliche Einsatzbereitschaft, für sein Interesse und sein Verständnis bin ich ihm zu tiefem Dank verpflichtet.

Mein Dank richtet sich auch an die Europäische Verlagsanstalt, die in vorbildlicher Weise die Herausgabe des Buchs übernommen, gefördert und durchgeführt hat.

Frau Gerichtsreferendarin Hela Rischmüller-Pörtner und Frau stud. jur. Christiane Terveen haben sich durch Mitarbeit an der Überprüfung der bibliographischen Angaben um das Zustandekommen des Buches verdient gemacht.

Vorwort zur amerikanischen Ausgabe (1940)

Die Umstände, unter denen dieses Buch entstand, bedürfen einer kurzen Erläuterung. Es ist das Produkt der paradoxen Isolierung, die allen denen aufgezwungen wurde, die im nationalsozialistischen Deutschland lebten und ihre Arbeit fortsetzten, obwohl sie Gegner des Regimes waren. Es war die Absicht des Verfassers, die Grundprinzipien der Rechts- und Verfassungsentwicklung im Dritten Reich darzustellen. Seine Berliner Anwaltstätigkeit von 1933 bis 1938 stellte den engen und ununterbrochenen Kontakt mit dem Rechtssystem des Nationalsozialismus her, der notwendig war, um die Thesen immer wieder anhand der Praxis zu überprüfen.

Für die Arbeit an diesem Buch hatte der Verfasser alle für den Gegenstand relevanten nationalsozialistischen Publikationen zu seiner Verfügung, einschließlich aller einschlägigen Entscheidungen. Leider war es ihm unmöglich, in Deutschland nicht erhältliches Material zu verwenden, wie z. B. die Schriften der deutschen Emigranten und viele andere Publikationen des Auslandes. Im wesentlichen war das Manuskript abgeschlossen, bevor der Verfasser Deutschland verließ.

Der Arbeit an diesem Buch stellten sich viele Schwierigkeiten entgegen. Seine Veröffentlichung wäre ohne die großzügige Hilfe zahlreicher Freunde nicht möglich gewesen.

Für finanzielle Unterstützung dankt der Verfasser: Der American Guild for German Cultural Freedom; der Graduate Faculty of Political and Social Science organized by the New School for Social Research; dem International Institute of Social Research; Prof. Alfred E. Cohn, New York; Dr. Fritz Karsen, New York; und Dr. Frederick Pollock, New York.

Prof. Arthur Feiler, New School of Social Research, New York; Prof. C. J. Friedrich, Harvard University; Prof. Waldemar Gurian, University of Notre Dame; Prof. Friedrich Kessler, University of Chicago; Prof. Wolfgang Kraus, Smith College; Prof. Oskar Lange, University of Chicago; Dr. N. C. Leites, University of Chicago; Dr. Franz Neumann, New York; Prof. Max Rheinstein, University of Chicago; Prof. David Riesman, University of Buffalo und Prof. Albert Salomon, New School of Social Research, New York, haben das Manuskript gelesen und wertvolle Vorschläge gemacht.

Zu besonderem Dank ist der Verfasser Dr. Gerhard Meyer von der Universität Chicago für die freundliche Erlaubnis verpflichtet, sein unveröffentlichtes Manuskript über das Wirtschaftssystem des Dritten Reiches zu benutzen. Mein Dank gilt vor allem Prof. E. A. Shils von der Universität Chicago, der seine Zeit und Fähigkeiten so großzügig in den Dienst der ungemein schwierigen Übersetzungsaufgabe stellte.

J. Bryan Allin übernahm die Durchsicht des Manuskripts hinsichtlich solcher Punkte, die der Klärung für den mit der deutschen Rechtstradition nicht vertrauten amerikanischen Leser bedurften. J. B. Allin, A. Bell und I. Pool halfen dem Verfasser freundlicherweise jeweils mit einem Kapitel, das Buch diesen Bedürfnissen anzupassen. A. Bell half dem Verfasser außerdem bei der Abfassung einiger Abschnitte, die die spätere Entwicklung in Rechnung stellen. Der Verfasser möchte ihnen für ihre wertvolle Hilfe seinen herzlichen Dank aussprechen.

Um den Charakter des Buches nicht zu verändern, wurden nur nationalsozialistische Publikationen und einschlägige Gerichtsentscheidungen herangezogen. Dabei ist zu berücksichtigen, daß das Buch die Rechts-, und Verfassungsentwicklung nur bis zum Ausbruch des Krieges behandelt.

Ich möchte George Rothschild, graduate student an der Law School der Universität Chicago für seine Hilfe bei der Vorbereitung der Veröffentlichung des Manuskripts danken.

Folgenden Verlagen dankt der Verfasser für Zitiererlaubnis:

G. P. Putnam's Sons: A. J. Carlyle, *A History of Medieval Political Theory in the West, Bd. I*; D. Appleton Century Company: Raymond Gettel, *History of American Political Thought;* The MacMillan Company: Charles H. McIlwain, *The Growth of Political Thought in the West;* J. R. Tanner, *Constitutional Documents of the Reign of James I;* John Neville Figgis, *Studies of Political Thought from Gerson to Grotius;* International Publishers Inc.: Frederick Engels, *The Housing Question* and Karl Marx, *Critique of the Gotha Programme;* Charles H. Kerr & Co: Karl Marx, *Capital,* Bd. I u. III und *The Eighteenth Brumaire of Louis Bonaparte;* Harcourt, Brace & Co: R. H. Tawney, *Religion and the Rise of Capitalism.*

Leider bin ich gezwungen, eine wichtige Hilfe bei der Arbeit an diesem Buch unerwähnt zu lassen. Starken Einfluß auf die Konzeption hatten die Diskussionen des Verfassers mit zahlreichen Freunden, die augenblicklich noch in Deutschland leben und infolgedessen ungenannt bleiben müssen.

Chicago, 15. Juni 1940.

Einleitung zur amerikanischen Ausgabe (1940)

Das Wort »totalitär« hat viele Bedeutungen, die zumeist nicht ausreichend scharf definiert werden. In diesem Buch habe ich versucht, ein wesentliches Element des deutschen totalen Staats isoliert zu betrachten; mit der detaillierten Untersuchung eines zentral wichtigen Aspekts des nationalsozialistischen Regimes hoffe ich, zur Klärung der Rechtswirklichkeit des Dritten Reichs beitragen zu können.

Ich habe nicht den Versuch unternommen, das neue Rechtssystem als Ganzes darzustellen; vielmehr habe ich mich bemüht, die beiden im nationalsozialistischen Deutschland nebeneinander existierenden Systeme, den »Maßnahmenstaat« und den »Normenstaat«, wie ich sie nennen werde, zu analysieren.

Unter »Maßnahmenstaat« verstehe ich das Herrschaftssystem der unbeschränkten Willkür und Gewalt, das durch keinerlei rechtliche Garantien eingeschränkt ist; unter »Normenstaat« verstehe ich das Regierungssystem, das mit weitgehenden Herrschaftsbefugnissen zwecks Aufrechterhaltung der Rechtsordnung ausgestattet ist, wie sie in Gesetzen, Gerichtsentscheidungen und Verwaltungsakten der Exekutive zum Ausdruck gelangen.

Ich werde versuchen, die Bedeutung des Nebeneinanders der beiden Systeme durch eine wissenschaftliche Untersuchung der Entscheidungen der Verwaltungs-, Zivil- und Strafgerichte zu klären und mich gleichzeitig bemühen, die Demarkationslinie aufzuzeigen, die sie trennt.

Da dieses Problem bisher noch nicht theoretisch erörtert worden ist, ist es nötig, die Originalquellen zu Wort kommen zu lassen. Eine Analyse der Rechtsprechung wird ergeben, daß es eine ständige Spannung gibt zwischen den traditionellen Instanzen, die den Normenstaat repräsentieren und den Organen der Diktatur, den Instrumenten des Maßnahmenstaats. Mit Beginn des Jahres 1936 war der Widerstand der traditionellen Institutionen, denen die Vollziehung der Gesetze obliegt, geschwächt; die Entscheidungen der Gerichte legen daher ein eindrucksvolles Zeugnis für die fortschreitende politische Radikalisierung in Deutschland ab.

Der erste Teil dieses Buchs handelt von der bestehenden Rechtsordnung. Ein zweiter theoretischer Teil versucht, den Nachweis zu führen, daß die abendländische Rechtstradition in ihrem Kern dadurch herausgefordert worden ist, daß die traditionellen rechtsstaatlichen Verfahren und die Methode, Entscheidungen lediglich aufgrund der Umstände des Einzelfalls zu treffen, nebeneinander bestehen.

In diesen Teilen versuche ich, die rechtliche Duplizität zu erklären, die für das gesamte private und öffentliche Recht im heutigen Deutschland kennzeichnend ist. Im dritten und letzten Teil stelle ich das Rechtssystem und die Rechtstheorie des Doppelstaats der Rechtswirklichkeit gegenüber. In diesem kritisch-soziologischen Teil weise ich auf die Beziehungen hin, die zwischen dem heutigen deutschen Kapitalismus und der Betätigung des Normen- und Maßnahmenstaats existieren. Ich werde der Frage nachgehen, ob die Rechtsstruktur, die ich als Doppelstaat bezeichne, die notwendige Folge einer Krisensituation ist, in der sich die Führungselite der kapitalistischen Gesellschaft befindet. Die Frage soll hier aufgeworfen werden, ob diese Führungselite das Vertrauen in die Rationalität verloren und ihre Zuflucht in die Irrationalität genommen hat; dabei läßt sich zeigen, daß all dies in einer Zeit erfolgte, in der Rationalität (so will es scheinen) mehr als je zuvor als regulierende Kraft in der kapitalistischen Gesellschaft vonnöten ist.

Zu diesem Zweck wäre es nicht ausreichend, nur solche Entscheidungen zusammenzustellen, die nicht in Einklang mit den Prinzipien des Rechtsstaats gebracht werden können. Der nationalsozialistische Staat verdient nicht nur wegen seiner extrem willkürlichen Machtausübung Beachtung, sondern auch wegen der Methoden, die er bisher erfolgreich anwandte, um Willkürherrschaft und kapitalistische Wirtschaftsordnung miteinander zu vereinen.

Es ist eine der Grundthesen Max Webers, daß für das Funktionieren einer kapitalistischen Wirtschaftsordnung ein rationales Rechtssystem unerläßlich ist. Die deutsche reformistische Arbeiterbewegung hat diese These für selbstverständlich erachtet. Angesichts der paradoxen Situation, die heute in Deutschland besteht, muß man sich fragen, ob eine kapitalistische Ordnung in einem Herrschaftssystem fortbestehen kann, in welchem es häufig nicht möglich ist, soziale Chancen rational zu kalkulieren. Rationale Kalkulierbarkeit ist mit der Ausübung willkürlicher Herrschaftsgewalt, wie sie für das Dritte Reich kennzeichnend ist, schwerlich vereinbar.

Befürworter und Gegner des Nationalsozialismus mögen die Meinung vertreten, das Problem des Doppelstaats habe weder grundsätzliche noch dauernde Bedeutung; vielmehr handele es sich lediglich um eine Übergangserscheinung. Diejenigen, die den Maßnahmenstaat für eine Übergangserscheinung halten, verweise ich auf die im Dritten Reich ergangenen Gerichtsurteile, die erkennen lassen, daß die Bedeutung des Maßnahmenstaats nicht im Schwinden ist, vielmehr im Gegenteil ständig zunimmt. Wer glaubt, der Normenstaat gehöre bereits der Vergangenheit an und sei zum Untergang verurteilt, sollte nicht übersehen, daß es schwerlich möglich ist, ein Volk von 80 Millionen durch einen »Plan« zu lenken, ohne daß gewisse eindeutige Regeln bestehen, deren Einhaltung notfalls nach Maßgabe des geltenden öffentlichen und bürgerlichen Rechts erzwungen werden können.

Um Mißverständnisse auszuschalten, möchte ich bereits hier ausdrücklich betonen, daß ich nicht das Nebeneinander von Staats- und Parteibürokratie im Auge habe, wenn ich vom »Doppelstaat« spreche. Ich messe diesem neuen Phänomen keine überragende Bedeutung bei. Dieses Problem wird in der nationalsozialistischen Literatur zwar häufig erörtert und auch in diesem Buch gelegentlich gestreift; es wäre jedoch müßig, zwischen ihnen eine juristisch haltbare Unterscheidung vorzunehmen. Staat und Partei werden in zunehmendem Maße identisch und die dualistische Organisationsform bleibt nur aus historischen und politischen Gründen aufrecht erhalten.

In einer in Weimar im Juli 1936 gehaltenen Rede hat Hitler dargelegt, wo die Demarkationslinie zwischen Partei und Staat verlaufe. Er hob hervor, daß Regierung und Gesetzgebung Aufgabe der Partei und die Verwaltung Aufgabe des Staats sein solle. Als juristische Erklärung ist diese Feststellung jedoch von geringem Wert, da es ebensowenig zutreffend ist, von einem Gesetzgebungsmonopol der Partei wie von einem Verwaltungsmonopol des Staates zu sprechen.

Wenn ich im folgenden vom »Staat« rede, verwende ich den Begriff im weiteren Sinne des Wortes als Bezeichnung für den gesamten öffentlichen Apparat, der aus dem Staat im engeren Sinne und der Partei einschließlich ihrer Hilfs- und Nebenorganisationen besteht. Ob die These von der Verschmelzung von Staat und Partei für die Analyse der rechtlichen und sozialen Phänomene des Dritten Reichs von Nutzen ist, wird sich zeigen. Um das Verständnis der überragend wichtigen Unterscheidung von Normen- und Maßnahmenstaat im Gesamtgefüge des nationalsozialistischen Doppelstaats zu erleichtern, glaube ich berechtigt zu sein, die weniger wichtige Unterscheidung zwischen Staat und Partei zu vernachlässigen.

Sowohl Partei als auch Staat im engeren Sinne betätigen sich im Bereich des Normenstaats und des Maßnahmenstaats. Keinesfalls sollte aber die übermäßige Betonung des relativ nebensächlichen Unterschieds zwischen Partei und Staat dazu führen, daß der weit wichtigere Unterschied zwischen Normen- und Maßnahmenstaat verwischt wird. Der Umstand, daß die nationalsozialistische Rechts- und Staatslehre auf die Behandlung des Problems Staat – Partei einen solchen Wert legt, ist für mich eine Ermutigung und eine indirekte Rechtfertigung für mein Vorhaben; ist es doch ein gängiger Trick der nationalsozialistischen Rechts- und Staatslehre, die wahre Bedeutung gewisser Probleme dadurch zu verdunkeln, daß auf Nebensächliches ein lautstarker Nachdruck gelegt wird.

Das Buch beschränkt sich auf eine Erörterung des nationalsozialistischen Deutschlands. Obwohl ich zugebe, daß eine vergleichende Lehre der Diktatur unter dem Gesichtswinkel des Doppelstaats aufschlußreich wäre, erachte ich mich hierzu nicht ausreichend qualifiziert. Dieses Buch ist eine Analyse des nationalsozialistischen Rechtssystems aus erster Hand. Es ist vom Standpunkt eines betroffenen Beobachters geschrieben, der ein Gegner des Nationalsozialismus ist. Direkte Erfahrungen, die ich als Anwalt im Dritten Reich sammeln konnte, haben zum Zustandekommen des Buches ebenso beigetragen wie das Studium der nationalsozialistischen Literatur. Eine Erörterung entsprechender Fragen in anderen Diktaturen würde es erforderlich machen, daß ich deren Situation ebenso erforschte wie die des Dritten Reichs. Schon allein die Erkenntnis, daß die deutsche Diktatur nicht zuletzt dadurch gestärkt wird, daß sie ihr wahres Gesicht verhüllt, hält mich davon ab, andere Diktaturen allein an ihren Worten und nicht vielmehr an ihren Taten erkennen zu wollen. Zu außerdeutschen Diktaturen hatte ich jedoch keinen unmittelbaren Zugang. Bei oberflächlicher Beschäftigung mit der deutschen Diktatur könnte einem Autor entweder ihre Willkür oder ihre Effizienz ins Auge fallen. Dieses Buch beruht auf der These, daß das kennzeichnende Merkmal der nationalsozialistischen Diktatur die Kombination dieser beiden Komponenten ist.

Teil I
Die Rechtsordnung des Doppelstaates

Glaubst du, daß ein Staat,
in dem die Urteile der Gerichte
keinen Anspruch auf Gültigkeit erheben können,
vielmehr von einzelnen Personen
abgeändert und außer Kraft gesetzt werden können,
weiterbestehen kann oder nicht vielmehr
zugrunde gehen muß?

Sokrates

Kapitel I
Der Maßnahmenstaat

1. *Die Entstehung des Maßnahmenstaates*

Die Verfassung des Dritten Reiches ist der Belagerungszustand. Seine Verfassungsurkunde ist die Notverordnung zum Schutz von Volk und Staat vom 28. Februar 1933.[1]

Die Handhabung dieser Notverordnung mußte dazu herhalten, den politischen Sektor[2] des deutschen öffentlichen Lebens der Herrschaft des Rechts zu entziehen. Hierzu haben die ordentlichen Gerichte und die Verwaltungsgerichte das ihre beigetragen. Im heutigen Deutschland wird innerhalb dieses Sektors die Staatsgewalt nicht nach den Maßstäben des Rechts mit dem Ziel der Verwirklichung der Gerechtigkeit gehandhabt, vielmehr werden in jedem Einzelfall die Entscheidungen nach Lage der Sache gefällt. Im politischen Sektor dient, was immer als »Recht« bezeichnet werden mag, ausschließlich dem Zweck, die politischen Ziele des Regimes zu fördern.

Der politische Sektor des Dritten Reichs bildet ein rechtliches Vakuum. Dies schließt nicht aus, daß innerhalb seines Apparats eine gewisse Ordnung und Kalkulierbarkeit des Verhaltens seiner Funktionäre in Erscheinung tritt. Es fehlt jedoch in diesem Sektor eine auf publizierten und daher generell verbindlichen Normen basierende Regelung des Verhaltens seiner Behörden und sonstigen Exekutivorgane. Im politischen Sektor des Dritten Reichs gibt es weder ein objektives noch ein subjektives Recht, keine Rechtsgarantien, keine allgemein gültigen Verfahrensvorschriften und Zuständigkeitsbestimmungen – kurzum, kein auch die Betroffenen verpflichtendes und berechtigendes Verwaltungsrecht. In diesem politischen Sektor fehlen die Normen und herrschen die Maßnahmen. Daher der Ausdruck »Maßnahmenstaat«.

Der nationalsozialistischen Legende von der »legalen Revolution« steht die Realität des illegalen Staatsstreichs gegenüber.

1 Der Text der Notverordnung wird im Anhang (S. 265 f.) abgedruckt.

2 Der Ausdruck »Sektor« ist unscharf und wird nur provisorisch verwendet. [Zur genaueren Begriffsbestimmung s. unten S. 122.]

In der kurzen Zeit zwischen dem 30. Januar und dem 24. März 1933 hat Hindenburg den Nationalsozialismus durch drei Handlungen in den Sattel gehoben:

1. durch die am 30. Januar 1933 erfolgte Ernennung Hitlers zum Reichskanzler;
2. durch Verhängung des *zivilen* Ausnahmezustands, der in dem Erlaß der Notverordnung vom 28. Februar 1933 enthalten war;
3. durch die Unterzeichnung des Ermächtigungsgesetzes vom 24. März 1933.

Die nationalsozialistische Legende der »legalen Revolution« basiert auf der These, daß jeder dieser drei Akte im Einklang mit der Weimarer Verfassung gestanden habe. Die anti-nationalsozialistische Theorie des illegalen Staatsstreichs stützt sich auf den Nachweis der systematisch geplanten mißbräuchlichen Durchführung der »Reichstagsbrandverordnung« vom 28. Februar 1933.[3]

Es wäre sinnlos, die Bedeutung der auf dem Ermächtigungsgesetz basierenden Gesetzgebung für die Umformung der deutschen staatlichen und Sozialordnung zu leugnen. Ein Studium dieser Gesetzgebung und ihres Einflusses auf die Rechtsprechung und Verwaltungspraxis gibt ein aufschlußreiches Bild von der neu-deutschen Rechtsordnung – soweit von einer »Rechtsordnung« überhaupt geredet werden kann. Seit dem 28. Februar 1933 sind auf demjenigen Teil des staatlichen und gesellschaftlichen Lebens, den wir als den politischen Sektor bezeichnen werden, so gut wie keine Gesetze im Reichsgesetzblatt zu finden. Eine »das Politische« regelnde Gesetzgebung wäre auch sinnlos, weil Verlautbarungen, die diesen Sektor betreffen, keine unverbrüchliche Geltung beanspruchen können.

Als die Nationalsozialisten mit allen Machtbefugnissen des zivilen Ausnahmezustandes ausgestattet waren, verfügten sie über die Mittel, um die verfassungsmäßige vorübergehende Diktatur (zwecks Wiederherstellung der gestörten öffentlichen Ordnung) in die verfassungswidrige dauernde Diktatur (zwecks Errichtung des nationalsozialistischen Staates mit unbegrenzten Hoheitsbefugnissen) umzuwandeln. Diese ihnen von Hindenburg und seiner Clique gebotene Gelegenheit haben sie sich nicht entgehen lassen. Vielmehr verwandelten sie die kommissarische in eine souveräne Diktatur.[4]

3 Über Chancen für Revolutionen und Staatsstreiche in der Gegenwart s. Max Weber, *Wirtschaft und Gesellschaft*, Tübingen 1922, S. 670.

4 Die Unterscheidung zwischen »kommissarischer« und »souveräner« Diktatur geht zurück auf Carl Schmitt, *Die Diktatur*, München 1921. Die hier verwendete Terminologie entspricht der Carl Schmitts, *op. cit.*, insbes. S. 134 ff.

Der Ausbau und die Handhabung dieser souveränen Diktatur ist die Funktion des Maßnahmenstaates.

Im Gegensatz zum früheren preußischen Recht, das nur für einen militärischen Ausnahmezustand Regelungen vorsah, gab die Weimarer Verfassung dem Reichspräsidenten die Befugnis, darüber zu entscheiden, ob zivile *oder* militärische Stellen die »Maßnahmen« treffen sollten, die zur Wiederherstellung der öffentlichen Sicherheit und Ordnung notwendig seien. Angesichts der umfassenden Machtbefugnisse, die in Artikel 48 der Weimarer Verfassung dem Reichspräsidenten eingeräumt waren, war es von größter politischer Bedeutung, ob die Reichsregierung oder die Reichswehr-Generäle die Verantwortung für die »Wiederherstellung der öffentlichen Ordnung und Sicherheit« tragen sollten. Daß von Papen, Hugenberg und von Blomberg die Bedeutung dieser schicksalsträchtigen Frage nicht erkannten, erwies sich als entscheidend nicht nur für ihre eigene politische Zukunft, sondern auch für die politischen Chancen, die der Kaste, der sie angehörten, geboten waren.

Es ist müßig, über nicht eingetretene Ereignisse zu spekulieren. Eines kann jedoch mit einiger Sicherheit behauptet werden: am 28. Februar 1933 war die Kampfkraft der nationalsozialistischen Sturmabteilungen im Vergleich zu der militärischen Stärke der Reichswehr und der Polizei außerordentlich gering. Als Hitler die Chance erhielt, die Macht der SA und SS durch die Notverordnungsgewalt zu ergänzen, wurde der Reichstagsbrand eine solide politische Investition.

Der nationalsozialistische Staatsstreich wurde zumindest technisch durch die Rechtsprechungspraxis der Weimarer Republik erleichtert. Schon lange vor Errichtung der Hitler-Diktatur hatten die Gerichte entschieden, daß Fragen, die sich auf die Notwendigkeit und Zweckdienlichkeit der Handhabung des Ausnahmezustands erstreckten, nicht Gegenstände der gerichtlichen Nachprüfung seien.[5]

Das deutsche Recht hat niemals die Prinzipien des englischen Rechts gekannt, wie sie in der folgenden Entscheidung zum Ausdruck kommen: »Uns wurde von Mr. Serjeant Hanna ein etwas überraschendes Argument vorgetragen, daß nämlich dieses Gericht nicht dafür zuständig sei, zu entscheiden, ob ein Kriegszustand (state of war) existiere oder nicht und daß wir die diesbezügliche Feststellung von Sir Nevil Macready als bindend für dieses Gericht anzusehen hätten. Diese Behauptung steht in absolutem Gegensatz zu unserem Urteil im Falle Allen (1921) . . . und stellt keinen Präzedenzfall dar; wir möchten ausdrücklich und so eindeutig wie irgend möglich feststellen (in the clea-

5 RGSt 59, 185 ff., Urteil vom 7. 4. 1925.

rest possible language), daß dieses Gericht die Macht und die Pflicht hat zu entscheiden, ob ein Kriegszustand (state of war) besteht, der die Anwendung von Kriegsrecht (martial law) rechtfertigt.«[6]

Die Tradition aus der Zeit der Monarchie, daß die Erklärung des Ausnahmezustandes zur Prärogative der vollziehenden Gewalt gehöre und der Zuständigkeit der Gerichte entzogen sei, setzte sich in der Weimarer Republik fort. Den deutschen Gerichten, die auf dem Gebiet des Verfassungsrechts keine richtungweisende Tradition vorfanden, ist es niemals gelungen, in diesen besonders schwierigen Fällen einen Zuständigkeitsanspruch durchzusetzen.

Vielleicht wären die Nationalsozialisten auch erfolgreich gewesen, wenn eine solche Sicherung durch Verfassungsrecht und Verfassungsrechtsprechung existiert hätte. Das Fehlen einer mit der anglo-amerikanischen vergleichbaren Tradition setzte sie jedoch in den Stand, Lippenbekenntnisse zur Rechtsstaatlichkeit abzulegen – ein nützliches Vorgehen in der Übergangszeit, während der das Militär und die Beamtenschaft noch nicht völlig »gleichgeschaltet« waren.

2. *Die Verteilung und Abgrenzung der Zuständigkeiten*

a. *Allgemeine Zuständigkeitsregelung*

Inhaber der souveränen Diktatur ist der Führer und Reichskanzler, der diese Gewalt entweder persönlich oder durch nachgeordnete Instanzen ausübt. Es steht ausschließlich in seinem Ermessen, wie von dieser Macht Gebrauch gemacht werden soll. Die am 30. Juni 1934[7] von Hitler in die Wege geleiteten Maßnahmen bedurften daher keiner besonderen Rechtfertigung. Diese Machtbefugnisse leiteten sich von der neuen deutschen »Verfassung« ab. Derartige Aktionen können in dieser oder ähnlicher Form jeden Tag wiederholt werden. Die Maßnahmen des 30. Juni 1934 unterscheiden sich lediglich quantitativ, nicht aber qualitativ von analogen Maßnahmen bei anderer Gelegenheit. Dem von der Reichsregierung am 2. Juli beschlossenen Gesetz, daß die Maßnahmen des 30. Juni »rechtens« gewesen seien, kommt lediglich deklaratorische Bedeutung zu. Im Wiederholungsfall dürfte ein solches Gesetz überflüssig sein, da im Verlaufe der letzten Jahre dieses »Verfassungsproblem« restlos geklärt worden ist.

6 *Garde v. Strickland* (1921), zitiert in D. L. Keir und F. H. Lawson, *Cases in Constitutional Law*, Oxford 1954, 4. Aufl., S. 436.
7 Die Ermordung von Röhm, Schleicher und vielen anderen Gegnern der Regierung Hitlers.

An der Berechtigung des Führers und Reichskanzlers, Maßnahmen jedweder Art in Ausfluß seiner souveränen Diktatur zu treffen, besteht inzwischen kein Zweifel mehr. Von wenigen Ausnahmen abgesehen, übt der Führer und Reichskanzler die souveräne Diktatur durch die politischen Instanzen aus. Eine generelle Kompetenzabgrenzung besteht nicht.

Machtträger politischer Gewalt können sowohl Instanzen des Staates als auch der Partei sein. Die Abgrenzung der Zuständigkeit von Partei- und Staatsinstanzen ist generell nicht geregelt und in der Praxis flüssig. Nach der von dem führenden nationalsozialistischen Staatsrechtslehrer Reinhard Höhn vertretenen Ansicht werden der geheimen Staatspolizei ihre Aufgaben durch die Partei zugewiesen. Der Theorie von Heydrich, einem der führenden Männer in der Geheimen Staatspolizei, zufolge, arbeiten die beamteten und die nichtbeamteten Mitglieder der SS dergestalt Hand in Hand, daß die nichtbeamteten SS-Leute den Späherdienst zu leisten haben, dessen Ergebnisse die beamteten SS-Leute alsdann verwerten.[8] Nach einer in breiten Kreisen des Volkes vertretenen Auffassung besteht die oberste Aufgabe der Deutschen Arbeitsfront darin, der verlängerte Arm der Gestapo innerhalb der Betriebe zu sein.

Kompetenzkonflikte zwischen Staats- und Parteiinstanzen werden aufgrund von internen Dienstanweisungen geregelt, die dem Außenstehenden nicht zugänglich sind. Die Kompetenzabgrenzung zwischen ihnen kann jederzeit durch Führerbefehl geändert werden, wie Hitler zum Ausdruck brachte, als er auf dem Nürnberger Parteitag des Jahres 1935 erklärte, er werde unter gewissen Voraussetzungen die Lösung der Judenfrage ausschließlich den Parteiinstanzen überlassen.[9]

Um die in diesem Buch entwickelte Ansicht zu rechtfertigen, daß zwischen Staat und Partei als Träger der Exekutivgewalt nicht klar differenziert werden kann, beziehe ich mich auf einige Gerichtsentscheidungen.

I. In einem Urteil des Oberlandesgerichts Karlsruhe wurde zu der vom Generalstaatsanwalt von Berlin vorgenommenen Beschlagnahme des Gewerkschaftsvermögens Stellung genommen. Als das Gericht bei dem Berliner Generalstaatsanwalt anfragte, ob die von ihm vorgenommene Beschlagnahme noch bestehe, antwortete dieser, er könne diese Frage erst beantworten, nachdem er die Stellungnahme des Rechtsamts der Deutschen Arbeitsfront eingeholt habe.[10]

8 Reinhard Heydrich, »Die Bekämpfung der Staatsfeinde«, *Dtsch. Rw.*, Band I, Heft 2, S. 97 ff.

9 *Die Reden Hitlers am Parteitag der Freiheit 1935*, München 1935, S. 66.

10 Oberlandesgericht Karlsruhe, 25. Juni 1936 (*J. W.* 1936, S. 3268).

II. Durch Parteibefehl vom 19. Januar 1934 war ein Reichsleiter für die Presse ernannt worden. Er hatte das Recht zu »jeder Einflußnahme« und die Befugnis »alle zur Erfüllung seiner Aufgaben notwendigen Maßnahmen zu treffen«. Gestützt auf diese Parteimaßnahme enthob der Reichsleiter für die Presse den Chefredakteur einer Zeitung seines Postens, obwohl dieser einen unkündbaren Vertrag bis 1940 hatte.

Die Gehaltsklage des Chefredakteurs wurde abgewiesen. Das Gericht entschied, daß der Parteibefehl vom 19. Januar 1934 ein Führerbefehl sei, der, obwohl er nicht nach Maßgabe des Ermächtigungsgesetzes vom 24. März 1933 in der korrekten Form erlassen worden war, für alle Staats-, Partei- und privaten Instanzen, die durch ihn betroffen waren, als gültig angesehen werden müsse, und daß die »vom Kläger gegen die Rechtsgültigkeit dieser Anordnung vorgebrachten Bedenken übersehen, daß das enge Vertrauensverhältnis . . . zwischen Führer und Gefolgschaft die Grundlage für die Erteilung einer nahezu unbegrenzten Vollmacht an die Staatsregierung auf dem Gebiete der Rechtssetzung gebildet hat«.[11] In den Rahmen dieser Vollmacht falle daher auch die Anordnung des Führers vom 19. Januar 1934. Die Frage, ob das offensichtlich unlogische Argument, mittels dessen die Generalvollmacht des Parteiführers aus der Generalvollmacht der Regierung abgeleitet wird, einen bewußten Schritt darstellt oder auf Unfähigkeit beruht, mag dahingestellt bleiben. Maßgeblich ist die Begründung des Gerichts, die besagt: »Mag auch die Stellung des Reichsleiters für die Presse eine rein parteiamtliche sein . . . so sind ihm . . . durch die Führeranordnung bestimmte obrigkeitliche Funktionen übertragen worden. Bedenken gegen solche Weiterübertragung von obrigkeitlichen Funktionen auf eine wichtige Parteistelle bestehen nach heutiger Staatsauffassung nicht.«[12]

Die Gültigkeit der Entscheidungen des Reichsleiters für die Presse wurde vom Oberlandesgericht Hamburg nicht infrage gestellt, wie aus dem Urteil hervorgeht: »Eine solche . . . Entscheidung hat das ordentliche Gericht selbst dann hinzunehmen, wenn sie ihm unbillig erscheint.«[13]

III. Im Gegensatz zu dieser ziemlich kläglichen Kapitulation der Richter finden wir eine bewundernswerte Offenheit in einer Entscheidung des Landesarbeitsgerichts Berlin. Sie betrifft eine Anordnung, die von Hitler zwar unterzeichnet, aber niemals amtlich publiziert worden war. Das Gericht urteilte: »Der Führer der Bewegung ist zugleich der Führer der Nation. Es steht in sei-

11 Oberlandesgericht Hamburg, 31. März 1936 (*D. J. Z.* 1936, Sp. 772).
12 Ib., Sp. 772.
13 Ib., Sp. 773.

nem Ermessen, in welcher Eigenschaft er tätig werden ... will ... (Es) genüge das eine, daß der Name Adolf Hitler unter der Verordnung stehe.«[14]

b. Die Staatspolizeibehörden

Unter den Exekutivorganen der souveränen Diktatur nimmt die Geheime Staatspolizei (Gestapo) einen hervorragenden Platz ein. Diese Behörde ist nach wie vor nach Landesrecht organisiert. In Preußen sind drei Gesetze ergangen, die sich mit den Funktionen der Gestapo befassen. Im April 1933 wurde das Geheime Staatspolizeiamt errichtet. Im November 1933 wurde die Geheime Staatspolizei in eine Sonderpolizeibehörde umgewandelt. Abschließend wurden die Machtbefugnisse der Gestapo im preußischen Gesetz vom 10. Februar 1936 geregelt, das die früheren Bestimmungen außer Kraft setzte.[15]

Das Gesetz vom 10. Februar 1936, das außer einer Druckfehlerberichtigung (auf die ich noch zu sprechen kommen werde) notwendige organisatorische Vorschriften bringt, enthält in seinem § 7 eine prozeßrechtliche Bestimmung, die sich auf die verwaltungsgerichtliche Nachprüfung der Verfügungen in »Angelegenheiten der Geheimen Staatspolizei« bezieht.

Dem Beispiel Preußens folgend haben andere deutsche Staaten Gesetze erlassen, die den Aufbau einer Geheimen Staatspolizei betreffen. In den deutschen Staaten, in denen die Zuständigkeit der Verwaltungsgerichte durch eine Generalklausel geregelt ist, unterliegen alle verwaltungsrechtlichen Anordnungen der verwaltungsgerichtlichen Kontrolle. In anderen Staaten befassen sich die Verwaltungsgerichte mit einer Klage nur dann, wenn es sich um einen Sachverhalt handelt, der im Zuständigkeitsgesetz ausdrücklich aufgeführt (»enumeriert«) ist. In Preußen galt in der Zeit vor Hitler das Enumerationsprinzip, jedoch unterlagen alle Verfügungen der Polizeibehörden einer verwaltungsgerichtlichen Kontrolle. Inwieweit durch die Errichtung von *Sonder*polizeibehörden ein Wandel eingetreten ist, wird später untersucht werden.[16]

14 Landesarbeitsgericht Berlin, 17. November 1934 (*D. Jstz.* 1935, S. 73).

15 *PGS.* 1933, S. 122, 413; 1936, S. 21.

16 Zwischen den einzelnen Gesetzen bestehen gewisse technische Unterschiede, die sich daraus ergeben, daß das Polizeirecht Landesrecht ist und daß es in Übereinstimmung mit dem Verwaltungsrecht der Länder gebracht werden muß. Die Rechtsstellung der Gestapo hängt vom Polizeirecht der jeweiligen Länder ab. Das gleiche gilt für die Frage der verwaltungsgerichtlichen Nachprüfungen der von der Gestapo erlassenen Verfügungen.

3. *Die Auflösung des Rechtsstaates*

a. *Geschichtliche Vorbemerkung*

Seit dem 28. Februar 1933 herrscht in Deutschland der Belagerungszustand. An sich brauchen Belagerungszustand und Rechtsstaat einander nicht zu widersprechen. Der Belagerungszustand, so wie er sich in der Verfassungsgeschichte des 19. und beginnenden 20. Jahrhunderts herauskristallisiert hatte, stellt eine Ergänzung des Rechtsstaates dar. Wenn das Funktionieren des Rechtsstaates zeitweise gefährdet oder gestört ist, soll mit Hilfe des Belagerungszustands die rechtsstaatliche Verfassungsordnung wiederhergestellt werden. Erblickt man in dem Anlaß, der zur Verhängung des Belagerungszustands geführt hat, eine Negation der rechtsstaatlichen Ordnung, so kann man den verfassungsmäßig gehandhabten Belagerungszustand als »Negation der Negation« bezeichnen.

Die verfassungsmäßige Handhabung des Belagerungszustands ist an drei Voraussetzungen geknüpft, nämlich:

1. daß die rechtsstaatliche Ordnung gefährdet oder gestört ist;
2. daß der Belagerungszustand mit der Absicht der Wiederherstellung der rechtsstaatlichen Verfassungsordnung verhängt wird;
3. daß der Belagerungszustand nur solange aufrecht erhalten bleibt, bis die rechtsstaatliche Ordnung wieder hergestellt und funktionsfähig ist.

Der nationalsozialistische Staatsstreich ist darin zu erblicken, daß die Nationalsozialisten als führende Regierungspartei

1. die Störung der rechtsstaatlichen Ordnung nicht verhindert, sondern verursacht haben;
2. den erschlichenen Belagerungszustand zur Vernichtung der rechtsstaatlichen Ordnung ausgenützt haben;
3. den Belagerungszustand aufrecht erhalten trotz ihrer Beteuerungen, daß Deutschland inmitten einer von Kämpfen zerwühlten Welt eine »Insel des Friedens« sei.

Auf der Insel des »Friedens« herrscht der ewige Belagerungszustand. Dieses Vorgehen war keine Erfindung der Nationalsozialisten. Vor mehr als 30 Jahren charakterisierte John Neville Figgis derartige Methoden als machiavellistisch:

»Jede Nation würde zugeben, daß es Notstandssituationen gibt, in denen es das Recht und die Pflicht einer Regierung ist, einen Belagerungszustand zu proklamieren, die allgemeinen Regeln des Rechtsschutzes zeitweise außer

Kraft zu setzen und stattdessen die scharfen Methoden des Belagerungszustandes anzuwenden.

Was Machiavelli und seine Schüler kennzeichnet, ist, daß sie dieses Prinzip zu einer normalen Regel des politischen Handelns erhoben haben. Sobald man aus seinen Schriften ein System ableitet, muß daraus eine ständige Suspendierung von Habeas Corpus für das ganze Menschengeschlecht resultieren. Machiavellis Irrtum besteht nicht darin, bei Vorliegen außergewöhnlicher Notstandssituationen Rechtsschranken beseitigt zu haben, sondern vielmehr darin, daß er die Beseitigung dieser Rechtsschranken zu einer normalen und alltäglichen Regel staatlichen Verhaltens erhoben hat.«[17]

Diese Methoden wurden nicht nur in der politischen Theorie, sondern auch in der politischen Praxis angewandt. Im Jahre 1633 (300 Jahre vor dem Reichstagsbrand) erkannte Wallenstein, daß der Belagerungszustand ein besonders geeignetes Instrument für die Suspendierung und auch Beseitigung der bestehenden Rechtsordnung ist. Carl Schmitt zitiert nicht ohne offenkundige Zustimmung die folgende Stelle aus Wallensteins Antwortschreiben auf die Nachricht, daß es bei der Huldigung der Mecklenburgischen Stände vermutlich »dificulteten« geben werde: »Nun sehete ich solches von grundt meines Herzens gern denn dardurch verliehreten sie alle ihre privilegia.«[18] Schon 1921 wies Carl Schmitt auf die Parallele zwischen ständischen Privilegien und bürgerlichen rechtsstaatlichen Freiheitsrechten hin.

Es ist bezeichnend, daß im frühen 17. Jahrhundert, gleichzeitig mit Wallenstein, in England der Versuch unternommen wurde, einen Notstand vorzuspiegeln, um eine Rechtfertigung für die Errichtung eines absolutistischen Regimes zu haben. Karl I. erhob unter Ausschaltung des Parlaments Schiffsgelder, weil der Friede angeblich »von Dieben, Piraten und Seeräubern, sowohl als von Türken und sonstigen Feinden der Christenheit . . .« bedroht sei (First Ship Money Writ, 1634).[19] Er hatte jedoch nur vorübergehend Erfolg. Die puritanische Revolution vereitelte seinen Versuch, das Recht aufgrund einer erfundenen Notstandssituation (»fancied emergency«) außer Kraft zu setzen.[20]

17 John Neville Figgis, *Studies of Political Thought from Gerson to Grotius, 1414-1625*, Cambridge 1956, S. 76/7.

18 Albrecht von Wallenstein, *Briefe, T. 1*, hrsg. von Friedrich Förster, Berlin 1828, Nr. 179, S. 322/3, zitiert in Carl Schmitt, *Die Diktatur. Von den Anfängen des modernen Souveränitätsgedankens bis zum proletarischen Klassenkampf*, 2. Auflage München 1928, S. 59 Anm. 3. Dieses Buch ist der erste von vielen wissenschaftlichen Versuchen, die praktischen Möglichkeiten des Art. 48 der Weimarer Verfassung zu sondieren.

19 Samuel Rawson Gardiner, *The Constitutional Documents of the Puritan Revolution*, Oxford 1906, 3. Aufl., S. 105.

20 J. R. Tanner, *English Constitutional Conflicts of the Seventeenth Century*, Cambridge 1928, S. 78.

Die angelsächsische Welt ist seitdem wachsam gegenüber »fancied emergencies«.[21]

In Deutschland hat das Fehlen einer ähnlichen Tradition die schwerwiegendsten Konsequenzen für die Verfassungsgeschichte gehabt. Nur vorübergehend – während der Märzrevolution des Jahres 1848 und der ihr folgenden Zeit der Reaktion – war das Bewußtsein von den Gefahren lebendig, die mit dem Mißbrauch des Belagerungszustandes verbunden sind.

Der berühmteste liberale Jurist dieser Zeit, Mittermaier, führte hierzu aus: »Die Regierungspartei ... kann leicht den von ihr selbst veranlaßten oder begünstigten oder durch Schlauheit zum Ausbruch gebrachten Aufruhr als Vorwand benutzen, um die Gesetze zu suspendieren. Übertriebene Ängstlichkeit, welche überall drohende Gespenster der Anarchie sieht, kann selbst die nicht böswillige politische Partei veranlassen, durch Ausnahmemaßregeln die angebliche Empörung zu unterdrücken.«[22] Angesichts dieser Gefahr stellt Mittermaier daher den Grundsatz auf: »Nie dürfen unter dem Vorwand des Notrechts die Mittel der Gewalt weiter fortgesetzt werden als es notwendig ist, um einem drohenden Angriff vorzubeugen.«[23] Die Erfahrungen der gescheiterten Revolution von 1848 haben Mittermaier für die Gefahren des Belagerungszustandes hellhörig gemacht. Ruthardt, ein bayerischer Rechtsgelehrter jener Zeit, hat anschaulich geschildert, wie sich ein Belagerungszustand auswirkt. Er schreibt: »Der Krieg erhält durch den Krieg seine menschlichen Gesetze und Mäßigung; aber, was so hinter ihm dreinkriecht, die Rache und der Haß, die erst auftreten, wenn man Te Deum laudamus mit dem vae victis vermischt, kennt kein Gesetz oder benutzt es zu seinen Zwecken.«[24]

In Deutschland sind Versuche, einen zeitweiligen Notstand als Sprungbrett für die Errichtung einer absoluten Diktatur zu benutzen, lange vor 1933 diskutiert worden, und Max Weber hat bereits in der wilhelminischen Epoche visionär darauf hingewiesen: »Gegen Putsche, Sabotage und ähnlich politisch sterile Ausbrüche ... würde jede ... Regierung das Standrecht anwenden müssen ... Aber: die stolzen Traditionen politisch reifer und der Feigheit unzugänglicher Völker haben sich immer und überall darin bewährt, daß sie ihre Nerven und ihren kühlen Kopf behielten, zwar die Gewalt durch Gewalt

21 Vgl. Justice Breese in *Johnson v. Jones* (44 Ill. 166), der den Notstand als etwas bezeichnete, das »die teuersten Rechte der Bürger in das Belieben einer herrschenden Partei stellt, die nur den ›Notstand‹ zu erklären braucht, den sie ohne weiteres schaffen kann. Ein Vorwand läßt sich leicht von bösen Menschen finden und benutzen«.

22 Mittermaier, »Die Gesetzgebung über Belagerungszustand, Kriegsrecht, Standrecht und Suspension der Gesetze über persönliche Freiheit«, *Archiv für Criminalrecht*, 1849, S. 29 ff., S. 59.

23 Ib.

24 Ruthardt, *Entwurf eines Gesetzes über das Verfahren in Strafsachen*, Regensburg 1849, S. 211.

niederschlugen, dann jedoch rein sachlich die in dem Ausbruch sich äußernden Spannungen zu lösen suchten, vor allem aber sofort die Garantien der freiheitlichen Ordnung wieder herstellten und in der Art ihrer politischen Entschließungen sich überhaupt durch Derartiges nicht beirren ließen. Bei uns ist mit voller Sicherheit zu gewärtigen, daß die Interessenten der alten Ordnung und der kontrollfreien Beamtenherrschaft jeden Ausbruch syndikalistischen Putschismus ... zu einem Druck auf die leider noch immer recht schwachen Nerven des Spießbürgertums ausbeuten werden ... Ob die deutsche Nation zur politischen Reife gelangt ist, wird sich dann darin zeigen, wie darauf reagiert wird. Man müßte an unserer politischen Zukunft verzweifeln, wenn sie gelängen, so zweifellos dies leider nach manchen Erfahrungen möglich ist.«[25]

Gelegentlich wird von nationalsozialistischer Seite zugegeben, daß der Reichstagsbrand gelegen kam und daß die ihm folgende kommissarische Diktatur den erwünschten Anlaß zur Beseitigung des Rechtsstaates bot. Auch Vertreter des Nationalsozialismus stellen fest, daß die kommunistische Bedrohung nur ein Vorwand war, um die alten Gesetze zu brechen. Hamel, ein NS-Experte für Polizeirecht und Verfassungsrechtler an der Universität Köln sagt, »die Bekämpfung des Kommunismus kann nur als der Anlaß betrachtet werden, ... Schranken, die sich als sinnlos und staatsgefährlich erwiesen, ... zu zerbrechen.«[26]

Die gleiche Gesinnung kommt in Hamels Feststellung zum Ausdruck, daß die Schutzhaft nicht lediglich eine Revolutionserscheinung darstelle, die nach und nach verschwinden oder im Strafrecht aufgehen werde.[27] Die Fiktion, daß die Schutzhaft ein Mittel sei, das im Abwehrkampf gegen die Feinde des Staates notwendig ist, wurde längst aufgegeben. Man erkennt sie jetzt als das an, was sie schon zu Beginn war, nämlich ein Mittel, die Alleinherrschaft der NSDAP zu erhalten, d. h., die souveräne Diktatur zu errichten. Der eben zitierte Verfasser schreibt: »Ist die Erziehung, die Herstellung einer nationalen Haltung Aufgabe des Staates, so müssen notwendigerweise der Polizei auch Erziehungsmittel – und darunter als schärfstes die Haft – zur Verfügung stehen.«[28] So kann es nicht wundernehmen, daß Hamel ausdrücklich feststellt, die Schutzhaft liege »im Wesen eines wahrhaft politischen Staates, der von liberalen Fesseln befreit ist.«[29]

25 Max Weber, »Parlament und Regierung im neugeordneten Deutschland« in *Gesammelte Politische Schriften*, München 1921, S. 223/4.
26 Walter Hamel in Frank, *Deutsches Verwaltungsrecht*, München 1937, S. 387.
27 Ib., S. 394.
28 Walter Hamel, »Die Polizei im neuen Reich«, *Dtsch. Recht*, 1935, S. 414.
29 S. Anmerkung 26, S. 395.

Aus solchen Äußerungen dürfen wir schließen, daß das Konzentrationslager nicht nur ein essentieller Bestandteil des NS-Staates ist; sie weisen darüber hinaus auf die Dauer der souveränen NS-Diktatur hin.

Noch offener ist die Entscheidung eines Sondergerichts Hamburg. Nachdem der Diktaturartikel 48 der Weimarer Verfassung als eine dem Nationalsozialismus genehme Bestimmung bezeichnet worden ist, führt das Gericht aus: »Die Vernichtung dieser Verfassung war jahrelang eines der Hauptziele des Kampfes des Nationalsozialismus gewesen. Jetzt, da er zur Macht gekommen war, nutzte er seinen Sieg naturgemäß sofort dazu aus, diese ihm todfeindliche Verfassung zu stürzen.«[30]

In der gleichen Entscheidung nimmt das Sondergericht Hamburg zu der Frage Stellung, ob die Bestimmungen der Weimarer Verfassung wenigstens als einfache Gesetzesbestimmungen Gültigkeit behalten haben. Das Gericht verneint dies insoweit, als sie mit der nationalsozialistischen Staatsauffassung unvereinbar sind. Das Gericht versagt der Glaubensfreiheit von Angehörigen der Sekte der Zeugen Jehovas den Rechtsschutz mit der Begründung, daß sie Kriegsdienstverweigerung propagierten. Das Gericht führt aus, es sei unerheblich, »ob jeder einzelne Angeklagte selbst etwa die deutsche Wehrhaftigkeit untergräbt oder den Kriegsdienst verweigert. Maßgebend ist lediglich, daß die ganz allgemein von den Bibelforschern vertretene Tendenz gegen das Sittlichkeits- und Moralgefühl der germanischen Rasse verstößt. Das Gericht ist der Auffassung, daß eine solche Einstellung der deutschen Ehre, die eine der allerersten Grundlagen des nationalsozialistischen Denkens ist, kraß zuwiderläuft. Das germanische Rassegefühl ist untrennbar mit dem Heldischen verbunden, der Deutsche hat niemals ein Knechtvolk sein wollen. Gegen diese grundlegenden Erkenntnisse verstoßen die von den Bibelforschern vertretenen Lehren.«

Vorbild aller Staatsstreiche, die die Errichtung einer formell-plebiszitären, materiell-cäsaristischen Diktatur anstreben, ist der 2. Dezember 1851 – *Der Achtzehnte Brumaire des Louis Napoleon.* In dem gleichnamigen Buch hat Karl Marx eine klassische Formulierung für dieses Vorgehen geprägt. Er sagt von Napoleon III: »Er identifizierte seine Person mit der ›Ordnung‹, um die ›Ordnung‹ mit seiner Person identifizieren zu können.«[31]

Die Legende der »legalen Revolution« des Nationalsozialismus beinhaltet, wie Adolf Hitler seine Person mit der »Ordnung« identifizierte; die Ge-

30 Sondergericht Hamburg, 15. März 1935 (*Dtsch. R. Z.* 1935, Nr. 553).

31 Der *Achtzehnte Brumaire des Louis Napoleon.* Neuausgabe. Eingeleitet von J. P. Mayer, 6. Aufl. Berlin 1932, S. 53. [Entsprechend: MEW, Bd. 8, S. 146/7.]

schichte des illegalen Staatsstreichs des Nationalsozialismus bekundet, wie Adolf Hitler die »Ordnung« mit seiner Person gleichschaltete.

Der Versuch, den wahren Charakter dieser mittels des Belagerungszustandes errichteten Diktatur durch legalistische Tricks zu verschleiern, wurde mit Hilfe plebiszitär-demokratischer Manöver durchgeführt. »Der Mantel der plebiszitären Demokratie ist weit und faltenreich und kann manches umkleiden und verhüllen«[32], hatte Carl Schmitt bereits im Jahre 1932 ahnungsvoll vorausgesagt. Er umkleidet gleicherweise den Maßnahmenstaat und den Normenstaat, und es bedarf intensiver Bemühungen, um seinen wahren Kern zu entdecken.[33]

Im folgenden soll anhand offizieller Dokumente des Dritten Reichs dargelegt werden, welche Folgen im Maßnahmenstaat die Identifizierung der »Ordnung« mit der Person Adolf Hitlers hat. Hierzu werden Entscheidungen der deutschen Verwaltungs-, Zivil- und Strafgerichte als Beispiele genommen, in denen zu den Problemen des Maßnahmenstaates Stellung genommen wird. Im Dritten Reich gibt es kein Gericht, das als solches für die Entscheidungen verfassungsrechtlicher Fragen zuständig ist. Die Gerichte berühren staatsrechtliche Probleme nur dann, wenn ihre Klärung in Form von Vorfragen erforderlich ist, um die Entscheidung anhängiger Prozesse zu ermöglichen. Trotzdem ermöglichen diese Entscheidungen eine einigermaßen klare Vorstellung vom »Verfassungsrecht« des Dritten Reichs.

b. Die Auflösung des Rechtsstaates im Spiegel der Rechtsprechung

1. Die Beseitigung der verfassungsrechtlichen Schranken

In den ersten Jahren des nationalsozialistischen Regimes traten nicht nur in Ausnahmefällen in der Rechtsprechung Bemühungen in Erscheinung, mindestens in der Theorie die Herrschaft des Rechts aufrechtzuerhalten. Hierzu ist z. B. das Bestreben des Reichsgerichts zu rechnen, der Verordnung vom 28. Februar 1933 nur eine zeitlich begrenzte Wirksamkeit zuzugestehen.

In einem Urteil vom 22. Oktober 1934 hatte sich das Gericht am Rande mit einer Enteignungsfrage zu beschäftigen. Bei dieser Gelegenheit war zu prüfen, ob und inwieweit die Eigentumsgarantie des Artikel 153 der Weimarer Verfassung durch die Verordnung vom 28. Februar 1933 berührt war. Hierzu

32 Carl Schmitt, *Legalität und Legitimität*, München 1932, S. 94.

33 Eine historisch korrekte Analyse der Ereignisse von 1933 findet sich nur in einem nationalsozialistischen Urteil. Eine Entscheidung des Landgerichts Berlin vom 1. November 1933 (*D. Jstz.* 1934, S. 64) traf die Feststellung, daß die Verordnung vom 28. Februar 1933 durch die Außerkraftsetzung von Grundrechten vorsätzlich eine Notstandssituation herbeigeführt hat, um den nationalsozialistischen Staat Wirklichkeit werden zu lassen.

führte das Gericht aus, daß »diese Vorschrift der Reichsverfassung durch § 1 der Verordnung bis auf weiteres außer Kraft gesetzt ist . . . denn der entscheidende Paragraph der Verordnung spricht deutlich die Außerkraftsetzung des Art. 153 schlechthin aus mit der einzigen Maßgabe, daß dies nur bis auf weiteres zu gelten habe«.[34]

Aber gerade die Betonung dieser zeitlichen Einschränkung rief bei Ernst Rudolf Huber, Inhaber des Lehrstuhls für Verfassungsrecht an der Universität Kiel, Kritik hervor. Er erklärte: »Die heutige Gesetzgebung hat nur aus Gründen der äußeren Ordnungsmäßigkeit und Ruhe (Legalität) . . . sich eines formellen Verfahrens der Weimarer Verfassung bedient; aber sie fußt damit nicht in der Sache auf der Weimarer Verfassung und leitet ihre Rechtfertigung (Legitimität) nicht aus ihr her.«[35]

Noch schwerwiegender ist das Problem, ob durch die auf Art. 48 der Weimarer Verfassung gestützte Notverordnung vom 28. Februar 1933 auch diejenigen Grundrechte suspendiert werden können, deren Suspension in Art. 48 Abs. 2 nicht vorgesehen ist und die dieserhalb in der Terminologie der Verfassungsrechtler als »diktaturfest« bezeichnet werden. Zu ihnen gehört u. a. die Religionsfreiheit.

Dieses Problem ist anläßlich des Verbots der Zeugen Jehovas – in Deutschland »Ernste Bibelforscher« genannt – akut geworden. Gegenüber einem auf die Verordnung vom 28. Februar 1933 gestützten Verbot beriefen die »Ernsten Bibelforscher« sich auf Art. 137 der Weimarer Verfassung, der »die Freiheit der Vereinigung zu Religionsgesellschaften gewährleistet« und darüber hinaus bestimmt, daß »der Zusammenschluß von Religionsgesellschaften innerhalb des Reichsgebiets keinen Beschränkungen unterliegt«. Diese Bestimmungen ergänzen Art. 135 Weimarer Verfassung, der besagt, daß »alle Bewohner des Reichs volle Glaubens- und Gewissensfreiheit genießen« und daß die ungestörte Religionsfreiheit durch die Verfassung gewährleistet sei und unter staatlichem Schutz stehe. Die »Ernsten Bibelforscher« beriefen sich fernerhin darauf, daß die Religionsfreiheit nicht zu denjenigen Grundrechten gehöre, die gem. Art. 48 Abs. 2 Verfassung suspendiert werden können.

Ihrem Einwand wurde stattgegeben und sie erzielten vor dem Sondergericht in Darmstadt einen Freispruch.[36] Doch blieb das Urteil vereinzelt. Die Gerichte versuchten mit verschiedenartigen Begründungen, über diese verfassungsrechtliche Hürde hinwegzukommen. Eine Entscheidung des Land-

34 Reichsgericht, 22. Oktober 1934 (*RGZ*. 145, S. 373/4).

35 Ernst Rudolf Huber in einem Kommentar zu einer Entscheidung des Sondergerichts Darmstadt, 26. März 1934 (*J. W.* 1934, S. 1747).

36 Sondergericht Darmstadt, 26. März 1934 (*J. W.* 1934, S. 1747).

gerichts Dresden erblickte in der Polizeiverfügung, die die Auflösung der Vereinigung aussprach, neues Verfassungsrecht, durch das das Grundrecht der Religionsfreiheit beseitigt sei; denn – so führte das Gericht aus – die Regierung könne »durch Verwaltungsanordnungen und Maßnahmen jeder Art ... Neuerungen des Verfassungsrechts durchführen«.[37]

In einem Urteil vom 24. September 1935 ging das Reichsgericht zwar von der Weitergeltung des Art. 137 aus, erklärte jedoch, seine Anwendung steht »nicht im Wege, einer Religionsgesellschaft das Bestehen und die Betätigung dann zu verwehren, wenn diese mit der Ordnung des Staatswesens unvereinbar sind«.[38] Diese Entscheidung stellte auch die »diktaturfesten« Grundrechte zur Disposition der Polizei und degradierte den Verfassungsschutz der Religionsfreiheit zu einer Ermessensfrage der Exekutive.

Das Reichsgerichtsurteil vom 24. September 1935 hatte die Weitergeltung des in Frage kommenden Grundrechts nicht angezweifelt. Letzteres geschah jedoch in einer Entscheidung des preußischen Oberverwaltungsgerichts, in der es sich um das kraft Verfassung garantierte Akteneinsichtsrecht der Beamten handelte.[39] Das Gericht erklärte: »Nach Artikel 129 Absatz 3 Satz 3 Weimarer Verfassung ist dem Beamten Einsicht in seine Personalakten zu gewähren. Es widerspricht jedoch dem im nationalsozialistischen Staat durchgeführten Führergrundsatz, wenn dem Beamten durch die Akteneinsicht Gelegenheit gegeben wird, die Urteile seiner Vorgesetzten über ihn zu kontrollieren und zu beanstanden. Die Bestimmung ist daher als durch die Verhältnisse überholt anzusehen und ohne ausdrückliche gesetzliche Anordnung außer Kraft getreten.«[40] Aus all dem folgt, daß die verfassungsrechtlichen Schranken der souveränen Diktatur mißachtet werden.

2. *Die Beseitigung der sonstigen gesetzlichen Schranken*

Bei Anwendung der Verordnung vom 28. Februar 1933 sind die Polizeibehörden weder an die Bestimmungen der Reichsverfassung gebunden, noch sind sie gehalten, die sonstigen gesetzlichen Bestimmungen zu respektieren. Diesen Grundsatz sprach das Kammergericht in einer Entscheidung vom 31. Mai 1935 aus: »Die ... Preußische Durchführungsverordnung ... vom 3. März 1933[41] bringt nun zum Ausdruck, daß der § 1 der Verordnung (vom

37 Landgericht Dresden, 18. März 1935 (*J. W.* 1935, S. 1949).
38 Reichsgericht, 24. September 1935 (*J. W.* 1935, S. 3378).
39 Preußisches Oberverwaltungsgericht, 27. Mai 1936 (*J. W.* 1936, S. 2277). Vgl. Preußisches Oberverwaltungsgericht, 17. April 1935 (*J. W.* 1935, S. 2676).
40 *J. W.* 1935, S. 2676.
41 Veröffentlicht in *Mbl. f. i. Verw.* 1933, S. 233.

28. Februar 1933) . . . auch alle sonstigen für das Tätigwerden der Polizei auf den angeführten Gebieten gezogenen reichs- und landesgesetzlichen Schranken beseitige, soweit es zur Erreichung des mit der Verordnung erstrebten Zieles zweckmäßig und erforderlich ist . . . Einer solchen Gefährdung der öffentlichen Sicherheit und Ordnung wollen die Bestimmungen der Anordnung entgegentreten, wobei übrigens die Frage ihrer Zweckmäßigkeit und Notwendigkeit einer Nachprüfung durch das Gericht nicht unterliegt.«[42]

Wir werden im Folgenden zu zeigen haben, daß das Kammergericht mit dieser Entscheidung ein Ergebnis vorweggenommen hat, zu dem die Mehrzahl der Gerichte erst nach langen mühevollen Umwegen gelangt ist.

Das Reichsarbeitsgericht hatte offenbar Bedenken, einen durch keinerlei gesetzliche Schranken reduzierten Träger der Diktaturgewalt anzuerkennen. Zu diesem Zweck bediente es sich des Begriffs der »Staatsnotwendigkeit«. Das Gericht wies die Klage eines Angestellten der Russischen Handelsvertretung, dem von einem von der Polizei eingesetzten Kommissar das Angestelltenverhältnis gekündigt worden war, auf Fortzahlung seines Gehalts ab. Die Zuständigkeit des polizeilich eingesetzten Kommissars begründete das Reichsarbeitsgericht wie folgt: »Ob der preußische Minister des Innern schon aufgrund der ihm zustehenden Polizeigewalt befugt gewesen wäre, den Staatskommissar mit diesen weitgehenden Befugnissen zu bestellen, kann zweifelhaft sein. Die Bestellung rechtfertigt sich aber, wenn nicht durch die Verordnung des Reichspräsidenten vom 28. Februar 1933 zum Schutz von Volk und Staat (RGBl. I, 83), so doch jedenfalls unter dem Gesichtspunkt der Staatsnotwendigkeit . . . In der ersten Hälfte des Jahres 1933 konnte das Gefüge des nationalsozialistischen Staates noch nicht als gesichert angesehen werden . . . so lange die kommunistische Gefahrenquelle nicht beseitigt war, dauerte der . . . Gefahrenzustand fort und nötigte . . . zu politischen Maßnahmen über deren bisherige gesetzliche Schranken hinaus.«[43] Es ist kein Zufall, daß das Gericht bei der Rechtfertigung dieses übergesetzlichen Notstandsrechts das Imperfekt verwendete. Scheinbar wollte es zur Zeit der Entscheidung die »Staatsnotwendigkeit« als erledigt ansehen und auf diese Weise –

42 Kammergericht, 31. Mai 1935 (*Rechtsprechung. Beilage zur Dtsch. R. Z.* 1935, Nr. 624).

43 Reichsarbeitsgericht, 17. Oktober 1934 (*J. W.* 1935, S. 379). Interessanterweise hatte zu ungefähr der gleichen Zeit der Supreme Court der Vereinigten Staaten darüber zu befinden, ob ein Verfassungsorgan in einer großen nationalen Krise aufgrund eines Notstandes außerordentliche Machtbefugnisse für sich beanspruchen könne. Chief Justice Hughes hat dies im Fall Schlechter v. United States mit den inzwischen klassischen Worten abgelehnt: »Außergewöhnliche Umstände mögen die Anwendung außergewöhnlicher Mittel erforderlich machen. Mit diesem Argument können jedoch keine Handlungen gerechtfertigt werden, die über die verfassungsmäßige Gewalt hinausgehen. Außergewöhnliche Umstände schaffen oder vergrößern keine verfassungsmäßige Gewalt.« *Schlechter v. United States,* 295 US 495, 528; 27. Mai 1935.

dem Vorgehen des Reichsgerichts ähnlich – (vgl. S. 84) die Rückkehr zu rechtsstaatlichen Zuständen offen lassen.

Diese Tendenz hat sich jedoch nicht durchzusetzen vermocht. Sie fußte auf der Präambel der Verordnung vom 28. Februar 1933 und ging somit von der Vorstellung aus, das alleinige Ziel der Verordnung sei die Kommunistenbekämpfung. Hamel brachte klar zum Ausdruck, daß diese Auffassung irrtümlich sei. Er schrieb: »Auch die Präambel ... kann nicht dahin verstanden werden, daß die Behörden *nur* in diesem Kampfe von den liberalen Fesseln frei sind: die liberalen Grenzen dürfen nicht nur durch Maßnahmen, die der Bekämpfung des Kommunismus dienen, *durchbrochen* werden, sondern sie sind *vorbehaltlos* niedergelegt.«[44]

Dieser Ansicht schlossen sich sehr viele höchstinstanzliche Gerichte an. So führte das Sondergericht Hamburg in einer Bibelforscherentscheidung aus, die Verordnung sei nach dem Reichstagsbrand in höchster Gefahr und größter Eile entstanden und richte sich nicht nur gegen die Staatsgefährdung, die von kommunistischer Seite kommt, sondern auch gegen diejenige, die aus anderen Kreisen herrührt.[45] Jedoch wurde die Theorie, daß die spezielle Erwähnung der Kommunisten ein Redaktionsfehler sei, nicht aufrechterhalten.

Um die Anwendung der Verordnung gegen Kirchen, Sekten, Impfgegner und Wandervögel zu rechtfertigen, hat das Kammergericht die Lehre von der mittelbaren kommunistischen Gefahr entwickelt. In einem Urteil vom 12. Juli 1935 hob ein Strafsenat des Kammergerichts ein Urteil des Amtsgerichts Hagen (Westfalen) auf, in dem Mitglieder eines katholischen Jugendvereins freigesprochen worden waren. Die Angeklagten hatten Gruppenfahrten unternommen und sportliche Übungen veranstaltet. Sie waren angeklagt, hierdurch gegen eine auf die Verordnung vom 28. Februar 1933 gestützte Anordnung des zuständigen Regierungspräsidenten verstoßen zu haben. Die Entscheidung geht davon aus, daß der Nationalsozialismus die wahre Volksgemeinschaft und die Beseitigung aller Spannungen und Konflikte anstrebe. Daher wird von ihm die Betonung konfessioneller Unterschiede (mit Ausnahme der kirchlichen Betätigung im engsten Sinne des Wortes) mißbilligt. In der Entscheidung des Kammergerichts heißt es: »Diese Art der Betonung einer Spaltung trägt von vornherein den Keim einer Zersetzung des deutschen Volkes in sich, und jede derartige Zersetzung ist geeignet, den kommunistischen Bestrebungen ihrerseits Vorschub zu leisten und ihre Ziele zu stützen.«[46]

44 Walter Hamel, in Frank, *Deutsches Verwaltungsrecht,* München 1937, S. 386/7 (Unterstreichungen im Original).
45 Sondergericht Hamburg, 15. März 1935, zitiert in *J. W.* 1935, S. 2989.
46 Kammergericht, 12. Juli 1935 (*R. Verw. Bl.* 1936, S. 62).

Der Umstand, daß die Angeklagten Gegner des »gottesleugnenden Kommunismus« sind, schützte sie nicht davor, wegen indirekter kommunistischer Betätigung bestraft zu werden; denn, so sagte das Gericht, »die so zur Schau getragene eigene Meinung kann nur zu leicht ein Ansporn für die dem Kommunismus anhängenden oder ihm nahestehenden, vielleicht gegenwärtig politisch noch schwankenden Personen sein, die alsdann darauf die Meinung gründen und weiter verbreiten, daß der nationalsozialistische Staat doch nicht das Volk hinter sich habe«.[47] Die Theorie der indirekten Bekämpfung des Kommunismus erlaubt die Unterdrückung aller Bewegungen, denen mit noch so weit hergeholten Argumenten eine Unterstützung des Kommunismus nachgesagt werden kann.

In einer Entscheidung vom 3. Mai 1935 hob das Kammergericht ein freisprechendes Urteil eines Schöffengerichts auf, und verurteilte einen Pfarrer der Bekennenden Kirche wegen Verstoßes gegen eine Verordnung des Oberpräsidenten über »unsachliche Polemik im Kirchenstreit«. Diese Verordnung stützte sich rechtlich auf die Reichstagsbrandverordnung. Der Pfarrer hatte seinen Konfirmanden Briefe an ihre Eltern mitgegeben, die eine Stellungnahme gegen die Deutschen Christen enthielten. Das Urteil stellte den Zusammenhang zwischen dem Kirchenstreit und kommunistischen Gewaltakten folgendermaßen her: »So genügt zum Einschreiten auf Grund der Verordnung beispielsweise schon die mittelbare Gefahr, die für den Staat durch die Verbreitung als Ausdruck der Unzufriedenheit mit der neuen Ordnung der Dinge sich kennzeichnender und damit dem Wiederauftauchen kommunistischer Bestrebungen den Boden bereitender Meinungen entsteht.«[48]

Die Stellungnahme des Nationalsozialismus im Kirchenstreit und der Mißbrauch der Verordnung gegen die Kommunisten zwecks Unterdrückung der Bekennenden Kirche wurde mit dem Argument gerechtfertigt, daß mit einer solchen Polemik in jedem Falle die Erregung von Unzufriedenheit verbunden sei, – zumal bei der kirchenfeindlichen Einstellung des Kommunismus die Gefahr kommunistischer Hoffnungen und Bestrebungen eingeschlossen sei.[49]

Es kann nicht wundernehmen, daß die Theorie der indirekten Bekämpfung des Kommunismus auch die rechtliche Basis für ein Verbot der Impfgegner abzugeben vermag, wie dies vom Reichsgericht durch Urteil vom 6. August 1936 ausdrücklich anerkannt worden ist.[50]

Auch hierzu gibt es eine geschichtliche Parallele, auf die Carl Schmitt bei der Erörterung von Wallensteins rechtlicher Position hingewiesen hat: »Die Be-

47 Ib.
48 Kammergericht, 3. Mai 1935 (*D. Jstz.* 1935, S. 1831/2).
49 Ib., S. 1832.
50 Reichsgericht, 6. August 1936 (*Dtsch. Str.* 1936, S. 429).

fugnis, Konfiskationen auszusprechen, richtete sich allerdings nur gegen Feinde und Rebellen, aber es ist die Praxis aller Revolutionen gewesen, den politischen Gegner zum Feind des Vaterlandes zu erklären und ihn dadurch für seine Person und sein Eigentum mehr oder weniger vollständig des Rechtsschutzes zu berauben.«[51]

Die Gerichte sind dieser Theorie ohne allzuviel Zögern gefolgt.

In einer Entscheidung vom 9. September 1936, die sich mit der Inneren Mission beschäftigte, ließ der württembergische Verwaltungsgerichtshof jeden Zusammenhang zwischen polizeilichen Maßnahmen aufgrund der Reichstagsbrandverordnung und der Bekämpfung des Kommunismus fallen und erklärte rundheraus: »Sie (die Verordnung) soll nicht bloß dem Schutz gegen kommunistische Bedrohung des Staates, sondern gegen jede Gefährdung seines Bestandes und der öffentlichen Sicherheit und Ordnung, von welcher Seite sie kommen mögen, dienen.«[52]

Dieses Urteil spiegelte rechtliche Verhältnisse wider, die das Landgericht Berlin schon am 1. November 1933 in einer damals isoliert stehenden Entscheidung zum Ausdruck gebracht hatte: »Alle gegen die öffentliche Sicherheit und Ordnung . . . gerichteten Angriffe (werden) als kommunistisch im weitesten Sinne aufzufassen sein.«[53]

Alle Gegner des Regimes wurden in einen Topf geworfen und zu Kommunisten gestempelt. Der Ausnahmezustand wurde gegen alle Gegner des Nationalsozialismus ohne Unterschied angewandt, denn mit seiner Hilfe konnte die NSDAP ihr Herrschaftsmonopol begründen und aufrecht erhalten.

3. *Die Beseitigung der polizeirechtlichen Schranken*

Die erweiterte Anwendung der Verordnung vom 28. Februar 1933 auf alle Nicht-Nationalsozialisten läßt sich nur halten, wenn man der Ansicht ist, »daß die Zwecksetzung der Verordnung nur das Motiv, nicht aber Rechtsbestandteil der Verordnung sei«.[54] Von der Bewertung der Präambel hängt darüber hinaus ab, ob die Polizeibehörden sich der Verordnung nur zu Abwehrzwecken bedienen dürfen oder ob sie zu jedwedem Zweck angewandt werden darf. Die entscheidende Frage ist, ob die auf das Preußische Landrecht

51 Carl Schmitt, *Die Diktatur*, 2. Aufl., München 1928, S. 94.
52 Württembergischer Verwaltungsgerichtshof, 9. September 1936 (*Dtsch. Verw.* 1936, S. 385).
53 Landgericht Berlin, 1. November 1933 (*D. Jstz.* 1934, S. 64).
54 Ulrich Scheuner, »Die Neugestaltung des Vereins- und Verbandsrechts«, *D. J. Z.* 1935, Sp. 666, Anm. 5.

(10 II 17) zurückgehende Beschränkung der Polizeigewalt auch bei Anwendung der Reichstagsbrandverordnung zu beachten sei.[55]

Das preußische Oberverwaltungsgericht hat zunächst versucht, diese Schranke der Diktatur aufrechtzuerhalten. Getreu seinen Traditionen erklärte das Oberverwaltungsgericht am 10. Januar 1935: »Auch (durch die Verordnung vom 28. Februar 1933) ist die Polizei auf die Aufgabe der Gefahrenabwehr im eigentlichen Sinne beschränkt geblieben. Eine polizeiliche Verfügung, die über diese Aufgabe hinausgeht, ohne durch ein besonderes Gesetz ausdrücklich gerechtfertigt zu sein, verstößt gegen den Grundsatz des insoweit fernerhin in Kraft gebliebenen § 14 Polizeiverwaltungsgesetz und ist damit ungültig.«[56] Hätte sich diese Auffassung generell auch in den späteren Entscheidungen durchgesetzt, so wäre die Gleichschaltung des ganzen Volkes mit Hilfe staatlicher Terrormittel nicht möglich gewesen.

Es kann daher nicht überraschen, daß es in einem preußischen Ministerialerlaß vom 3. März 1933 hieß: »In diesem Rahmen können die Polizeibehörden also insbesondere auch über die ihnen durch die Vorschriften der §§ 14 und 41 Polizeiverwaltungsgesetz gezogenen Schranken hinaus tätig werden.«[57] Dies war der Beginn einer schicksalschweren Auseinandersetzung zwischen Justiz und Verwaltung.

Obwohl das Reichsgericht den Standpunkt des Oberverwaltungsgerichts teilte,[58] hat die Gestapo sich niemals an diese Rechtsprechung gehalten. Ministerialrat Eickhoff, ein hohes Mitglied der Gestapo, bezeichnete die Gestapo als einen »Generalstab . . . der die . . . Führung des Abwehrkampfs und die ebenso notwendige Offensive gegen alle Staatsfeinde übernimmt und durchführt.«[59]

Ein privater Kinderpflegeverein hatte eine Satzungsänderung beantragt, aufgrund deren sein Vermögen der Inneren Mission zufallen sollte. Hiergegen erhob der Landrat mit der Begründung Einspruch, das Vermögen solle der nationalsozialistischen Volkswohlfahrt (NSV) zufallen, die »alle Volksgenossen in gleicher Weise betreut«.[60] Die gegen dieses Urteil eingelegte Be-

55 Die Schranken der Polizeigewalt sind in § 14 des Preußischen Polizeiverwaltungsgesetzes festgelegt (*PGS.* 1931, S. 77 ff., S. 79). Sie sind fast wörtlich aus dem Allgemeinen Preußischen Landrecht von 1794 übernommen. Kraft Rechtsübung und Gewohnheitsrecht hatten sie seit vielen Jahrzehnten in *ganz* Deutschland Gültigkeit.

56 Preußisches Oberverwaltungsgericht, 10. Januar 1935 (*R. Verw. Bl.* 1935, S. 923).

57 *Mbl. f. i. Verw.* 1933, S. 233.

58 Reichsgericht, 23. Januar 1934 (*J. W.* 1934, S. 767).

59 Ludwig Eickhoff, »Die Preußische Geheime Staatspolizei«, *Dtsch. Verw.* 1936, S. 90 ff., S. 91.

60 Vgl. S. 73, Anm. 52.

schwerde wurde vom württembergischen Innenministerium unter Berufung auf § 1 der Verordnung vom 28. Februar 1933 verworfen. Der Verein rief nunmehr das Verwaltungsgericht an und führte zur Begründung aus: »Bei der ... beabsichtigten Satzungsänderung könne es sich um eine Staatsgefährdung oder die Abwehr einer solchen nicht handeln. Das Motiv des Einspruchs des Landrats sei in Wirklichkeit nicht die Bekämpfung von drohenden Gewaltakten, sondern der Versuch einer Säkularisierung des Vereinsvermögens.«[61]

Der Kinderpflegeverein wurde mit seiner Klage abgewiesen. Das Gericht erblickte den Rechtsirrtum des Vereins darin, daß er Zweck und Wirkungsbereich der Verordnung vom 28. Februar 1933 zu eng ausgelegt habe. In der Entscheidung heißt es weiter: »Zum Schutze der öffentlichen Ordnung und Sicherheit gehört im heutigen Staat auch die Wahrung der allgemeinen Belange der völkischen Gemeinschaftsordnung. Hätten die bis zum Erlaß der Verordnung ... in Geltung gewesenen Grenzen für behördliche Eingriffe ... nicht allgemein, sondern nur zur Erreichung einzelner konkreter Zwecke beseitigt werden sollen, so wäre dies in dem § 1 der Verordnung selbst ausdrücklich gesagt worden.«[62]

Es ist in der Tat unmißverständlich in der Präambel gesagt worden. Es wäre falsch anzunehmen, die nationalsozialistische Rechtslehre schenke Gesetzespräambeln generell keine Beachtung.

Ob dies zutrifft, hängt vom Einzelfall ab. Zwar werden bei der Interpretation der »Verfassungsurkunde« des Dritten Reiches (der Verordnung vom 28. Februar 1933) die einleitenden Formulierungen außer acht gelassen; wenn sich jedoch andere Regierungen ähnlicher Methoden bedienen, bringen nationalsozialistische Autoren tiefen Abscheu zum Ausdruck. Swoboda, nationalsozialistischer Professor der Jurisprudenz an der deutschen Universität Prag, attackierte diese Interpretationsmethode sehr heftig, beschränkte seine Kritik jedoch auf die Auslegung der tschechoslowakischen Verfassung. Er führte aus, daß in den zwanzig Jahren des Bestehens der Tschechoslowakei der reine Positivismus vorgeherrscht habe; während dieser Zeit sei den Gesetzespräambeln nur deklamatorischer Wert beigemessen worden. »Das hat sich am verhängnisvollsten bei der Verfassung des tschechoslowakischen Staates ausgewirkt und ihrer Anwendung von vornherein den Charakter der Unehrlichkeit aufgedrückt. Dem Nationalsozialismus ist eine so frivole Auffassung fremd.«[63]

61 Ib.
62 Ib.
63 Ernst Swoboda, »Das Protektorat in Böhmen und Mähren«, *R. Verw. Bl.* 8. April 1939, S. 281-4.

Die nationalsozialistischen Behörden übergehen nicht nur die Präambel der Verordnung vom 28. Februar 1933, sondern legen die Verordnung in einer Art und Weise aus, die ihrer Bedeutung direkt widerspricht. Die Entscheidung des Württembergischen Verwaltungsgerichtshofs läßt erkennen, daß eine grundsätzliche Wandlung der Problemstellung eingetreten ist. Die Verordnung vom 28. Februar 1933 beschäftigte sich im wesentlichen mit den Problemen, die aus den Beziehungen zwischen Staat und Individuum erwachsen. Je mehr Partei- und Staatsfunktionen ineinander übergehen, desto mehr tritt der Konflikt zwischen individueller Freiheit und staatlichem Zwang in den Hintergrund, und an seine Stelle tritt das Spannungsverhältnis zwischen Konkurrenz der Verbände und Monopol der Partei. Um für den Parteiapparat und den Parteisäckel »Beute« zu machen, hat die NSDAP es verstanden, mit Hilfe des Maßnahmenstaates konkurrierende Organisationen zu beseitigen.

Eine Entscheidung des Badischen Verwaltungsgerichts zeigt, daß man sich nicht einmal mehr die Mühe macht, den Schein zu wahren und diese Tendenz zu verschleiern. In einer kleinen badischen Stadt war es zwischen einer protestantischen Frauenorganisation und der lokalen Zweigstelle des Roten Kreuzes zu einem Konflikt gekommen. Letztere stand unter nationalsozialistischer Leitung. Anscheinend lagen dem Streit persönliche Differenzen zugrunde. Dieser Streitfall wurde geschichtlich bedeutsam, als die Regierung versuchte, der religiösen Organisation die Aufgabe streitig zu machen, für die Kranken zu sorgen – ein Betätigungsfeld, das die Kirche seit fast zweitausend Jahren als ihre ureigenste Domäne betrachtet hat. Die Polizei machte kurzen Prozeß und löste den religiösen Verband aufgrund der Verordnung vom 28. Februar 1933 auf. Das Gericht bestätigte die Maßnahme der Polizei.[64]

Kein Versuch wurde unternommen, einen inneren Zusammenhang zwischen der Auflösung des Krankenpflegevereins und der antikommunistischen Verordnung herzustellen. Vielmehr geht die Kampfstellung des Nationalsozialismus gegenüber Organisationen, die mit ihm konkurrieren, aus dieser Entscheidung klar hervor. Das Gericht erklärte, daß »aus kirchlichen Interessen heraus ein Verein gegründet wurde, der dem örtlichen Frauenverein vom Roten Kreuz in X ohne Zweifel empfindlichen Abtrag tat«.[65] Das Gericht entschied, daß allein diese Tatsache ein ausreichender Grund für das Verbot sei.

64 Badischer Verwaltungsgerichtshof, 11. Januar 1938 (*Bad. Verw. Ztschr.* 1938, S. 96-100). Insoweit die badischen Gerichte sich zu dieser Zeit noch für kompetent erklärten, die Handlungen der Polizei nachzuprüfen, hat das Urteil des Verwaltungsgerichts eine entscheidende historische Bedeutung, denn es ist das letzte Urteil eines deutschen Verwaltungsgerichtes in einer Nachprüfung politischer Maßnahmen seitens der Polizei. Seitdem ist Baden dem Beispiel Preußens und anderer deutscher Staaten gefolgt.

65 Ib.

»Wenn der Minister des Innern ... erklärt, daß durch die tatsächlich bestehende Konkurrenz zwischen den beiden Organisationen wichtige staatliche Belange benachteiligt werden ... so ist der Gerichtshof außerstande, diese einer Entscheidung der maßgebenden politischen Führung gleich zu achtende Erklärung nicht anzuerkennen.«[66] Mit diesen Urteilen war – zumindest für Württemberg und Baden – jegliche bisherige Beschränkung der Polizeigewalt beseitigt.

Gäbe es noch einen uneingeschränkten freien Zugang zu Gerichten, so hätten der Kinder- und der Krankenpflegeverein mit dem Einwand der Willkür Berufung einlegen können. Aufgrund der Stimmen, die sich in der juristischen Literatur zu diesem Fragenkomplex geäußert haben, ist es jedoch zweifelhaft, ob sie mit diesem Argument auch nur gehört worden wären.[67]

Mit der vom Nationalsozialismus in die Wege geleiteten Beseitigung der Schranken der Polizeigewalt fiel auch die »Verhältnismäßigkeit« als Prinzip. Die Polizei braucht nicht mehr nachzuweisen, daß die von ihr ergriffenen Maßnahmen zur Erreichung des angestrebten Ziels »den Verhältnissen angemessen« sind. Die Beseitigung des Rechtsgrundsatzes der Verhältnismäßigkeit trug maßgeblich zu der Verkümmerung des Verwaltungsrechts bei, wie dies aus einer Entscheidung des Oberlandesgerichts Braunschweig vom 29. Mai 1935 besonders klar hervortritt. In diesem Fall wurde die Auflösung eines Verlages der Wachtturm Bibel-Traktatgesellschaft mit der Erwägung gerechtfertigt: »Zur Abwehr kommunistischer staatsgefährdender Gewaltakte, (konnte es) auch dienlich erscheinen ... solche Vereinigungen zu verbieten, in denen sich vielleicht ohne Wissen ihrer Leiter Kommunistenfreunde verbergen konnten.«[68] Mit keinem Wort wurde in der Entscheidung erörtert, ob nicht weniger drastische Schritte genügten, um das von der Polizei angestrebte Ziel zu erreichen. In der Entscheidung wurde auch nicht erörtert, ob die Polizei von den Leitern der Sekte vor Erlaß des Verbots die Entfernung der Kommunistenfreunde hätte fordern müssen.

Vielmehr werden alle Fragen, die im Zusammenhang mit der Gewährung von Unterschlupfmöglichkeiten für Kommunisten stehen, dem freien Ermessen der Polizei überlassen. Ihre Maßnahmen sind insoweit keiner gerichtlichen Kontrolle unterworfen.

66 Ib.
67 Dannbeck behandelt diese Frage in Frank, *Deutsches Verwaltungsrecht*, München 1937, S. 306 ff. Er wendet sich gegen die Nachprüfung politischer Maßnahmen unter dem Gesichtspunkt des Mißbrauchs oder der Willkür. (Vgl. Lauer in *J. W.* 1934, S. 2833.)
68 Oberlandesgericht Braunschweig, 29. Mai 1935 (*Höchst. R. Rspr.* 1936, Nr. 98).

4. Die Beseitigung der gerichtlichen Nachprüfung

a. Vorbemerkung

Bevor zu der Frage Stellung genommen wird, ob und inwieweit Verfügungen der Polizeibehörden politischen Charakters einer gerichtlichen Nachprüfung unterworfen sind, scheint eine Vorbemerkung erforderlich. Eine gerichtliche Nachprüfung von Polizeiverfügungen ist nur möglich, sofern Rechtsnormen bestehen, die die Polizei bei ihrem Vorgehen zu respektieren hat. Letzteres gilt jedoch nur solange, wie die normale Rechtsordnung in Kraft ist. Im deutschen wie im angloamerikanischen Rechtssystem ist das Gegenteil der Fall, sofern eine Bürgerkriegssituation vorherrscht.

Die Herleitung des Maßnahmenstaats aus dem Belagerungszustand sollte dem anglo-amerikanischen Leser das Verständnis für die den Doppelstaat kennzeichnende Ko-Existenz von Rechtsordnung und Rechtlosigkeit erleichtern.

Als eine Rechtsinstitution ist der Ausnahmezustand dem traditionellen englischen Recht unbekannt. »Martial law« ist vielmehr eine Art Selbstverteidigung des Staates gegen Störungen des öffentlichen Friedens. Im Fall des offenen Bürgerkrieges (über dessen Bestehen die Gerichte zu entscheiden haben) stehen die unter den Bedingungen des *martial law* getroffenen Maßnahmen als staatliche Notwehrakte außerhalb der regulären Rechtsordnung, wie Chief Justice Cockburn für den Bereich des englischen Rechts erklärt: »Wenn *martial law* gegenüber Zivilisten angewandt wird, ist es überhaupt kein Recht, sondern ein schattenhaftes prekäres Etwas, das völlig vom Gewissen oder vielmehr von der despotischen und willkürlichen Herrschaft derer abhängt, die es anwenden.«[69]

Das amerikanische Recht legt ebenfalls auf die Feststellung Nachdruck, daß unter den Bedingungen des *martial law* die erlassenen Maßnahmen keine auf Recht beruhenden Hoheitsakte im eigentlichen Sinne darstellen. So heißt es in dem »leading case« *Ex parte Milligan:* »Wenn die Leute den Ausdruck ›martial law‹ hören, haben sie die Vorstellung, daß es unter diesem Namen ein Rechtssystem gibt, das anstelle des normalen Systems treten kann. Des weiteren herrscht die Vorstellung, daß unter gewissen Umständen ein Militärbefehlshaber durch eine Proklamation das eine System, das ›civil law‹, durch ein anderes System, das ›martial law‹, ersetzen kann. Wir wollen doch die Dinge bei

69 *Regina v. Nelson & Brand.* (Charge of the Lord Chief Justice of England to the Grand Jury at the Central Criminal Court in the case of the Queen against Nelson & Brand, 2nd. ed., London 1867, p. 86).

ihrem rechten Namen nennen; es handelt sich nicht um ein Ausnahme*recht* (martial law), sondern um eine Ausnahme*herrschaft* (martial rule).«[70]

So unmöglich es ist, beim Vorliegen einer *martial law* Situation alle Maßnahmen der Exekutive einer gerichtlichen Nachprüfung zu unterziehen, so unerläßlich ist es, die Frage, ob diese Voraussetzung gegeben ist, stets und von neuem einer gerichtlichen Kontrolle zu unterziehen – es sei denn, man habe sich mit der Herrschaft des Maßnahmenstaats abgefunden.

Carl Schmitt kennzeichnete den Ausnahmezustand folgendermaßen: »Dazu gehört . . . eine prinzipiell unbegrenzte Befugnis, d. h. die Suspendierung der gesamten bestehenden Ordnung. Ist dieser Zustand eingetreten, so ist klar, daß der Staat bestehen bleibt, während das Recht zurücktritt. Weil der Ausnahmezustand immer noch etwas anderes ist als eine Anarchie oder ein Chaos, besteht im juristischen Sinne immer noch eine Ordnung, wenn auch keine Rechtsordnung. Die Existenz des Staates bewahrt hier eine zweifellose Überlegenheit über die Geltung der Rechtsnormen. Die Entscheidung macht sich frei von jeder normativen Gebundenheit und wird im eigentlichen Sinne absolut. Im Ausnahmefall suspendiert der Staat das Recht, kraft eines Selbsterhaltungsrechtes, wie man sagt.«[71]

Schmitts Lehre ist von der Gestapo übernommen worden. Dr. Best, Referent für Rechtsfragen in der Gestapo, schreibt:

»In dem Auftrag, alle staatsgefährlichen Bestrebungen zu bekämpfen, liegt zugleich die Ermächtigung, alle zu diesem Zweck erforderlichen Mittel anzuwenden, soweit nicht rechtliche Schranken entgegenstehen. Daß solche Schranken nach der Verordnung . . . vom 28. Februar 1933 und nach der Umstellung von der liberalen auf die nationalsozialistische Staats- und Rechtsauffassung nicht mehr bestehen, ist bereits dargelegt.«[72]

Diese offenen Erklärungen prominenter Vertreter der nationalsozialistischen Verfassungstheorie finden ihren Niederschlag in den Entscheidungen der Gerichte vornehmlich im Zusammenhang mit dem Problem der gerichtlichen Nachprüfung.

70 Field in »*ex parte* Milligan« 1866, 4 Wallace 2, 35. Vgl. hierzu Ernst Fraenkel, »Martial Law und Staatsnotstand in England und USA«, in: *Der Staatsnotstand*, hrsg. von Ernst Fraenkel, Berlin 1965, S. 138-165.

71 Carl Schmitt, *Politische Theologie*, München 1922, S. 13.

72 Ministerialdirigent und SS-Oberführer Werner Best in *D.A.Z.* 1. Juli 1937 (fast wörtlich abgedruckt in Frank, *Deutsches Verwaltungsrecht*, München 1937, S. 417 ff., insbes. S. 428).

b. *Nachprüfung durch Verwaltungsgerichte*

Das preußische Oberverwaltungsgericht nahm in einer Entscheidung vom 25. Oktober 1935 das uneingeschränkte Recht für sich in Anspruch, im Dritten Reich auch diktatorische Maßnahmen politischen Charakters gerichtlich nachzuprüfen. Es begründete seinen Anspruch wie folgt: »Der Umstand, daß sich die Verfügung auf dem Gebiet der sogenannten politischen Polizei bewegt, bietet keinen Anlaß für die Annahme, daß dem Betroffenen der genannte Rechtsweg verschlossen sei.«[73] In einer Entscheidung vom 2. Mai 1935 machte das gleiche Gericht,[74] gestützt auf das am 30. November 1933[75] erlassene Gesetz über die Geheime Staatspolizei, jedoch einen Rückzieher.

Dieses Gesetz ermöglichte es, zwischen Akten der Staatspolizeibehörden und solchen der ordentlichen Polizei zu differenzieren. Von der Annahme ausgehend, daß die Staatspolizei (Stapo) und die Geheime Staatspolizei (Gestapo) Sonderpolizeibehörden seien und daß es keine besondere gesetzliche Vorschrift über die Nachprüfung von Akten der Sonderpolizeibehörden gäbe, lehnte das Oberverwaltungsgericht in dem vorliegenden Fall die gerichtliche Nachprüfung ab. Es stützte sich insoweit auf das Enumerationsprinzip, kraft dessen eine Nachprüfung nur erfolgen kann, wenn für solche Verwaltungsakte die Möglichkeit der gerichtlichen Nachprüfung in einem Gesetz besonders aufgeführt (»enumeriert«) ist. Maßnahmen der ordentlichen Polizeibehörden sollten jedoch auch weiterhin nachprüfbar sein, selbst wenn die ordentliche Polizeibehörde als Hilfsorgan der Gestapo tätig geworden war.[76]

In einer Entscheidung vom 5. Dezember 1935 hatte das preußische Oberverwaltungsgericht zu der Frage Stellung genommen, ob eine Verordnung des Regierungspräsidenten von Sigmaringen zu Recht bestehe, in der die Ausweisung deutscher Staatsangehöriger fremder Rasse (in diesem Fall handelte es sich um Zigeuner) verfügt worden war. Das Gericht hatte die Ungültigkeit der Ausweisung wie folgt begründet: »Die polizeiliche Ausweisung Reichsangehöriger aus dem Ort ihres dauernden oder vorübergehenden Aufenthalts in anderen als den durch das Freizügigkeitsgesetz[77] vorgesehenen Fällen ist unzulässig . . . Die mit der polizeilichen Verfügung an die Kläger gerichtete Aufforderung zum Verlassen der Gemeinde St. (war) von vornherein ungesetzlich.«[78]

73 Preußisches Oberverwaltungsgericht, 25. Oktober 1934 (*R. Verw. Bl.* 1935, S. 458).
74 Preußisches Oberverwaltungsgericht, 2. Mai 1935 (*R. Verw. Bl.* 1935, S. 577).
75 *PGS.* 1933, S. 413.
76 Diese Ansicht hat das Preußische Oberverwaltungsgericht in seinem Urteil vom 23. Mai 1935 vertreten (*J. W.* 1935, S. 2670). Es lehnte ausdrücklich die Auffassung ab, daß der politische Charakter einer Polizeiverfügung an sich genüge, um eine Nachprüfung auszuschließen.
77 Gesetz über die Freizügigkeit, 1. November 1867 (BGBl. 1867, S. 55).

Am 19. März 1936 kam ein weiterer »Verweisungs«fall vor die Schranken des Oberverwaltungsgerichts, dem in der nationalsozialistischen Rechtslehre und Praxis der Charakter eines Grundsatzprozesses beigemessen wurde.

Der Fall war aus einem in Verfolgung des Kirchenkampfes entstandenen Konflikt zwischen Anhängern der »Deutschen Christen« und der »Bekennenden Kirche« entstanden. Der Kläger gehörte dem »Bund für Bibel und Bekenntnis« an. Ihm wurde vorgeworfen, eine Resolution gegen die deutschchristlichen Mitglieder der Leitung der lokalen Kirchengemeinde eingebracht und ein den Konfirmandenunterricht betreffendes Schreiben an die Eltern der Konfirmanden abgefaßt und abgesandt zu haben. Gestützt auf die Verordnung vom 28. Februar 1933 hatte der Landrat des Kreises, in dem der Kläger seinen Wohnsitz hatte, ihn »wegen Befürchtung einer Störung der öffentlichen Sicherheit und Ordnung« angewiesen, binnen einer Woche den Kreis endgültig zu verlassen, ihm »irgend ein Auftreten im Kreis versagt und angedroht, die Aufenthaltsbeschränkung auf den gesamten Regierungsbezirk auszudehnen, falls durch sein Auftreten und seine Äußerungen Unruhe in andere Teile des Regierungsbezirks hineingetragen werde«.

Gegen diese Polizeiverfügung hatte der Kläger, nachdem seine Beschwerden abgewiesen waren, den Rechtsweg beschritten. Er ist in allen Instanzen abgewiesen worden.

Obwohl namentlich nach der Entscheidung im Zigeunerprozeß kein Zweifel an der Rechtswidrigkeit des Verweisungsbefehls bestehen konnte, verlor der Missionar seinen Prozeß mit der Begründung, es handele sich bei der fraglichen Polizeiverfügung um eine Angelegenheit der Geheimen Staatspolizei, die nach dem § 7 des am 10. Februar 1936 neugefaßten Gesetzes über die Geheime Staatspolizei einer verwaltungsgerichtlichen Nachprüfung nicht mehr unterliege.[79]

Das Gericht führte im einzelnen aus: »Die im Streit befindliche polizeiliche Verfügung ist hervorgerufen aus der Besorgnis, die vom Kläger in der Öffentlichkeit eingenommene Haltung gegen den Reichsbischof und die Reichskirchenregierung werde die Spannung zwischen den verschiedenen evangelischen Richtungen in N. angehörenden Volksschichten in einer der Staatsautorität abträglichen Weise verschärfen. Die streitige polizeiliche Verfügung gehöre demzufolge ihrem Wesen nach augenscheinlich zum Aufgabengebiet der Geheimen Staatspolizei, woraus sich ihre Unanfechtbarkeit gemäß § 7 des Gesetzes vom 10. Februar 1936 ergibt.«[80]

78 Preußisches Oberverwaltungsgericht, 5. Dezember 1935 (*OVG.* 97, S. 117 ff., S. 120).
79 Gesetz über die Geheime Staatspolizei, 10. Februar 1936 (*PGS.* 1936, S. 21).
80 Preußisches Oberverwaltungsgericht, 19. März 1936 (*J. W.* 1936, S. 2189).

Dem ist nur hinzuzufügen, daß in der Zeit zwischen dem Erlaß des Gestapogesetzes und dem Termin vor dem Oberverwaltungsgericht ein geharnischter Artikel im *Völkischen Beobachter* vom 1. März 1936 gegen die »reaktionäre« Rechtsprechung des OVG erschienen war.

Nun hatte am 10. Februar 1936 der preußische Gesetzgeber ein Gesetz über die Gestapo erlassen,[81] das vorsah, daß Verfügungen *und* Angelegenheiten der Gestapo der Nachprüfung durch die Verwaltungsgerichte nicht unterworfen seien. Kurz nach Erlaß des Gesetzes erfolgte eine Druckfehlerberichtigung des Gesetzes vom 10. Februar 1936, das dahingehend revidiert wurde, daß die Nachprüfung von Akten der Polizeibehörden stets dann unzulässig sei, wenn die Polizeiverfügung »*in* Angelegenheiten der Gestapo« ergangen sei. Da es sich nach Ansicht des Oberverwaltungsgerichts im vorliegenden Fall um eine Anordnung handelte, die offenbar dazu bestimmt war, »dem Schutz der Staatssicherheit nach innen oder außen zu dienen«[82], bewertete das Oberverwaltungsgericht die Polizeiverfügung des Landrats als einen Verwaltungsakt, der »in« Angelegenheiten der Gestapo ergangen war, obwohl er nicht von einer Instanz erlassen war, die zur Gestapo gehörte.

Indem das Oberverwaltungsgericht es ablehnte, gegen eine absolut nichtige, von der regulären Polizei erlassene Verfügung Front zu machen, hat es auch diesen Polizeibehörden ermöglicht, fast unkontrolliert gesetzwidrige Maßnahmen beliebiger Art vorzunehmen.

Das Oberverwaltungsgericht behielt sich eine Nachprüfung lediglich in solchen Fällen vor, in denen ein Verwaltungsakt der ordentlichen Polizeibehörden zwar äußerlich, aber nicht innerlich mit den Aufgaben der Staatspolizeibehörden in Verbindung steht.[83]

Die Rechtsfrage, welche polizeilichen Verwaltungsakte von der gerichtlichen Nachprüfung ausgenommen sind, wurde vom preußischen Oberverwaltungsgericht in einer Entscheidung vom 10. November 1938 abschließend wie folgt beantwortet:[84]

1. alle von der Gestapo unmittelbar vorgenommenen Verwaltungsakte;
2. alle Verwaltungsakte der ordentlichen Polizeibehörden, die auf *besonderen* Anordnungen der Gestapo beruhen;
3. alle Verwaltungsakte der ordentlichen Polizeibehörden, die auf *allgemeinen* Anordnungen der Gestapo beruhen;
4. alle Verwaltungsakte, die in den Zuständigkeitsbereich der Gestapo fallen.

81 *PGS.* 1936, S. 28, No. 6.
82 Vgl. S. 81, Anm. 80.
83 *Dtsch. Verw.* 1936, S. 318, und *R. Verw. Bl.* 1936, S. 549.
84 Preußisches Oberverwaltungsgericht, 10. November 1938 (*J. W.* 1939, S. 382).

Die Bedeutung dieser am 10. November 1938 ergangenen Entscheidung liegt darin, daß in ihr die Macht der Gestapo anerkannt wird, ganze Lebensbereiche der Zuständigkeit des Normenstaats zu entziehen und an den Maßnahmenstaat zu übertragen (Fall 3). Wenn die Gestapo entscheidet, daß die Pflege des Schießsports nunmehr ausschließlich Angelegenheit des gleichgeschalteten deutschen Schützenverbandes sei, hat der Besitzer eines Schießstands keine rechtliche Möglichkeit, gegen das Verbot eines Preisschießens anzugehen, selbst wenn das Verbot »auf persönliche Differenzen ... zwischen ihm und dem Sportverein zurückzuführen ist«.[85]

Kennzeichnend für die jüngste Entwicklung ist die Tendenz, die für die Errichtung einer nationalistischen Diktatur geplante und erlassene Verordnung vom 28. Februar 1933 in ein Werkzeug zwecks Verwirklichung eines faschistischen Totalitarismus zu verwandeln. Dies erfolgte nicht zuletzt durch die Praxis der Behörden des Maßnahmenstaates, die zur *Ausschaltung* engagierter politischer Gegner entwickelten Kampfmethoden zur *Gleichschaltung* genuin unpolitischer Konkurrenzorganisationen zu mißbrauchen – wie dies so offenkundig im Kirchenkonflikt zutage getreten ist. Die Verwirklichung dieser Tendenz macht es aber sinnlos, die Zulässigkeit verwaltungsgerichtlicher Verfahren davon abhängig zu machen, ob es sich nach Ansicht der politischen Instanzen im einzelnen Fall um eine »politische« oder »unpolitische« Angelegenheit handelt.

Wie sich die künstliche Aufrechterhaltung einer solchen Differenzierung auswirken könnte, mag aus der Annahme hervorgehen, daß zwar der Rechtsweg offen ist, wenn eine Wahrsagerin die Beschlagnahme ihres beruflichen Handwerkszeugs (Traumbücher, Wahrsagekarten etc.) in Frage stellt[86], daß aber im Fall der Konfiskation einer päpstlichen Enzyklika eine Nachprüfung ihrer Rechtmäßigkeit nicht angängig wäre.

De facto ist allerdings durch die Entscheidung vom 19. März 1936 das preußische Oberverwaltungsgericht in die Front seiner Widersacher eingeschwenkt und hält sich nicht mehr an diese Unterscheidung.[87]

85 Ib.

86 Preußisches Oberverwaltungsgericht, 6. Februar 1936, *OVG.*, 97, S. 106 ff.

87 Vermutlich das erste Urteil dieser Art wurde vom Landgericht Tübingen am 25. Januar 1934 ausgesprochen (*J. W.* 1934, S. 627). Es lehnte das Armenrecht für einen Antragsteller ab, der wegen unbegründeter Haft im Konzentrationslager Regreßansprüche geltend machen wollte. Es vertrat die Auffassung, »daß die Justiz nicht unter dem Blickpunkt einer anderen Betrachtungsweise verneinen könne, was der Staat als politische Handlung vornehme«. Von größerer Bedeutung ist die Entscheidung des Hamburger Verwaltungsgerichts vom 7. Oktober 1935 (*R. Verw. Bl.* 1935, S. 1045). Die politische Polizei hatte einen sogenannten Bürgerverein aufgelöst, der arische und jüdische Mitglieder umfaßte. Das Verwaltungsgericht wies die Klage des Vereins mit der Begründung ab, die Auflösung des Vereins sei ein politischer Akt und daher nicht nachprüfbar.

c. *Nachprüfung durch Zivilgerichte*

Gilt der Grundsatz, daß »in Angelegenheiten der Geheimen Staatspolizei« eine gerichtliche Nachprüfung durch die Verwaltungsgerichte unzulässig ist, entsprechend auch für Verfahren vor den ordentlichen Gerichten?[88]

Ein Anwalt hatte gegen den Staat in einem Regreßprozeß mit der Begründung Klage erhoben, er sei zu Unrecht wegen kommunistischer Betätigung aus der Anwaltschaft ausgeschlossen worden.[89] Das Reichsgericht wies die Klage mit der Begründung ab, daß Entscheidungen politischer Art ihrem Wesen nach für eine Nachprüfung im ordentlichen Rechtsweg ungeeignet sind.[90]

Andererseits vertrat in einer späteren Entscheidung das Reichsgericht die Ansicht, daß die in Artikel 131 Weimarer Verfassung normierte Haftung des Staats für Schäden, die durch das rechtswidrige Verhalten von Beamten verursacht wurden, generell bestehe und daß es daher keinen Unterschied macht, ob es sich um eine »politische« oder »unpolitische« Angelegenheit handelt.[91]

Ohne Rücksicht auf die frühere Entscheidung erklärte das Gericht, es könne der Auffassung nicht gefolgt werden, daß allein schon aus dem mehr oder minder politischen Charakter eines staatlichen Hoheitsaktes sich eine Einschränkung des Artikels 131 ergebe.[92] Die Formulierung deutet darauf hin, daß das Reichsgericht bewußt von dem Standpunkt abrückte, politische Fragen gehörten nicht zu seinem Zuständigkeitsbereich. Denn »auch aus der Gesetzgebung des Dritten Reiches . . . kann eine allgemeine Beschränkung des Geltungsbereichs des Artikels 131 RV auf hoheitsrechtliche Betätigung unpolitischer Art . . . nicht hergeleitet werden«.[93]

Die Divergenz in der Urteilsbegründung bei fast analogen Tatbeständen könnte zu der Annahme führen, die Justiz habe an der Schwelle zur Rechtsanarchie den Rückweg zum Rechtsstaat antreten wollen. In Wirklichkeit jedoch bedeutet die zweite Entscheidung keine Rückkehr zum Rechtsstaat; sie führt unmittelbar in den Doppelstaat.

In der Zeit zwischen dem Erlaß dieser Urteile liegt die Einführung des »Konflikts« nach Maßgabe des § 147 des Beamtengesetzes.[94] § 147 besagt, daß die

88 Vgl. S. 81, Anm. 79.
89 Gesetz über die Zulassung zur Rechtsanwaltschaft, 7. April 1933 (*RGBl.*, 1933, S. 188).
90 Reichsgericht, 6. Mai 1936 (*J. W.* 1936, S. 2982).
91 *BGB* § 839; *Reichsverfassung* Art. 131.
92 Reichsgericht, 3. März 1937 (*J. W.* 1937, S. 1723 f.).
93 Ib.
94 Deutsches Beamtengesetz, 26. Januar 1937 (*RGBl.* 1937, S. 39).

oberste Verwaltungsbehörde befugt ist, in Regreßklagen gegen den Staat die Zuständigkeit des obersten ordentlichen Gerichts durch die Zuständigkeit des obersten Verwaltungsgerichts zu ersetzen. Das oberste Verwaltungsgericht ist alsdann in einem solchen Rechtsstreit höchste Instanz.[95]

Die Folge dieser scheinbar unerheblichen Neuerung ist, daß die für das Oberverwaltungsgericht geltende Norm, Hoheitsakte in Angelegenheiten der Geheimen Staatspolizei keiner gerichtlichen Nachprüfung zu unterziehen, auf Zivilrechtsfälle anwendbar ist, die Schadensersatzansprüche gegen den Staat betreffen. Auf diese Weise wird das Prinzip gerettet, daß politische Fragen nicht justiziabel sind, wenn die Verwaltungsbehörde unter Anwendung des § 147 Beamtengesetz sie dem Bereich der ordentlichen Gerichte entzogen hat. Zugleich eröffnet sich den Gerichten die Möglichkeit, sich im Rahmen der ihnen belassenen Zuständigkeit zu der Herrschaft der Normen des materiellen Rechts zu bekennen. Das letzte Wort haben insoweit die politischen Behörden. Der »Konflikt« ist das rechtstechnische Mittel, mit dessen Hilfe in Regreßprozessen die Abgrenzung von Normenstaat und Maßnahmenstaat erfolgt.

§ 147 des Beamtengesetzes hat einer Gesetzesbestimmung Dauer verliehen, die in der Übergangszeit zwischen Demokratie und Diktatur als Spezialvorschrift in Kraft gewesen war. In dieser Zeit hatte das »Gesetz über den Ausgleich bürgerlich-rechtlicher Ansprüche« vom 13. Dezember 1934[96] den Innenminister ermächtigt, das Gerichtsverfahren jedes Mal dann zu unterbrechen und die Entscheidung den Verwaltungsbehörden zu übertragen, wenn mit der Klage ein Anspruch geltend gemacht wurde, der durch den nationalsozialistischen Umbruch entstanden war. Die Verwaltungsbehörde war alsdann nicht an das gesetzte Recht gebunden, sie hatte nach »billigem Ermessen« zu entscheiden. Man hielt dies für notwendig, um zu verhindern, daß der Normenstaat die Beute des Staatsstreichs gefährde. Die Wirkung des Gesetzes erhellt aus einer Reichsgerichtsentscheidung vom 7. September 1937, die zugleich die wahren Methoden der »legalen Revolution« enthüllte.

Zu Beginn des nationalsozialistischen Umbruchs wurde der Bürgermeister von Eutin seines Postens enthoben. Ursprünglich wollten die Behörden gegen ihn ein Dienststrafverfahren einleiten, d. h. mit normenstaatlichen Mitteln vorgehen. Diesen Plan ließen sie jedoch fallen, zogen vielmehr die Mittel des Maßnahmenstaates vor und verhängten am 24. Juli 1933 gegen den Bürger-

95 Diese Ansicht über die Bedeutung der Konflikterhebung steht in Widerspruch zu der Auffassung des Reichsgerichts, das den § 147 nur als Kompetenzverschiebung und nicht als Änderung des materiellen Rechts interpretiert. Wir halten diese Auffassung für unzutreffend.

96 Gesetz über den Ausgleich bürgerlich-rechtlicher Ansprüche, 13. Dezember 1934 (*RGBl.* 1934, S. 1235).

meister die Schutzhaft. Verhandlungen zwischen seinem Rechtsbeistand und dem Regierungspräsidenten endeten mit einer schriftlichen Erklärung, in welcher der Bürgermeister auf jegliche Gehaltsansprüche und etwaige sonstige Ansprüche verzichtete und sich verpflichtete, zur Abgeltung der dem Ansehen der Stadt Eutin (angeblich) zugefügten Schäden 3000,- RM an die Regierung zu zahlen. Dies erfolgte, obwohl das deutsche Recht in solchen Fällen keinen Schadensersatz für »dommage morale« kennt.

Der Staat verhängte Schutzhaft und drohte mit Konzentrationslager, um einen seiner Bürger zu veranlassen, nicht nur auf berechtigte Ansprüche zu verzichten, sondern darüber hinaus Zahlungen zu leisten, für die im Gesetz auch nicht der geringste Schatten eines Grundes zu finden ist. Dieses Verhalten stellt sich juristisch als räuberische Erpressung dar. Der Regierungspräsident und der neuernannte Bürgermeister von Eutin zeigten sich, nachdem sie ihr Ziel erreicht hatten, großzügig: »Der Regierungspräsident und der Bürgermeister der Stadt Eutin erklärten ihrerseits, daß der Staat und die Stadt die Angelegenheit als erledigt ansehen und weitere Schritte, die den Kläger an seinem Fortkommen behindern könnten, nicht unternehmen würden. Die Regierung hob die Schutzhaft sofort auf.«[97] Offenbar war aber den nationalsozialistischen »Rechtswaltern« nicht ganz wohl bei ihrem Vorgehen. Um jeglichen Zweifel auszuschließen, ließen sie sich eine Erklärung geben: »Der Kläger und sein Rechtsanwalt erklärten, daß die abgegebenen Erklärungen ihrem freien Willen entsprächen und daß keinerlei Zwang auf sie ausgeübt sei.«[98]

Dieses Verfahren hatte ein Nachspiel. Als sich der erste Sturm der nationalsozialistischen Revolution gelegt hatte, focht der Kläger seine Verzichtserklärung wegen Nötigung an. Da der Innenminister aufgrund des Ausgleichsgesetzes vom 13. Dezember 1934 die Angelegenheit in seinen Kompetenzbereich gezogen hatte, weigerten sich die Gerichte, über die Klage zu verhandeln und wiesen sie ab. Für den nationalsozialistischen Maßnahmenstaat ist die leiseste Kontrolle seiner autoritären Entscheidungen ein größeres Übel als die Verewigung des Unrechts.

d. *Nachprüfung durch Strafgerichte*

Im Bereich des Strafrechts sind politische Akte theoretisch noch immer nachprüfbar. In der Praxis jedoch ist das Nachprüfungsrecht bedeutungslos, wie eine Entscheidung des Oberlandesgerichts München vom 4. November 1937 zeigt. Der Reichsinnenminister hatte (gestützt auf die Verordnung vom 28. Februar 1933) ein Verbot erlassen, das den Geistlichen bei Strafe untersagte,

97 Reichsgericht, 7. September 1937 (*RGZ.* 155, S. 297).
98 Ib.

die Namen derjenigen Gemeindemitglieder öffentlich bekannt zu geben, die aus der Kirche ausgetreten waren. Ein Geistlicher, der beschuldigt wurde, gegen diese Anordnung verstoßen zu haben, vertrat den Standpunkt, daß die Verordnung ungültig sei.

Der Zweck der Verordnung vom 28. Februar 1933 war angeblich die »Abwehr kommunistischer staatsgefährdender Gewaltakte«. Ist es nicht durchaus denkbar, daß das Verbot der öffentlichen Bekanntgabe von Kirchenaustritten der kommunistischen Propaganda eher förderlich als hinderlich ist? Und wie läßt es sich mit dem »positiven Christentum« – laut Artikel 24 des nationalsozialistischen Parteiprogramms eines der Prinzipien der Partei – vereinbaren, einen Geistlichen an der Erfüllung seiner kirchlichen Pflichten zu hindern, wenn er der antikirchlichen Bewegung entgegentritt?

Das im Parteiprogramm der NSDAP enthaltene Bekenntnis zum »positiven Christentum« war lediglich politische Taktik. Seit seinem Erlaß haben einflußreiche Kreise innerhalb der Partei (und insbesondere »alte Kämpfer«) mit der Kirche gebrochen, sich einem Neu-Heidentum angeschlossen und sind aus der Kirche ausgetreten. Da aber die Bekanntgabe der Kirchenaustritte führender Parteifunktionäre geeignet war, den kirchentreuen Teil der Bevölkerung zu beunruhigen, mußte ein Weg gefunden werden, Kirchenaustritte zu dekken und gleichzeitig das Bekenntnis zum positiven Christentum aufrecht zu erhalten.

Als Allheilmittel bot sich die Reichstagsbrandverordnung an. Sie mußte dazu herhalten, das Verbot der öffentlichen Bekanntgabe von Kirchenaustritten zu stützen. Das Oberlandesgericht München brachte das Kunststück fertig, einen Zusammenhang zwischen der Abwehr kommunistischer Gewaltakte und dem Verbot der Bekanntgabe von Kirchenaustritten herzustellen und erklärte daher die Verfügung des Innenministers für gültig.

Als Begründung für seine Entscheidung führte das Gericht an, die Präambel sei kein Teil der rechtlichen Bestimmungen der Verordnung. Sie beziehe sich auf »alle Tatbestände, so daß alle zur Wiederherstellung der öffentlichen Sicherheit und Ordnung nötigen Maßnahmen zulässig sind, ohne daß es darauf ankommt, von welcher Seite eine Störung dieser Sicherheit und Ordnung droht«.[99]

Das Gericht zögerte nicht, sich auf die Weimarer Verfassung zu berufen, um eine Verbindung zwischen der lange geübten Praxis der Kirche und der Gefahr für die öffentliche Sicherheit nachzuweisen. Obwohl der nationalsoziali-

99 Oberlandesgericht München, 4. November 1937 (*Entsch. des KG. und OLG. München*, 17, S. 273).

stische Staat sich immer wieder gebrüstet hat, die Weimarer Verfassung beseitigt zu haben und obwohl er alle Freiheitsrechte, die im 2. Teil dieser Verfassung garantiert werden, suspendiert hat, ließ er nichtsdestoweniger von einem der höchsten deutschen Gerichte verkünden: »Eine solche öffentliche Bekanntgabe ist nicht nur geeignet, das durch die Reichsverfassung gewährleistete Recht auf volle Glaubens- und Gewissensfreiheit, wenn auch nicht in rechtlicher, so doch in tatsächlicher Beziehung zu beschränken, sie ist auch geeignet, zu einer Mißstimmung, zur Unzufriedenheit gegen den Staat, der einen solchen Druck auf die Gewissensfreiheit entgegen der Reichsverfassung zuläßt, und zu einer erheblichen Störung der öffentlichen Sicherheit und Ordnung zu führen.«[100]

Beim ersten Lesen dürfte man schwerlich die Bedeutung einer Entscheidung erfassen, durch die die Organe des Maßnahmenstaats zu Hütern der Weimarer Verfassung und ihrer Grundrechte ernannt werden. Es ist nicht das Dritte Reich, das einen Druck ausübt, um die Glaubens- und Gewissensfreiheit zu beeinträchtigen; es ist vielmehr die Geistlichkeit selber, der dieser Vorwurf gemacht werden muß. Der kraft Weimarer Verfassung gewährleistete Schutz der Glaubensfreiheit muß dazu herhalten, die Kirchenaustritte der hohen Parteifunktionäre geheimzuhalten.

Kein geringerer als der Justitiar der Gestapo, Werner Best, hat der Justiz den Vorwurf gemacht, sie versuche, »sich durch eine gewaltsam erweiterte Auslegung des Begriffs der Gefahrenabwehr zu helfen, die manchmal geradezu zu innerer Unwahrheit der Begründungen führt«.[101] Gewiß – das Gericht hat in dem vorliegenden Fall versucht, die Bestrafung der angeklagten Geistlichen verfassungsrechtlich zu rechtfertigen; die Entscheidung zeigt jedoch, daß der letzte Rest des richterlichen Nachprüfungsrechts, das zum mindesten theoretisch noch für das Strafrecht gilt, im Maßnahmenstaat »zu innerer Unwahrheit« herabgesunken ist. Best schlägt deshalb vor, die Kontrollbefugnis der Justiz auch für das Gebiet des Strafrechts auszuschließen. Vermutlich wird die Entwicklung dahin gehen, das Gestapogesetz auch auf das Strafrecht auszudehnen. Die von Reichsminister Hans Frank herausgegebenen »Leitsätze für ein deutsches Strafrecht« bereiten diesen Weg vor. Er schreibt: »Inwieweit dieser Grundsatz in Zukunft auf die Beurteilung aller Delikte mit politischem Motiv und mit politischer Bedeutung überhaupt ausgedehnt werden soll, ist eine Entscheidung, die der Führer zu treffen hat.«[102]

100 Ib., S. 276.
101 W. Best, »Werdendes Polizeirecht«, *Dtsch. Recht* 1938, S. 224.
102 *V. B.* 5. Juli 1935.

5. *Die Partei als Organ des Maßnahmenstaates*

Entscheidungen politischer Art werden aber nicht nur von den Staatsinstanzen, sondern auch von den Parteiinstanzen gefällt.

Mit der Frage der Nachprüfung einer politischen Entscheidung einer Parteiinstanz hatte sich das Landesarbeitsgericht Gleiwitz zu beschäftigen, als es über die Klage eines entlassenen Angestellten zu urteilen hatte, dessen Kündigung auf politische Unzuverlässigkeit gestützt war. Der Arbeitgeber hatte sich auf ein Gutachten des Kreisleiters der NSDAP berufen. Der Versuch des Angestellten, die Richtigkeit dieses Gutachtens in Zweifel zu ziehen, scheiterte. Das Gericht vertrat die Auffassung: *»Das politische Werturteil über eine Person abzugeben, ist ausschließlich Sache der Kreisleitung;* sie allein trägt die Verantwortung, die Gerichte sind zu einer Nachprüfung an sich *weder berechtigt noch verpflichtet.«*[103]

Diese Ansicht hat sich jedoch - zumindest theoretisch - in der Rechtsprechung des Reichsarbeitsgerichtes nicht durchzusetzen vermocht. In einem Parallelfall stellte das Reichsarbeitsgericht in einem Urteil vom 14. April 1937 den Grundsatz auf, das Gutachten des Kreisleiters entbinde das Gericht nicht von der Pflicht der selbständigen Stellungnahme. Andererseits jedoch, so hob das Gericht hervor, sei die Frage der *rechtlichen* Bindungen an die Entscheidung einer Parteiinstanz klar zu trennen von der Frage, welche *faktische* Bedeutung der Stellungnahme des Kreisleiters beizumessen sei. Dem Gericht zufolge ist in der Rechtsprechung anerkannt, »daß auch unberechtigte Vorwürfe, selbst ein unberechtigter Verdacht seitens maßgebender Stellen von so großem Gewicht sein können, daß dadurch allein ein wichtiger Grund zur Entlassung gegeben sein kann«.[104] Es braucht nicht darauf hingewiesen zu werden, daß in der sozialen Wirklichkeit dem Urteil des Kreisleiters die ausschlaggebende Bedeutung zukommt.[105]

Das Verhältnis zwischen der NSDAP und den Gerichten wird klar ersichtlich aus einer Entscheidung des Reichsarbeitsgerichtes vom 10. Februar 1937. Es handelte sich um die Entlassung eines Angestellten der SA. Der Angestellte

103 Landesarbeitsgericht Gleiwitz, 20. Oktober 1936 (*Dtsch. Rpfl.* 1936, Sp. 592). Hervorhebungen im Original.

104 Reichsarbeitsgericht, 14. April 1937 (*J. W.* 1937, S. 2311). Vgl. Landesarbeitsgericht München, 31. Juli 1937 (*D. Jstz.* 1937, S. 1159).

105 In einem Urteil des Preußischen Oberverwaltungsgerichts vom 29. Juni 1937 (*R. Verw. Bl.* 1937, S. 762) handelte es sich um die Frage, welche Folgen der Parteiausschluß für einen Beamten habe. Der Staatsanwalt führte aus, daß der Ausschluß aus der Partei die Entlassung aus dem Staatsdienst nach sich zöge. Dieser Ansicht ist das OVG jedoch nicht gefolgt, sondern vertrat die Auffassung, daß die Entscheidungen der Parteigerichte für eine derartig weittragende Wirkung einer gesetzlichen Grundlage bedürften.

klagte auf Gehaltszahlung für die Dauer der gesetzlichen Kündigungsfrist. Unter Berufung auf das Wort Adolf Hitlers auf dem Nürnberger Parteitag 1935: »Die Partei befiehlt dem Staat« bestritt die SA, der Zuständigkeit der Gerichte unterworfen zu sein. Das Reichsarbeitsgericht hatte daraufhin die Frage zu klären, ob der NSDAP eine Art »Exemtion« analog der der beglaubigten Diplomaten des Auslands zuzuerkennen sei. Das Reichsarbeitsgericht verneinte diese Ansicht. Es bezog sich auf ein früheres Urteil des Oberlandesgerichtes Stettin[106] und führte aus: »Wenn die Revision ... darauf hingewiesen hat, daß die NSDAP als solche über dem Staat stehe, so schließt das nicht aus, daß die als ihre Gliederungen bestehenden Organisationen in ihren Beziehungen zu den Einzelpersonen doch allgemeinen Grundsätzen des staatlichen Rechtslebens unterliegen ...« Daher zog das Gericht den Schluß: »Die Anwendung staatlicher Rechtsgrundsätze auf die Beziehungen zu den Einzelpersonen (hat) nicht ausgeschlossen werden sollen.«[107] Diese Entscheidung ist für die These des vorliegenden Buches von erheblicher Bedeutung. Eine *generelle* Exemtion der NSDAP von jeder Gerichtsbarkeit würde die Existenz des Normenstaates in Frage stellen.

Durch die Entscheidung des Reichsarbeitsgerichtes, daß auch die Partei im Prinzip der Herrschaft des Rechts unterworfen sei, ist aber keineswegs zum Ausdruck gebracht, daß die Partei nicht auch gleichzeitig Hoheitsträger im Maßnahmenstaat sein könne. Aus dem Grundsatz, daß politische Akte der Partei den Charakter von Hoheitsakten tragen, ergibt sich die Folgerung, daß Handlungen von Amtsträgern der Partei, soweit es sich um Handlungen politischen Charakters handelt, außerhalb des Bereichs der richterlichen Kompetenzen liegen. Diese Lehre wurde zuerst von Carl Schmitt entwickelt, der die Auffassung vertrat, bei Streitigkeiten zwischen Volksgenossen und Amtsträgern spräche die Vermutung grundsätzlich gegen die Zulässigkeit des Rechtsweges, da es sich in der Regel um Fragen handele, deren Beantwortung außerhalb des richterlichen Aufgabenkreises lägen.[108]

Das folgende Beispiel illustriert, wie sich diese Grundsätze in der Praxis auswirken. Ein arischer Kaufmann aus Wuppertal beantragte den Erlaß einer einstweiligen Verfügung gegen den Sohn eines seiner Konkurrenten wegen

106 Das Oberlandesgericht Stettin hat am 25. März 1936 der Schadensersatzklage eines durch einen Kraftwagen der NSDAP Geschädigten stattgegeben, obwohl die beklagte NSDAP darauf hingewiesen hatte, daß sie als staatserhaltende Partei ihr Vermögen für gemeinnützige Zwecke benötige und daher zu Zahlungen an Privatpersonen nicht verurteilt werden könne (*J. W.* 1937, S. 241). Ein Parallelfall wurde vom Reichsgericht am 17. Februar 1939 verhandelt (*R. Verw. Bl.* 1939, S. 727).

107 Reichsarbeitsgericht, 10. Februar 1937 (*RAG.* 18, S. 170).

108 Carl Schmitt in einem Kommentar zu einer Entscheidung des Kammergerichts vom 22. März 1935 (*D. Jstz.* 1935, S. 686) in *D.J.Z.* 1935, Sp. 618.

Geschäftsschädigung, da dieser Gerüchte über seine angebliche jüdische Abstammung verbreitet hatte. Das Landgericht entschied zugunsten des Antragstellers. Der Antragsgegner legte Berufung ein und änderte seine Rechtsposition, indem er auf seine Stellung als Amtswalter in der nationalsozialistischen Handwerkerorganisation (NSHago) hinwies.

Das Oberlandesgericht Düsseldorf entschied daraufhin zu seinen Gunsten. Das Gericht sah in dem Antragsgegner den Inhaber eines öffentlichen Amtes (NSHago); zumindest sei er wie ein solcher zu behandeln. Die Verbreitung der weltanschaulichen Ziele der Partei, und dazu gehöre die antisemitische Propaganda, sei daher seine Amtspflicht gewesen. Die Begründung des Gerichts lautete: »Eine Amtshandlung verliert diese Eigenschaft . . . auch dann nicht, wenn sie unter irriger Beurteilung des Sachverhaltes oder sogar unter Mißbrauch amtlicher Befugnisse vorgenommen wird . . . Keinesfalls kann eine solche auf politischem Gebiete liegende Amtsübung von einer vorherigen Prüfung ihrer Rechtmäßigkeit oder gar Sachdienlichkeit durch die Gerichte abhängig gemacht werden.«[109] Der Antrag wurde abgelehnt, weil die Ansprüche wegen ihres politischen Charakters im Rechtswege nicht verfolgbar seien.

Die gleiche Argumentation findet sich in einer Entscheidung des Reichsgerichts. Es handelte sich um einen Unterlassungsanspruch gegen einen Bürgermeister, der unwahre Behauptungen bezüglich der Herkunft des Klägers verbreitet hatte: Der Kläger sei ein uneheliches Kind und in Wahrheit »der Sohn eines Pferdejuden«, bei dem seine Mutter als Magd in Stellung gewesen sei. Obwohl der Kläger nachweisen konnte, daß der Bürgermeister diese Behauptungen nicht nur gegenüber Parteidienststellen, sondern auch in Gegenwart unbeteiligter Dritter aufgestellt hatte, versagte das Reichsgericht – abweichend vom Urteil der Vorinstanz – den Rechtsschutz mit der Begründung: »Bei der staats- und parteiamtlichen Stellung des . . . Beklagten und bei dem für die Parteibelange wichtigen Inhalt der streitigen Mitteilung (nichtarische Abstammung) muß mangels jeden Anhaltspunktes für das Gegenteil davon ausgegangen werden, daß es sich dabei um dienstliche Handlungen des Beklagten handelte.« Die Behauptung des Klägers, daß der Beklagte aus persönlichen Motiven handelte, hatte keinen Einfluß auf die Entscheidung. Das Gericht fuhr fort: »Eine Amtshandlung wird nicht dadurch zu einer im ordentlichen Rechtswege zu bekämpfenden Handlung, daß sie unsachlichen Beweggründen entsprungen ist.«[110]

109 Oberlandesgericht Düsseldorf, 10. Juli 1935 (*D.J.Z.* 1935, Sp. 1125/6).

110 Reichsgericht, 28. Februar 1936 (*Höchst. R. Rspr.* 1936, S. 900). Diesem Urteil schlossen sich verschiedene Gerichte bezüglich anderer Gliederungen der Partei an: HJ-Urteil, OLG Dresden, 31. Januar 1935 (*D.J.Z.* 1935, S. 439); NSDAP-Urteil, OLG Zweibrücken, 24. Dezember 1934 (*D.J.Z.* 1935, S. 442). Diese Urteile zeigen, daß diese Theorie zur festen Rechtsprechung geworden ist.

Eine Entscheidung des Kompetenzgerichtshofes zeigte jedoch, daß selbst Nationalsozialisten daran zweifelten, ob die Versagung des Rechtsschutzes in derartigen Fällen gerechtfertigt sei. Ein Amtswalter der NSV hatte in einer Versammlung des Winterhilfswerks behauptet, ein Kaufmann habe sich nicht an der Winterhilfe beteiligt. Der Kaufmann klagte auf Unterlassung und drang in der ersten Instanz durch. Bevor es zu einem Termin vor dem Oberlandesgericht kam, erhob der Oberpräsident von Ostpreußen den »Konflikt« (vgl. S. 84), weil es sich um eine politische Frage handele und deshalb der Führer zuständig sei. Der Kompetenzgerichtshof hat in einer Entscheidung vom 27. Juni 1936[111] aus formellen Gründen seine Zuständigkeit verneint.

Es kann nicht übersehen werden, daß die Ansicht des Oberpräsidenten, politische Fragen könnten nur nach politischen Gesichtspunkten von politischen Instanzen entschieden werden, im Zuge der Entwicklung liegt. Es steht zu erwarten, daß in absehbarer Zeit für die Parteiinstanzen – ähnlich wie es für die staatlichen politischen Instanzen in § 147 Deutsches Beamtengesetz[112] geschehen ist – eine Lösung gefunden wird, die bei prinzipieller Anerkennung der Herrschaft des Rechts dem nationalsozialistischen Verlangen Rechnung trägt, die politischen Akte der Partei der Kontrolle des Normenstaates zu entziehen und ausschließlich dem Maßnahmenstaat zuzuweisen.

6. *Das Politische als Objekt des Maßnahmenstaates*

In der Rechtstheorie der NS-Diktatur ist eines der Hauptprobleme, die Grenzen zwischen politischen und unpolitischen Akten zu ziehen. Die Gerichte tendieren dazu, die Herrschaft des Maßnahmenstaates auf das Gebiet des Politischen zu beschränken, woraus sich für sie die Notwendigkeit ergibt, diesem Unterschied in der Praxis Rechnung zu tragen.

Zu den grotesken Erscheinungen der neudeutschen Rechtsentwicklung gehört es, daß die Proklamierung allgemeiner Rechtsprinzipien bei der Behandlung von Zigeunerprozessen in Erscheinung tritt, während in Parallelfällen unter Berufung darauf, daß der Sachverhalt »politisch« sei, der Rechtsschutz versagt wird. Mit der Begründung, daß die Anwesenheit von Zigeunern die Bevölkerung in Erregung versetze, hatte die Polizeibehörde gegen einige Zigeuner die Schutzhaft verhängt. Das Oberverwaltungsgericht hob die Schutzhaftverfügung auf. In der Entscheidung hieß es: »Daß die Bevölkerung von St. sich allein schon durch die Anwesenheit von Zigeunern belästigt fühlt und die Gefahr besteht, daß sie zur Selbsthilfe schreitet, bedeutet keine von den Klä-

111 Kompetenzgerichtshof, 27. Juni 1936 (*R. Verw. Bl.* 1936, S. 860 ff., S. 861).
112 Vgl. S. 84.

gern verursachte Gefahr der öffentlichen Sicherheit und Ordnung, womit ... die Berechtigung der Polizei entfällt, gegen die Kläger vorzugehen.«[113]

Auf diese Rechtsgrundsätze konnte sich der Reichsbankrat Köppen nicht berufen, als er in Schutzhaft genommen wurde, weil die Volksmenge gegen ihn demonstrierte. Er hatte gegen einen böswillig zahlungsunfähigen Mieter ein vom Amtsgericht erlassenes Räumungsurteil vollstrecken lassen. Der *Angriff*, Dr. Goebbels Zeitung in Berlin, hatte sich mangels anderen Sensationsstoffes des Falles angenommen, und der stellvertretende Berliner Gauleiter Görlitzer hielt offenbar die Ausschlachtung des Falles aus propagandistischen Gründen für zweckmäßig. Deshalb leitete er den Aufmarsch der empörten Volksgenossen persönlich. So war die Festnahme des Reichsbankrates aus staatspolitischen Gründen erforderlich, und der Rechtsschutz wurde ihm versagt.[114] Entscheidend dabei ist, daß die für die Beurteilung politischer Fälle maßgeblichen Gesichtspunkte mit juristischen Methoden nicht angemessen geltend gemacht werden können.

Es hat dem Oberverwaltungsgericht nichts eingebracht, daß es den politischen Instanzen den Kompromiß eines fast unbeschränkt weiten Ermessens angeboten hat.[115] Der nationalsozialistische Staat bestand darauf, daß für den Bereich des Politischen das Recht schlechthin ausgeschaltet und daß die Entscheidung darüber, was politisch sei, ausschließlich den politischen Instanzen übertragen werde. Der Innenminister Frick hat unter diese Entwicklung den Schlußstrich gezogen: »Auf jeden Fall muß sichergestellt werden, daß alle Entscheidungen staatspolitischer Art verwaltungsgerichtlicher Nachprüfung entzogen sind.«[116] Frick ging noch weiter und meinte, eine verwaltungsgerichtliche Kontrolle sei auch in den Fällen nicht angebracht, in denen die Gerichte zwar zuständig, aber aus Gründen des Staatsinteresses Nachprüfungen nicht wünschenswert seien.

Vor mehr als 300 Jahren ist in England ein ähnlicher Anspruch erhoben worden. König Jakob I. hat in einer berühmt gewordenen Botschaft an die Star Chamber am 20. Juni 1616[117] die Forderung erhoben, daß die im eigentlichen

113 Preußisches Oberverwaltungsgericht, 5. Dezember 1935 (*OVG.* 97, S. 117 ff., S. 120).

114 »Für die Staatspolizei sind, weil sie nicht dem Schutz einzelner, sondern dem Schutz der Gemeinschaft dient, alle diejenigen Beschränkungen nicht tragbar, die das sonstige Polizeirecht auszeichnen.« Lauer, »Die richterliche Nachprüfung polizeilicher Maßnahmen«, (*J. W.* 1934, S. 2833).

115 »Die zwingende und überragende Notwendigkeit der Festigung des neuen Staatsgedankens (fordert), daß auf politischem Gebiete die Grenzen dieses Ermessens soweit als irgend möglich erstreckt werden.« Preußisches Oberverwaltungsgericht, 24. Oktober 1934 (*OVG.* 94, S. 134 ff., S. 138/9).

116 Wilhelm Frick, »Probleme des neuen Verwaltungsrechts«, *Dtsch. Verw.*, 1936, S. 329-339, S. 334.

117 D. L. Keir, *The Constitutional History of Modern Britain, 1485-1937*, London 1938, S. 200.

Sinne politischen Fragen der Beurteilung der Gerichte entzogen und der Entscheidung der Krone überlassen werden sollten. »Tastet die Prärogative der Krone nicht an! Wenn in einem Falle meine Prärogative oder das Mysterium des Staates berührt werden, konsultiert den König oder seinen Rat oder beide! Denn dies sind Angelegenheiten, die transzendentalen Charakter besitzen (transcendent matters). Die absolute Prärogative der Krone ist tabu für die Zunge eines Juristen, und es ist nicht rechtmäßig, sie zum Gegenstand eines Disputs zu machen. Es ist Atheismus und Blasphemie darüber zu disputieren, was Gott tun kann . . . Ebenso ist es Anmaßung und höchste Nichtachtung auf seiten eines Untertanen, darüber zu disputieren, was ein König tun kann, bzw. zu sagen, ein König dürfe dies oder das nicht tun.«[118]

Prägnanter und klarer hat kein Lobredner des Dritten Reiches diese Auffassung zum Ausdruck gebracht.

Das Nebeneinander von gesetzesgebundenen und gesetzesentbundenen Behörden wirkt sich in der Alltagspraxis wie folgt aus: Falls es aus politischen Gründen wünschenswert ist, korrigieren die Polizeibehörden die Entscheidungen der Gerichte, sperren Freigesprochene auf unbestimmte Zeit in Konzentrationslager ein (Fall Niemöller), setzen Zivilurteile außer Kraft und revidieren die Entscheidungen der sozialen Ehrengerichte durch die Gerichtsbarkeit der Deutschen Arbeitsfront. Dieses Nebeneinander von rechtlich begründeten und rein willkürlichen Staatsakten, für die die Einweisung Freigesprochener in Konzentrationslager das deutlichste Beispiel darstellt, offenbart den Charakter des Dritten Reichs als Doppelstaat. Es ist kennzeichnend, daß der Nationalsozialismus diese Tatsache willentlich nicht anerkennt.

Dies geht aus einer Entscheidung des Reichsgerichtes vom 22. September 1938 hervor. Ein Geistlicher der Bekennenden Kirche hatte nach Beendigung seiner Predigt die folgende Fürbitte angesagt: »Wir wollen jetzt Fürbitte tun für die Brüder und Schwestern, die im Gefängnis sind. Ich verlese jetzt die Namen . . . Fürsorgerin L., Berlin, seit 2. Februar 1937 in Schutzhaft, obwohl das gerichtliche Verfahren eingestellt worden ist . . .«[119] Das Reichsgericht sprach den Geistlichen schuldig, eine Verletzung des öffentlichen Friedens begangen zu haben und bestätigte damit das Urteil der Strafkammer. Dem Reichsgericht zufolge enthalte die Äußerung des Geistlichen bezüglich L. »durch die Art der Verbindung der beiden Halbsätze die Kritik, daß die L. hätte freigelassen werden müssen, trotzdem aber unberechtigterweise noch in Schutzhaft genommen worden sei«.[120] Dies sei eine Gefährdung des öffentlichen Frie-

118 Zitiert in J. R. Tanner, *Constitutional Documents of the Reign of James I.*, Cambridge 1930, S. 19.
119 Reichsgericht, 22. September 1938 (*J. W.* 1938, S. 2957).
120 Ib.

dens, da der Geistliche »durch das Verlesen der Liste die Zuhörer und andere zu der Meinung bringen (konnte), der Staat handele nicht nach Recht und Gesetz, sondern nach Willkür«.[121]

Daß das Reichsgericht, die höchste Instanz des Normenstaates, die öffentliche Verkündung eines Hoheitsaktes des wichtigsten Organs des Maßnahmenstaates als Friedensstörung verurteilt, spricht für sich selbst. Obgleich ein Schlüssel zum Verständnis des nationalsozialistischen Staates in der Kenntnis seiner Doppelnatur liegt, dürfen nur wenige hohe Funktionäre auf diese Tatsache anspielen.[122] Einer von ihnen ist Dr. Best, der die Beziehung zwischen den Maßnahmen seiner Behörde und den Gerichten folgendermaßen kennzeichnet:

»Wenn die Verwaltungsgerichte immer wieder Juden, ehemaligen Fremdenlegionären und dergl. Wandergewerbescheine zusprechen, wird die Gestapo aufgrund des ihr erteilten Auftrages, Volk und Staat gegenüber den aus dem Hausieren solcher Personen erwachsenen Gefahren zu schützen, immer wieder den erteilten Schein den Inhabern wegnehmen. Die aus dieser Divergenz etwa entspringende Ansehensverminderung trifft daher bestimmt nicht die Gestapo, deren Maßnahme als letzte immer recht behält.«[123]

Diese Sätze enthalten eine der schärfsten Absagen an den Rechtsstaat in der nationalsozialistischen Literatur. Daher können wir den Unterschied zwischen Rechtsstaat und Drittem Reich wie folgt formulieren: *Im Rechtsstaat kontrollieren die Gerichte die Verwaltung unter dem Gesichtspunkt der Gesetzmäßigkeit; im Dritten Reich kontrollieren die Polizeibehörden die Gerichte unter dem Gesichtspunkt der Zweckmäßigkeit.*[124]

Für die Behauptung, die Entscheidungen der ordentlichen Gerichte könnten durch die Maßnahmen der politischen Behörden außer Kraft gesetzt werden und würden durch sie auch tatsächlich annulliert, ist es schwierig, amtliches Material zu unterbreiten, weil mangels einer Rechtsgrundlage derartige Maßnahmen nicht begründet werden können und sie mangels Begründung auch nicht bekanntgegeben werden. Thieme, Privatdozent an der Universität Bres-

121 Ib.

122 Heinrich Himmler, »Aufgaben und Aufbau der Polizei«, *Festschrift für Dr. Frick*, hrsg. v. Pfundtner, Berlin 1937. Besprechung in *Fft. Ztg.*, 12. März 1937; Hans Frank, »Strafrechts- und Strafvollzugsprobleme«, *Bl. f. Gefk.* 1937, Bd. 68, S. 259 ff.

123 Ministerialdirigent und SS-Oberführer Dr. Werner Best (Gestapo) in *D. A. Z.*, 22. Juni 1938.

124 Wenn man diesem Staatsgebilde alsdann im Gegensatz zum Rechtsstaat den Namen eines »Gerechtigkeitsstaates« gibt, wie Carl Schmitt in Hans Frank, *Nationalsozialistisches Handbuch für Recht und Gesetzgebung*, München 1935, S. 6, vorschlägt, pervertiert man geradezu den Begriff der Gerechtigkeit. Wir halten es aber für nicht uninteressant, daß Schmitt seinen Begriff vom Gosudarstwo Prawdy des zaristischen Rußland herleitet.

lau, hält es für selbstverständlich, daß in Verfahren vor den sozialen Ehrengerichten ähnlich vorgegangen wird, wie sich dies in Strafverfahren mehr und mehr eingebürgert hat. Er legt dar, daß jeder, der in einem Verfahren vor dem sozialen Ehrengericht freigesprochen wird, obwohl er sich im Lichte des gesunden Volksempfindens strafbar gemacht hat, der Öffentlichkeit oder der Schutzhaft überantwortet werden kann.[125]

Wenn die politischen Behörden sich nicht im Rahmen des Rechts halten, sondern über diesen hinausgehen, ist es zur Rechtfertigung von Maßnahmen nicht erforderlich, daß dem Betroffenen ein rechtswidriges Verhalten nachgewiesen wird. In einem Artikel, der im Reichsverwaltungsblatt veröffentlicht ist, beschäftigt sich der Autor mit der Frage, ob das Hissen der Hakenkreuzfahne bei festlichen Anlässen von der Polizei erzwungen werden könne. Der Verfasser kommt zu dem Ergebnis, das Hissen der Fahne sei zwar keine Rechtspflicht, wohl aber eine Bekundung der Hingabe an den Führer. Nicht zu flaggen könne ein Indiz für mangelnde nationalsozialistische Schulung sein. Der Autor schlägt vor, diesem Mangel durch einen Aufenthalt im Konzentrationslager abzuhelfen.[126]

Dieses Nebeneinander von politischer und rechtlicher Ordnung erklärt sich daraus, daß beide an verschiedenen Werten ausgerichtet sind. Der frühere nationalsozialistische Minister Franzen hat in seinem Buch *Gesetz und Richter* über diesen Konflikt der Werte folgendes geschrieben: »Der Maßstab für die Entscheidung des Konfliktes, der Wertgesichtspunkt, ist bei der überwiegenden Zahl der Rechtsnormen eine bestimmte *Gerechtigkeits*vorstellung ... Nun gibt es aber auch zahlreiche Normen, in denen ein solcher Gerechtigkeitsgrundsatz nicht steckt, die vielmehr nur aus der Geltung des *politischen* Prinzips heraus erklärt werden können, die politisch legitimiert sind ... Was aus politischen Gründen bekämpft wird, ist deshalb nicht böse oder häßlich oder schädlich, vor allem auch nicht ungerecht. Die politische Handlung erfolgt lediglich zur Bekämpfung des Feindlichen, positiv: zur Erhaltung der eigenen Existenz ... Im Dritten Reich tritt diese politische Betrachtungsweise in den Vordergrund.«[127] Mit einem für die Nationalsozialisten typischen Zynismus legt Franzen Wert darauf, diese Erkenntnis als *arcanum imperii* hinzustellen. Da die breite Masse für eine solche Betrachtungsweise nicht empfänglich sei, müsse der politische Feind moralisch diskriminiert werden. Der politische Kampf sei so zu führen, als ob es sich um einen moralischen und rechtlichen

125 Hans Thieme, »Führerprinzip in der Arbeitsverfassung«, *Dtsch. Recht*, 1935, S. 215/6.
126 Der Kölner Rechtsanwalt Weimar in *R. Verw. Bl.* 1937, S. 479 ff.
127 Hans Franzen, *Gesetz und Richter. Eine Abgrenzung nach den Grundsätzen des nationalsozialistischen Staates*, Hamburg 1935, S. 19/20.

Säuberungsprozeß handele.[128] Der Maßnahmenstaat ergänzt und verdrängt nicht nur den Normenstaat, er bedient sich auch der Ideologie des Normenstaates, um seine politischen Ziele rechtsstaatlich zu tarnen.

Im heutigen Deutschland gibt es für alle »politischen« Delikte eine doppelte Sanktion. Die Polizei vollstreckt administrative Maßnahmen zusätzlich zu oder an Stelle von Kriminalstrafen, die die Gerichte verhängen. Einem Antragsteller wurde wegen seiner staatsfeindlichen Einstellung, die in der Beeinflussung der politischen Willensbildung in Erscheinung trat, der Führerschein versagt.[129] Der gegen den Antragsteller erhobene Vorwurf stellt ein von den Sondergerichten zu ahndendes Verbrechen dar.[130] Aus der Entscheidung ist nicht ersichtlich, warum der Antragsteller nicht vor ein Sondergericht kam. Vielleicht reichte der Sachverhalt nicht zur Erhebung einer Anklage aus. Dem Betroffenen wäre alsdann nicht nur jede Verteidigungsmöglichkeit entzogen und ein weit empfindlicherer Rechtsnachteil erwachsen, sondern auch für die Zukunft der Makel des Staatsfeindes angehängt worden, ohne daß auch nur der Versuch seiner Überführung gemacht worden wäre. Der Maßnahmenstaat wird aber nicht nur anstelle der Gerichte tätig, sondern er scheut sich auch nicht, in ein schwebendes gerichtliches Verfahren einzugreifen.

Der Rückblick auf die Rechtsentwicklung des Jahres 1936, den ein Mitglied der Ministerialbürokratie des Justizministeriums im Verlaufe einer Erörterung der politischen Strafsachen und des Kampfes zwischen Staat und Katholischer Kirche gibt, ist ein charakteristisches Dokument für das Verhältnis zwischen richterlicher und politischer Gewalt im Dritten Reich. Darin finden sich die folgenden Sätze: »Zu den . . . bedeutenden politischen Sachen gehören auch die kirchenpolitischen Strafsachen, die sich in drei Richtungen gliedern lassen, Devisensachen, Sittlichkeitsdelikte und Heimtückesachen . . . In allen diesen Strafsachen dürfen aus politischen Gründen seit August 1936 auf Befehl des Führers vorläufig keine Hauptverhandlungen mehr stattfinden.«[131] So können die Angeklagten aus politischen Gründen unbegrenzt in Untersuchungshaft gehalten werden. Die Gerichte, zu deren Rechtspflicht eine beschleunigte Terminanberaumung in Haftsachen gehört, dürfen auf Befehl des Führers keine Hauptverhandlung ansetzen und müssen dadurch das Recht beugen.

128 Es ist immerhin nicht unbeachtlich, daß Franzen den von Carl Schmitt entwickelten Begriff des »Politischen« ausdrücklich dahingehend ergänzt, daß das Begriffspaar »Freund-Feind« mit dem Begriffspaar »gerecht-ungerecht« nichts zu tun habe.

129 Preußisches Oberverwaltungsgericht, 28. Januar 1937 (*Verkehrsr. Abh.* 1937, S. 319).

130 Gesetz gegen heimtückische Angriffe auf Staat und Partei und zum Schutz der Parteiuniformen, 20. Dezember 1934 (*RGBl.* 1934, S. 1269).

131 Crohne, »Die Strafrechtspflege 1936«, (*D. Jstz.* 1937, S. 9).

Diese Selbstenthüllung der nationalsozialistischen Rechtspolitik ist aber auch insofern wichtig, als sie erkennen läßt, welche Angelegenheiten als »politisch« angesprochen werden. Devisensachen und heimtückische Angriffe gegen den Staat sind im heutigen Deutschland politische Verbrechen. Inwiefern aber sind die homosexuellen Beziehungen zweier Mönche ein politisches Vergehen? Zwischen solchen Handlungen und denen, die nach der Definition des Kammergerichtes als »politisch« anzusehen sind, nämlich Tätigkeiten, die »dem Schutz des Staatswesens nach innen und außen zu dienen bestimmt« sind,[132] besteht nicht die geringste Verbindung. Weder das Delikt noch die Personen der völlig unbekannten Mönche haben das Mindeste mit Politik zu tun. Im Dritten Reich wird die Päderastie in dem Augenblick politisch, in dem die politische Behandlung des Deliktes den politischen Instanzen angebracht erscheint. So gelangen wir zu dem Ergebnis: *Politisch ist, was die politischen Instanzen für politisch erklären.*

Die Einstufung einer Handlung als politisch oder unpolitisch entscheidet darüber, ob sie nach Rechtsnormen oder nach Willkür der politischen Behörden beurteilt wird.

Die rechtliche Lage im heutigen Deutschland ist dadurch gekennzeichnet, daß es keine Materie gibt, die sich dem Zugriff der politischen Instanzen zwecks politischer Erledigung ohne jegliche Rechtsgarantien zu entziehen vermöchte.

In der ersten Phase des Hitlerregimes hat das Reichsgericht versucht, einer »schrankenlosen Auslegung« der Reichstagsbrandverordnung vorzubeugen. Bezeichnenderweise fiel dem Reichsgericht jedoch auf der Suche nach einer Materie, die gegenüber der Beeinflussung durch politische Gewalten immun und damit dem Zugriff der Gestapo entzogen sei, nichts anderes ein als die Straßenverkehrsordnung.[133]

Inzwischen hat jedoch die Rechtsprechung das Gebiet des Politischen systematisch erweitert. So entschied das Oberlandesgericht Kiel z. B., daß das Verbot einer Zeitung, die »die Tendenz verfolgen werde, die Ärzteschaft herabzusetzen und ihr Ansehen zu schädigen«, eine politische Frage sei.[134] Die Begründung dafür lautete: »Durch die Zeitung (werde) den gesundheitspolitischen Tendenzen und Zielen der Staatsleitung entgegengewirkt.«[135] Aber nicht nur Fragen des Gesundheitswesens gehören im Dritten Reich zu den politischen Belangen, sondern auch das Taxigewerbe. Wer zum Problem des

132 Kammergericht, 3. Mai 1935 (*D. Jstz.* 1935, S. 1831).
133 Vgl. in diesem Band S. 69, Anm. 38, S. 3377.
134 Oberlandesgericht Kiel, 25. November 1935 (*Höchst. R. Rspr.* 1936, S. 592 f.).
135 Ib.

Droschkenwesens anderer Ansicht als die Reichsregierung ist, läuft Gefahr, als »Staatsfeind im weiteren Sinne« angesehen zu werden. Aus politischen Gründen kann er alsdann aus dem Vorstand des lokalen Vereins der Droschkenbesitzer entfernt werden. In diesem Sinne bestätigte das Oberlandesgericht München die Rechtmäßigkeit einer Polizeiverfügung des Innenministers.[136] In dieser Entscheidung gibt das Gericht zu, daß insoweit politische Gesichtspunkte bisher von den Gerichten nicht berücksichtigt worden seien. Der Umschwung in der Rechtsprechung hänge damit zusammen, daß inzwischen der Vielparteienstaat durch den Einparteienstaat ersetzt worden sei. Der entscheidende Satz in der Begründung des Gerichts lautet: »In dem Kampf um die Selbstbehauptung, den das deutsche Volk heute zu führen hat, gibt es auch nicht mehr wie früher einen unpolitischen Lebensbereich.«[137]

Auf diese Weise wird der Straßenverkehr zur politischen Angelegenheit erklärt, und die Erteilung eines Führerscheins wird mit der Begründung versagt, »daß der Antragsteller nach seiner staatsfeindlichen Einstellung zum Führen von Kraftfahrzeugen ungeeignet sei. Die Allgemeinheit hat . . . einen Anspruch darauf, . . . gegen eine Beeinflussung durch Feinde der Volksgemeinschaft geschützt zu werden«.[138] Ähnlich entschied das Oberlandesgericht Stettin. Das Gericht vertrat die Auffassung, daß eine im Dienst ausgeführte Autofahrt eines SA-Mannes als politischer Akt anzusehen sei, da »jede dienstliche Betätigung eines SA- oder NSKK-Mannes im Rahmen der Zielsetzung der NSDAP (erfolgte) und somit als politische Betätigung im allgemeinen weiten Sinne zu bewerten (war)«.[139] Es gibt keine Materie des gesellschaftlichen oder wirtschaftlichen Lebens, die dem Zugriff des Maßnahmenstaates entzogen ist.

Zur Erhärtung dieser These beziehen wir uns auf einen Rechtsstreit um die Ausstellung einer Geburtsurkunde für einen jüdischen Rechtsanwalt, der nach 1933 ausgewandert war.[140] Vorauszuschicken ist, daß das Gesetz über die Beurkundung des Personenstandes und die Eheschließung[141] dem Standesbeamten die Pflicht zur Ausstellung von Geburtsurkunden auferlegt. Der Standesbeamte legte den Antrag der Staatspolizei vor, die ihm die Ausstellung untersagte. Daraufhin lehnte der Standesbeamte die Ausstellung ab. Das Amtsgericht, das der Anwalt angerufen hatte, wies den Standesbeamten an, die Ur-

136 Oberlandesgericht München, 27. Januar 1937 (*Jahrb. f. Entsch. der freiw. Gbk.*, Bd. 15, S. 58 ff.).
137 Vgl. in diesem Band S. 97, Anm. 129.
138 Ib.
139 Oberlandesgericht Stettin, 14. April 1937 (*J. W.* 1937, S. 2212).
140 Gegen den Rechtsanwalt war ein Strafverfahren wegen Steuerhinterziehung eingeleitet worden.
141 Vom 6. Februar 1875 (*RGBl.* 1875, S. 23).

kunde auszustellen. Das Landgericht revidierte die Entscheidung des Amtsgerichts und wurde darin vom Reichsgericht bestätigt. Das Reichsgericht stützte sein Urteil auf die Erklärung der Staatspolizei, daß »die Ausfertigung einer Geburtsurkunde für den Antragsteller nicht in Frage komme. Solche Auskünfte zu beachten, ist der Standesbeamte aber verpflichtet. Sie auf ihre Begründetheit nachzuprüfen, steht dem Gericht . . . nicht zu. Seit dem Inkrafttreten des Pr. Gesetzes über die Geh. Staatspolizei vom 10. Februar 1936 folgt das notwendig aus dessen § 7 . . . Es galt indes auch bereits vorher . . . denn es kann nicht Aufgabe der ordentlichen Gerichte sein, zu prüfen und zu bestimmen, welche Verwaltungsmaßnahmen zur Erhaltung der Staatssicherheit erforderlich sind . . . Daß das durch § 16 Abs. 2 Personenstandsgesetz begründete Recht des einzelnen entfallen muß, wenn seine Durchsetzung die allgemeinen Belange gefährden würde, und darum jene Vorschrift, obschon sie keine dahingehende ausdrückliche Ausnahme enthält, die Versagung eines . . . Auszuges aus dem Standesregister aus Gründen der Staatssicherheit nicht im Wege steht, bedarf keiner Ausführung«.[142]

In einer wissenschaftlichen Besprechung dieser Entscheidung erklärte der Referent im Justizministerium Maßfeller, eine weitere Stellungnahme erübrige sich, denn »eine andere Entscheidung war nicht möglich«.[143] Wir aber glauben, daß diese Entscheidung »unmöglich« war, weil

1. das Reichsgericht in einer einwandfreien Mußbestimmung keine bindende Norm für die Staatspolizei erblickte und damit die Lehre von der Normenfreiheit der politischen Instanzen anerkannte;
2. das Reichsgericht den Grundsatz proklamierte, daß in Fragen, die zum Zuständigkeitsbereich der Standesbeamten gehören, Gerichte und Verwaltungsbehörden an die Entscheidung der staatspolizeilichen Instanzen gebunden sind, obwohl das Gericht ausdrücklich die Standesbeamten der gerichtlichen Kontrolle unterstellt;
3. das Reichsgericht die Befugnis der Staatspolizei, »aus Gründen der Staatssicherheit« einzugreifen, auf einem Gebiet anerkannte, das im eigentlichen Sinn des Wortes rechtstechnisch-unpolitisch ist.

Daß allerdings unter den damaligen Verhältnissen die Versagung einer Geburtsurkunde für einen jüdischen Emigranten eine Frage von Leben und Tod werden konnte, weil ohne Geburtsurkunde kein Personalausweis zu erlangen war, macht sie in den Augen derjenigen zu einem »politischen« Problem, für die sich »Politik« im Freund-Feind-Verhältnis erschöpft.

142 Reichsgericht, 2. November 1936 (*J. W.* 1937, S. 99/100).
143 Maßfeller, *Akademie Ztschr.* 1937, S. 119.

Wenn es eine »staatsgefährliche« Geburtsurkunde gibt, dürfte der schlüssige Beweis erbracht sein, daß es keine Materie gibt, die sich dem Zugriff der Staatspolizei entzieht. Hieraus folgt, daß jede Betätigung im Dritten Reich als politisch angesprochen und behandelt werden *kann.* Da diese These das Kernproblem unserer Untersuchung darstellt, ist es geboten, zu ihrer Bestätigung noch eine weitere Entscheidung anzuführen.

In dem bereits zitierten Urteil des Oberlandesgerichtes München vom 27. Januar 1937[136] erklärte das Gericht die Anwendung der Reichstagsbrandverordnung auch für Nichtkommunisten als zulässig und bestätigte, daß der Name eines Vorstandsmitgliedes der Droschkenbesitzer-Genossenschaft aus dem Vereinsregister gestrichen werden kann, wenn es die Polizeibehörde verlangt. Das Gericht fuhr fort: »Die Erörterungen darüber, ob S. ein »Staatsfeind« oder wenigstens ein »Staatsfeind im weiteren Sinne« sei, sind ... unbeachtlich. Die in der Verordnung aufgeführten verfassungsrechtlichen und die von ihrem § 1 Satz 2 betroffenen gesetzlichen Bestimmungen sind zugunsten der Polizeibehörden schlechthin gegenüber jedermann ihrer bisherigen rechtlichen Bedeutung entkleidet worden . . . Insoweit ist daher der bisherige Rechtsschutz ... gegenüber den Polizeibehörden beseitigt ... Ob der Verein . . . ein wirtschaftlicher, insbesondere ein handelsrechtlicher, also etwa eine Aktiengesellschaft oder dergleichen ist, ist gleichgültig . . . Die der näheren Ausgestaltung des Vereinsbildungsrechts dienenden Gesetze . . . haben vermöge § 1 Satz 2 der Verordnung (vom 28. Februar 1933) . . . ihre bisherige rechtssichernde Bedeutung verloren.«[144]

Diese Worte enthalten mehr als ein Todesurteil über den Rechtsstaat, denn die hochbedeutsame Entscheidung stellt einen Grenzfall dar: Dem Maßnahmenstaat werden Befugnisse zugesprochen, deren Wahrnehmung den Normenstaat in seiner Substanz und den Doppelstaat in seiner Existenz bedrohen. Es erscheint uns nicht ohne Interesse, daß das Urteil des Oberlandesgerichts München lediglich im *Jahrbuch für Entscheidungen der freiwilligen Gerichtsbarkeit* abgedruckt oder wohl besser gesagt »versteckt« worden ist.

4. *Der Maßnahmenstaat in Aktion*

a. *Die Ablehnung der formalen Rationalität*

Normenstaat und Maßnahmenstaat sind keine komplementären Gewalten, sondern konkurrierende Herrschaftssysteme. Um ihr Verhältnis durch einen Vergleich zu veranschaulichen, könnte man eine Parallele zu den Beziehungen

144 Vgl. in diesem Band oben S. 99, Anm. 136, S. 61/2.

zwischen weltlichem und kirchlichem Recht ziehen. Aber inwiefern ähnelt der Maßnahmenstaat einer Kirche? Vor mehr als 50 Jahren hat Dostojewski in den Brüdern Karamasow ausgeführt, daß der Staat die Tendenz habe, Kirche zu werden. Diese These sollte im Licht der Theorie des deutschen Kirchenrechtslehrers Rudolf Sohm verstanden werden, der den bezeichnenden Unterschied zwischen Staat und Kirche darin gesehen hat, »daß die Kirche an der sachlichen Wahrheit, das Recht umgekehrt an der Form hängt«.[145] Das Wesen des Maßnahmenstaates ist in dem Verzicht auf rechtlich gesicherte formale Bindungen zu erblicken, in denen Beschränkungen bei der Ausübung von Hoheitsrechten zum Ausdruck gelangen. Der Maßnahmenstaat, der den Anspruch darauf erhebt, eine »materielle« Gerechtigkeit zu repräsentieren, glaubt deshalb, auf eine an die Form gebundene Gerechtigkeit verzichten zu können.[146] Forsthoff, Professor an der Universität Königsberg, nennt den an der »Form« hängenden Rechtsstaat eine »Gemeinschaft ohne Ehre und Würde«.[147] Der Nationalsozialismus will den überkommenen Rechtsstaat durch ein System ersetzen, in dem das Recht keinen Eigenwert besitzt. Bereits 1930 hat Hermann Heller den Radikal-Nationalismus als »Katholizismus minus Christentum«[148] gekennzeichnet.

Der Nationalsozialismus macht kein Hehl daraus, daß er die Gesetzmäßigkeit der Verwaltung und die strenge Kontrolle jeglicher Tätigkeit der Träger öffentlicher Gewalt verachtet. Für die These, daß das »formale Recht« für den Nationalsozialismus keinen Eigenwert darstelle, wird auf ein offizielles nationalsozialistisches Dokument, die Leitsätze des Reichsrechtsamts der NSDAP zur Strafrechtsreform verwiesen. In ihnen heißt es: »Im nationalsozialistischen Strafrecht kann es kein formales Recht oder Unrecht, sondern nur den Gedanken der materialen Gerechtigkeit geben.«[149] Ob das formale Recht durch eine neue materiale Gerechtigkeit ersetzt worden ist, kann erst beurteilt werden, nachdem klargestellt ist, was der Nationalsozialismus unter »materialer Gerechtigkeit« versteht. Dies wird im zweiten Teil dieses Buches im einzelnen erörtert. Es wird gezeigt werden, daß der Rechtsstaat nicht im Dienste der Idee einer höheren Gerechtigkeit beseitigt wurde; vielmehr ist er in Überein-

145 Rudolf Sohm, *Kirchenrecht* (*Systematisches Handbuch der Dt. Rechtswissenschaft*, Bd. VIII), München 1923, S. 1.

146 Max Weber, *Wirtschaft und Gesellschaft*, Tübingen 1922, S. 59, 396.

147 Ernst Forsthoff, *Der totale Staat*, 2. Aufl. Hamburg 1934, S. 16.

148 Hermann Heller, *Rechtsstaat oder Diktatur?*, Tübingen 1930, S. 14.

149 *V. B.* 5. Juli 1935; entsprechend formuliert Huber, »Die Verwirkung der rechtsgenössischen Rechtsstellung im Verwaltungsrecht«, *Akademie Ztschr.* 1937, S. 368, für das Gebiet des Verwaltungsrechts: »Die Verwaltungsbehörden sind nicht nur zum Handeln ermächtigt, wo das Gesetz dies ausdrücklich sagt, sondern auch dort, wo die ungeschriebenen Grundsätze des völkischen Gemeinschaftslebens . . . dies verlangen.«

stimmung mit dem nationalsozialistischen Endziel zertrümmert worden, um die eigene »Art« zu erhalten und zu stärken.

Die praktische Bedeutung dieser Klarstellung tritt in einer Entscheidung des Reichsdienststrafhofs in Erscheinung, in der es um die Frage ging, ob ein Beamter sich eines Dienstvergehens schuldig macht, wenn er sich weigert, für das Winterhilfswerk eine Spende zu geben. Der Angeklagte, seit Jahren ein Vorkämpfer des völkischen Gedankens, berief sich darauf, er habe regelmäßig erhebliche Teile seines Einkommens für private Wohltätigkeitszwecke verwandt. Seine Weigerung, das Winterhilfswerk zu unterstützen – so führte er aus – könne keine Rechtsfolgen nach sich ziehen. Werde doch stets offiziell betont, solche Gaben seien »freiwillig«. In einer staatlich-gesellschaftlichen Ordnung, die auf der formalen Rationalität basiert, kann die Nichterfüllung »freiwilliger« Leistungen unmöglich nachteilige Rechtsfolgen für den Betroffenen haben. Der nationalsozialistische Staat setzt sich jedoch über die »bloße« Form hinweg.

Der Berufung auf den freiwilligen Charakter dieser Spenden trat der Reichsdisziplinarhof mit dem folgenden Argument entgegen: »Er (der Angeklagte) hat noch heute eine Vorstellung von seiner Freiheit in der krassesten Form liberalistischer Auffassung . . . Freiheit bedeutet für ihn die Befugnis zur Ablehnung aller Pflichten nach eigenem Gutdünken, die nicht in Gesetzesvorschriften ihren deutlichen Ausdruck gefunden haben. Er hat die Beteiligung am Gemeinschaftswerk abgelehnt, weil er zeigen will, daß ihn als freien Mann niemand zwingen könne.«[150] Weil er glaubte, insoweit die Freiheit der Wahl zu haben, als der Staat selbst an die Freiwilligkeit appellierte, mußte er sich vorhalten lassen, daß er »in verwerflicher Ausnützung der Freiheit, die ihm der Führer im Vertrauen auf die deutsche Seele gelassen habe«,[151] gehandelt hat. Deshalb ist er auch bestraft worden.

Es war nicht primär Mangel an sozialer Hilfsbereitschaft, der dem Beamten vorgeworfen wurde. Dem Nationalsozialismus kommt es in erster Linie darauf an, jedermann in das vom Dritten Reich errichtete Wohltätigkeitswerk einzuspannen. Die »verwerfliche Ausnützung der Freiheit« lag darin, eine private Wohlfahrtseinrichtung unterstützt zu haben. Der »Wert«, den der Nationalsozialismus seiner Wohltätigkeitspolitik beimißt, ist in dem Prestigegewinn für die Partei zu erblicken.

Auch an dieser Stelle kann man eine Parallele zu dem »persönlichen Regiment« ziehen, das Erzbischof Laud in den »elf Jahren der Tyrannei« (1629-

150 Reichsdisziplinarhof, 15. Juni 1937, *Ztschr. f. Beamtenr.* 1937/8, S. 105.
151 Ib., S. 105.

1640) errichtet hatte. Lauds Theokratie basierte auf einem materialen Gerechtigkeitsprinzip und stand daher im Gegensatz zur formalen Rationalität.[152]

In seiner Studie *Religion and the Rise of Capitalism* führt R. H. Tawney aus, die Tätigkeit der kirchlichen Gerichte sei keineswegs mit der Reformation zu Ende gelangt; sie spielten vielmehr bei der Ausübung der lokalen Regierungsgewalt eine wenn auch zunehmend unpopuläre, so doch noch immer bedeutsame Rolle. Nicht genug damit, daß sie – in der Theorie zumindestens – gegen alle vorgingen, die in Verletzung der Gebote christlicher Moral Wucherzinsen nahmen, sie erzwangen *zusätzlich* durch Verhängung von Strafen die grundlegenden Normen sozialer Nächstenliebe. Sie verhängten Strafen gegen alle diejenigen, die sich weigerten, »ihr Scherflein zu dem Klingelbeutel für die Armen beizusteuern oder die sich sonstwie durch ihr Verhalten gegenüber den Armen und Gebrechlichen als hartherzige Menschen erwiesen«.[153]

Von diesem Gesichtspunkt aus betrachtet, gewinnt die puritanische Revolution des 17. Jahrhunderts eine erhebliche Bedeutung für das Verständnis der Gegenwart. Stellen doch die politischen Bewegungen des 20. Jahrhunderts, die im Faschismus und Nationalsozialismus kulminierten, nicht zuletzt auch eine Reaktion gegen das Erbe der englischen Revolutionskämpfe dar, die im politischen Bewußtsein Englands und namentlich der USA lebendig geblieben sind. Andererseits sollten aber die bedeutsamen Unterschiede nicht übersehen werden, die zwischen den »elf Jahren der Tyrannei« und dem Dritten Reich bestehen. Wenn auch der nationalsozialistische Staat keineswegs ein »agnostischer« Staat ist,[154] so fehlen ihm doch essentielle Merkmale einer Theokratie. Paradox zugespitzt könnte man ihn eine Theokratie ohne Gott nennen, eine Kirche, die ausschließlich auf ihrer Selbstverherrlichung beruht. Als quasikirchliche Institution betrachtet das Dritte Reich all diejenigen, die aus Gewissensgründen seine Gesetze ablehnen, nicht als Verbrecher, sondern als Ketzer.

b. Die Verfolgung der Ketzer

Die Tendenz, die Strafverfolgung gegen »Verbrecher« in einen Kreuzzug gegen Ketzer umzufunktionieren, tritt in der Handhabung der Hochverratsbestimmungen des Strafgesetzbuches (§ 80 ff.) in Erscheinung. So hat z. B. Dahm von der Universität Kiel zwischen »Verbrechen« und »Verrat« unterschieden.[155] Seiner Lehre zufolge sei Hochverrat tatbestandsmäßig nicht prä-

152 Auf diesen Zusammenhang hat bereits Max Weber, *Wirtschaftsgeschichte*, München 1923, S. 299, hingewiesen.
153 R. H. Tawney, *Religion and the Rise of Capitalism*, New York 1926, S. 161.
154 Der Begriff des »agnostischen Staates« ist in der faschistischen Staatslehre herausgearbeitet worden; in Deutschland von Carl Schmitt, Staatsethik und pluralistischer Staat, *Kant-Studien*, Bd. XXXV, S. 28-42, insbes. S. 31.
155 Georg Dahm, »Verrat und Verbrechen«, *Ztschr. f. d. ges. Staatsw.*, Bd. 95, S. 283, 288.

zise zu formulieren. Deshalb sei eine Generalklausel nötig, die ausreichend Ermessensspielraum offenlasse, um zu bestimmen, wann ein Treubruch als Verrat anzusehen sei. Diener kritisiert, daß man bisher unter hochverräterischen Unternehmen nur solche verstanden habe, die den *gewaltsamen* Sturz der Verfassung zum Ziele hatten. Seiner Meinung nach sei die nationalsozialistische Auffassung des Hochverrats aber weit angemessener als die »technische Illegalität des Verfassungshochverrats«, weil »erst mit der nationalsozialistischen Revolution eine feste Weltanschauung und Staatsidee hervor(trat), der gegenüber jede gegnerische Haltung Staatsverbrechen sein mußte«.[156]

Die praktischen Konsequenzen dieser Lehre traten in einem Urteil des Sondergerichts Hamburg vom 5. Mai 1935 zutage, in dem es um die Frage ging, ob, wenn es bei der Durchführung eines hochverräterischen Unternehmens zu gewaltsamen Zusammenstößen gekommen war, zusätzlich zu einer Bestrafung wegen Hochverrats eine Bestrafung wegen Landfriedensbruchs erfolgen könne. Obwohl das Strafgesetzbuch[157] ausdrücklich in § 80 das Tatbestandsmerkmal der »Gewaltsamkeit« aufführt, hat das Sondergericht den Angeklagten einer zusätzlichen Bestrafung wegen Landfriedensbruchs unterworfen. Im Urteil heißt es: »Im Sinne des heutigen Kommunismus umfaßt die Vorbereitung zum Hochverrat alle Handlungen einschließlich der Organisation und Durchführung des politischen Mordes im großen; im Sinne des früheren § 86 StGB nach der Auffassung des Jahres 1871 aber nur eine solche Tätigkeit mit *Ausnahme* von Gewaltakten.« Das Sondergericht hält »an der engeren ursprünglichen Auslegung dieser Strafvorschriften fest, denn deutsches Rechtsgefühl lehnt es ab, Terrorismus als Kampfmittel zur Vorbereitung zum Hochverrat rechtlich anzuerkennen«.[158]

Die politischen Gerichtshöfe Deutschlands haben die Hochverratsbestimmung in fester Rechtsprechung mißbräuchlich angewandt. Sie haben häufig wegen Vorbereitung zum Hochverrat die schwersten Strafen verhängt, ohne daß auch nur der leiseste Verdacht einer »gewaltsamen Verfassungsänderung« vorgelegen hat. Wenn einmal der Tatbestand erfüllt und Gewalt angewendet worden ist, hat das Gericht den Hochverratsparagraphen nicht für ausreichend angesehen und es für nötig gehalten, wegen Landfriedensbruchs eine Zusatzstrafe zu verhängen.

Roland Freisler, Staatssekretär im Justizministerium, hat die Dahm'sche Lehre als bahnbrechende Errungenschaft begrüßt.[159] Ihre Bedeutung liegt in

156 Roger Diener, »Das System der Staatsverbrechen«, *Dtsch. Recht*, 1934, S. 329/331; S. 330.
157 Reichsstrafgesetzbuch, 15. Mai 1871, *RGBl.* 1871, S. 127.
158 Sondergericht Hamburg, 5. Juni 1935 (*J. W.* 1935, S. 2988).
159 Roland Freisler, »Der Volksverrat (Hoch- und Landesverrat) im Lichte des National-Sozialismus«, *D. J. Z.* 1935, S. 907.

der »Erleuchtung«, daß nicht nur die politischen Instanzen, sondern auch die Gerichte politische Akte nicht von einem rechtlichen, sondern von einem politischen Standpunkt aus zu behandeln haben. Dahm schrieb: »Es taucht hier das allgemeine Problem auf, wieweit überhaupt die für den Regelfall geltenden materiell rechtlichen Begriffe und Tatbestände auch im politischen Bereich gelten . . . Gelten hier nicht andere Maßstäbe, ganz ähnlich wie die für den Normalfall geltenden Verfahrensregeln in politischen Prozessen heute fragwürdig geworden sind?«[160] Der Nationalsozialismus kennt keine »allgemeinen« Maßstäbe; setzt doch im Bereich des Rechts ein Maßstab eine generell gültige ethische Wertskala voraus. Im heutigen Deutschland hat die Politik sich jedoch von jeder ethischen Basis losgesagt.

Die Behandlung politischer Verbrechen durch deutsche »Gerichte« ist gegenwärtig ein groß angelegtes Betrugsmanöver. Das Volksgericht und die Sondergerichte sind Schöpfungen und Bestandteile des Maßnahmenstaats. Daß Gerichte, die als Organe des Maßnahmenstaats funktionieren, nur dem Namen nach Gerichte sind, kann allein weder aus der Interpretation einzelner Vorschriften des Strafgesetzbuchs noch aus der Schwere der Strafen abgeleitet werden, die sie verhängen. Anders verhält es sich jedoch, wenn im Unterschied zu anderen rechtsprechenden Organen diese »Gerichte« bei der Aburteilung politischer Delikte fundamentale Rechtsprinzipien außer acht lassen. In allen zivilisierten Staaten ist *ne bis in idem*, d. h. das Verbot der Doppelbestrafung, ein tragendes Prinzip der Strafjustiz. Das Reichsgericht hat diesen Grundsatz noch in einer Entscheidung vom 27. Oktober 1938 beachtet.[161] Um so bedeutsamer ist es, daß das Volksgericht, das Kammergericht und das Oberlandesgericht München diesen Grundsatz nicht mehr uneingeschränkt respektieren, wenn es sich um Hochverratsfälle handelt.

Das Oberlandesgericht München hatte einen Angeklagten wegen Verbreitung illegalen Propagandamaterials bestraft, ein Delikt, das im heutigen Deutschland als »Vorbereitung zum Hochverrat« gilt. Der Angeklagte hatte die gegen ihn verhängte Strafe bereits verbüßt, als sich in einem späteren Prozeß herausstellte, daß der Fall sehr viel »ernster« lag, als ursprünglich angenommen worden war. Das Gericht hob ausdrücklich hervor, daß im Einklang mit der in Theorie und Rechtsprechung vormals einhellig vertretenen Ansicht das Verfahren hätte eingestellt werden müssen; standen ihm doch, wie das Gericht ausdrücklich ausführte, »der Grundsatz des ›ne bis in idem‹ und der Rechtskraft des ersten Urteils nach allgemeiner Rechtsauffassung der neuerlichen

160 Georg Dahm in einem Kommentar zu einer Entscheidung des *Reichsgerichts* (*J. W.* 1934, S. 904).

161 Reichsgericht, 8. September 1938 (*J. W.* 1938, S. 2899) und 27. Oktober 1938 (*J. W.* 1939, S. 29).

Aburteilung entgegen«.[162] Das Gericht versuchte jedoch die Bedeutung dieses Prinzips dadurch zu bagatellisieren, daß es ihm nur verfahrensrechtliche Relevanz zusprach.

Das letztere mag vom rechtswissenschaftlichen Standpunkt aus gesehen zutreffend sein, schafft die Tatsache aber nicht aus der Welt, daß die Bedeutung prozessualer Prinzipien, namentlich wenn es sich um Fragen aus dem Grenzgebiet von Politik und Jurisprudenz handelt, in keiner Weise denen des materiellen Rechts nachsteht. Tatsächlich gibt es in der gesamten Rechtsordnung kaum einen Rechtssatz, der an fundamentaler Bedeutung dem Prinzip der Rechtskraft gleichkommt. Der Unterschied zwischen einem Gerichtsurteil und einem Verwaltungsakt ist nicht zuletzt darin zu erblicken, daß ein Urteil, wenn es einmal Rechtskraft erlangt hat, steht, während ein Verwaltungsakt sehr wohl nach Lage der Sache widerruflich sein mag.

Das bayerische Oberlandesgericht zeigte ein gestörtes Verhältnis zu dem Wesen der Gerichtshoheit, als es erklärte, die Anwendung des Prinzips der Rechtskraft dürfe die Durchsetzung des materiellen Rechts nicht beeinträchtigen. Das Gericht degradierte sich selber zu einem Instrument des Maßnahmenstaates, als es sich zu dem folgenden Grundsatz bekannte: »Die schweren Fälle des Hochverrats verlangen unter allen Umständen eine entsprechende Sühne. Der Schutz des Staates und des Volkes sind wichtiger als die strikte Anwendung alter, bei ausnahmsloser Anwendung zum Widersinn führender Verfahrensgrundsätze.«[163] Andere Gerichte haben sich dieser Rechtsauffassung angeschlossen; sie stellt kein isoliertes Phänomen dar.[164]

Gerichte, die ihre eigenen Entscheidungen nur unter Vorbehalt respektieren, sind keine Organe der Rechtsprechung und ihre Urteile sind keine echten Entscheidungen, sondern Maßnahmen. Dieser Unterschied wurde schon 1924 von Carl Schmitt sehr klar herausgestellt, als er ausführte: »Das richterliche Urteil soll eben gerecht, von der Rechtsidee beherrscht sein. Die Eigenart der Maßnahme aber besteht in ihrer Zweckabhängigkeit von der konkreten Sachlage. Die Maßnahme ist also ihrem Begriffe nach durchaus beherrscht von der *clausula rebus sic stantibus*.«[165] Ein Urteil unter Vorbehalt unterwirft

162 Oberlandesgericht München, 12. August 1937 (*D. Jstz.* 1938, S. 724).

163 Ib.

164 Volksgerichtshof, 6. Mai 1938 (*D. Jstz.* 1938, S. 1193), Ausführliche Erörterung des Problems bei Mittelbach (*J. W.* 1938, S. 3155) und Niederreuther (*D. Jstz.* 1938, S. 1752), der eine einschlägige Entscheidung des Kammergerichts zitiert.

165 Carl Schmitt, »Die Diktatur des Reichspräsidenten nach Artikel 48 der Weimarer Verfassung«; Anhang zu *Die Diktatur*, 2. Aufl. München 1928, S. 248 (Vortrag vor der Vereinigung deutscher Staatsrechtslehrer, 1924). Diese Unterscheidung geht zurück auf die Rede Robespierres im Nationalkonvent am 3. Dezember 1792, in der er Louis XVI. mit den

sich der Kontrolle des Prinzips der *clausula rebus sic stantibus,* einem charakteristischen Merkmal des Ausnahmezustandes.

Obwohl der deutsche und der angloamerikanische Staatsnotstand hinsichtlich der Voraussetzungen und des Rechtsgehaltes differieren, können die deutschen politischen Gerichtshöfe nichtsdestoweniger mit Kriegsgerichten verglichen werden, die nach englischem Recht nur im Falle offenen Aufruhrs legal sind. Ein englisches Gericht vertrat im Jahre 1866 die Auffassung: »Die sogenannten Standgerichte, die das Kriegsrecht (martial law) anwenden, sind genau genommen keine Kriegsgerichte, ja überhaupt keine Gerichte. Sie sind vielmehr Behörden, die zu dem Zweck gebildet werden, die von der Regierung in Ausübung ihrer beanspruchten Ermessensfreiheit getroffenen Entscheidungen zu vollziehen.«[166] Nur im Fall tatsächlicher Rebellion sind sie »berechtigt, auf beliebige Art und Weise das zur Unterdrückung des Aufruhrs Notwendige zu tun, um den Frieden und die Autorität des Rechts wiederherzustellen«.[167] Im angeblich befriedeten Deutschland sind die Ausnahmegerichte reguläre Dauerinstitutionen. Daher ist in Deutschland normales Recht, was in den angelsächsischen Ländern nur als »Ausnahme«zustand zulässig ist.

»Der Umstand, daß dieses System für den Heeresdienst im Ausland und beim Vorliegen eines echten bewaffneten Zusammenstoßes besteht«, so fährt die oben zitierte Quelle fort, »scheint einige Herrscher zu dem Versuch veranlaßt zu haben, das gleiche System auch im Frieden auf Notstandssituationen und besonders bei Bestrafung wegen Landfriedensbruch anzuwenden. Die ›Petition of Rights‹ hat dies für unzulässig erklärt.«[168]

Was im englischen Staatsrecht seit mehr als 300 Jahren als Alptraum angesehen wird, ist im heutigen Deutschland »the law of the land«.

Eine befriedigende Darstellung der politischen Strafjustiz im Dritten Reich zu geben, ist nicht möglich, weil Urteile in politischen Strafsachen im allgemeinen nicht publiziert werden.[169] Hingegen besteht die Möglichkeit, an Hand der politischen Urteile der Zivil- und Verwaltungsgerichte ein ungefähres Bild

berühmten Worten anklagte: »Vous n'avez point une sentence à rendre pour ou contre un homme mais une mésure de salut public à prendre, une acte de providence nationale à exercer.« Robespierre, *Textes Choisis,* T. 1 (1792-1793), Paris 1957, S. 71.

166 Dieser Auffassung über das Kriegsrecht waren James und Stephen 1866 anläßlich des Aufstandes in Jamaika. Zitat bei William Forsyth, *Constitutional Law,* London 1869, Anhang, S. 551-563, insbes. S. 560/1.

167 Ib., insbes. S. 561.

168 Ib., insbes. S. 552.

169 Ein Urteil in Hochverratssachen vom Oberlandesgericht Hamburg vom 15. April 1937 ist offenbar versehentlich im *Funkarchiv* 1937, S. 257, veröffentlicht worden.

vom Wesen der politischen Justiz zu geben. Hierbei ist allerdings zu bedenken, daß es sich bei diesen Entscheidungen nur um Fragen der wirtschaftlichen Existenz und nicht um Leben und Freiheit der Betroffenen handelt.

Eine Frau, die den Zeugen Jehovas nahestand, hatte einen Wandergewerbeschein beantragt. Der Antrag wurde vom bayerischen Verwaltungsgerichtshof mit der folgenden Begründung abgelehnt: »Daß Maria S. der verbotenen Vereinigung ernster Bibelforscher angehörte, ist nicht erwiesen. Dagegen steht fest, daß sie vollständig auf dem Boden dieser Vereinigung steht . . . Sie hat sich . . . auch geweigert, zu erklären, daß sie sich nicht weiter für die Bibelforschersekte betätigen . . . wolle . . . Diese Denkart und ihre Verbreitung ist staatsfeindlich . . ., weil sie Staat und Kirche beschimpft, Volk und Staat entfremdet und dem Pazifismus Dienste leistet, der mit der heldischen Weltanschauung des derzeitigen Staats- und Volkslebens im unvereinbaren Gegensatz steht.«[170]

Das sächsische Oberverwaltungsgericht wollte diesem Urteil nicht nachstehen und versagte einer Hebamme, die im Verdacht stand, eine Zeugin Jehovas zu sein, die Arbeitserlaubnis mit der Begründung: »Nun hat zwar Frau K. eine solche Volk und Staat feindliche Haltung bisher noch nicht unmittelbar betätigt; es ergibt sich aber aus ihren Äußerungen eindeutig, daß, falls eine Lage der Dinge eintreten würde, in der staatliche Maßnahmen mit ihrer Auffassung über die Bibel oder die Gebote ›Jehovas‹ ihr in Widerspruch stehend erscheinen sollten, sie auch grundsätzlich nicht davor zurückschrecken wird, sich gegen das Volk und seine Führung zu entscheiden . . . Mögen Personen wie Frau K. für sich betrachtet . . . kaum staatsgefährlich werden können, so geben sie durch ihre Einstellung und ihr Bekennen dazu solchen Leuten, die dem Staat wirklich feind sind, einen inneren Halt und unterstützen dadurch mittelbar Bestrebungen, die darauf angelegt sind, dem Volk zu schaden.«[171]

Ähnlich ging man gegen einen Postschaffner vor, der Bibelforscher gewesen war, aber nach dem Verbot der Vereinigung nicht mehr an deren Versammlungen teilgenommen hatte. Seine religiöse Überzeugung gestattete ihm nicht, irgendein menschliches Wesen mit »Heil« zu grüßen, da ein solcher Gruß nur Gott gebühre. Infolgedessen hob er beim Gruß die rechte Hand und sagte nur »Heil«. Da offiziell verlangt war, mit »Heil Hitler« zu grüßen, verlor er seine Stellung als Postschaffner, die er sonst sein Leben lang hätte behalten können. Obwohl es für den Angeklagten um seine Existenz ging, entschied das Gericht: »Auf religiöse Bedenken kann und darf sich der Angeschuldigte nicht berufen.«[172]

170 Bayerischer Verwaltungsgerichtshof, 8. Mai 1936 (*Reger*, Bd. 56, S. 534).
171 Sächsisches Oberverwaltungsgericht, 4. Dezember 1936 (*J. W.* 1937, S. 1368).
172 Reichsdisziplinarhof, 11. Februar 1936 (*Ztschr. f. Beamtenr.* 1936/7, S. 104).

Das Dritte Reich verfolgt nicht nur diejenigen, die gefährliche Ideen verbreiten, sondern bekämpft auch alle Gewissenszwänge, die nicht mit seinen Lehren in Übereinstimmung stehen. Ein Zeugnis dafür ist die Entscheidung des Reichsgerichtes vom 17. Februar 1938. In Solingen waren Angehörige einer Sekte angeklagt, in ihrem Hause Familienandachten abgehalten zu haben. Das Landgericht hatte sie mit der Begründung freigesprochen, daß Andachten im Familienkreise kein Verstoß gegen das Verbot der Sekte seien. Das Reichsgericht hob dieses Urteil auf und sprach die Familie mit folgender Begründung schuldig: »Verboten und strafbar sind aber solche Andachten auch dann, wenn die Mitglieder einer Familie durch Abhaltung der Andachten im Familienkreise über den bloßen Zweck der Andacht hinaus zugleich den zwischen den bisherigen Mitgliedern der Sekte bestandenen Zusammenhalt im Rahmen ihrer Familie als einer Keimzelle für die künftige Wiedereröffnung der Sekte dem Verbot zuwider aufrechterhalten wollen.«[173]

Der Nationalsozialismus kennt weder Recht noch Gnade gegenüber einem Deutschen, der im Verdacht steht, eine Gesinnung zu pflegen, die von den nationalsozialistischen Prinzipien abweicht. Alfred Rosenberg hat dies mit klaren Worten ausgesprochen: »Wer die Interessen der Volksgesamtheit nicht anerkennt, kann auch den Schutz dieser Gesamtheit nicht in Anspruch nehmen ... Wer dieses Gesamtschicksal und seine Notwendigkeit nicht anerkennt, der hat ... auch jeden polizeilichen Schutz nicht mehr nötig.«[174]

Erzbischof Laud hat den gleichen Gedanken vor 300 Jahren mit den folgenden Worten zum Ausdruck gebracht: »Wenn jemand das Allgemeinwohl zugunsten seines Privatinteresses hintanstellt, so mangelt es ihm an Frömmigkeit und vergebens wünscht er sich Frieden und Glück.«[175]

Nachdem das Dritte Reich alle privaten Organisationen zertrümmert und die Religionsfreiheit beschnitten hatte, schreckte es nicht davor zurück, den Familienverband zu sprengen. Der Staat untersagte einer Familie, das Tischgebet in einer Form zu sprechen, die ihnen ihr Gewissen vorschrieb. Eingriffe in das Familienleben in Fällen, in denen Eltern ihre Kinder in einer dem Nationalsozialismus nicht genehmen Religion oder Weltanschauung erziehen, sind gängig. Durch eine Entscheidung des Landgerichts Hamburg wurde mehreren Bibelforschern das Sorgerecht für ihre Kinder entzogen, weil die Kinder nicht im Glauben ihrer Eltern heranwachsen sollten; denn »dadurch wird das gei-

173 Reichsgericht, 17. Februar 1938 (*J. W.* 1938, S. 1018).

174 Alfred Rosenberg, »Die nationalsozialistische Weltanschauung und das Recht«, *D. Jstz.* 1938, S. 360.

175 Predigt am Geburtstag von König Jakob im Jahre 1621. *The Works of William Laud, D. D.*, ed. Wm. Scott, Bd. I, London 1847, S. 28.

stige Wohl der Kinder auf das Schwerste gefährdet«.[176] Solche »Gefährdung« minderjähriger Kinder nimmt das Dritte Reich viel ernster als Gefährdungen moralisch-sittlicher Art. Zwei Amtsgerichtsurteile vom gleichen Tag beweisen dies offenkundig. Sie zeigen darüber hinaus, daß politische und unpolitische Fragen auf verschiedenen Ebenen liegen, selbst wenn sie die gleiche Materie betreffen. Das Amtsgericht Berlin-Lichterfelde entschied: »Gefährdung des Kindes durch kommunistische oder atheistische Erziehung ist Grund für die Entziehung des Sorgerechtes.«[177] Am gleichen Tage erklärte das Amtsgericht Hamburg: »Die Tatsache, daß eine Kindesmutter Prostituierte ist, reicht nicht aus, ihr . . . das Personensorgerecht für ihre Kinder, die sie in einwandfreien Pflegestellen untergebracht hat, zu entziehen.«[178]

Im Jahre 1937 entzog das Amtsgericht Frankfurt/Main-Höchst einer Mutter das Sorgerecht für ihre Kinder, weil sie die Kinder in einem katholischen Kloster erziehen lassen wollte.[179] 1938 überwies das Amtsgericht Wilster Kinder der Fürsorgeerziehung, weil der Vater sie nicht in die Hitlerjugend schickte: »Indem im vorliegenden Fall der Vater die Kinder von der Hitlerjugend fernhält, mißbraucht er sein Personensorgerecht.«[180] Nach nationalsozialistischer Auffassung sind Kinder, die eine Erziehung erhalten, die zu den im Hitlerjugendgesetz festgelegten Zielen im Widerspruch steht, »verwahrlost«.[181]

Der nationalsozialistische Staat beansprucht die Herrschaft über die Seelen der heranwachsenden Generation. Ein katholischer Geistlicher, der eine Mutter in der Beichte davor warnte, ihr Kind ins Landjahr zu schicken, da die Kinder dort ihren Glauben verlören, wurde wegen heimtückischer Angriffe auf die Regierung mit sechs Monaten Gefängnis bestraft.[182]

Zu Beginn seiner Herrschaft gab der Nationalsozialismus vor, aus staatspolitischen Gründen gegen den Kommunismus vorgehen und die kommunistische Partei *hors la loi* stellen zu müssen. Nicht ahnend, wohin es führen werde, wenn ein partielles Rechtsvakuum geschaffen wird, gaben nur allzu viele hierzu ihre Zustimmung und bekannten sich mit wahrer Inbrunst zu dem Dogma aller gleichgeschalteten Opportunisten, daß, wo gehobelt wird, auch Späne fallen.

176 Landgericht Hamburg, 5. Juni 1936 (*Zentralblatt für Jgdr. u. Jgdwohlf.* 1936/7, S. 281). Die obengenannte Materie gehört in die Zuständigkeit der unteren Instanzen. Wir zitieren daher Urteile der Amts- und Landgerichte in Sachen Eltern-Kind-Beziehung.
177 Amtsgericht Berlin-Lichterfelde, 15. April 1935 (*Das Recht,* 1935, No. 8015).
178 Amtsgericht Hamburg, 15. April 1935 (*Das Recht,* 1935, No. 8016).
179 Amtsgericht Frankfurt/Main-Höchst, 4. Mai 1937 (*Dtsch. Recht* 1937, S. 466).
180 Amtsgericht Wilster, 26. Februar 1938 (*J. W.* 1938, S. 1264).
181 Landgericht Zwickau, 14. April 1937 (*J. W.* 1938, S. 2145).
182 Sondergericht Breslau (*Dtsch. R. Z.* 1935, Nr. 554).

Manch einer mag inzwischen die Weisheit begriffen haben, die aus den Worten der Portia in Shakespeares *Kaufmann von Venedig* (4. Akt, 1. Szene) spricht:

Bassanio:
And I beseech you
Wrest once the law to your authority:
To do a great right, do a little wrong,
And curb this cruel devil of his will.
Portia:
It must not be. There is no power in Venice
Can alter a decree established.
'Twill be recorded for a precedent;
And many an error by the same example
Will rush into the state. It cannot be.[183]

183 [Anmerkung des Herausgebers: Vgl. die Übersetzung im Urdoppelstaat, in: Ernst Fraenkel, Gesammelte Schriften, Bd. 2, Nationalsozialismus und Widerstand, Baden-Baden 1999, S. 325, sowie die Übersetzung am Ende seines Aufsatzes »Auflösung und Verfall des Rechts im III. Reich« von 1960, ebda., S. 621.]

Kapitel II
Die Grenzen des Maßnahmenstaates

Die gesamte Rechtsordnung steht zur Disposition der politischen Instanzen. Soweit jedoch die politischen Instanzen von ihren Machtbefugnissen keinen Gebrauch machen, regelt sich das private und öffentliche Leben nach den Normen des überkommenen oder neugeschaffenen Rechts.

Das Beispiel der Geburtsurkunde (S. 99) scheint uns besonders lehrreich. Täglich werden in Deutschland Hunderte von Geburtsurkunden nach Maßgabe des Personenstandsgesetzes ausgestellt. Das normale Leben regelt sich nach den Normen des Rechts. Weil aber der Ausnahmezustand in Deutschland eine Dauererscheinung ist, werden ständig Ausnahmen vom normalen Recht geschaffen.

Man hat davon auszugehen, daß alle Lebensbereiche der Regelung durch das Recht unterliegen. Ob jedoch im Einzelfall die Entscheidung nicht nach dem Gesetz, sondern nach »Lage der Sache« erfolgt, entscheiden die Träger der politischen Gewalt souverän. Ihre Souveränität besteht gerade darin, daß sie über den dauernden Ausnahmezustand verfügen. »Souverän ist, wer über den Ausnahmezustand entscheidet«, sagte Carl Schmitt in seiner *Politischen Theologie.*[1]

Hieraus ergibt sich, daß die Kompetenzvermutung beim Normenstaat liegt, während die Kompetenzkompetenz beim Maßnahmenstaat liegt.

Es gibt keine Materie, die der Maßnahmenstaat nicht an sich ziehen könnte. Nach der Rechtspraxis, so wie wir sie bereits dargestellt haben, wird durch die Verordnung vom 28. Februar 1933 alles erfaßt, was »politisch« ist. Im Deutschland der Gegenwart gibt es keine Frage, die nicht als »politisch« qualifiziert werden kann. Mit der offengelassenen Möglichkeit jedoch, jedwede Materie politisch zu behandeln, ist noch nicht gesagt, daß von dieser Möglichkeit auch jeweils Gebrauch gemacht wird.

Der Verwaltungsrechtsspezialist Reuss unterscheidet zwischen *aktueller* und *potentieller* politischer Relevanz. Er ist bereit zuzugeben, »daß ein relativ unpolitischer Lebensbereich, dessen grundsätzliche Verweisung an die Verwaltungsgerichte unbedenklich ist, doch ausnahmsweise und im Einzelfall eine

1 Carl Schmitt, *Politische Theologie*, 2. Aufl. München 1934, S. 1.

politische Relevanz besitzen kann. Politische Relevanz eines Lebensbereichs bleibt sich nicht unter allen Umständen gleich«.[2]

Wenn Reuss vom »relativ« politischen Charakter des privaten Lebensraumes spricht, meint er dasselbe, das wir als Kompetenzkompetenz des Maßnahmenstaates bezeichnet haben: d. h. wenn der Maßnahmenstaat die »politische« Behandlung privater und nichtstaatlicher Materien fordert, ist das Recht suspendiert. Wenn der Maßnahmenstaat die Zuständigkeit *nicht* an sich zieht, darf der Normenstaat herrschen. Die Grenzen des Maßnahmenstaates werden ihm nicht von außen gesetzt; sie liegen in der Selbstbeschränkung, die sich der Maßnahmenstaat auferlegt.[3] Diese Selbstbeschränkung des Maßnahmenstaates ist von zentraler Bedeutung für das Verständnis des Doppelstaates. Sie ist ein Wesensmerkmal des Nationalsozialismus.

Theoretisch ist die Zuständigkeit des Maßnahmenstaates unbeschränkt, faktisch jedoch beschränkt. Dies ist das wichtigste Kriterium der gegenwärtigen Verfassung Deutschlands.

In einer Entscheidung des sächsischen Oberverwaltungsgerichtes vom 25. November 1938 wurde diese für das Verständnis des Dritten Reiches so bedeutsame Tatsache besonders offenkundig. Das Gericht hatte darüber zu befinden, ob ein Antrag auf eine Baugenehmigung ohne Angabe von Gründen abgelehnt werden könne. Es erhob sich die Frage, ob das Bauwesen auch in den Geltungsbereich der Reichstagsbrandverordnung fallen kann. Das Gericht bejahte diese Frage, denn »es könnte ... auch eine nach den bestehenden baurechtlichen Bestimmungen sonst zu erteilende Bauerlaubnis aufgrund dieser Verordnung versagt werden, und ebenso müßte es als zulässig angesehen werden, in einem solchen Falle, wenn es das Staatsinteresse verlangt, von einer Angabe der Gründe abzusehen«.[4] Es ist nur im Bereich des Maßnahmenstaa-

2 Hermann Reuss in einem Kommentar zu einer Entscheidung des Preußischen Oberverwaltungsgerichts vom 30. Juli 1936 (*J. W.* 1937, S. 422/3).

3 Hier wird der amerikanische Leser wahrscheinlich an die berühmten Sätze erinnert, in denen im Fall *United States v. Butler* (297, US 79) die abweichende Meinung von Justice Stone zum Ausdruck gebracht wurde. Justice Stone definierte die Oberhoheit der Gerichte über die Legislative und Exekutive folgendermaßen: »... während verfassungswidriger Machtmißbrauch auf seiten der Exekutive und Legislative der Kontrolle der Gerichte unterworfen ist, besteht die einzige Schranke für die Ausübung unserer Machtbefugnisse in unserer eigenen Selbstbeschränkung.« Diese Feststellung beruht auf der Einsicht, daß in jedem Rechts- und Verfassungssystem die alte Frage *quis custodiet custodem?* nur mit einem Appell an das Gewissen beantwortet werden kann. Die Parallele zum Problem des Doppelstaates sollte nicht weiter verfolgt werden, da das in dem amerikanischen Urteil diskutierte Problem die Regierungsinstitutionen im Rahmen der Rechtsordnung betrifft, während die Linie, die Normen- und Maßnahmenstaat voneinander trennt, die Grenze zwischen Rechtsordnung und Rechtlosigkeit ist.

4 Sächsisches Oberverwaltungsgericht, 25. November 1938 (*R. Verw. Bl.* 1939, S. 103).

tes möglich, die Zuständigkeit der Verwaltungsgerichte dadurch auszuschließen, daß davon Abstand genommen wird, Gründe für einen ablehnenden Bescheid anzugeben.

Mit folgenden Worten widersetzte sich das Gericht der Tendenz, den Maßnahmenstaat immer weiter in den Normenstaat eindringen zu lassen: »Indessen handelt es sich bei der genannten Reichspräsidentenverordnung eben nur um eine in bestimmten Grenzen aus staatspolitischen Gründen gegebene Ausnahmeregelung, die nicht über diesen Rahmen hinaus angewendet werden kann und jedenfalls auch die sonst allgemein geltenden Rechtssätze und Verfahrensregeln in ihrer grundsätzlichen Geltung unberührt läßt.«[5]

Die gleiche Ansicht vertrat das Preußische Oberverwaltungsgericht in einer Entscheidung vom 15. Dezember 1938 in einer vereinsrechtlichen Entscheidung mit ebensolcher Klarheit. Das Oberverwaltungsgericht hob erneut hervor, daß nach Maßgabe der Verordnung vom 28. Februar 1933 das Vereinswesen zwar auch in den Zuständigkeitsbereich der Staatspolizei falle, ergänzte diese Feststellung jedoch mit der folgenden Erwägung: »Zu untersuchen war demnach, ob die Verwaltungsbehörden auf dem Gebiet des Vereinswesens nur für den Anwendungsbereich der Verordnung vom 28. Februar 1933 oder ganz allgemein nicht mehr an die in den §§ 61, 62 BGB getroffene Regelung gebunden sind. Der Senat ist der Auffassung, daß, soweit nicht die Verordnung vom 28. Februar 1933 zur Anwendung gelangt, die bisherigen vereinsrechtlichen Vorschriften überhaupt und damit auch die §§ 61, 62 BGB in vollem Umfange bestehen geblieben sind.«[6]

Das Vorhandensein dieser Selbstbeschränkung weist darauf hin, daß die These, das Dritte Reich sei ein »totaler Staat«, nicht unkritisch hingenommen werden kann. Der Marburger Staatsrechtslehrer Herrfahrdt kam bei der Überlegung, ob das Dritte Reich totalitär genannt werden könne, zu dem Schluß: »Entweder bezeichnet er (der Begriff des totalen Staates) etwas, was für jeden Staat selbstverständlich ist, oder etwas, was gerade für den nationalsozialistischen Staat nicht gilt.«[7] Herrfahrdt meinte damit, daß das Dritte Reich sich zwar die Möglichkeit vorbehalte, das gesamte gesellschaftliche Leben zu regeln, von dieser Möglichkeit jedoch absichtlich nur einen beschränkten Gebrauch mache. Damit gibt er nur einen Gedanken wieder, der nachdrücklich von einem anderen Bekämpfer des Schlagwortes »totaler Staat«, dem Staatssekretär im Reichsjustizministerium Freisler, vertreten wird. Freisler sagt: »Der nationalsozialistische Staat glaubt nicht, daß die für das Volks-

5 Ib.

6 Preußisches Oberverwaltungsgericht, 15. Dezember 1938 (*R. Verw. Bl.* 1939, S. 544).

7 Heinrich Herrfahrdt, »Politische Verfassungslehre«, *Arch. f. Rechts- u. Soz.-Phil.*, Bd. 30, 1936/37, S. 110.

ganze beste Art der Führung überall die staatliche sei. Weite Lebensgebiete will er anderen Ordnungs-, Kraft- und Führungszentren überlassen.«[8]

Der Begriff des »totalen Staates« ist nicht eindeutig. Gemeinsam ist allen totalitären Tendenzen die Unterordnung sämtlicher Tätigkeiten unter den Staatszweck. Dies kann einerseits im Namen der Massen erfolgen. Konservative wie Jakob Burckhardt und Zeitgenossen der Französischen Revolution wie Edmund Burke und John Adams haben mit Entsetzen in einem Staat, in dem die Massen dominieren, das Aufgehen aller Werte in alles verschlingende gesellschaftliche Interessen vorausgeahnt, die alsdann mit dem Staat identifiziert werden. Burckhardt kennzeichnete die Demokratie als eine Weltanschauung, der »die Macht des Staates über den einzelnen nie groß genug sein kann.«[9]

Andererseits kann ein Staat totalitär genannt werden, wenn er die Macht absolut zu seiner außenpolitischen Stärkung anwendet. Erich Kaufmann hat 1911 in seinem Buch *Das Wesen des Völkerrechts und die clausula rebus sic stantibus*[10] den Gedanken zum Ausdruck gebracht, daß der Machtstaat seinem Wesen nach auf eine gewisse Totalität gerichtet sei.

Daher kann der totalitäre Staat von den Konservativen attackiert werden, weil er die Ziele der Massen reflektiert, während die Liberalen ihm vorwerfen, er sei autoritär. Das Dritte Reich kann als ein Zusammenströmen dieser beiden Tendenzen zum Totalitarismus angesehen werden. Es ähnelt dem Frankreich der Revolutionszeit insofern, als es die Jakobinerbewegung innerhalb des *Massenstaates* mit der napoleonischen Politik des *Machtstaates* nach außen verbindet.

Wir haben bisher den Ausdruck »totaler Staat« wegen der Vielfalt der dadurch hervorgerufenen Assoziationen vermieden. Seine Anwendung in Deutschland geht auf Carl Schmitts Buch *Der Hüter der Verfassung*[11] zurück, in dem im Anschluß an Ernst Jüngers »Totale Mobilmachung«[12] das erste Mal von einem totalen Staat die Rede ist. Carl Schmitt lehnte es ab, den totalen Staat als einen Staat zu definieren, der die Gesamtheit des gesellschaftlichen

8 Roland Freisler, »Totaler Staat? Nationalsozialistischer Staat!«, *D. Jstz.* 1934, S. 44; vgl. Otto Koellreutter, »Leviathan und totaler Staat«, *R. Verw. Bl.* 1938, S. 803-7; Alfred Rosenberg in *V. B.* vom 9. und 10. Januar 1934 und Ernst Rudolf Huber, »Die Totalität des völkischen Staates«, *Die Tat*, 1934, Jg. 26, Bd. I, S. 30 ff.

9 Jakob Burckhardt, *Weltgeschichtliche Betrachtungen*, Kröner's Taschenausgabe, Bd. 55, Leipzig 1935, S. 197.

10 Erich Kaufmann, *Das Wesen des Völkerrechts und die clausula rebus sic stantibus*, Tübingen, 1911, S. 136.

11 Carl Schmitt, *Der Hüter der Verfassung*, Tübingen 1931, S. 79.

12 Ernst Jünger, »Die totale Mobilmachung«, in *Krieg und Krieger*, hrsg. v. Ernst Jünger, Berlin 1930.

und wirtschaftlichen Lebens unter Kontrolle habe. Er unterschied zwei Arten von Totalitarismus, den qualitativen und den quantitativen. Welche Bedeutung dieser Unterscheidung zukommt, begreift man besser, wenn man den Anlaß berücksichtigt, bei dem sie vorgenommen wurde. Im November 1932 hatte der Rheinisch-Westfälische Langnam-Verein (Verein der Schwerindustriellen im Ruhrgebiet) Carl Schmitt zu einem Vortrag über »Majorität oder Autorität« eingeladen. In diesem Vortrag sagte Schmitt, ein totaler Staat im qualitativen Sinne sei ein Staat, der keine staatsfeindlichen Bewegungen mehr erlaube. Was das bedeutet, bewiese der Faschismus.[13]

Ein quantitativ totalitärer Staat jedoch stelle eine Totalität der Schwäche dar. Die Weimarer Republik war Schmitt zufolge ein solch quantitativ, nicht jedoch qualitativ totaler Staat. Der qualitativ totale Staat behalte alle entscheidenden Mittel der Massenbeeinflussung in der Hand. Neben diesem dem staatlichen Regal vorbehaltenen Bereich müsse es aber im qualitativ totalen Staat eine Sphäre des freien individuellen Unternehmertums und eine zwar nicht staatliche, aber öffentliche Sphäre geben.[14]

In Anbetracht dieser Rede kann man Schmitt, der einige Wochen später zum Nationalsozialismus überschwenkte, keinen allzu großen Gesinnungswandel vorwerfen. Zwischen Freislers Theorie vom totalen Staat und Schmitts Theorie vom zwar qualitativ, jedoch nicht quantitativ totalen Staat bestehen nur terminologische Unterschiede. Der sogenannte »qualitativ totale Staat« ist sowohl programmatisch als auch faktisch auf die Anerkennung des Privateigentums festgelegt.[15] Am 23. März 1933 sagte Hitler in seiner ersten Reichstagsrede: »Grundsätzlich wird die Regierung die Wahrnehmung der wirtschaftlichen Interessen des deutschen Volkes nicht über den Umweg einer staatlich zu organisierenden Wirtschaftsbürokratie betreiben, sondern durch stärkste Förderung der privaten Initiative und unter Anerkennung des Privateigentums.«[16]

Wenn man das Wirtschaftssystem im heutigen Deutschland als regulierten Kapitalismus auf der Basis des Privateigentums bezeichnen kann (wie später zu zeigen sein wird), kann man nicht von einem totalen Staat im weiteren Sinne des Wortes sprechen. In dem Maße, wie das Dritte Reich private Unternehmerinitiative zuläßt, beschränkt es die Reichweite des Maßnahmen-

13 *Dt. Bergw. Ztg.*, 24. November 1932 (teilweise wiederabgedruckt in *Europäische Revue*, Februar 1933). Jetzt wiederabgedruckt unter dem Titel »Weiterentwicklung des totalen Staates in Deutschland«, in Carl Schmitt, *Verfassungsrechtliche Aufsätze aus den Jahren 1924-1954*, Berlin 1958, S. 359-366.

14 *Dt. Bergw. Ztg.*, 24. November 1932.

15 Ernst Rudolf Huber, »Die Rechtsstellung des Volksgenossen erläutert am Beispiel der Eigentumsordnung«, *Ztschr. f. d. ges. Staatsw.* 1936, S. 452 f.

16 Verhandlungen des Reichstags, 8. Wahlperiode, 1933, *Stenogr. Berichte Bd. 457*, S. 28.

staates. Für den regulierten Kapitalismus ist die Tätigkeit des Staates im wirtschaftlichen Bereich kennzeichnend; im allgemeinen ist jedoch die staatliche Intervention in diesem Bereich keine für den Maßnahmenstaat typische Tätigkeit.

Werner Best, der Justitiar der Gestapo, hat diese Sachlage schärfer erfaßt als alle anderen, die sich zu diesem Problem geäußert haben. In einem Beitrag zum *Jahrbuch der Akademie für Deutsches Recht* wiederholt Best eine in Deutschland aus seinen früheren Schriften bereits bekannte Theorie, nämlich, daß der nationalsozialistische Staat eine von jeglichen rechtlichen Beschränkungen befreite Polizeigewalt für notwendig halte. Nach der Analyse des Maßnahmenstaates wendet sich Best dem Normenstaat zu: »Das bedeutet jedoch nicht, daß jede konkrete staatliche Tätigkeit sich normenlos nach dem Gutdünken der einzelnen Träger dieser Gewalt zu vollziehen hat. Es ist vielmehr auf sehr vielen Gebieten zweckmäßig, daß der Staat von sich aus eine künftige Tätigkeit genau normiert, so daß sie voraussehbar ist und den Betroffenen die Möglichkeit gegeben wird, sich danach zu richten.«[17]

Nachdem Best das Zentralproblem des nationalsozialistischen Staatsrechts, d. h. das Nebeneinander von Normen- und Maßnahmenstaat, aufgezeigt hat, beschäftigt er sich mit dem entscheidenden Rechtsproblem, wann der Maßnahmenstaat vor dem Normenstaat zurückzutreten habe. Diese Selbstbeschränkung, die Normierung seines künftigen Verhaltens, ist Best zufolge »angebracht gegenüber allen positiv aufbauenden Kräften des Volkes. Diese sollen, um sich möglichst fruchtbar auswirken zu können, möglichst weitgehend das Handeln des Staates voraussehen können.«[18]

Mit diesem Gedankengang bricht Best ab. Es ist kein Zufall, daß dieser tiefste Einblick in die Struktur des Dritten Reiches, der in der nationalsozialistischen juristischen Literatur zu finden ist, von einem Autor stammt, der die Kritik des Maßnahmenstaates nicht zu fürchten braucht, weil er dessen machtvollstes Instrument juristisch berät: die Gestapo. Ebensowenig verwunderlich ist es, daß Best die naheliegende brennende Frage offen läßt, welche Kräfte des Volkes auf den Schutz und die Förderung des Normenstaates rechnen können, weil ihnen generell das Prädikat »aufbauend« zuerkannt wird.

Die Relevanz einer solchen »abstrakten« Fragestellung würde der Nationalsozialismus bestreiten. Gegebenenfalls würde die nationalsozialistische Rechtslehre wahrscheinlich in einer generellen Stellungnahme die rassischen Kräfte als »positiv aufbauend« bezeichnen. Dementsprechend versagt der National-

17 Werner Best, »Neubegründung des Polizeirechts«, *Jahrbuch der Akademie für deutsches Recht*, 1937, S. 132-152; insbes. S. 133.
18 Ib., S. 133.

sozialismus allen nichtarischen Staatsangehörigen den normenstaatlichen Schutz. Darüber hinaus wird es in jedem Einzelfall zu entscheiden sein, ob der arische Volksgenosse zu den »aufbauenden Kräften des Volkes« zu zählen ist oder nicht.

Eine eingehende Analyse der nationalsozialistischen Rechtsordnung wird jedoch erweisen, daß diese Auffassung nicht ausreicht, um das angeschnittene Problem zu lösen. Oben wurde der Nachweis erbracht, daß jede Angelegenheit aus dem Bereich des Normenstaates in den Bereich des Maßnahmenstaates überführt werden kann, sobald sie zur politischen Frage erklärt worden ist. Im heutigen Deutschland ist niemand dagegen gefeit, daß irgendeine Partei- oder Staatsinstanz ihm das Prädikat der »aufbauenden Kraft« abspricht und daß er damit den Schutz des Normenstaates verliert. Eine theoretische Analyse des neudeutschen Staatsrechts darf sich mit solch einer Feststellung jedoch nicht begnügen. Obwohl der Nationalsozialismus die Fragestellung ablehnen würde, muß man das Problem erörtern, ob es außer den rassischen und kasuellen andere Kriterien für die Unterscheidung von »aufbauenden« und »nichtaufbauenden« Kräften gibt. Für jede realistische Betrachtung der NS-Rechtsordnung ist dieses Problem entscheidend. Wegen seiner überragenden Bedeutung soll der Versuch gemacht werden, es in Thesenform herauszuarbeiten.

These:

Die »aufbauenden Kräfte des Volkes« stehen grundsätzlich unter dem Schutze des Normenstaates.

Frage:

1. Gibt es zwischen den verschiedenen Gruppen des »deutsch-arischen« Volkes hinsichtlich des Umfangs des ihnen gewährten normenstaatlichen Schutzes eine generelle Differenzierung?
2. Gesetzt, diese Frage könnte bejaht werden: Ist der Umfang des generell gewährten normenstaatlichen Schutzes ein Indiz dafür, welche Gruppen des Volkes als mehr, welche als weniger »aufbauende Elemente« betrachtet werden?
3. Dies hinwiederum stellt die Frage nach der Klassenstruktur des Dritten Reiches.

An dieser Stelle genügt es, das Problem aufzuzeigen. (Eine ausführlichere Erörterung findet sich am Ende von Teil I – s. u. »Stände«.[19]) Aber es mag angebracht sein, schon an dieser Stelle darauf hinzuweisen, daß die Privatunternehmer generell zu den »aufbauenden Kräften des Volkes« zählen.

19 [In diesem Band, S. 154.]

Kapitel III
Der Normenstaat

1. *Doppelstaat und Gewaltenteilung*

a. *Maßnahmenstaat und Regierung*

Im Hintergrund des Normenstaates lauert ständig ein Vorbehalt: Die Erwägung der politischen Zweckmäßigkeit. Dieser politische Vorbehalt gilt für das gesamte deutsche Recht.

Bilfinger, Professor an der Universität Halle, hat systematisch die Natur des Vorbehaltes in einigen Abhandlungen über Völkerrecht untersucht. Im Jahre 1929 schrieb Bilfinger einen Artikel, dessen fundamentale Bedeutung sich unter dem zurückhaltenden Titel *Betrachtungen über politisches Recht*[1] verbirgt. Im Verlaufe der Erörterung einiger Probleme des Völkerrechts fragte Bilfinger, inwieweit politische Aktivität durch Normen reguliert werden könne. Obwohl er die normative Bindung politischer Aktivität nicht rundweg ablehnte, betonte er, daß Normen außer Kraft treten müssen, wenn die staatliche Existenz auf dem Spiel steht. Die Gültigkeit aller Regeln des Völkerrechts sei durch den Vorbehalt eingeschränkt, daß ein Staat sich von ihnen lossagen könne, sobald seine Sicherheit bedroht ist. Auf dem Gebiet des Verfassungsrechts erblickte Bilfinger den gleichen Vorbehalt in Gestalt der Notverordnungen und des Ausnahmezustandes.[2]

Von Bilfingers Lehre ausgehend hat Carl Schmitt in seiner Schrift *Nationalsozialismus und Völkerrecht*[3] dargelegt, daß nicht »die Verträge, sondern die Vorbehalte den eigentlichen Sinn und Inhalt des Völkerrechts darstellen«. Ein Völkerbundsystem mag Carl Schmitt zufolge für gewisse administrative Institutionen nützlich und zweckmäßig sein, aber man sollte es nicht »pathetisch

1 Carl Bilfinger, »Betrachtungen über politisches Recht«, *Ztschr. f. ausl. öff. u. Völkerr.*, Bd. I, S. 57-76.

2 Bilfinger legt dar, daß die völkerrechtlichen Schiedsverträge der Nachkriegszeit dem Politischen insofern Rechnung tragen, als sie existentielle Fragen ausschließen und diese gesondert einer rechtsfreien Sphäre überantworten. Wann immer existentielle Fragen zum Gegenstand normativer Regelungen gemacht werden, handelt es sich, so argumentiert Bilfinger, um Verträge unter Ungleichen unter Preisgabe des Gleichheitsprinzips.

3 Carl Schmitt, *Nationalsozialismus und Völkerrecht*, Schriften der Hochschule für Politik, Heft IX, Berlin 1934, S. 24.

nehmen«.[4] Existentielle politische Fragen lägen außerhalb des Bereichs der Normierbarkeit.

Nach 1918 ist das Rechtsdenken der deutschen Gegenrevolutionäre maßgeblich von dem außenpolitischen Geschehen geprägt worden. Die Hypothese der uneingeschränkten Souveränität verführte sie dazu, das Völkerrecht soweit wie irgend möglich zu ignorieren. Hier liegt der Ursprung ihrer Theorie, daß politisches Handeln keiner rechtlichen Normierung unterliege. Im Kern war damit die geistige Voraussetzung für die Errichtung eines Maßnahmenstaates geschaffen.[5]

Die deutsche Rechtswissenschaft hatte bereits vor dem ersten Weltkrieg gewisse immanente Schranken für das Recht im Bereich der Innenpolitik anerkannt. Sie hatte einen Teil der Staatstätigkeit, den sie als »Regierung« bezeichnete, aus der klassischen Gewaltenteilungslehre ausgeklammert.[6] Wir zitieren aus dem führenden Lehrbuch des Verwaltungsrechts: »Aber nicht alles, was weder Gesetzgebung noch Justiz ist, ist Verwaltung. Es gibt ein viertes Gebiet ... ausgeschlossen von der Verwaltung sind alle Tätigkeiten des Staates zur Verwirklichung seiner Zwecke, mit welchen dieser aus dem Bereich seiner Rechtsordnung heraustritt«.[7]

Man darf nicht übersehen, daß sich die Lehre von der Gewaltenteilung im Verlauf der Jahrhunderte beträchtlich gewandelt hat, besonders im Hinblick auf die Funktion der Exekutive.[8]

Auf die deutsche Verfassungsentwicklung hat sie einen besonders starken Einfluß in der Prägung ausgeübt, die ihr Montesquieu gegeben hat. Es gab jedoch einen bedeutsamen Unterschied zwischen der Montesquieuschen Theorie und der deutschen Praxis der Gewaltenteilung. Die deutschen Monarchen haben sich niemals der Ansicht angeschlossen, daß Regieren nichts anderes als Ausführung der Gesetze sei bzw. daß Regierung mit Verwaltung gleichzusetzen sei.

Unter dem Einfluß Hegels hoben die herrschenden Gruppen in Deutschland die besondere Bedeutung der Regierungsfunktion im Unterschied zur Ver-

4 Carl Schmitt, »Die Kernfrage des Völkerbunds«, *Schmoller's Jahrbücher*, Bd. 48, H. 4, S. 25.

5 Diese Systemkongruenz zwischen nationalsozialistischem Staatsrecht und Völkerrecht beseitigte den Dualismus im vorkriegsdeutschen Rechtsdenken: Innerhalb des Staates herrschte das Recht, außerhalb des Staates die Macht.

6 Hans Kelsen hat gegen diese Lehre unentwegt opponiert und ständig auf die Gefahren hingewiesen, die mit diesem Begriff der Regierung verbunden sind. *Allgemeine Staatslehre*, Berlin 1925, S. 244.

7 Otto Mayer, *Deutsches Verwaltungsrecht*, Systematisches Handbuch der Deutschen Rechtswissenschaft, Teil VI, 3. Aufl. München 1924, Bd. 1, S. 9/10.

8 Carl J. Friedrich, »Separation of Powers«, in *Encyclopaedia of the Social Sciences*, ed. by Seligman and Johnson, Bd. 13, New York 1934, S. 663-6.

waltung hervor – einen Unterschied, den Metternich in einem Brief vom April 1848 sehr deutlich zum Ausdruck gebracht hat.

»Das Hauptübel lag im *Nichtregieren* und dessen Ursache war die Verwechslung des *Verwalten* mit dem *Regieren*. Dort, wo dies stattfindet, schleppen sich die Reiche auf der Oberfläche (im Anscheine) fort. Die nichtbenützte Gewalt – denn sie weiß sich stets einen Weg zu bahnen – sinkt alsdann aber von der höchsten Schichte in die unteren herab und dort bildet sie sich *in Umsturz des gesetzlich Bestehenden aus.*«[9]

Ist aber dieses Nebeneinander von Verwaltung und Regierung nicht identisch mit dem Unterschied von Normen- und Maßnahmenstaat und wird unsere These, dies sei das kennzeichnende Merkmal des nationalsozialistischen Staates nicht hierdurch widerlegt? Diese Frage ist zu verneinen. Der entscheidende Unterschied zwischen dem Rechtsstaat mit vier Gewalten und dem Dritten Reich ist darin zu erblicken, daß im Dritten Reich »das Politische« nicht einen abgegrenzten Sektor der Staatstätigkeit darstellt, sondern zum mindesten potentiell das gesamte öffentliche und private Leben umfaßt,[10] d. h. aber eine uneingeschränkte Kompetenz für sich in Anspruch nimmt. Aus diesem Grund kann »das Politische« nicht als eine Gewalt unter anderen Gewalten angesehen werden. »Die Teilung und Unterscheidung der Gewalten enthält das Grundprinzip der Meßbarkeit aller staatlichen Machtausübungen«.[11] Eine potentiell unbeschränkte Macht ist aber das exakte Gegenteil einer meßbaren Gewalt.

b. Normenstaat und Verwaltungsermessen

Das nationalsozialistische Regime ist seitens vieler seiner Gegner unkritisch einem doppelten Vorwurf ausgesetzt, ohne daß diese sich dessen stets voll bewußt sind. Ihre Kritik richtet sich gleicherweise gegen den Umfang der staatlichen Interventionen in den Wirtschaftsprozeß und gegen die Methoden, die in Verfolg dieser Interventionen nicht nur in Ausnahmefällen angewandt werden. Sie neigen der Ansicht zu, es bestehe eine Interdependenz zwischen Umfang und Methoden nationalsozialistischer Eingriffe in die »freie Wirtschaft«. Das vorliegende Buch setzt sich nicht zuletzt die Aufgabe, dieser Ansicht ent-

9 *Aus Metternichs nachgelassenen Papieren*, Bd. VIII, Wien 1884, S. 144 Anm. Dieser Brief ist bemerkenswert, da sein Verfasser als österreichischer Staatskanzler mehr als 40 Jahre lang eine große politische Macht ausgeübt hatte und erst ein paar Wochen zuvor durch eine Revolution gestürzt worden war. (Hervorhebungen im Original.)

10 Wir sind nunmehr in der Lage, unsere provisorische Formulierung, daß das Politische ein Sektor des Staates sei, aufzugeben. Vgl. oben S. 55, Anm. 2 und Ernst Rudolf Huber, »Die Einheit der Staatsgewalt«, *D. J. Z.* 1934, S. 954/5.

11 Carl Schmitt, *Verfassungslehre*, München 1928, S. 131.

gegenzutreten. Es soll gar nicht in Abrede gestellt werden, daß den Organen des Normenstaates bei Ausübung ihrer Tätigkeit ein weitreichendes freies Ermessen eingeräumt ist. Es wäre jedoch ein verhängnisvoller Irrtum, in jeder gesetzlich erweiterten Zuständigkeit der regulären Verwaltungsbehörden und in jeder etwaigen Erweiterung ihres traditionellen freien Ermessens ein spezifisches Kennzeichen nationalsozialistischer Willkür zu erblicken. Die Opposition gegen das Dritte Reich darf sich nicht in das Schlepptau von *Laisser faire* nehmen lassen.

Ein entscheidender Unterschied zwischen den Verwaltungsbehörden des Normenstaates und den Instanzen des Maßnahmenstaates ist darin zu erblikken, daß ihre Zuständigkeitsbereiche verschieden festgelegt sind. Hierbei handelt es sich nicht um Fragen eines mehr oder minder großen Ermessensspielraums. Wie weit auch das freie Ermessen einer Verwaltungsbehörde des Normenstaates - wie z. B. der Devisenstellen - reichen mag, dieses Ermessen kann nur in den Grenzen ihrer gesetzlich klar bestimmten Zuständigkeit zur Anwendung gelangen. Sollte eine Devisenstelle ihre Zuständigkeit offenkundig überschreiten, so könnten ihre Verfügungen in Verfolg eines ordentlichen Gerichtsverfahrens für null und nichtig erklärt werden.

Die Behörden des Maßnahmenstaates sind keiner nach außen ersichtlichen Beschränkung ihrer Zuständigkeit unterworfen. Weil ihre Zuständigkeit durch kein Gesetz begrenzt ist, können sie nicht als reguläre Verwaltungsbehörden angesprochen werden.

Trotz dieses offenkundigen Unterschiedes ist die Tätigkeit der regulären Verwaltungsbehörden durch die Existenz und die Verfahrensweise des Maßnahmenstaates stark beeinflußt. Angesichts der auch materiell-rechtlich unbegrenzten Entscheidungsfreiheit des Maßnahmenstaates trat bei den Organen des Normenstaates zunehmend die Tendenz in Erscheinung, diesem Beispiel zu folgen und den Umfang ihres freien Ermessens so weit auszudehnen, daß sich mehr und mehr die Grenzlinie zwischen Entscheidungs- und Ermessensfreiheit verwischte.

Nicht minder bedeutsam ist die Tatsache, daß - wie tief die rechtsstaatliche Tradition auch in dem Bewußtsein einer Bürokratie verankert sein mag - die letztere (ohne ausreichende Kontrolle durch ein freigewähltes Parlament und durch sachliche Kritik seitens der öffentlichen Meinung) der Versuchung schwerlich widerstehen kann, ihr freies Ermessen so weit auszudehnen, daß es Gefahr läuft, zum Ermessensmißbrauch zu entarten.[12]

12 A. V. Diceys Feststellung in *Law of the Constitution* (8. Aufl. London 1926, S. 198): »*Rule of Law* bedeutet in erster Linie die absolute Ober- bzw. Vorherrschaft des allgemein gültigen Rechts im Gegensatz zu willkürlicher Machtausübung und schließt die Existenz von Willkür

Bei der Beurteilung des nur allzu häufigen Versagens und der nur allzu seltenen rechtsstaatlichen Bewährung des Normenstaates sollte nicht übersehen werden, daß er in einer vergifteten Atmosphäre tätig ist. Mehr und mehr verstärkt sich auch in der Bürokratie die Tendenz, die innere Anpassung des Normenstaates an den Maßnahmenstaat als Beweis für die Durchdringung des Dritten Reiches mit nationalsozialistischem Geist zu begrüßen.

Weit davon entfernt, eine Abart des Rechtsstaats darzustellen, ist der Normenstaat eine unerläßliche Ergänzung des Maßnahmenstaates und kann nur in diesem Licht verstanden werden. Da Maßnahmen- und Normenstaat ein interdependentes Ganzes darstellen (d. h. den »Doppelstaat«), ist eine isolierte Betrachtung des Normenstaates ebensowenig zulässig wie eine isolierte Betrachtung des Maßnahmenstaates.

Das Nebeneinander von Normen- und Maßnahmenstaat ist kennzeichnend für die nationalsozialistische Politik, mittels verstärkter Willkür die Effizienz des Staates zu erhöhen. Justice Brandeis Feststellung: »Die Lehre von der Gewaltenteilung wurde 1787 von der (Federal) Convention übernommen, nicht um die Effizienz zu erhöhen, sondern um die Ausübung von Willkür auszuschließen«,[13] ist für den Doppelstaat bedeutungslos. Die Kompetenz des Maßnahmenstaates über alle anderen Kompetenzen garantiert, daß die Effizienz des Staates gegenüber der Freiheit des einzelnen den Vorrang hat. Im nationalsozialistischen Deutschland ist das »Evangelium der Effizienz« an die Stelle des Kults der Freiheit getreten.

2. *Die Garanten des Normenstaates*

a. *Der Nationalsozialismus als Garant des Normenstaates*

Da die Kompetenz der Behörden des Maßnahmenstaates rechtlich nicht festgelegt ist, gibt es keinen rechtlich garantierten Zuständigkeitsbereich der Organe des Normenstaates. Existenz und Funktionen des Normenstaates sind nicht vom Recht gewährleistet, sondern beruhen – so paradox dies auch klingen mag – auf der Durchdringung des Staatsgefüges mit nationalsozialistischem Gedankengut.

Diese Ansicht wird nur diejenigen verblüffen, die nicht erfaßt haben, daß der Nationalsozialismus als politisches Phänomen ein Produkt der jüngsten kapi-

und Prärogative, ja sogar *eine ausgedehnte Ermessensfreiheit* (im Original nicht hervorgehoben) auf seiten der Regierung aus«, ist in Deutschland niemals anerkannt worden. Vgl. Harold Laski, »Discretionary Power«, *Politica*, Bd. I, London 1934/5, S. 284/5.

13 Supreme Court der U. S.: Myers v. United States 272 US 52, 293.

talistischen Entwicklung in Deutschland ist. Da nach nationalsozialistischer Auffassung in der Wirtschaft grundsätzlich die freie Unternehmerinitiative herrschen soll, ist es nicht verwunderlich, daß Fragen der Wirtschaftspolitik als dem Aufgabenkreis des Normenstaates zugehörend angesehen werden – nicht kraft Rechtens, sondern kraft Nationalsozialismus. Wir zitieren einen hervorragenden Kenner des Verwaltungsrechts: »Eine Verkennung des Begriffs der materiell-staatspolizeilichen Angelegenheiten läge etwa dann vor, wenn eine ordentliche Polizeibehörde in angemaßter politischer Zielsetzung mit polizeilichen Mitteln Wirtschaftspolitik betreiben und ihre wirtschaftspolitischen Maßnahmen als staatspolizeiliche Angelegenheit ausgeben wollte. Das wäre ein untauglicher Versuch, die Maßnahmen der ordentlichen Polizeibehörden der förmlichen Anfechtung . . . zu entziehen. Aufgabe der Gestapo ist nämlich nicht das Gebiet der Wirtschaftspolitik, sondern die Erforschung und Bekämpfung staatsgefährlicher Bestrebungen, also Staatspolitik im eigentlichen und engeren Sinn.«[14] Damit sich die Fabel vom Zauberlehrling nicht wiederholt, und um der Geister, die man rief, Herr zu werden, besann sich Reuss, der Autor dieses Zitats, auf die Prinzipien des traditionellen rechtsstaatlichen Verwaltungsrechts, da »hier auch der Gesichtspunkt des Ermessensmißbrauchs in besonderer Weise beachtlich werden (könnte)«.[15] Die besondere Weise, in der in solchen Fällen dem Ermessensmißbrauch begegnet wird, dürfte darin bestehen, daß dem verantwortlichen Beamten notfalls mittels maßnahmenstaatlicher Methoden vor Augen geführt wird, er habe dadurch gegen die Grundprinzipien des Nationalsozialismus verstoßen, daß er das Wirtschaftsleben durch maßnahmenstaatliche Eingriffe gestört habe.

Obwohl der Maßnahmenstaat den Apparat besitzt und über die Handhabe verfügt, in den Wirtschaftsprozeß einzugreifen, wann und wo es ihm beliebt, sind die rechtlichen Fundamente der kapitalistischen Wirtschaftsordnung erhalten geblieben. Diese Behauptung bestätigt sich voll und ganz, wenn man einen beliebigen Band Entscheidungen eines deutschen Zivil- oder Verwaltungsgerichts unter diesem Blickpunkt systematisch einer Prüfung unterzieht.

Roland Freisler, Staatssekretär im Justizministerium, hat erkannt, daß das Wirtschaftsrecht im engeren Sinne (die Nationalsozialisten nennen es »Gemeinrecht«) von der »Revolution« von 1933 relativ unberührt geblieben ist, und daß »die völkische Sittenordnung« kaum einen Einfluß auf dieses Gemeinrecht ausgeübt habe. Noch im Jahre 1937 schrieb Freisler in seinem Artikel *Der Heimweg des Rechts in die Völkische Sittenordnung:* »Das Strafrecht hat

14 Hermann Reuss in einem Kommentar zu einer Entscheidung des Preußischen Oberverwaltungsgerichtes vom 30. Juli 1936, *J. W.* 1937, S. 423.

15 Ib.

sich nunmehr ausgerichtet nach einer *völkischen* Sittenordnung ... das Gemeinrecht (wertet) die biologische Stellung des einzelnen als Glied des großen Volksorganismus rechtsgestaltend nicht aus.«[16]

b. Die Gerichte als Garanten des Normenstaates

Den Gerichten liegt es ob, dafür Sorge zu tragen, daß die Grundprinzipien der kapitalistischen Wirtschaftsordnung erhalten bleiben – obwohl der Maßnahmenstaat gelegentlich von seiner Machtbefugnis Gebrauch macht, im Einzelfall ausschließlich nach Zweckdienlichkeit und Lage der Sache zu entscheiden.

Die publizierten Entscheidungen zeigen, daß die Gerichte mit Erfolg das für das Funktionieren des Kapitalismus notwendige Rechtssystem einschließlich seiner wesentlichen Rechtsinstitute konserviert haben. Die Prinzipien der Gewerbefreiheit, der Vertragstreue, des Privateigentums, der Herrschaft des Unternehmers im Betrieb, die Regelung des Wettbewerbs, das Immaterialgüterrecht (Patente, Warenzeichen), der Rechtsschutz für Zinsvereinbarungen, die Sicherungsübereignung etc. sind intakt geblieben. Insoweit haben die Gerichte sich bemüht, die Wirksamkeit des Rechts aufrechtzuerhalten.

Um das Problem nicht zu komplizieren, scheiden wir zunächst Fälle aus, die in Zusammenhang mit der Judenfrage stehen. Es könnte zu irrigen Annahmen führen, wollte man aus der Behandlung der Juden im ökonomischen Bereich allgemeine Schlußfolgerungen ziehen. Ebenso irrig wäre es, wenn man sich darauf beschränkte, Fälle anzuführen, in denen der Normenstaat die Rechte der Juden geschützt hat. Ob ein Normenstaat existiert und ob er seinen Schutz auch Juden gewährt, sind zwei verschiedene Fragen. Das Problem der Juden im Dritten Reich werden wir in § 4 dieses Kapitels behandeln.

Das Nebeneinander von Normen- und Maßnahmenstaat kann man sehr gut an Hand der rechtlichen Bestimmungen nachweisen, die für den Bereich gelten, in dem Wirtschaftsleben und Polizei aufeinanderstoßen, nämlich im Gewerbepolizeirecht. Wir brauchen nicht auf das Problem einzugehen, ob die politische Polizei im Einzelfall nach Gutdünken eingreifen kann. Wir wissen inzwischen, daß dem so ist.

Von einer nicht minder großen Bedeutung für den Nachweis der Richtigkeit der diesem Buch zugrunde liegenden These dürfte die Analyse von Fällen sein, die zwar politisch relevant sind, in denen ein Eingriff der Polizei jedoch nicht erfolgt ist. Von einem Normenstaat kann schwerlich gesprochen wer-

16 *Festschrift zum 60. Geburtstag des Staatssekretärs Franz Schlegelberger*, Berlin 1936, S. 42/3 (= Beiträge zum Recht des neuen Deutschland).

den, wenn in politisch relevanten Grenzfällen die Gerichte systematisch das in Kraft befindliche Recht zugunsten vager Prinzipien nationalsozialistischer Provenienz hintanzustellen haben. Der Normenstaat bestünde nicht, wenn die Träger der Justizhoheit unter mehr oder weniger starkem Druck das geltende Recht nur unter dem internen Vorbehalt anwenden, daß die Entscheidungen der Gerichte den Trägern der politischen Hoheitsgewalt akzeptabel sind.

Wir verkennen nicht, daß sich in Deutschland Bestrebungen geltend machen, neben dem »externen« einen »internen« Vorbehalt des Politischen generell einzuführen. Dahingehende Bestrebungen haben sich bisher nicht uneingeschränkt durchzusetzen vermocht – ausgenommen bezüglich der Juden.

Die Frage, ob die Behörden sich in »nichtpolitischen« Fällen streng an das Gesetz zu halten haben oder ob alle Gesetze unter einem »internen« Vorbehalt zur Anwendung kommen sollen, hat kein Geringerer als Hermann Göring behandelt. In einem wichtigen Vortrag mit dem Titel *Die Rechtssicherheit als Grundlage der Volksgemeinschaft* wies Göring energisch letztere Möglichkeit zurück, indem er sagte:

»Es können Umstände eintreten und vorliegen, durch die die Anwendung der ordentlichen Gesetze geradezu zu schwerem Unrecht führen kann. Die Anwendung des Gesetzes darf in solchen Fällen nicht willkürlich unterbleiben, denn der Richter und die Verwaltung sind an das Gesetz als den niedergeschriebenen Willen des Führers gebunden. Ein willkürliches Abweichen vom Gesetz würde daher Verletzung der Gefolgschaftspflicht und deshalb Unrecht und Rechtsunsicherheit bedeuten.«[17]

Selbst die Nationalsozialisten haben den denkbaren Zwiespalt zwischen Rechtsunsicherheit auf der einen und politischer Zweckmäßigkeit auf der anderen Seite nicht übersehen können. Versucht man zu erklären, warum Göring die Aufrechterhaltung der formalen Rationalität befürwortete, darf man nicht unberücksichtigt lassen, daß der Vortrag vom 16. November 1934 vor einer Gruppe von Staatsanwälten und Richtern gehalten wurde. Göring würde wahrscheinlich einen etwas anderen Ton angeschlagen haben, wenn er zu Gestapo-Funktionären gesprochen hätte, d. h. zu Beamten des Maßnahmenstaates. Solche Vorträge werden jedoch nicht veröffentlicht.

17 Hermann Göring, »Die Rechtssicherheit als Grundlage der Volksgemeinschaft«, *D. Jstz.* 1934, S. 1427 ff.

3. *Der Normenstaat als Hüter der Rechtsinstitutionen*

a. *Die Gewerbefreiheit*

Der Streit um den »internen Vorbehalt« und damit um die Existenz des Normenstaates wurde erbittert im Gewerberecht ausgefochten. Dieses Recht beruht auf dem Prinzip der Gewerbefreiheit. Radikale nationalsozialistische Kreise versuchten, diese Grundlage zunichte zu machen. Sie brandmarkten die Gewerbefreiheit als Überbleibsel des Liberalismus, das überholt und durch den Nationalsozialismus automatisch außer Kraft gesetzt sei. Sie erklärten, Einschränkungen der Gewerbefreiheit sollten nicht nur aus den im Gesetz aufgeführten Gründen erfolgen, sondern wann immer die allgemeinen Grundsätze des Nationalsozialismus dies verlangten.[18]

In einer Entscheidung vom 8. Oktober 1936 bekannte sich das Preußische Oberverwaltungsgericht zum Normenstaat. In der Entscheidung heißt es: »In neuester Zeit wird unter Berufung auf die mit dem Sieg der nationalsozialistischen Weltanschauung verbundene Änderung der Rechtsauffassung allerdings behauptet, daß der Grundsatz der Gewerbefreiheit praktisch nicht mehr gelte.«[19] Bereits im Jahre 1934 hatte das Oberverwaltungsgericht diese Ansicht verworfen, obwohl andere Gerichte sie anerkannt haben. Trotz heftiger Kritik hielt das Oberverwaltungsgericht an seinem Standpunkt fest, fügte jedoch hinzu, daß das nationalsozialistische Recht zu den früheren gesetzlichen Beschränkungen neue hinzugefügt, den Grundsatz der Gewerbefreiheit jedoch bisher auf gesetzlichem Wege nicht beseitigt habe. Auch in Zukunft könnten Beschränkungen der Gewerbefreiheit nur auf gesetzlichem Wege eingeführt werden.[20] Mit Nachdruck wies das Gericht auf die Gefahren hin, die mit der Abschaffung des Gewerberechts verbunden wären. Eines der Argumente lautete: »Wollte man der Polizei die Befugnisse zur Gewerbeuntersagung grundsätzlich und allgemein zusprechen, so wären alle diejenigen gesetzlichen Bestimmungen, nach denen die Untersagung von Gewerbebetrieben ... bestimmten Formen unterworfen ist ... überholt, veraltet und teilweise außer Kraft gesetzt.«[21]

Das Gericht lehnte es nachdrücklich ab, die Grundprinzipien der überlieferten Rechts- und Wirtschaftsordnung aufzugeben, indem es den folgenden allgemeinen Grundsatz aussprach:

18 Die Gewerbefreiheit ist von jeher durch einzelne in der Gewerbeordnung vom 21. Juni 1869 speziell aufgeführte Ausnahmen eingeschränkt worden, *BGBl.* 1869, S. 245 ff.
19 Preußisches Oberverwaltungsgericht, 8. Oktober 1936 (*J. W.* 1937, S. 1032).
20 Ib.
21 Ib.

»Die Aufhebung und Änderung von Gesetzen ist aber nicht Aufgabe des Richters, auch dann nicht, wenn er sie persönlich als der nationalsozialistischen Weltanschauung nicht entsprechend hält ... Das Gesetzgebungsrecht steht allein dem Führer zu, und Eingriffe der Gerichte in dieses Recht sind ausgeschlossen.«[22]

b. Die Vertragstreue

Eine ähnliche Auffassung vertrat ein Gericht in einem in gewisser Hinsicht politischen Fall, in dem es um die Vertragstreue ging. In der kapitalistischen Gesellschaft sind Kreditgewährung und Warenverkehr davon abhängig, daß die Einhaltung der Verträge garantiert ist: *Pacta sunt servanda.* Der Nationalsozialismus hat diesen Grundsatz nicht beseitigt, obwohl er ihn keineswegs als Ausfluß des Naturrechts auffaßt. Bereits 1930 hat Carl Schmitt den Grundsatz *pacta sunt servanda* als die »Ethik von Wucherern« bezeichnet.[23]

Gilt diese Einstellung auch für die Regelung privater Rechtsbeziehungen? Wenn Verträge jederzeit unter Berufung auf allgemeine nationalsozialistische Prinzipien einseitig aufgelöst werden könnten, gäbe es keinen Normenstaat.

Der bayerische Verwaltungsgerichtshof hatte zu entscheiden, ob eine spezifisch nationalsozialistische *clausula rebus sic stantibus* in der innerstaatlichen Rechtsordnung des Dritten Reiches Geltung beanspruchen könne. Im Jahre 1882 hatte eine bayerische Stadtgemeinde mit der entsprechenden katholischen Kirchengemeinde einen Vertrag geschlossen, aufgrund dessen die Stadt sich verpflichtete, einen Zuschuß zum Gehalt des Pfarrers zu zahlen. Als die Nationalsozialisten an die Macht kamen, versuchte die Stadt, den Vertrag aufzulösen, indem sie argumentierte, er sei unter völlig anderen politischen Verhältnissen geschlossen worden und könne nach der nationalsozialistischen Revolution nicht mehr als bindend angesehen werden.

Der Versuch der Stadtgemeinde, sich von ihren vertraglichen Verpflichtungen unter Berufung auf allgemeine nationalsozialistische Grundsätze zu lösen, scheiterte an dem Gericht, welches die Auffassung vertrat: »Die geltende Rechtsordnung beruht auf dem Grundsatz der Vertragstreue. Die Vertragstreue ist ein hoher sittlicher Wert und eine sittliche Forderung, von der keine Rechtsordnung abgehen kann.« Das Gericht bezeichnete die Vertragstreue als »Grundlage des wirtschaftlichen Verkehrs und des geordneten Zusammenlebens der Volksgemeinschaft.«[24] Es bekannte sich in diesem Falle zu dem

22 Ib.
23 Carl Schmitt, »Staatsethik und pluralistischer Staat«, *Kant-Studien*, Bd. XXXV, S. 41.
24 Bayerischer Verwaltungsgerichtshof, 5. Juni 1936 (*R. Verw. Bl.*, 1938, S. 17).

Grundsatz, daß die formale Rationalität des Rechts gegenüber vagen nationalsozialistischen Phrasen den Vorrang beanspruchen könne: »Zu den Einwänden (der Stadtgemeinde) muß aus der lebensnahen Wirklichkeit Stellung genommen werden und zwar aufgrund der positiven Normen der geltenden Rechtsordnung, die der Ausdruck der von der Volksgemeinschaft als verpflichtend anerkannten sittlichen Grundsätze sind.«[25] Das Gericht betonte, daß die Anwendung der *clausula rebus sic stantibus* nicht schlechthin ausgeschlossen sei, jedoch ausdrücklich auf besondere Ausnahmefälle beschränkt werden müsse. (Ein Standpunkt, der auch in der vornationalsozialistischen Rechtslehre vertreten worden ist.) Mit Nachdruck wies das bayerische Gericht darauf hin, daß die Rechtsprechung die Aufgabe der Wahrung der völkischen Rechtsordnung, nicht aber der politischen Führung habe.[26] Wo die dem kapitalistischen System immanenten Prinzipien in Gefahr sind, fungieren die Gerichte als »Hüter des Rechts«.

c. *Das Privateigentum*

Wenn die Gerichte das überkommene geltende Recht als »Ausdruck der von der Volksgemeinschaft als verpflichtend anerkannten sittlichen Grundsätze« auffassen, wäre es inkonsequent, Privateigentümern den Rechtsschutz zu versagen, wenn ihnen unter Verwendung einer nationalsozialistischen Phraseologie Eingriffe normenstaatlicher Instanzen ohne ausreichende Rechtsgrundlage drohen.

In diesem Fall ging es um die Frage, ob der Besitzer einer Schafherde berechtigt sei, diese auf fremdem Grundbesitz weiden zu lassen. Der Schafherdenbesitzer berief sich zur Begründung seines Vorgehens darauf, daß das betreffende Waldgrundstück bisher wirtschaftlich nicht genutzt worden sei. Die Weigerung des Eigentümers, die Schafherde dort weiden zu lassen, sei Eigennutz, der dem Gemeinnutz weichen müsse. Der Landrat des Kreises hatte sich diesem Argument angeschlossen und durch eine Sonderverfügung zugunsten des Eigentümers der Schafherde entschieden. Das Kammergericht hat jedoch weder den Entscheid des Landrats, noch die nationalsozialistische Argumentation, daß Gemeinnutz vor Eigennutz gehe, gelten lassen. Das Gericht brachte in seiner Entscheidung klar zum Ausdruck, daß die im Bürgerlichen Gesetzbuch niedergelegte Eigentumsordnung ihre volle Gültigkeit behalten habe. Das Gericht erklärte, etwaige Einschränkungen des Eigentums könnten nur in Sonderfällen erfolgen und seien nur in den gesetzlichen Formen zulässig.[27]

25 Ib.
26 Ib.
27 Kammergericht, 25. Juni 1937 (*Recht des Nährstandes* 1938, Nr. 63 der Entscheidungen).

Nationalsozialistische Phrasen haben das deutsche Eigentumssystem nicht erschüttert. Das Privateigentum genießt nach wie vor gegenüber behördlichen Übergriffen gerichtlichen Schutz - außer in politischen Fällen. Insoweit Rechtsstaat Eigentumsschutz bedeutet, ist er in allen Fällen besonders bedeutsam, die sich auf die Erhebung von Steuern beziehen. Das Dritte Reich hält für das Steuerwesen an den Regeln des Normenstaates fest. Rationale Kalkulation als Teil der Unternehmensführung wird unmöglich, wenn Steuerveranlagungen nicht kalkulierbar sind.

In einer Entscheidung des Reichsdisziplinarhofs ging es darum, daß ein Bürgermeister vom Buchstaben des Gesetzes dadurch abgewichen war, daß er Gebühren für Straßenbenutzung veranlagt und eingezogen hatte. Er trug zu seiner Verteidigung vor, die Dringlichkeit der Situation habe sofortiges Handeln erfordert.[28] Auch nach nationalsozialistischen Prinzipien käme der strikten Anwendung des Rechts nur eine sekundäre Bedeutung zu, wenn es sich darum handele, unbefriedigende Zustände abzustellen. Das Gericht erkannte diese Erwägung jedoch nicht an und erklärte in Übereinstimmung mit den Prinzipien des Normenstaates: »Der NS-Staat hat zwar schnelles und tatkräftiges Eingreifen in die durch Unterlassung früherer Zeiten entstandenen unbefriedigenden Zustände zur ersten Forderung erhoben; wie sein ausgedehntes Gesetzgebungswerk zeigt, bedient er sich hierzu aber nach wie vor der Form des Gesetzes, verlangt also, daß in gesetzmäßiger Weise vorgegangen werde.«[29] Das Gericht hob hervor, daß die örtlichen Verwaltungsbehörden ihre Entschließungen im Rahmen der geltenden alten und neuen Gesetze durchzuführen hätten. Dem Bürgermeister wurde eröffnet, er habe zu beachten, »daß gerade im nationalsozialistischen Staate der Leiter einer Gemeinde sich von willkürlichen Maßnahmen fernhalten muß«.[30] In Fragen der Gebühren für Straßenbenutzung verbeugt sich das Dritte Reich vor der Majestät des Rechts.

d. Die Lauterkeit des Wettbewerbs

Die deutsche Rechtsprechung hat bisher dafür Sorge getragen, daß das geltende Recht gegen den unlauteren Wettbewerb in Kraft geblieben ist. Das Oberlandesgericht Köln wies den Antrag auf Erlaß einer einstweiligen Verfügung ab, den ein Verband der Tankstellenbesitzer gestellt hatte, der mit Genehmigung der Handelskammer die Benzinpreise festgesetzt hatte. Die einstweilige Verfügung sollte gegen einen Außenseiter ergehen, der zu niedrigeren

28 Reichsdisziplinarhof, 30. August 1938 (*Dtsch. Verw.* 1939, S. 281).
29 Ib.
30 Ib.

Preisen verkaufte. Der Verband berief sich darauf, daß nicht nur die Handelskammer, sondern auch der Treuhänder der Arbeit die festgesetzten Preise genehmigt habe; letzterer ist eine Behörde des Dritten Reiches zur Festsetzung der Lohn- und Arbeitsbedingungen.

Das Oberlandesgericht wies den Antrag auf Erlaß einer einstweiligen Verfügung mit folgender Begründung ab: »An dieser Rechtslage ändert es nichts, daß die Preisfestsetzung des Antragstellers ... die Zustimmung des Treuhänders der Arbeit in Düsseldorf und der Industrie- und Handelskammer in Köln gefunden hat. Diese Stellen sind rechtlich nicht in der Lage, auf dem Treibstoffmarkt verbindliche Preisfestsetzungen zu treffen ... Durch die Zustimmung der genannten Stellen werden Verbandspreise daher nicht für Außenseiter wirksam.«[31]

Drei Jahre später entschied das Oberlandesgericht Hamburg, daß die kapitalistischen Marktgesetze, einschließlich des Rechts des Produzenten, die Preise für seine Waren festzusetzen, noch in Geltung sind, soweit sie nicht zu speziellen staatlichen Regelungen im Widerspruch stehen.

Den Bestimmungen des Gesetzes gegen den unlauteren Wettbewerb zufolge, können in Sonderfällen unlauterer Handelspraktiken die davon betroffenen Konkurrenten oder ihre Organisationen rechtliche Schritte unternehmen, obwohl der Wettbewerb auf dem Markte im allgemeinen nicht geregelt werden soll. Aufgrund dieses Gesetzes erhob der Verband der Weckuhrenfabrikanten im Jahr 1937 Klage gegen eines seiner Mitglieder mit der Begründung, letzterer habe minderwertige Ware zu überhöhten Preisen verkauft. Der Kläger vertrat die Ansicht, das Verhalten des Beklagten stehe im Widerspruch zur Lehre vom *justum pretium*, die einen integralen Bestandteil des Nationalsozialismus bilde. Ungerechte Preise seien unmoralisch und verstießen daher zum mindesten auch gegen das Gesetz betr. Unlauteren Wettbewerb.

Das Oberlandesgericht Hamburg wies diese Argumentation in seiner Entscheidung vom 12. Mai 1937 zurück. In dem Urteil heißt es: »Zwar wird man annehmen müssen, daß für die Warengattungen, für die im Zuge der nationalwirtschaftlichen Regelung Preisfestsetzungen erfolgt sind, weil sie den Charakter lebenswichtiger Güter tragen, eine Preisüberschreitung unsittlich ist ... Diese Folgerungen lassen sich aber jedenfalls nicht für die von der Beklagten vertriebenen Waren ziehen, für die derartige Preisfestsetzungen fehlen, eben, weil sie nicht im eigentlichen Sinne lebensnotwendig sind.«[32] Das Gericht begründete seine Entscheidung mit dem Argument: »Auch jetzt noch bestimmt sich in diesen Warengattungen der Preis nach Angebot und Nachfrage, d. h.

31 Oberlandesgericht Köln, 1. Februar 1935 (*J. W.* 1935, S. 1106).
32 Oberlandesgericht Hamburg, 12. Mai 1937 (*D. Jstz.* 1937, S. 1712).

der erzielbare Preis wird letzten Endes bestimmt durch das Interesse des Nachfragenden. Solange daher der Geschäftsbetrieb als solcher den Anforderungen einer lauteren Geschäftsgebarung entspricht, sind dem Preis nach oben hin keine Grenzen gezogen. Damit ergibt sich aber, daß sehr wohl im Einzelfall stark überhöhte, ja übermäßige Preise zu erzielen sind, ohne daß diese etwa allein wegen des Übermaßes unsittlich wären.«[33] Bezeichnenderweise stammen diese Formulierungen handelspolitischer Grundsätze aus Hamburg, einer Stadt mit ausgesprochener Handelstradition.

e. *Das Arbeitsrecht*

Der Normenstaat wehrt auch Versuche ab, die Stellung des Unternehmers im Betrieb zu gefährden. In einem Fall, den das Reichsarbeitsgericht zu entscheiden hatte, klagte eine Filialleiterin wegen fristloser Entlassung. Mit Hilfe der Deutschen Arbeitsfront hatte sie versucht, den Laden, in dem sie beschäftigt war, für sich zu mieten. Die Mietverhandlungen hatte die Deutsche Arbeitsfront geführt, während die Angestellte im Hintergrund geblieben war. Das Gericht hatte dazu Stellung zu nehmen, ob die Deutsche Arbeitsfront ihre Zuständigkeit überschritten habe, als sie in die Rechte des Beklagten zugunsten der Klägerin eingriff. In der Gerichtsentscheidung heißt es: »Auch soweit die DAF ›kraft eigener Machtbefugnisse‹ zur Erfüllung der ihr übertragenen öffentlichen Aufgaben handelt, kann sie wie jede andere öffentliche Körperschaft und wie auch der Staat selbst, nur mit den ihr gesetzlich zugestandenen Mitteln und im Rahmen der Gesetze tätig werden. Ein unmittelbarer Eingriff in den Rechtskreis des Unternehmers, wie ihn das Verhandeln hinter dem Rücken der Beklagten mit ihrem Vermieter wegen Abschlusses eines neuen Mietvertrages mit der Klägerin unzweifelhaft darstellt, war ihr hiernach nicht gestattet.«[34] Selbst die Deutsche Arbeitsfront mußte das Prinzip anerkennen, daß der Unternehmer »Herr im eigenen Hause« ist. Die Klage der Filialleiterin wurde abgewiesen.

Eine Entscheidung des Reichsehrengerichtshofes, einer Institution, die zu den Prunkstücken des Nationalsozialismus zählt, läßt die Existenz des Normenstaates klar zu Tage treten. In § 36 des Gesetzes zur Ordnung der Nationalen Arbeit[35] sind eine Reihe von Tatbeständen aufgeführt, die eine Bestrafung nach sich ziehen. Unmittelbar nach Einführung des Arbeitsordnungsgesetzes tauchte die Frage auf, ob die Tatbestände des § 36 eine abschließende Aufzäh-

33 Ib.
34 Reichsarbeitsgericht, 25. April 1936 (*J. W.* 1936, S. 2945).
35 30. Januar 1934 (*RGBl.* 1934, S. 50).

lung darstellten oder nur beispielhaft aufgeführt seien und in der Praxis durch die Anwendung der Analogie ergänzt werden sollten.

Der Reichsehrengerichtshof hat für seinen Jurisdiktionsbereich die Anwendung der Analogie[36] für unzulässig erklärt: »Das AOG hat in § 36 die ehrengerichtliche Sühne der Verletzung von sozialen, durch die Betriebsgemeinschaft begründeten Pflichten auf besonders herausgestellte Fälle gröblichster Art beschränkt und damit unmißverständlich zum Ausdruck gebracht, daß eine Ausdehnung auf andere leichtere Fälle dem Willen des Gesetzgebers nicht entspricht.«[37] Wiederum wird deutlich, daß der Nationalsozialismus, obwohl er das Prinzip der formalen Rationalität im Recht als Überbleibsel einer vergangenen Epoche entschieden verwirft, auf die formale Rationalität zurückgreift, wenn es sich um grundsätzliche wirtschaftliche Rechtsprobleme handelt. Es ist daher nicht verwunderlich, daß Mansfeld die Entscheidung des Reichsehrengerichtshofes als »weise Beschränkung« bezeichnet.[38]

f. Das immaterielle Güterrecht

Für das Verständnis unserer Theorie des Doppelstaats sind Probleme des immaterialen Güterrechts (Urheberrecht, Patentrecht, Verlagsrecht, Warenzeichenrecht etc.) von zentraler Bedeutung; kann doch gerade im Bereich dieser Rechtsmaterien die kapitalistische Wirtschaftsordnung eine Erschütterung der Grundsätze des überlieferten Privatrechts noch am wenigsten ertragen.

Der Fall, den wir zum Nachweis hierfür heranziehen, ist der vielleicht bedeutsamste Zivilprozeß der vergangenen Jahre. Es handelt sich um einen Rechtsstreit zwischen einer Schallplattenfabrik und der Reichsrundfunkgesellschaft. Die Schallplattenfabrik hatte gegen den Rundfunk eine Unterlassungsklage angestrengt, um ihn daran zu hindern, Schallplatten ohne Zahlung von Lizenzgebühren zu senden. Die Klage wurde in erster und zweiter Instanz abgewiesen; das Reichsgericht entschied jedoch am 14. November 1936 gegen den Rundfunk. Letzterer hatte die Ansicht vertreten, die Gerichte seien zur Entscheidung dieses Prozesses nicht zuständig, weil Radiostationen als Vermittler lebenswichtiger, volkspolitisch bedeutsamer Informationen einen integralen Bestandteil der nationalen Politik darstellten. Das Gericht hielt dieses Argument nicht für stichhaltig. Der Umstand allein, daß das Spielen von Platten zur Förderung nationaler Belange dienlich sei, bedeute noch nicht, daß der

36 Diese Frage ist von besonderer Bedeutung, da eine der wichtigsten Veränderungen des Strafrechts durch den Nationalsozialismus in der Möglichkeit besteht, Kriminalstrafen auf dem Wege der Analogie zu verhängen.

37 Reichsehrengerichtshof, 30. September 1935 (*Arb. R. S.* Bd. 25, S. 89).

38 Werner Mansfeld, »Die soziale Ehre«, *Dtsch. Recht* 1934, S. 125.

Rundfunk das Recht habe, Platten ohne Zahlung von Gebühren zu spielen. Obwohl die Rundfunkgesellschaft zum Teil öffentliche Funktionen erfülle, sei die Beschaffung des Sendeguts ein privatrechtlicher Vorgang. Es käme letzten Endes auf eine Enteignung heraus, wenn aus dem öffentlichen Charakter der Rundfunkgesellschaft abgeleitet werde, daß ohne Zustimmung des Autors oder des urheberrechtlich Berechtigten dessen Werke gesendet werden können.[39] Dieses Urteil ist um so bemerkenswerter, als die Presse während des Prozesses die entgegengesetzte Meinung vertreten hatte.

Die gleiche Tendenz trat in einem verlagsrechtlichen Streitfall zutage. Die Parteien stritten darüber, ob die neudeutsche Nationalhymne – das Horst-Wessel-Lied – von diesem komponiert sei oder ein Plagiat darstelle. Falls jemand in der Öffentlichkeit eine entsprechende Äußerung machen würde, hätte dies für ihn zweifellos die unangenehmsten Folgen. Als ein Musikverlag dies in Verfolg eines Zivilprozesses vortrug, nahm das Gericht unter Hinzuziehung von Sachverständigen eine sorgfältige Nachprüfung der Parteibehauptung vor, wie aus einer Entscheidung des Reichsgerichts vom 2. Dezember 1936 zu entnehmen ist.[40]

4. *Der Normenstaat und das Parteiprogramm*

a. *Gemeinnutz geht vor Eigennutz*

Die allgemeinen Prinzipien der NSDAP sind im Parteiprogramm vom 24. Februar 1920 formuliert worden. Anhänger des Nationalsozialismus vertreten die Ansicht, das Parteiprogramm sei die eigentliche Verfassung des Dritten Reiches. Es fragt sich daher, in welchem Verhältnis dieses Programm zum positiven Recht steht, insbesondere, wenn ein Widerspruch zwischen dem positiven Recht und dem Parteiprogramm in Erscheinung tritt. Nationalsozialisten, die das Parteiprogramm als rechtlich bindend ansehen, vertreten die Auffassung, die Richter seien berechtigt, alle vornationalsozialistischen Gesetze, die nicht bereits formell als unvereinbar mit der »Verfassung« des Parteiprogramms aufgehoben worden sind, einer Normenkontrolle zu unterziehen. Der Richter dürfe keine »verfassungswidrigen« Gesetze anwenden oder Entscheidungen fällen, die im Endergebnis dem Zweck des Parteiprogramms zuwiderlaufen.

Es gibt Gegner des Nationalsozialismus, die sich – wenn auch zögernd – dieser Ansicht angeschlossen haben; sie meinen, Hitler zuerkennen zu müssen,

39 Reichsgericht, 14. November 1936 (*D. Jstz.* 1936, S. 1941 ff., S. 1943).
40 Reichsgericht, 2. Dezember 1936 (*RGZ.* 153, S. 71).

daß er mit eiserner Konsequenz die Durchführung des Parteiprogramms erzwungen habe. Zum Beweis hierfür wird auf die Regelung der Judenfrage verwiesen. Ob ihre »Lösung« wirklich dem Parteiprogramm von 1920 entspricht, wird weiter unten zu untersuchen sein.[41] Selbst wenn dies der Fall sein sollte, wäre noch nichts darüber gesagt, in welchem Umfang das Parteiprogramm als Ganzes tatsächlich durchgeführt worden ist.[42] Für unsere Betrachtung der »Errungenschaften« der Partei ist wichtig, welche Bedeutung dem Grundsatz *Gemeinnutz geht vor Eigennutz* beigemessen wird.

Die Verwirklichung dieses Grundsatzes hätte die Ausschaltung des Normenstaates und das Ende der formalen Rationalität bedeutet. Dies ist jedoch nicht erfolgt. Zwar wird dieses Prinzip von den Gerichten verbal berücksichtigt; faktisch jedoch den Bedürfnissen des Normenstaates und der privatrechtlichen Ordnung angepaßt. Das Reichsgericht vor allem hat diese Aufgabe mit großer Raffinesse gelöst, indem es ausführte: »Gewiß betont die neueste Entwicklung des deutschen Staats- und Rechtslebens besonders eindringlich den alten Wahrspruch, daß ›gemeiner Nutz vor sonderlichen geht‹ (Graf und Dietherr, *Deutsche Rechtssprichwörter*, 2. Aufl., 1869, S. 487) und strebt danach, ihn durchzuführen. Aber schon frühere Gesetze bekannten sich zu ihm (vgl. z. B. Preußisches Allgemeines Landrecht, Einl., § 73, 74).«[43]

Dieser Hinweis ermöglichte es dem Reichsgericht, die überkommenen Grundsätze des deutschen Privatrechts auf wirtschaftlichem Gebiet aufrechtzuerhalten und mit sprachlich neuer, sachlich jedoch alter Begründung erneut zu rechtfertigen. In einem Aufwertungsstreit formulierte das Reichsgericht den Grundsatz: »Wirtschaftliche Gesichtspunkte dürfen das Gericht nicht dazu veranlassen, eine Entscheidung zu treffen, welche den klaren gesetzlichen Vorschriften zuwiderlaufen würde.« Das Reichsgericht betonte in dieser Entscheidung: »Nach wie vor gilt der die allgemeine Rechtssicherheit verbürgende, an der Spitze des Gerichtsverfassungsgesetzes[44] stehende Grundsatz, daß der Richter dem Gesetz unterworfen ist. Ebenso gilt noch jetzt § 336 StGB, wonach die Beugung des Rechts mit Zuchthaus bis zu fünf Jahren bestraft wird.«[45]

Bis jetzt sind die höheren Gerichte diesen Grundsätzen treu geblieben, obwohl die unteren Instanzen gelegentlich versucht haben, daran zu rütteln. Das Landgericht Breslau z. B. versuchte, die formale Rationalität der Privat-

41 S. unten, »Der Status der Juden«, S. 141 ff.

42 Die Diskrepanz zwischen dem »autoritären Führerstaat« und der »Souveränität des Zentralparlaments«, von der das Parteiprogramm spricht, ist offensichtlich.

43 Reichsgericht, 10. März 1934 (*RGZ.* 144, S. 106 ff., 112).

44 GVG vom 27. Januar 1877 in der Fassung vom 22. März 1924 (*RGBl. I*, S. 299).

45 Reichsgericht, 6. Juli 1934 (*RGZ.* 144, S. 306, 311).

rechtsordnung aufzugeben und das Rechts-Institut der Sicherungsübereignung als mit nationalsozialistischen Prinzipien nicht vereinbar hinzustellen. In dieser Entscheidung hieß es, der Schuldner mache sich durch die Sicherungsübereignung wirtschaftlich zum Leibeigenen des Gläubigers. »Auch das widerspricht nationalsozialistischer Weltanschauung und kann nicht mehr auf richterliche Anerkennung rechnen.«[46] Das Landgericht wurde jedoch in der amtlichen Zeitschrift des Reichsjustizministeriums (Deutsche Justiz) darauf hingewiesen, daß derartige Methoden der Rechtsfindung auf dem Gebiet des Privatrechts nicht angebracht seien. In einem Kommentar zu dem Urteil des Breslauer Gerichts äußerte sich Pätzold ablehnend und warnte vor einer Wiederholung.[47] Er schrieb: »Notwendigkeiten, die sich aus der bestehenden Wirtschaftsverfassung im allgemeinen ergeben, (dürfen) nicht außer acht gelassen werden.«[48]

Der Versuch, die im Privatrecht normierte rationale Ordnung der deutschen kapitalistischen Wirtschaft durch die Prinzipien des Parteiprogramms zu ersetzen, scheiterte nicht zuletzt daran, daß letzteres zu wenig konkret und viel zu allgemein gehalten ist, um als Quelle richterlicher Entscheidung dienen zu können. In fast allen Grenzfällen wirtschaftlicher Art könnte man mit den allgemeinen Prinzipien des Parteiprogramms die beiden entgegengesetzten Auffassungen begründen. Die interne nationalsozialistische Diskussion über eine Entscheidung der vereinigten Zivilsenate des Reichsgerichts vom 16. November 1937 macht dies, wie im folgenden dargelegt, offenkundig.

Bei einem Kinde waren als Folge der gesetzlich vorgeschriebenen Impfungen Lähmungserscheinungen aufgetreten, die nicht zu beheben waren. Ein Verschulden des Arztes oder sonstiger Instanzen lag nicht vor. Mit der Begründung, die Impfungen seien zwangsweise und im Interesse der Allgemeinheit vorgenommen worden, verlangte das Kind Schadenersatz vom Staat. Die Klage wurde aufgrund des positiven Rechts abgewiesen. In der Begründung führte das Reichsgericht zusätzlich aus: »Gegenüber der nach nationalsozialistischer Staatsauffassung dem einzelnen obliegenden verstärkten Opferpflicht (muß) der Entschädigungsgedanke zurücktreten.«[49]

Die zusätzliche nationalsozialistische Begründung löste eine leidenschaftliche Kritik aus. Die Kritiker des Reichsgerichts gelangten unter Verwendung des Gedankens der Volksgemeinschaft zu dem entgegengesetzten Resultat, das

46 Landgericht Breslau, 18. November 1934 (*D. Jstz.* 1935, S. 413).

47 Tatsächlich ist das Breslauer Urteil auch isoliert geblieben und von der nächst höheren Instanz aufgehoben worden.

48 Pätzold in einem Kommentar zu der Entscheidung des Landgerichts Breslau (*D. Jstz.* 1935, S. 414).

49 Reichsgericht (Plenarentscheidung), 16. November 1937 (*RGZ.* 156, S. 313).

nach ihrer Auffassung allein in Übereinstimmung mit dem wahren nationalsozialistischen Geist stehe. Solange nationalsozialistische Argumente lediglich dazu verwendet werden, eine Entscheidung in politischer Terminologie zu begründen, die dem geltenden Recht entspricht, ist diese Methode relativ unschädlich.

In einem Fall hingegen, der das Landgericht Hamburg beschäftigte, war zu entscheiden, ob das Parteiprogramm an die Stelle des positiven Rechts getreten sei. Ein Schuldner, der keine Hypothekenzinsen gezahlt hatte, berief sich zu seinem Schutz auf Artikel 11 des Parteiprogramms. Die Klage gegen ihn, so argumentierte er, sei »verfassungswidrig«, weil das Parteiprogramm die »Brechung der Zinsknechtschaft« vorsähe. Das Gericht nahm diese Argumentation nicht ernst und entschied zugunsten des Klägers. Das Gericht führte aus: »In welchem Umfang und zu welcher Zeit Führer und Reichsregierung durch geeignete Maßnahmen dieses Ziel (die Abschaffung der Zinsen) verwirklichen, muß aber ihnen überlassen bleiben.«[50] Solange die Gerichte der Auffassung sind: »Unter solchen Umständen kann aber keine Rede davon sein, daß eine vertraglich ausbedungene und nach Gesetz und Willen der Regierung wirksame Forderung gegen Treu und Glauben und die guten Sitten verstoße«,[51] können die deutschen Kreditgeber beruhigt sein. Die antikapitalistischen Punkte des Parteiprogramms haben keine aktuelle Bedeutung.

Das Dritte Reich hat die Wirtschaftsverfassung nicht nach den Forderungen des Parteiprogramms umgebildet. Die auf Eigennutzen aufgebaute kapitalistische Wirtschaft ist ebensowenig durch den Gemeinnutzen verdrängt worden, wie die Klassengesellschaft durch die Volksgemeinschaft abgelöst worden ist.

Die Nationalsozialisten rühmen sich, durch Erweckung des Rassebewußtseins Klassenhaß und Klassendünkel ausgetilgt zu haben. Sie sind besonders stolz darauf, dem deutschen Arbeiter die soziale Ehre erobert und ihn von seinen sozialen Minderwertigkeitskomplexen befreit zu haben. In einem Strafurteil hatte das Oberlandesgericht München Gelegenheit, darzutun, daß die nationalsozialistische Revolution mehr als nur Fassade war, die ihre innere Leere mit antisemitischer Propaganda übertünchte. Das Gericht hatte die Möglichkeit, sich in einem Urteil für einen Wandel der Klassenstruktur auszusprechen. Nichts dergleichen geschah.

Aufgrund einer bayerischen Verordnung vom 18. November 1887 können ledige Arbeiter bestraft werden, die sich im Besitz eines feststehenden Messers befinden. Der Besitz eines solchen Messers war nicht schlechthin verboten.

50 Landgericht Hamburg (*Dtsch. R. Z.* 1935, Nr. 631).
51 Ib.

Die Vorschrift richtete sich nur gegen »ledige Arbeiter, Bettler, Landstreicher, Zigeuner und Geisteskranke«. Mit den Beteuerungen der Nationalsozialisten hinsichtlich der Volksgemeinschaft ist wohl kaum in Einklang zu bringen, daß ledige Arbeiter zu den gesellschaftlich Geächteten gerechnet werden. Obwohl das Oberlandesgericht München grundsätzlich der Auffassung war, veraltete Gesetze seien im nationalsozialistischen Sinne zu revidieren, blieb alles beim alten. Denn, so sagte das Gericht: »Es kann keine Rede davon sein, ... daß in dem Verbot eine der Grundanschauung des nationalsozialistischen Staates widersprechende Einteilung der Volksgenossen und eine dieser Klasseneinteilung entsprechende verschiedene Wertung der Volksgenossen zum Ausdruck kommt.«[52] Der Umstand, daß in einer bayerischen Verordnung ledige Arbeiter nicht etwa unverheirateten Bauern, Handwerkern und Studenten, sondern Bettlern, Landstreichern, Zigeunern und Geisteskranken rechtlich gleichgestellt werden, veranlaßt den Nationalsozialismus nicht, »deutsche Grundsätze« an die Stelle »formal-juristischer Erwägungen« zu setzen. Vergeblich suchen wir in dieser Entscheidung des Oberlandesgerichts München Bekenntnisse wie die folgenden: »Nachdem jetzt dem deutschen Gedankengut zum Siege verholfen ist, kann nicht darauf verzichtet werden, zugunsten formaljuristischer Erwägungen von der Anwendung der deutschen Grundsätze Abstand zu nehmen.«[53] Diese Sätze finden sich jedoch in einem Urteil des Amtsgerichts Berlin, in dem jüdischen Eltern die Sorge für ihr arisches Adoptivkind entzogen wurde. Das Liebste, was diese Eltern besaßen, wurde ihnen durch ein Gerichtsurteil genommen, in dem es mit typisch nationalsozialistischem Zynismus heißt: »Insbesondere gilt auch für die deutschen Staatsangehörigen jüdischer Abstammung der Hauptgrundsatz »Gemeinnutz geht vor Eigennutz.«[54] In dieser Entscheidung fällt ganz offensichtlich das positive Recht dem Parteiprogramm zum Opfer. Es ist kein Zufall, daß dies in einer Entscheidung erfolgte, die gegen Juden erging.[55]

b. Der Rassegedanke

Obwohl das Parteiprogramm als Ganzes nicht an die Stelle des geltenden Rechts getreten ist, muß man die Frage stellen, in welchem Maße einer der zentralen Punkte des Programms, nämlich der Rassegedanke, sich gegenüber

52 Oberlandesgericht München, 8. Oktober 1936 (*Reger* 1936, S. 571).
53 Amtsgericht Berlin, 12. August 1936 (*Zentralblatt für Jgdr. u. Jgdwohlf.* 1936, S. 283).
54 Ib.
55 Untersucht man die Entscheidung etwas näher, so zeigt sich, daß der »Eigennutz« der jüdischen Eltern darin bestand, daß »der Vater in Kenntnis der Rassengesetze an dem Kinde festgehalten« habe. Nach dem geltenden Recht konnte der Vater aber gar nicht anders handeln. Im Namen des Gemeinnutzes erging der Urteilsspruch, der Vater müsse das Kind hergeben, seine Unterhaltspflicht bleibe jedoch bestehen.

dem Rechtssystem durchgesetzt hat. Inwieweit haben die Instanzen des Normenstaates dem Rassegedanken Rechnung getragen? Zum Rasseproblem gehört in Deutschland vornehmlich, jedoch nicht ausschließlich, die Judenfrage. Ebenso wie in vorhergehenden Kapiteln werden wir das eigentliche Judenproblem noch einmal zurückstellen und unser Augenmerk nur auf die Beziehungen zwischen Normenstaat und Rasseproblem, insoweit es nicht die Judenfrage im engeren Sinne umfaßt, richten.

Während der ersten Jahre des nationalsozialistischen Regimes haben in der Regel Gerichte versucht, die Auswirkungen des Rasseprinzips nur dann als rechtlich relevant anzusprechen, wenn das Gesetz dies vorschrieb. Kennzeichnend hierfür ist eine Reichsgerichtsentscheidung aus dem Jahre 1934, in der es heißt: »Die Gerichte sind nicht befugt, den nationalsozialistischen Anschauungen über diejenigen Grenzen hinaus Geltung zu verschaffen, die die Gesetzgebung des nationalsozialistischen Staates sich selbst gezogen hat. In dieser Hinsicht ist von entscheidender Bedeutung, daß die Gesetzgebung der nationalsozialistischen Regierung in der Rassenfrage bei weitem nicht alle Forderungen des nationalsozialistischen Programms verwirklicht hat.«[56]

Diese Entscheidung ist jedoch längst überholt. Seit 1935 unterstehen Personen, die als Juden gelten, nicht nur den Ariergesetzen von 1933, sondern außerdem den Nürnberger- und anderen Ausnahmegesetzen.[57]

Die Rassengesetze betreffen in erster Linie Familienfragen. Das Familienrecht hat keine große Bedeutung für das Funktionieren des bestehenden Wirtschaftssystems. Insoweit jedoch die Abschaffung des Normenstaates auf einem Sektor der Rechtsordnung einen gefährlichen Präzedenzfall schaffen kann, ist die Regelung der Familienbeziehungen von höchster Bedeutung für die Erhaltung des Systems. Tatsächlich hat die Rechtsprechung nach einem langen Kampf einen generellen rassischen Vorbehalt abgelehnt.

Die Frage wurde bei dem Problem der Anfechtung der Vaterschaft akut, die nach dem Bürgerlichen Gesetzbuch nur innerhalb eines Jahres nach der Geburt des Kindes[58] vorgenommen werden kann. Diese Regelung steht in Widerspruch zum nationalsozialistischen Sippengedanken, der für die nationalsozialistische Ideologie von überragender Bedeutung ist. Um Verstöße gegen die nationalsozialistische Ideologie zu vermeiden, wäre es nur logisch, die einschlägige Vorschrift des BGB außer Kraft zu setzen. Obwohl eine Reihe von Oberlandesgerichten abweichende Urteile gefällt hatten, entschied das Reichs-

56 Reichsgericht, 12. Juli 1934 (*RGZ.* 145, S. 1 ff., S. 6).

57 Gesetz zum Schutz des deutschen Blutes und der deutschen Ehre, 15. September 1935 (*RGBl.* 1935, 1146). Sogenannte »Nürnberger Gesetze«.

58 Diese kurze Frist sollte verhüten, daß noch nach längerer Zeit der familiäre Status des Kindes in Zweifel gezogen und der Familienfrieden gestört werden konnte.

gericht am 23. November 1937 grundsätzlich im normenstaatlichen Sinne, indem es sagte: »Ein solcher Konflikt berechtigt ... den Richter zu einem Eingriff von so großer Tragweite in das sachliche Familienrecht des BGB jedenfalls so lange nicht, als dessen Anfechtungsbeschränkungen nur das Interesse an der Feststellung der wirklichen Sippenzugehörigkeit des Kindes gegenübersteht.«[59]

Das Reichsgericht ließ sich jedoch eine bedeutsame Rückzugslinie offen, denn in dem Urteil hieß es weiter: »Die Frage, ob anders zu entscheiden wäre, wenn auch die Rasseverschiedenheit ... behauptet worden wäre, kann unerörtert bleiben.«[60] So hält das Reichsgericht, das 1934 generell den Vorrang des Rechts gegenüber der nationalsozialistischen Ideologie proklamiert hatte, noch immer an diesem Prinzip fest, läßt aber durchblicken, daß in bezug auf die »Judenfrage« Abweichungen möglich sind.

In einem familienrechtlichen Prozeß hatte das Oberlandesgericht Naumburg am 20. April 1937 ausgeführt: »(Das Gesetz stellt) nach wie vor für jeden Richter eine bindende Rechtsnorm dar, die er zwar im Rahmen einer artgebundenen Rechtsauffassung auslegen kann, über die er sich aber ohne zwingende Gründe nicht hinwegsetzen darf. Eine solche Gesetzeshandhabung erfordert dringend die Rechtssicherheit, die als eine der wesentlichsten Grundlagen des Staates auch dann beachtet werden muß, wenn unter Umständen die materielle Gerechtigkeit im Einzelfall dadurch beeinträchtigt wird ... Gegenüber diesem dringenden Gebot der Rechtssicherheit vermögen auch die Interessen der Volksgemeinschaft an der Reinerhaltung ihrer Rasse ... die Anwendung des Gesetzes nicht auszuschließen.«[61]

Maßfeller, ein hoher Beamter des Justizministeriums, gibt zu, daß das Naumburger Urteil zutreffend sei. Er bezweifelt jedoch, ob die von dem Gericht entwickelten Grundsätze allgemein Gültigkeit beanspruchen könnten.[62] Sie sind tatsächlich mit einem nationalsozialistischen Rechtssystem nicht vereinbar, weil sie Juden das Minimum eines Rechtsschutzes gewähren.

c. *Der Status der Juden*

Da der Rechtsschutz des Normenstaates nur den »aufbauenden Kräften des deutschen Volkes« (Best)[63] vorbehalten ist, und da die Juden nicht zum deut-

59 Reichsgericht, 23. November 1937 (*RGZ.* 152, S. 390 ff., S. 395).
60 Ib.
61 OLG Naumburg, 20. April 1937 (*Akademie Ztschr.* 1937, S. 539).
62 Maßfeller in einem Kommentar zu der Entscheidung des Oberlandesgerichts Naumburg (*Akademie Ztschr.* 1937, S. 539/540).
63 S. S. 118 dieses Buches.

schen Volk gezählt, sondern als Feinde angesehen werden, gehört die Regelung aller Fragen, die Juden betreffen, in den Zuständigkeitsbereich des Maßnahmenstaates. War dies zuerst nur theoretisches Prinzip des Nationalsozialismus, so ist es jetzt gängige Praxis im Dritten Reich. Die völlige Unterwerfung der Juden unter die Herrschaft des Maßnahmenstaates wurde in dem Augenblick vollzogen, in dem die Ausmerzung der Juden aus dem Wirtschaftsleben beschlossen wurde.

Solange den Juden gestattet war, sich im mittleren und Kleinhandel, sowie in gewissen Bereichen der industriellen Produktion zu betätigen, gab es in der nationalsozialistischen Politik gegenüber den Juden einen Widerspruch. Da die Juden zu dieser Zeit noch mehr oder minder in das kapitalistische System des Dritten Reiches integriert waren,[64] hätte die strikte Anwendung maßnahmenstaatlicher Methoden eine Störung des normalen Wirtschaftslebens bedeutet. Es war daher die Aufgabe der Justiz, die Wirtschaft vor Erschütterung zu bewahren, selbst wenn dies einen gewissen Schutz der Juden mit sich brachte. Einige Beispiele aus der Frühzeit des Nationalsozialismus mögen dies illustrieren, obwohl sie heute nur noch historische Bedeutung haben.

Da die Spielregeln des Konkurrenzkapitalismus im Reichsgesetz gegen den unlauteren Wettbewerb ihren rechtlichen Niederschlag gefunden haben, ist eine Entscheidung des Reichsgerichts auf diesem Rechtsgebiet besonders wichtig.

In der Absicht, seinem Konkurrenten Kunden abspenstig zu machen, hatte der Agent einer Versicherungsgesellschaft ein Verzeichnis jüdisch klingender Namen der Vorstandsmitglieder des Konkurrenzunternehmens verbreitet. Das Gericht sollte über die Zulässigkeit dieses Verhaltens aufgrund des Gesetzes gegen den unlauteren Wettbewerb entscheiden. Das Urteil fiel negativ aus: »Der Hinweis auf den jüdischen Charakter eines Unternehmens bedeutet aber die Heranziehung eines Umstandes, der mit der gewerblichen Leistung des Versicherungsschutzes nichts zu tun hat . . . Auch hier kann sich die Beklagte nicht darauf berufen, daß es im Sinne der nationalsozialistischen Weltanschauung liege, gerade die ländliche Bevölkerung von einer wirtschaftlichen Beeinflussung durch jüdische Kreise zu bewahren.«[65]

Von Beginn der nationalsozialistischen Herrschaft an wurde jegliches Bestreben, den Juden ein Minimum von Rechtssicherheit zu gewähren, vom radikalen Flügel der Partei auf das schärfste bekämpft. Der wachsende Einfluß der radikalen Gruppen spiegelt sich in der Rechtsprechung wider. Nur gegen stärksten Widerstand konnte im Jahre 1935 das preußische Oberverwaltungs-

64 Dies war eine Folge der Politik Schachts.
65 Reichsgericht, 25. Februar 1936 (*RGZ.* 150, S. 299, insbes. S. 308).

gericht[66] die Gewerbefreiheit der Juden noch schützen. Eine Entscheidung des Kölner Bezirksverwaltungsgerichts, die allerdings vom Oberverwaltungsgericht aufgehoben worden ist, zeigt, unter welchem Druck die Justiz damals bereits stand. Das Bezirksverwaltungsgericht hatte ausgeführt, »aufgrund der im Verlaufe von Jahrhunderten gemachten Beobachtungen und Erfahrungen und weiter aufgrund der nationalsozialistischen und volkseigenen deutschen Auffassung vom rechtmäßigen und ehrlichen Handel könne und müsse grundsätzlich gesagt werden, daß die jüdischen Händler insgesamt . . . als unzuverlässig gelten und daher ausgeschaltet werden müßten . . . dies sei . . . allgemeines Volksempfinden, dem Rechnung zu tragen ursprünglichste und unbedingte Aufgabe aller öffentlichen Behörden sei.«

Das Publikationsorgan der Gerichtsreferendare *Jugend und Recht* unterwarf das Urteil des Oberverwaltungsgerichts, durch das das Urteil des Bezirksverwaltungsgerichts aufgehoben wurde, einer überaus heftigen Kritik, die mit den Worten endete: »Das deutsche Volk steht hinter diesem in seinem Namen ergangenen Urteil nicht.«[67] Nur allzu bald sollte sich zeigen, daß der Druck des Maßnahmenstaates in der Judenfrage zu stark war, um durch gerichtliche Bemühungen aufgehalten zu werden.

Eine Entscheidung aus dem Gebiet des Handelsrechts mag als Beispiel dienen. Eine Handelsgesellschaft mit einem »arischen« und einem jüdischen Partner betrieb im Hamburger Freihafen einen Handel mit Tabakwaren. Obwohl der jüdische Partner im ersten Weltkrieg Frontsoldat und beim Aufbau des Geschäftes der bei weitem Tüchtigere gewesen war, hatte der arische Partner die fristlose Aufkündigung des Gesellschaftsverhältnisses beantragt. Als Grund gab er an, der Kreisleiter der NSDAP habe mit der Entziehung der Lizenz gedroht, weil »durch die wirtschaftliche Betätigung einer nicht reinarischen Firma eine Beunruhigung unter der Besatzung« entstanden sei.[68]

Dem Antrag wurde stattgegeben. Das Verhalten des Kreisleiters stand zu zwei Erlassen des Reichswirtschaftsministers im Widerspruch. Diese Erlasse, so ergab seine Vernehmung, »beeinflussen ihn (den Kreisleiter) nicht.« Auch dem offenbar rechtswidrigen Druck des Kreisleiters kam in der Judenfrage rechtliche Bedeutung zu, denn das Gericht vertrat die Auffassung: »Dem Kläger ist nicht zuzumuten, sich zu dem Willen des Kreisleiters in Widerspruch zu setzen . . . Er muß bei einem Widerstreben befürchten, als ein Gegner des allgemeinen Volksempfindens und der den Staat führenden NSDAP angesehen und behandelt zu werden.«[69] Dieses Urteil bedeutet eine Absage an die

66 Preußisches Oberverwaltungsgericht, 21. November 1935 (*R. Verw. Bl.* 1936, S. 553).
67 *Jugend und Recht*, 1936, S. 69.
68 Hamburger (Hanseatisches) Oberlandesgericht, 4. Mai 1937 (*Hans. R. u. Ger. Ztg.* 1937, S. 216).
69 Ib.

Politik Dr. Schachts und einen Triumph für seine Gegner in der Partei. Seit 1937 hat sich der gleiche Tatbestand in zahllosen Fällen wiederholt. Die Parteiinstanzen als Organe des Maßnahmenstaates haben ihre Macht benutzt, um jede wirtschaftliche Tätigkeit von Juden zu unterbinden.

Ein Parallelfall kam vor das Reichsgericht. Es handelte sich um die Auflösung einer Kommanditgesellschaft mit einem jüdischen und einem arischen Kompagnon. Als der jüdische Teilhaber die Übermittlung von monatlichen Auszügen der jeweiligen Geschäftsabschlüsse beanspruchte, wie das Statut es vorschreibt, begründete der arische Teilhaber seine Weigerung damit, daß »die Gauleitung sowohl dem Beklagten persönlich, wie dessen Gefolgschaft die Herstellung und Zusendung von Auszügen an den Kläger und überhaupt jeden unmittelbaren Schriftverkehr mit dem Kläger verboten habe. Unter solchen Umständen könne dem Beklagten nicht zugemutet werden, daß er sich über ein ausdrückliches Verbot der Gauleitung einfach hinwegsetzen solle.«[70]

In einem Staat, in dem die regierende Partei derartige Methoden anwendet, ist es letzten Endes unerheblich, ob gelegentlich ein Jude mit einer Klage durchdringt. Nur unter außergewöhnlichen Umständen wird ein Jude noch gegen einen Arier klagen.

Eine Stadtverwaltung vertrat vor dem Reichsarbeitsgericht den Standpunkt, eine Klage sollte allein deswegen abgewiesen werden, weil der Kläger Jude sei und rechtfertigte diese Auffassung mit dem Argument: »Zu den für die Lösung der Judenfrage grundsätzlich ergangenen Bestimmungen gehöre die des Ausschlusses des Rechtsweges für alle Dienstverpflichteten, die wegen nichtarischer Abstammung aus öffentlichen Diensten ausschieden.«[71]

Die Gerichte haben vor den politischen Instanzen kapituliert. Für Juden ist es sinnlos geworden, bei den Gerichten um Rechtsschutz nachzusuchen. 1937 rechtfertigte das Reichsarbeitsgericht die Versagung jeglichen Rechtsschutzes für die Juden damit, daß »die Anerkennung der von der NSDAP vertretenen rassischen Grundsätze auch in den breiten, nicht der Partei angehörigen Volksschichten ganz unverkennbare Ausbreitung gefunden hat.«[72] Wenn das höchste Gericht vor dem Terror der Straße kapituliert, ist es nicht verwunderlich, daß die unteren Instanzen den judenfeindlichen Tendenzen des Maßnahmenstaates keinen Widerstand entgegensetzen.

Das Arbeitsgericht Saalfeld hatte sich mit einem Fall zu befassen, bei dem es um die Kündigung eines jüdischen Angestellten einer Textilfabrik ging. Der

70 Reichsgericht, 30. März 1938 (*J. W.* 1938, S. 1826).
71 Reichsarbeitsgericht, 2. Juni 1937 (*Arbeitsr. Entsch.* 30, S. 153).
72 Reichsarbeitsgericht, 20. März 1937 (*J. W.* 1937, S. 2310).

Arbeitgeber rechtfertigte sich damit, daß die Reichszeugmeisterei der NSDAP der Firma mit der Entziehung aller Aufträge gedroht habe, falls auch nur ein jüdischer Angestellter über den 30. Juni 1937 hinaus beschäftigt werde.[73] Die Kündigung wurde als berechtigt anerkannt. Das Gericht vertrat die Auffassung, die Entziehung der Aufträge durch die Reichszeugmeisterei »wäre ... allgemein als Mißtrauensvotum einer obersten Parteistelle aufgefaßt worden ... Dieser großen Gefahr brauchte und durfte sich die Beklagte nicht aussetzen.« Auch mit der weiteren Erwägung, daß die Firma von dem von der Deutschen Arbeitsfront inszenierten Berufswettkampf ausgeschlossen werde, wenn sie auch nur einen jüdischen Angestellten beschäftige, drang der Arbeitgeber durch.[74] Durch solche Praktiken hat es die Deutsche Arbeitsfront erreicht, daß fast jeder Jude, der noch in einer arischen Firma angestellt war, entlassen wurde. Unseres Wissens wagt es kein deutsches Gericht, dem von der Deutschen Arbeitsfront ausgeübten maßnahmenstaatlichen Druck entgegenzutreten.

Bis 1938 hatte der Vernichtungskrieg gegen die deutschen Juden zum Ziel, ihnen die Existenzmöglichkeiten zunächst zu beschneiden und schließlich zu entziehen. 1938 begann ein neues Stadium. Nachdem die Nationalsozialisten den Juden jegliche Gelegenheit zum Geldverdienen genommen hatten, wurde es ihnen fast unmöglich gemacht, sich Nahrungsmittel oder Wohnraum zu beschaffen, d. h. für die elementarsten Lebensnotwendigkeiten zu sorgen.

Diese Entwicklung fand ihren unmißverständlichen rechtlichen Ausdruck im Zusammenhang mit dem Wohnungsproblem. Das deutsche Recht schützt den Mieter vor Exmittierung, es sei denn, er ist mit der Mietzahlung im Rückstand oder hat auf andere Art und Weise den Mietvertrag schuldhaft verletzt.[75] Seit Beginn des Jahres 1938 wurde die Frage akut, ob jüdische Mieter diesen Rechtsschutz genießen. Ohne ihn wäre es in vielen Teilen Deutschlands jüdischen Mietern nicht möglich, eine Wohnung zu behalten, und arische Vermieter würden nicht wagen, Juden als Mieter aufzunehmen. Die Mietgesetze machen zwischen Juden und Ariern keinen Unterschied und bisher ist seitens der Nationalsozialisten kein Versuch gemacht worden, diese Gesetze zu ändern. Daher müssen die Gerichte sich entscheiden: sollen sie ihre Pflicht tun und das Recht auch zugunsten wehrloser Opfer anwenden oder sollen sie die Gerechtigkeit den Forderungen des Nationalsozialismus zum Opfer bringen?

73 Arbeitsgericht Saalfeld, 13. August 1937 (*J. W.* 1937, S. 2850).
74 Ib.
75 Gesetz über Mieterschutz und Mieteinigungsämter, 29. Juni 1926 (*RGBl.* 1926, 347).

Mehrere Amtsgerichte haben versucht, das Gesetz ohne Unterschied auf Juden und Arier anzuwenden; sie wurden deswegen verletzenden Angriffen in der nationalsozialistischen Presse ausgesetzt.[76] Darauf versuchten die Gerichte mit Hilfe einer »nationalsozialistischen Interpretation des Gesetzes« nachzuweisen, daß es für Juden keine Geltung besitze. Das Amtsgericht Charlottenburg bestritt Juden das Recht, Wohnungen innezuhaben, deren Bau aus öffentlichen Mitteln finanziert worden war, mit der Begründung, Juden gehörten nicht zur deutschen Volksgemeinschaft.[77] Noch weiter ging das Amtsgericht Berlin-Schöneberg in einer Entscheidung vom 16. September 1938, in der die Nichtanwendung des Gesetzes zugunsten von Juden aufgrund des Gesetzes selbst abgeleitet wurde. Das Gericht führte aus, es halte sich im Rahmen des Gesetzes, wenn es davon ausging, daß Juden nicht als Mitglieder der Hausgemeinschaft angesehen werden können, weil sie nicht Mitglieder der Volksgemeinschaft sind. Hausgemeinschaften stellten aber einen wesentlichen Bestandteil der Volksgemeinschaft dar. In dem betreffenden Bezirk befanden sich vorwiegend Mietshäuser, und der Richter mußte wissen, daß in ihnen Familien jahrelang wohnen können, ohne auch nur einander zu grüßen. Um jedoch die rechtliche Relevanz der »Hausgemeinschaft« darzutun, wies der Richter auf ihre potentielle Bedeutung für den Luftschutz im Falle eines Krieges hin.[78]

Von dieser gekünstelten juristischen Argumentation war es nur ein Schritt, die Anwendung des Zivilrechts auf die Judenfrage generell ausdrücklich abzulehnen. Dies geschah in einem Urteil des Landgerichts Berlin, in dem es heißt: »Das hier streitige Problem kann überhaupt nicht durch die Auslegung des Mieterschutzgesetzes gelöst werden. Seine Bedeutung greift über den Rahmen des Mieterschutzgesetzes weit hinaus. Es handelt sich nicht um eine Frage, die durch Auslegung des Mieterschutzgesetzes gelöst werden kann, sondern um eine weltanschauliche Frage.«[79]

Damit war die Entscheidung gefallen. Judenfeindliche nationalsozialistische Handlungen stehen über dem Gesetz. In dem Kampf zwischen politischer Zielsetzung und der Rechtsordnung trug auf diesem Gebiet erstere den Sieg davon, wie das folgende Zitat beweist: »Auch die Ansicht, daß jede einzelne Maßnahme gegen die Juden nur von der Regierung angeordnet werden könne, ist nicht zutreffend. Wollte man dem beitreten, so würde eine Auslegung der Gesetze zuungunsten der Juden nicht stattfinden dürfen und die

76 Vgl. Adami in *J. W.* 1938, S. 3217 und die offizielle Erklärung des Reichsjustizministeriums: »Veröffentlichungen der Zeitschrift *Das Schwarze Korps*«, (Punkt 7) veröffentlicht in *D. Jstz.* 1939, S. 175.

77 Amtsgericht Berlin-Charlottenburg, 8. März 1938 (*J. W.* 1938, S. 3173).

78 Amtsgericht Berlin-Schöneberg, 16. September 1938 (*J. W.* 1938, S. 3045).

79 Landgericht Berlin, 7. November 1938 (*J. W.* 1938, S. 3242).

Juden hierdurch besonders geschützt sein. Es liegt auf der Hand, daß das nicht im Sinn der Sache ist.«[80] Dieser Richter hatte eine eigenartige Vorstellung von dem, was in Rechtsfragen sinnvoll ist.

Als diese Entscheidung gefällt wurde, bereiteten die Partei und die Regierung auf das eifrigste die Brandstiftung der Synagogen als Teil des Pogroms vom 10. November 1938 vor. Im Augenblick, in dem die NSDAP in wilde Raserei verfiel, bekannte sich das Berliner Gericht zum Prinzip der Barbarei. Beides stellt in den Worten Friedrich Schillers Inhumanität in verschiedenen Erscheinungsformen dar: »Der Mensch kann sich aber auf doppelte Weise entgegengesetzt sein: entweder als Wilder, wenn seine Gefühle über seine Grundsätze herrschen; oder als Barbar, wenn seine Grundsätze seine Gefühle zerstören.«[81]

Wird einer Bevölkerungsgruppe der Rechtsschutz vollständig entzogen, so ergeben sich für das Funktionieren des Normenstaates schwerwiegende Folgen. Kohlrausch, Professor des Strafrechts an der Universität Berlin, kritisierte eine Entscheidung des Reichsgerichts in einem Fall von Rassenschande wie folgt: »Ein nicht erkennbar aus einem Rechtssatz abgeleiteter Richterspruch hat nicht die Kraft zu überzeugen, zum Recht zu erziehen und es fortzubilden. Er stärkt auch nicht die Achtung vor dem Gesetz, sondern erregt ungelöste Zweifel an dessen Richtigkeit ... Eine zweite ernste Gefahr ist die, daß solch bloßes Entscheiden auf andere Gerichte übergreift, denen bisher kein Revisionsgericht ein derartiges ›sic volo, sic jubeo, stat pro ratione voluntas!‹ hätte durchgehen lassen.«[82]

In den ersten Jahren des Hitlerregimes hätte eine theoretische Abhandlung über die Rechtsstellung der Juden prüfen müssen, ob die Juden mehr oder weniger gerecht behandelt wurden. Eine solche Fragestellung wäre heute überholt. Man muß sich stets vor Augen halten, daß es in Diktaturländern nicht um Gerechtigkeit oder Ungerechtigkeit geht, sondern um Rechtsmäßigkeit oder Rechtslosigkeit.

Schließlich hat das Reichsgericht selbst den in Deutschland lebenden Juden die Eigenschaft von Personen im Rechtssinne abgesprochen. In einer Entscheidung vom 27. Juni 1936 verurteilte das höchste deutsche Gericht die deutschen Juden zum »bürgerlichen Tod«.

80 Ib.

81 Friedrich Schiller, *4. Brief über die ästhetische Erziehung des Menschen.*

82 Kohlrausch, »Rassenverrat im Ausland«, *Akademie Ztschr.* 1938, S. 336, in einer Erörterung einer Entscheidung des Großen Strafsenats des Reichsgerichts vom 23. Februar 1938 (*Akademie Ztschr.* 1938, S. 349).

Im Februar 1933 hatte ein Filmregisseur mit einer Filmgesellschaft einen Vertrag abgeschlossen. Vereinbart worden war, daß die Gesellschaft das Recht haben sollte, vom Vertrage zurückzutreten, falls der Regisseur »durch Krankheit, Tod oder ähnlichen Grund nicht zur Durchführung seiner Regietätigkeit im Stande« sein sollte.[83] Als kurze Zeit nach der Unterzeichnung des Vertrages die große antisemitische Hetze begann, sagte sich die Filmgesellschaft von dem Vertrage los und verweigerte die Honorarzahlung.

Das Reichsgericht hatte zu entscheiden, ob jüdische Abstammung ebenso einen Grund für das Erlöschen eines Vertrages bilden könne wie dies bei Krankheit und Tod der Fall sei. Das Reichsgericht hat die Analogie als berechtigt anerkannt und die Klage abgewiesen. Das Reichsgericht führte aus: »Die frühere (liberale) Vorstellung vom Rechtsinhalte der Persönlichkeit machte keine grundsätzlichen Wertunterschiede nach der Gleichheit oder Verschiedenheit des Blutes ... Der nationalsozialistischen Weltanschauung dagegen entspricht es, im Deutschen Reiche nur Deutschstämmige (und gesetzlich ihnen Gleichgestellte) als rechtlich vollgültig zu behandeln. Damit werden grundsätzliche Abgrenzungen des früheren Fremdenrechts erneuert und Gedanken wiederaufgenommen, die vormals durch die Unterscheidung zwischen voll Rechtsfähigen und Personen minderen Rechts anerkannt waren. Den Grad völliger Rechtslosigkeit stellt man ehedem, weil die rechtliche Persönlichkeit ganz zerstört sei, dem leiblichen Tode gleich; die Gebilde des ›bürgerlichen Todes‹ und des ›Klostertodes‹ empfingen ihre Namen aus dieser Vergleichung. Wenn in Nr. 6 des Manuskript-Vertrages vom 24. Februar 1933 davon die Rede ist, daß Ch. ›durch Krankheit, Tod oder ähnlichen Grund nicht zur Durchführung seiner Regietätigkeit imstande sein sollte‹, so ist unbedenklich eine aus gesetzlich anerkannten rassepolitischen Gesichtspunkten eingetretene Änderung in der rechtlichen Geltung der Persönlichkeit dem gleichzuachten.«[84]

»Unbedenklich« – man muß ein Gefühl für die Nuancen der deutschen Sprache haben, um die Ungeheuerlichkeit dieser Entscheidung zu ermessen. Wenn das höchste deutsche Gericht ohne zu zögern über 600 000 Menschen zum »bürgerlichen Tod« verdammt und sich dann mit ein paar Phrasen aus der Kanzlistensprache rechtfertigt, erübrigt sich jeglicher Kommentar.

1920 forderten die Nationalsozialisten in ihrem Parteiprogramm, daß die Juden unter Fremdenrecht gestellt werden sollten. Seit 1938 stehen die Juden nicht mehr unter Fremdenrecht, sie stehen außerhalb jeden Rechts, *hors la loi*. Die Rechtsstellung der Juden in Deutschland ist nicht auf das Parteiprogramm

83 Reichsgericht, 27. Juni 1936 (*Seufferts Archiv*, Bd. 91, S. 65).
84 Ib., S. 68.

zurückzuführen, sie ist nur aus dem Wesen des Maßnahmenstaates heraus zu begreifen. Nicht das Parteiprogramm, sondern der Belagerungszustand ist die Verfassung des Dritten Reiches. Der ewige Belagerungszustand hat die Beeinträchtigung der Rechtsstellung ganzer Bevölkerungsgruppen ermöglicht und eine Minderheit der elementarsten Rechte beraubt. Diese »unbedenkliche« Anwendung des ewigen Belagerungszustandes dürfte in Zukunft aber auch verhängnisvolle Wirkungen auf die Mehrheit haben. Dieses Recht ohne jegliche Ethik wird schließlich alle an den Rand des menschlichen Abgrunds bringen.

Goethes Worte aus »Der Gott und die Bajadere«:

»Soll er strafen, oder schonen,
Muß er Menschen menschlich sehen.«

finden im nationalsozialistischen Deutschland keinen Widerhall.

5. *Die Stände als Organe des Normenstaates*

a. *Die wirtschaftliche Selbstverwaltung*

In Angelegenheiten, die Juden betreffen, haben die Gerichte dem Druck des Maßnahmenstaates nachgegeben. Da die Wirtschaftskreise befürchten, die Gerichte könnten auch auf anderen Gebieten unter politischen Druck gesetzt werden, unterstützten sie alle Bestrebungen, die Regelung der internen wirtschaftlichen Beziehungen dem Zugriff der politischen Instanzen zu entziehen und – soweit wie möglich – eine autonome Verwaltung aufzubauen. Dies tritt besonders klar im Kartellrecht zutage. Ein Erlaß des Reichswirtschaftsministers vom 12. November 1936 hat die staatliche Kartellaufsicht weitgehend auf Organe der wirtschaftlichen Selbstverwaltung übertragen. Das Schreiben des Ministers lautete:

»Ich beabsichtige deshalb, die Organisation der gewerblichen Wirtschaft zur Mitwirkung bei der von mir ausgeübten Aufsicht über die markttragenden Verbände heranzuziehen ... Die Selbstverwaltung der Wirtschaft soll sich mit dafür verantwortlich fühlen, daß die marktregelnden Verbände sich bei ihren Maßnahmen in Übereinstimmung mit der wirtschaftspolitischen Linie der Reichsregierung halten.«[85]

Der wichtigste Versuch der privaten Wirtschaft, sich dem Zugriff der Polizeibehörden zu entziehen, ist das Ständewesen. Um die Theorie von der be-

85 Erlaß des Reichswirtschaftsministers, *Kart. Rundsch.* 1936, S. 754.

grenzten Kompetenz der politischen Instanzen zu verwirklichen und um das Wesen der nationalsozialistischen Wirtschaftspolitik zu wahren, ist der »ständische« Aufbau der Wirtschaft in die Wege geleitet worden. Der Name »ständisch« kann jedoch einen falschen Eindruck erwecken. Das Ständesystem des Dritten Reiches hat mit dem alten Ständesystem ungefähr soviel gemein wie der Nationalsozialismus mit dem Sozialismus. Der Begriff »Stände« dient den Wirtschaftskreisen nur als ideologische Verbrämung, um Eingriffe des Maßnahmenstaates abzuwehren.

Dieser Schutz besteht u. a. darin, daß Angelegenheiten, die zur Kompetenz der Stände gehören, für die Polizeigewalt *de facto* außer Reichweite liegen. Ein Beitrag zum Handwörterbuch der Rechtswissenschaft, einer offiziellen Publikation, zeigt, daß die Nationalsozialisten ihre Ablehnung des »totalen Staates im quantitativen Sinne« durch den Ausbau des Ständewesens beweisen wollen. In dem Artikel heißt es: »Eine Zeit, die im Staat den alleinigen Träger öffentlicher Gewalt sah, konnte auch die ständische Rechtshoheit, soweit Ansätze vorhanden waren, nur als eine vom Staat delegierte begreifen. Der Nationalsozialismus, der im Staat nur Mittel, nicht Zweck, nur Form, nicht Inhalt sieht, hat den Staat dieser omnipotenten Rolle entkleidet.«[86]

Es ist ein Axiom der nationalsozialistischen Staatslehre, daß die Polizeigewalt durch das Ständesystem ersetzt worden ist, soweit es sich um Angelegenheiten handelt, die einzig und allein von ständischem Interesse sind. Da dieser Satz Erstaunen zu erregen vermag, und im Gegensatz zum gängigen totalitären Konzept zu stehen scheint, zitieren wir im folgenden einige bekannte Polizeirechtsspezialisten.

Knauth:

»Zwei gerade entgegengesetzte Auffassungen bestehen: eine, die der Polizei im heutigen Staate einen ... grundsätzlich sachlich unbegrenzten ... Wirkungskreis zuschreibt und eine zweite ... nach welcher der polizeiliche Aufgabenbereich ... enger als bisher ist. Deshalb tut sich ... in der auf vielen Verwaltungsgebieten zu beobachtenden planmäßigen Schaffung besonderer selbständiger Ordnungen ... die Neigung kund, die *Polizei* für die Erledigung der Verwaltungsaufgaben auf diesen Gebieten tunlichst *auszuschalten*. Der innere Grund hierfür ist aber sicher darin zu suchen, daß diese Aufgaben überwiegend oder doch großenteils nach Rücksichten zu erledigen sind, die wahrzunehmen nicht Sache der ›Polizei‹ ist.«[87]

86 *Handwörterbuch der Rechtswissenschaft, Bd. VIII,* Berlin 1936, Artikel: »Stand«, S. 683.
87 Knauth, »Die Aufgaben der Polizei im nationalsozialistischen Staat«, *D. J. Z.* 1936, S. 1206, 1210 (Hervorhebungen im Original).

Schmidt:

»Die Polizeigewalt muß grundsätzlich gegenüber solchen auf Unterordnungsverhältnisse anderer Art begründeten Mitteln im Hintergrunde bleiben ... (Die Polizei hat) es nicht mit der ständischen Ordnung ... zu tun, sondern ausschließlich mit der Ordnung der Gesamtgemeinschaft.«[88]

Höhn:

»Die Grenze der Polizei endet heute mit den Aufgaben, die der Polizei durch die jeweiligen Ordnungen gestellt sind.«[89]

Hamel:

»*Diese Herausnahme besonderer Gemeinschaften ... aus dem Amte der Polizei (gewinnt) für uns eine neue substantielle Bedeutung* ... Die Polizei ist nicht wieder total geworden ... Die *natürliche Struktur der Volksgemeinschaft* bestimmt die neuen Grenzen der polizeilichen Tätigkeit ... Die Aufgaben dieser Gemeinschaften gehören nicht zur Polizei.«[90]

von Koehler:

»Ergibt sich aus solchen Wandlungen nach mancher Richtung sicher eine *Ausdehnung des Tätigwerdens der Polizeibehörden*, so begegnet uns andererseits eine zum mindesten mittelbare *Einschränkung* desselben insofern, als die neuen berufsständischen Einrichtungen ... wie eine Art Selbstpolizei ... wirken ... Der Staat hat gar keine Veranlassung, dasjenige Maß von Eigenrecht des Volksgenossen, das er selbst anerkennt, der Gefahr einer ungerechtfertigten oder gar willkürlichen Antastung auszusetzen.«[91]

Abschließend zitieren wir eine besonders extreme Ansicht. Köttgen fordert schärfste Maßnahmen gegen jeden Verstoß gegen die völkische Lebensordnung und vertritt andererseits die Auffassung, die Polizei habe in einer auf Ordnungen aufgebauten Volksgemeinschaft »nur noch die Bedeutung einer Restverwaltung ... die lediglich dort einzusetzen hat, wo diese besonderen Ordnungen noch nicht hinreichen ... Überall dort, wo ... besondere Pflichtverhältnisse begründet worden sind, hat die Polizei ihre ursprüngliche Bedeutung verloren«.[92]

88 Georg Schmidt, »Zu einem Reichspolizeigesetz«, *R. Verw. Bl.* 1935, S. 833 ff., S. 838.
89 Reinhard Höhn, »Die Wandlungen im Polizeirecht«, *Dtsch. Rw.* 1936, S. 100 ff., S. 114.
90 Walter Hamel in Frank, *Deutsches Verwaltungsrecht*, München 1937, S. 391 (Sperrungen im Original).
91 Ludwig von Koehler, *Grundlehren des Verwaltungsrechts*, Berlin und Stuttgart 1935, S. 347/8 und Anm. 77 (Sperrungen im Original).
92 Arnold Köttgen, *Deutsche Verwaltung*, 2. Aufl. Berlin 1937, S. 152/3.

Zusammenfassend können wir sagen, daß die Polizei als Verkörperung des Staates total im »qualitativen«, nicht aber im »quantitativen« Sinne ist (vgl. S. 117).

Die Feststellung, daß die Stände die Wirtschaft vor Eingriffen des Maßnahmenstaates schützen, reicht nicht aus, um den Sachverhalt ganz zu klären. Um ihre Ziele zu erreichen, fordern die Wirtschaftskreise im heutigen Deutschland nicht nur, daß der Maßnahmenstaat von Einmischungen in ihre Geschäfte Abstand nehme, sondern auch, daß der Staat ihnen positive Unterstützung angedeihen lasse. R. Höhn behauptet, daß die Polizei die Entscheidungen der Stände ohne Nachprüfung vollstrecken müsse. Die Polizei sei nicht mehr ausschließlich Staatsorgan (wie zur Zeit des Konkurrenzkapitalismus), sondern jetzt auch Organ der in Ständen organisierten Wirtschaftskreise. Höhn sagt:

»Die neue Auffassung von der Verwaltung führt besonders zu einer Umgestaltung des *Polizeirechts*. Die Polizei tritt uns im bisherigen Rechtssystem eindeutig als Staatsverwaltung entgegen. Nunmehr treffen die neuen ständischen Ordnungen mit der Polizei zusammen und erfordern eine Umwandlung in der früheren Stellung der Polizei. Der Einsatz der Polizei wird nicht mehr von der Polizeiverwaltung her selbständig bestimmt, sondern ergibt sich aus diesen neugewordenen Ordnungen und erfolgt in ihrem Dienst. Damit wird sich notwendigerweise eine völlige Neuregelung des gesamten Polizeirechts ergeben müssen, das heute noch weitgehend unter liberalen Vorstellungen und Begriffen steht.«[93]

Daher sind die Stände als Sammelbecken der Vertreter der Wirtschaft der reinste Ausdruck des Normenstaates. Sie sind ein Bestandteil des Normenstaates und im Prinzip wird ihr Tätigkeitsbereich als unpolitisch betrachtet. Obwohl die Polizei die *Macht* zu Eingriffen hat (da ihre Kompetenz unbegrenzt ist), übt sie diese Macht in der Regel nicht aus. Die Ständezugehörigkeit gewährt *de facto* (innerhalb der ständischen Kompetenz) einen Schutz gegenüber dem Maßnahmenstaat. Insoweit die Stände sich jeglicher Tätigkeit enthalten, die nach Ansicht der Polizei »politisch« ist, sind sie vor dem Maßnahmenstaat sicher.

In einer Entscheidung vom 28. April 1936, die sich mit der Pressefreiheit im nationalsozialistischen Deutschland befaßt, nahm das Reichsgericht prinzipiell zu den Beziehungen zwischen den Ständen und den politischen Instanzen Stellung.

93 Reinhard Höhn, »Das Führerprinzip in der Verwaltung«, *Dtsch. Recht*, 1936, S. 306.

Dem Angeklagten wurden heimtückische Angriffe auf die Regierung zur Last gelegt, weil er geäußert hatte, es gäbe in Deutschland keine Pressefreiheit. Das Reichsgericht unterschied zwischen uneingeschränkter und geregelter Pressefreiheit und räumte ein, daß der Nationalsozialismus die uneingeschränkte Pressefreiheit beseitigt habe. Das neue Presserecht sei in den Gesetzen über die Pressekammer und den Schriftleiterberuf niedergelegt.[94] Innerhalb der durch diese Gesetze gezogenen Grenzen gäbe es für die »geordnete Presse« eine Freiheit besonderer Art, die »Freiheit der geordneten Presse«. Die Überwachung dieser »Freiheit der geordneten Presse« ist den Selbstverwaltungsorganen des Pressewesens überantwortet. Diese Organe besitzen jedoch kein uneingeschränktes Monopol für die Überwachung der Presse. In der Reichsgerichtsentscheidung heißt es: »Eine Vorzensur besteht grundsätzlich nicht. Den hiernach möglichen Verstößen . . . kann aber – abgesehen von den Maßnahmen der Selbstverwaltungskörper – von Staats wegen aufgrund der Verordnungen vom 4. und 28. Februar 1933 begegnet werden.«[95]

Diese Entscheidung interessiert wegen der Stellungnahme zu der Konkurrenz zwischen ständischer und politischer Gewalt. Keine Berufssparte liegt so nahe am Rand des »Politischen« wie der Journalismus. Eine Kollision zwischen den Ständen und den politischen Beamten ist schwerlich zu vermeiden. Trotzdem hat sich das Dritte Reich entschlossen, einen Pressestand zu errichten, damit wenigstens im Rahmen des Normenstaates die wirtschaftlichen Angelegenheiten des Pressewesens geregelt werden können. Der Pressestand soll sich der alltäglichen wirtschaftlichen Belange der Presse annehmen; der Rückgriff auf die Verordnung vom 28. Februar 1933 bleibt allerdings immer offen.

b. *Die Deutsche Arbeitsfront*

Gewisse Gruppen sind in das Ständesystem des nationalsozialistischen Deutschlands nicht einbezogen. Die wichtigste dieser Gruppen ist die Arbeiterschaft.

Die Behauptung, daß die Deutsche Arbeitsfront der Stand der Arbeiter sei, ist nicht überzeugend. Selbst die Nationalsozialisten geben zu, daß die Deutsche Arbeitsfront kein Berufsstand sei, »sondern eben eine Front aller Schaffenden,

94 Schriftleitergesetz vom 4. Oktober 1933 (*RGBl.* 1933, 713).

95 Reichsgericht, 28. April 1936 (*D. Jstz.* 1936, S. 1133). Der Verbreiter des Gerüchts, es gäbe keine Pressefreiheit im Dritten Reich, wurde nicht so ohne weiteres von der Anklage freigesprochen. Das Gericht hielt eine Klärung für erforderlich, ob der Angeklagte mit seiner Äußerung die Pressefreiheit des Weimarer Systems oder die Freiheit der geordneten Presse des Dritten Reiches gemeint habe. Hätte er letztere gemeint, so wäre er für schuldig zu befinden und zu einer Freiheitsstrafe von maximal fünf Jahren zu verurteilen gewesen.

die unter dem Gesichtspunkt eines einheitlich erfaßten völkischen Arbeitsvorganges zusammengefaßt ist.«[96] Die gleiche Ansicht findet sich in einem Aufsatz von Werner Mansfeld, dem Referenten für Arbeitsrecht im Reichsarbeitsministerium, der die Deutsche Arbeitsfront für »Seele und Geist aller schaffenden Deutschen« verantwortlich macht. »Hier wird«, so sagt er, »sie Schöneres leisten können als in dem zermürbenden Kampf um die Bedingungen, unter denen der einzelne zu arbeiten hat«.[97] Der zermürbende Kampf um bessere Löhne und kürzere Arbeitszeiten gehört nicht nur nicht zum Aufgabenbereich der Deutschen Arbeitsfront, sondern ist den deutschen Arbeitern gänzlich untersagt. Aufgrund des nationalsozialistischen Führerprinzips bestimmt der Unternehmer über Löhne und Arbeitsbedingungen und zwar innerhalb der vom Staate festgesetzten Grenzen.

Das Dritte Reich hat Berufsstände geschaffen, um die wirtschaftlichen Belange aller nichtproletarischen Gruppen zu regeln. Diese Stände dürfen von den politischen Instanzen nicht belästigt werden, insoweit es sich um Fragen der Wirtschaftspolitik handelt. Die Rechtfertigung dieser Einstellung findet sich in einem kürzlich von Arnold Köttgen verfaßten Artikel, in dem es heißt: »Die besonderen Pflichtenordnungen des Handwerks oder des Schriftleiters konnten nur solchen Personen anvertraut werden, die aus eigenem Erleben des fraglichen Standes ihre Entscheidungen treffen können. Über Fragen der Standesehre kann nur der Standesgenosse entscheiden. Der Polizei ist damit der Zutritt zu den existentiellen Pflichtenordnungen weitgehend versperrt worden ...« Köttgen fährt daher fort: »Berufsrecht bricht zwar nicht grundsätzlich Polizeirecht, eine vollwertige berufsständische Selbstverwaltung wird jedoch praktisch auf dem von ihr vertrauten Gebiet der Polizei nur sehr vereinzelt Anlaß zum Einschreiten geben.«[98]

Und die Arbeiter? Weder haben sie eine besondere Pflichtenordnung, noch wird ihre Standesehre von Standesgenossen geschützt. Sie sind dem uneingeschränkten Zugriff der Polizei ausgesetzt. Der Versuch einer selbständigen wirtschaftspolitischen Tätigkeit wird bei ihnen als »Klassenkampf« gebrandmarkt – ein Politikum, dessen sich der Maßnahmenstaat annimmt. Ob in Deutschland jemand dazu berechtigt ist, selbständige wirtschaftspolitische Entscheidungen zu fällen, hängt von seiner Zugehörigkeit zu einem Berufsstand ab. Diejenigen, die keinem Berufsstand angehören, sind dem Maßnahmenstaat schutzlos ausgeliefert. Während die Stände der Kontrolle des Maß-

96 Franz Wieacker, »Der Stand der Rechtserneuerung auf dem Gebiet des bürgerlichen Rechts«, *Dtsch. Rw.* 1937, S. 3 ff., S. 8.

97 Werner Mansfeld, »Die Deutsche Arbeitsfront«, *Dtsch. Arb. R.* 1933, S. 139.

98 Arnold Köttgen, »Polizei und Gesetz«, *R. Verw. Bl.* 1938, S. 175, 177.

nahmenstaates weitgehend entzogen sind, wird die Deutsche Arbeitsfront als politische Körperschaft betrachtet und untersteht als solche dem Maßnahmenstaat.

Die Stände und die Deutsche Arbeitsfront stellen im nationalsozialistischen Staat zwei Extreme dar.[99] Wenn man in Rechnung stellt, daß die Arbeiter jeglicher Rechte, an wirtschaftspolitischen Entscheidungen mitzuwirken, beraubt sind und als Staatsfeinde betrachtet werden, wenn sie den Versuch einer Einflußnahme machen, während allen anderen Berufsgruppen für die Lösung ihrer Probleme zum mindesten ein Minimum an Autonomie zugestanden wird, sollte der Klassencharakter des nationalsozialistischen Staates evident sein.

Werner Best, Sachreferent für Rechtsfragen bei der Gestapo, ist der Meinung, daß die staatliche Selbstbeschränkung angemessen ist, insoweit es sich um die »aufbauenden Kräfte des deutschen Volkes« (worunter er selbstverständlich nur den »arischen« Teil des deutschen Volkes versteht) handelt (s. S. 118). Besonders wichtig ist Bests Feststellung, wesentlich für die Effektivität dieser »aufbauenden Kräfte« sei es, daß das Handeln des Staates voraussehbar ist. Von einer Ausnahme abgesehen, gehört das ganze deutsche Volk zu den »aufbauenden Kräften«. Diese Ausnahme sind die Arbeiter, die nicht in das Ständesystem eingegliedert sind.

Eine scheinbar unbedeutende Ergänzung zum Sozialversicherungsgesetz (Art. 3 § 8, der § 615 des Soz.Vers.Ges. ergänzt) gibt einen unmißverständlichen Hinweis auf die Klassenstruktur des Dritten Reiches.

Er lautet: »Die Rente ruht, wenn der Berechtigte sich nach dem 30. Januar 1933 in staatsfeindlichem Sinne betätigt hat. Der Reichsminister des Innern entscheidet im Einvernehmen mit dem Reichsarbeitsminister, ob staatsfeindliche Betätigung vorliegt.«[100] Diese Bestimmung gab nicht vor, Gefahrenabwehr zu sein und nahm rückwirkend hilflosen Krüppeln und Invaliden die Rente (ihre einzige Einkommensquelle). Es ist kein Zufall, daß das Dritte Reich gerade im Sozialversicherungsrecht zum ersten Mal die Prinzipien des Maßnahmenstaates in Gesetzesform verankert hat.

99 An dieser Stelle zeigt sich, wie berechtigt es ist, zwischen Staats- und Parteiinstanzen nicht zu differenzieren. Eine rein juristische Analyse würde die Arbeitsfront und die Stände als öffentliche Körperschaften betrachten. Das würde jedoch nur den wahren Sachverhalt verschleiern.

100 Gesetz über die Änderung einiger Vorschriften der Reichsversicherungsordnung, 23. Dezember 1936 (*RGBl.* 1936, 1128); Reichsversicherungsordnung vom 19. Juli 1911 (*RGBl.* 1926, 9, ursprünglich veröffentlicht in *RGBl.* 1911, 509).

Teil II
Die Rechtslehre des Doppelstaates

Justitia remota quid aliud est regnum quam grande latrocinium?

Augustinus

Kapitel I
Die Ablehnung des rationalen Naturrechts durch den Nationalsozialismus

Hauptkennzeichen des Maßnahmenstaates ist die völlige Beseitigung der Unverbrüchlichkeit des Rechts. Infolgedessen ist dieses Grundprinzip für die gesamte Rechtsordnung in Fortfall geraten. Wenn die Unverbrüchlichkeit im Bereich des Normenstaates nur unter gewissen Bedingungen gilt, dann ist sie als Prinzip nicht in Geltung, denn Unverbrüchlichkeit unter Vorbehalt ist das Gegenteil prinzipiell anerkannter Unverbrüchlichkeit. Die Negierung des Prinzips der Unverbrüchlichkeit - ihre aktuelle wie ihre potentielle Aufhebung - wirft allgemein das Problem der Bedeutung des Rechts für das Dritte Reich auf.

Kurz bevor die Nationalsozialisten an die Macht kamen, hat Gustav Radbruch[1] zu dem von dem deutschen Verwaltungsrechtler Otto Mayer geprägten Begriff der Unverbrüchlichkeit des Rechts Stellung genommen. Nach Radbruch entstammt dieses Prinzip dem Naturrecht und wurde später Bestandteil des geltenden Rechtssystems. Danach darf ein Machthaber einem von ihm einmal verkündeten Gesetz nicht willkürlich zuwiderhandeln. Auf diese Weise wird der Grundsatz, daß die legislative Gewalt im Herrscher ruht, weil er der Herrscher ist, durch das Naturrecht eingeschränkt.[2]

Da die Lehre von der Unverbrüchlichkeit des Rechts Teil des rationalen naturrechtlichen Erbes ist und im Rechtssystem des Dritten Reiches ausdrücklich negiert wird, erhebt sich die Frage, welche Stellung der Nationalsozialismus grundsätzlich zum Naturrecht einnimmt. Zur Beantwortung dieser Frage können wir eine wichtige Quelle zitieren.

In seiner Reichstagsrede vom 30. Januar 1937 anläßlich des 4. Jahrestages seiner Machtergreifung hat Hitler grundlegende Ausführungen zum Verhältnis von Nationalsozialismus und Recht gemacht. Er erklärte: »Sinn und Zweck der Existenz der von der Vorsehung erschaffenen Rassen vermögen wir Men-

1 Gustav Radbruch, *Rechtsphilosophie*, 3. Aufl. Leipzig 1932, S. 182/3.

2 Die Tatsache, daß das Prinzip der Unverbrüchlichkeit des Rechts historisch gesehen dem Naturrechtsdenken entstammt, wird von Radbruch ausdrücklich hervorgehoben. Im Vorwort zu seinem Buch stellt er sich bewußt gewissen modischen Strömungen entgegen und bekennt sich zu einer Epoche, die der nationalsozialistische Staatsphilosoph Larenz als die »Nacht der Aufklärung« verspottet hat.

schen weder zu erkennen noch festzustellen. Allein Sinn und Zweck der menschlichen Organisation sowie aller Funktionen sind meßbar an ihrem Nutzen, den sie für die Erhaltung des bleibenden und seienden Volkes besitzen ... Die Anerkennung dieses Grundsatzes allein kann die Menschen auch davor bewahren, einer starren Doktrin zu verfallen, dort, wo es keine Doktrin gibt, oder Mittel in Dogmen umzufälschen, wo nur der Zweck als einziges Dogma gelten darf ... Im Laufe einer langen Zeit ist teils durch das Fehlen einer eigenen klaren Einsicht unser Rechtsleben in eine Verwirrung geraten ... Zwei polare Extreme kennzeichnen diesen Zustand:

Erstens die Auffassung, daß das Recht als solches seine eigene Existenzberechtigung in sich trage ...

Zweitens die Auffassung, daß das Recht im wesentlichen berufen sei, den Schutz des Individuums ... zu übernehmen und zu sichern. Zwischen beiden meldete sich in verschämter Verbrämung die Vertretung größerer Gemeinschaftsinteressen zumeist nur als Konzession an die sogenannte Staatsräson an.

Die nationalsozialistische Revolution hat demgegenüber dem Rechte, der Rechtswissenschaft sowohl als der Rechtsprechung, einen eindeutig klaren Ausgangspunkt gegeben: Es ist die Aufgabe der Justiz mitzuhelfen an der Erhaltung und Sicherung des Volkes vor jenen Elementen, die sich als Asoziale entweder den gemeinsamen Verpflichtungen zu entziehen trachten, oder sich an diesen gemeinsamen Interessen versündigen.«[3]

In dieser Rede hat Hitler offiziell verkündet, was seit jeher in der nationalsozialistischen Lehre anerkannt war. Hans Gerber hat den gleichen Gedankengang zum Ausdruck gebracht, als er erklärte: »Das Staatsdenken des Nationalsozialismus ist konkret, existentiell, biologisch, da es seinen Gegenstand als urständiges, individuelles Leben voraussetzt.«[4] Anders als das liberale Denken gründe es sich nicht auf »rationale Konstruktionen und Theoreme mit dem Anspruch auf Allgemeingültigkeit«,[5] welche daher lediglich Verachtung verdienten. Gerber macht deutlich, daß die überlieferten Vorstellungen vom Wesen der Gerechtigkeit ihre Gültigkeit verloren hätten. »Gerechtigkeit ist, worauf der Nationalsozialismus mit Nachdruck verweist, kein System abstrakter, unmittelbar in sich beruhender Werte nach Art eines irgendwie gearteten Naturrechtssystems ... Daraus erklärt sich die immer wieder in der Ge-

3 Die rechtliche Relevanz dieser Verlautbarungen ist daraus ersichtlich, daß sie in fast allen juristischen Fachzeitschriften an hervorragender Stelle publiziert werden. *Verhandlungen des Reichstags,* III. Wahlperiode 1936, Bd. 459, Berlin 1938, S. 6/7.

4 Hans Gerber, »Volk und Staat. Grundlinien einer deutschen Staatsphilosophie«, *Ztschr. f. dtsch. Kult. Philos.,* 1937, Bd. III, S. 15-56, insbes. S. 23/24.

5 Ib., S. 23.

schichte gemachte Erfahrung, daß in jedem Staate eine eigene Gerechtigkeit gilt . . .«[6] Infolgedessen kann die Gerechtigkeit nicht losgelöst von einem bestehenden Staat betrachtet werden. *Tot rei publicae, tot justitiae!* Nachdem Gerber gezeigt hat, wie die Menschheitsidee einer göttlich begründeten weltumfassenden Gerechtigkeit der Lehre von einer königlich dänischen und republikanisch-portugiesischen Gerechtigkeit Platz gemacht hat, gibt er seine Auffassung von der wahren Natur der Gerechtigkeit kund: »Die Gerechtigkeit ist . . . nichts anderes als die Gewißheit des Volkes von sich selbst als urständiger sozialer Individualität . . .«[7]

Mit dieser Feststellung befindet sich Gerber in Übereinstimmung mit Alfred Rosenberg, der die gleichen Gedanken bereits im Jahre 1934 in populärer Formulierung geäußert hatte.[8] Rosenberg zufolge ist der Unterschied zwischen »gut« und »böse« überholt – ein Gedanke, den er in seiner vielzitierten Wiedergabe eines indischen Sprichwortes zum Ausdruck gebracht hatte: »Recht und Unrecht gehen nicht umher und sagen: das sind wir. Recht ist das, was arische Männer für recht befinden.«[9] Es war kein Zufall, daß nach Erlaß der Notverordnung vom 28. Februar 1933 der erste Akt des Hitler-Regimes in der Beseitigung des Rechtsgrundsatzes *nulla poena sine lege* bestand. Die *Lex van der Lubbe* setzte rückwirkend die Todesstrafe für ein Delikt fest, das zur Zeit der Begehung der Tat nur mit Freiheitsentzug bestraft wurde. Durch die Verkündung dieses Gesetzes dokumentierte der Nationalsozialismus unmißverständlich, daß er sich weder theoretisch noch praktisch an dieses alte naturrechtliche Prinzip gebunden hält, mochte dieses auch bis zum Staatsstreich unangefochtener Bestandteil des deutschen Rechtsbewußtseins gewesen sein. Die *Lex van der Lubbe* machte die Umwertung aller Werte deutlich. Die nationalsozialistische Rechtslehre sieht diesen Wandel deutlich und unterstreicht ihn: »Der intellektualistische Aufstand des 19. Jahrhunderts war damit im Kern getroffen; jenes System, das an Stelle der schöpferischen Kraft und die Herrschaft lebendiger Menschen, Völker und Rassen eine hypostasierte Sollordnung von Werten aller Art, von Normen und Rechtssätzen einzusetzen sich vermaß und damit die ganze Unmittelbarkeit des ethischen und politischen Lebens zerstörte.«[10]

Es war bereits alarmierend, daß im Jahre 1928 Rudolf Smend die Emanzipation des modernen Staates von »aller und jeder bisherigen der politischen Sphäre transzendenten Legitimierung« als die Geburtsstunde des modernen

6 Ib., S. 41/42.
7 Ib., S. 41.
8 Alfred Rosenberg, »Lebensrecht, nicht Formalrecht«, *Dtsch. Recht* 1934, S. 233.
9 Alfred Rosenberg, *Der Mythos des 20. Jahrhunderts*, 13./16. Aufl., München 1933, S. 571/2.
10 Gustav Walz, »Der Führerstaat«, *D. Jstz.* 1936, S. 814/15.

Rechtsstaats angesehen hat.[11] Die Reduzierung des Rechtsstaats auf einen exakt funktionierenden Gesetzesapparat war jedoch der Anfang von seinem Ende. Smend hatte die Herleitung der staatlichen Legitimation aus einer transzendenten Ordnung als unerträglich bezeichnet. Sein jetziges beredtes Schweigen läßt die Vermutung aufkommen, daß er die Herleitung der staatlichen Legitimation aus wahrlich nicht transzendenten biologischen Gegebenheiten nicht minder unerträglich findet.

Rosenberg hat im Vorwort zum *Mythos des 20. Jahrhunderts*[12] hervorgehoben, sein Buch sei der Ausdruck einer Generation, die den Glauben an die überkommenen absoluten und allgemeinen Werte verloren habe. Seit dieser Anwalt der Desillusionierung und der Mystifikation die weltanschauliche Schulung der beherrschenden Partei eines 80-Millionen-Volkes leitet, kann gesagt werden, der Skeptizismus der vorhergehenden sei zum Glaubensbekenntnis der heranwachsenden Generation geworden.

Carl Schmitts Feststellung, wir erlebten heute den Bankrott der *idées générales*[13] wird an Klarheit übertroffen durch das folgende Bekenntnis eines Angehörigen der jungen nationalsozialistischen Generation. In der Zeitschrift *Jugend und Recht* formulierte Lemme: »Es gibt kein Recht, das in den Sternen hängt, kein Recht, das dem einzelnen gleichmäßig eingeboren ist, also kein in diesem Sinne übervölkisches Naturrecht. Es gibt nur einen Grundsatz, der allerdings für alle Menschen gleich ist und das ist der, daß er seiner Art gemäß leben soll.«[14]

In Verbindung mit der nationalsozialistischen Behauptung, daß das Recht keinen Eigenwert habe, liegt es nahe, Hitlers berühmte Redewendung zu zitieren, daß im Dritten Reich Recht und Sittlichkeit identisch seien. Es darf jedoch nicht übersehen werden, daß dieses Dogma[15] eine doppelte Bedeutung haben kann. Einerseits kann Hitlers Ausspruch besagen, daß im gegenwärtigen Deutschland das Recht nur insoweit Geltung zu beanspruchen vermag, als es mit den Geboten der Sittlichkeit in Einklang steht. Andererseits kann er aber auch bedeuten, daß im nationalsozialistischen Staat moralische Normen nur insoweit Geltung zu beanspruchen vermögen, wie sie im Einklang mit einem auf eigenen Werten basierenden Rechtssystem stehen.

11 Rudolf Smend, *Verfassung und Verfassungsrecht*, in: *Staatsrechtliche Abhandlungen*, Berlin 1955, S. 211.

12 Vgl. S. 161, Anm. 9.

13 Carl Schmitt, »Nationalsozialistisches Rechtsdenken«, *Dtsch. Recht*, 1934, S. 225.

14 H. Lemme, »Spekulatives oder lebensgesetzliches Staatsrecht?«, *Jugend und Recht*, 1937, S. 47 ff., S. 49.

15 Hitler verkündete dieses Prinzip in einer berühmten Rede auf dem Leipziger Juristentag (Oktober 1933). Dieses Dogma leugnet den Kant'schen Unterschied zwischen Legalität und Moralität.

Tatsächlich hat die Identifizierung von Recht und Sittlichkeit im Dritten Reich zu einer Angleichung »der Sittlichkeit« an das nationalsozialistische Recht geführt. Diese Ansicht ist unmißverständlich in der nationalsozialistischen Literatur zum Ausdruck gebracht worden. Dernedde z. B. schreibt: »Wenn heute wieder die unlösliche Einheit von Gesetzesrecht und Sittlichkeit verkündet wird, so bedeutet das die Rückbeziehung und Einordnung beider in die Lebensordnung der völkischen Gemeinschaft, nicht die Anerkennung eines übervölkischen, den Gesetzgeber beschränkenden Naturrechts.«[16]

Es ist offenkundig, daß mit einer solchen radikalen Vereinfachung der schwierigsten staatstheoretischen Probleme sich unschwer propagandistische Massenerfolge erzielen lassen. Gedanken, die Machiavelli einem kleinen Kreis Eingeweihter übermittelte, verbreitet Adolf Hitler mit Hilfe der modernen Kommunikationsmittel selbst bei den Pimpfen, den Angehörigen des nationalsozialistischen Jungvolks. Was Figgis von Machiavelli gesagt hat, gilt gleichermaßen für Hitler: »Weder ging er von Idealen aus, noch war er von dem Wunsche beseelt, sie zu finden; ihn beschäftigte nicht die Philosophie des Rechts. Soziale Gerechtigkeit bedeutete ihm nichts, außer dem einen Ziel, der Rettung seines Landes. Sein begrenzter Horizont und sein unbegrenzter Einfluß waren wie stets das Ergebnis einer verengten Fragestellung.«[17] Die Kehrseite dieses äußerlich so erfolgreichen Vorgehens ist die Zerstörung der überlieferten ethischen Werte der westlichen Kulturwelt. Hermann Heller hat gesagt: »Indem das Gewissen zum Gestütsproblem geworden ist, haben alle Gewissenskonflikte das Moment der tragischen Unentrinnbarkeit verloren.«[18]

Die Absage an das Naturrecht ist weniger überraschend als die Form, in der sie erfolgte. Seit mehr als 100 Jahren ist die Naturrechtslehre in Mißkredit geraten. Stets und von neuem ist sie von der Staats- und Politikwissenschaft (von der Rechtsphilosophie ganz zu schweigen) widerlegt worden. Und doch hat sie ihre Lebenskraft nicht eingebüßt. Seit Generationen gibt es einen Menschentyp, der jede Art Naturrecht mit seinem Intellekt verneint und der sich gleichzeitig zu dessen Anerkennung durch sein Gewissen verpflichtet erachtet. In einer Zeit, in der in Deutschland dank Bergbohms unglückseligem Einfluß der Rechtspositivismus blühte, war die amerikanische Rechtsphilosophie sich dieser Diskrepanz voll bewußt. So sagte Morris Cohen im Jahre 1914 in einem Vortrag: »Um heutzutage für die Naturrechtslehre einzutreten, muß man entweder dem Fortschritt gegenüber blind sein oder erheblichen Mut

16 Carl Dernedde, »Gesetz und Einzelanordnung«, *Ztschr. f. d. ges. Staatsw.*, Bd. 97, S. 377 (Schrifttum).

17 S. S. 63.

18 Hermann Heller, »Bürger und Bourgeois«, *Neue Rundschau* 1932, S. 725. Jetzt in *Gesammelte Schriften*, 2 Bde., Leyden 1971, S. 631.

aufbringen.«[19] Seitdem konnten die intellektuellen Hemmungen nach Anerkennung rationaler Naturrechtsprinzipien zwar nicht beseitigt werden, und dennoch hat sich die Forderung nach ihrer Anerkennung ständig verstärkt. Carl L. Becker hat zur Verteidigung des Naturrechts gegen intellektuelle Zweifel ausgeführt: »Obwohl wir die Formel verloren haben, ist etwas von dem alten Glauben übriggeblieben ... Wir halten daran fest, wenn nicht aus innerer Überzeugung, dann aus der Zwangslage heraus, keine andere Alternative zu haben als den Zynismus und die Zweifel«.[20] Diese ambivalente Einstellung zum Naturrecht spiegelt den zweifachen Ursprung unserer Kultur wider. Werner Jäger zufolge kann kein theoretischer Versuch zur Überwindung des Zweifels die historische Tatsache ändern, »daß unsere Ethik von der christlichen Religion, unsere Politik vom antiken Staate herkommt«.[21]

Während der italienische Faschismus bewußt an die Idee des Imperium Romanum und die römische Staatstheorie anknüpft, betont der Nationalsozialismus unermüdlich seine Abneigung gegen das römische Recht. Nationalsozialistische Rechtstheoretiker haben die Rechtsentwicklung im nationalsozialistischen Deutschland unter dem Gesichtspunkt analysiert, was die Ersetzung des römischen durch das »deutsche Gemeinrecht« bedeute. Unter Berufung auf die Arbeiten Höhns, der den Nachweis erbringen will, daß Otto von Gierke (der Prophet des deutschen Genossenschaftsrechts) heute überholt sei,[22] erklärte Manigk, daß »die weltanschaulichen Kerngedanken des germanischen Rechts und insbesondere der Genossenschaft sich zum Aufbau des heutigen Staates durchaus nicht eignen ... den Gedanken einer autoritären Staatsführung sehen wir dagegen im römischen Altertum verwirklicht. Gewaltentrennung gab es nicht. Der Senat nannte den princeps ›unser Führer‹«.[23]

Wenn wir von der klassischen antiken Staatsidee sprechen, denken wir nicht an die Politeia, die politische Utopie; wir meinen vielmehr die Polis als historische Realität, wie sie in den griechischen Stadtstaaten bestanden hat.

19 Conference on Legal and Social Philosophy, 11. April 1914, Universität Chicago; veröffentlicht in *The Philosophical Review*, Bd. XXV, 1916, S. 761-777, insbes. S. 761.

20 Carl L. Becker, »Afterthoughts on Constitutions«, in C. J. Read, *The Constitution Reconsidered*, New York 1938, S. 396. Vgl. Otto von Gierke, *Johannes Althusius und die Entwicklung der naturrechtlichen Staatstheorien*, 4. Aufl. Breslau 1929, S. 318, 366, 391.

21 T. Werner Jäger, *Paideia*, Bd. I, Berlin 1934, S. 411. Smend hat zutreffend den früheren Schriften Carl Schmitts (insbesondere dem Buche *Die Diktatur*) nachgerühmt, »das antike Staatsbild und die antikisierende Betrachtungsweise seien in glänzender Form« in Erscheinung getreten. (Smend, *Verfassung und Verfassungsrecht*, in: *Staatsrechtliche Abhandlungen*, Berlin 1955, S. 213).

22 Reinhard Höhn, *Otto von Gierkes Staatslehre und unsere Zeit*, Hamburg 1936.

23 Alfred Manigk, »Rechtsfindung im neuen deutschen Staat«, *Arch. f. Rechts- u. Soz.-Phil.* 1936, Bd. 30, S. 117.

Die griechische Spätantike hat in der Stoa ein Staatsdenken hervorgebracht, welches im krassen Gegensatz zur klassischen Polis steht. A. J. Carlyle schreibt: »In der Staatstheorie gibt es keinen so grundlegenden Wandel wie den von der Theorie des Aristoteles zu den späteren philosophischen Auffassungen von Cicero und Seneca.«[24] Den gleichen Bruch sieht Carlyle in den unterschiedlichen Auffassungen über die Gleichheit bzw. Ungleichheit der Menschen. Der antiken Ansicht von der Ungleichheit der Menschen stellt er die Lehre von der Gleichheit gegenüber. Diese spezifisch »moderne« politische Theorie hat ihren Ursprung in der Stoa; sie beeinflußte sowohl das Christentum als auch die Aufklärung. Nach dieser Lehre gibt es nur eine mögliche Definition für den Menschen, nämlich, daß die Vernunft allen gemeinsam ist ... es gibt kein Volk, das nicht tugendhaft werden kann, wenn es sich der Führung der Natur überläßt.«[25] In Deutschland ist diese Lehre allerdings nicht länger »modern«. Der Nationalsozialismus geht von dem entgegengesetzten Dogma, von der rassisch bedingten und jeder menschlichen Einwirkung entzogenen Ungleichheit aller Menschen aus. Damit ist der entscheidende Schritt von Aristoteles zu Cicero zurückgetan und eine mehr als 2000jährige Tradition – Christentum und Humanismus, abendländische Wissenschaft und Philosophie – verneint.

Aufgrund seiner Negierung des Naturrechts bekämpft der Nationalsozialismus die mittelalterliche Lehre von der Macht des absoluten Fürsten. Die Theorie der modernen Diktatur ist nur verständlich, wenn eine im Mittelalter gängige Unterscheidung in Betracht gezogen wird, die in der Ära der Demokratie und des Rechtsstaats in Vergessenheit geraten war, worauf McIlwain mit Nachdruck hinweist.[26] Der mittelalterliche König galt als absoluter und unverantwortlicher Herrscher; aber er konnte seine Macht nicht willkürlich gebrauchen. Der alte Grundsatz: »Des Königs Wille hat Gesetzeskraft« galt McIlwain zufolge nur dann, wenn der Ausdruck dieses Willens im Einklang mit Gesetz und Tradition stand und sich darauf beschränkte, gewisse konkrete Ziele zu erreichen. Es gab eindeutige Grenzen für den Willen des mittelalterlichen Fürsten. Sie kamen gewöhnlich in der Formel: »Der König ist an das Gesetz Gottes und der Natur gebunden« zum Ausdruck.

Diese Unterscheidung wirft neues Licht auf den wissenschaftlichen Ansatz des ersten Teils dieses Buches. Durch das »Ermächtigungsgesetz«[27] wurde

24 A. J. Carlyle, *A History of Medieval Political Theory in the West,* Edinburgh and London 1962, Bd. I, S. 8.

25 Ib.

26 Charles H. McIlwain, *The Growth of Political Thought in the West,* New York 1932, S. 364/5.

27 Gesetz zur Behebung der Not von Volk und Reich (Ermächtigungsgesetz), 24. März 1933 (*RGBl.* 1933, 141).

Hitler absoluter Herrscher in Deutschland, nachdem er zuvor (durch die Verordnung vom 28. Februar 1933) die Gewalt eines Despoten erlangt hatte.

McIlwain, der offensichtlich auf die gegenwärtige Situation in Deutschland anspielt, bedauert, daß man heute beide Begriffe für identisch hält.[28] Außerdem weist er darauf hin, daß die Antike das Recht als politische Materie ansah, während das »moderne« Denken (das er unkritisch mit dem anglo-amerikanischen Denken identifiziert) die Politik der Kategorie des Rechtes zuordnet. Auch unter diesem Gesichtspunkt kann der Nationalsozialismus keinen Anspruch auf Modernität erheben. Mit der Absage an jegliche Spur rationalen naturrechtlichen Denkens hat Deutschland der Gemeinschaft der Völker, die bewußt an den Traditionen der abendländischen Kultur festhalten, den Rükken zugekehrt. Der Nationalsozialismus kann nicht - wie dies Friedrich Engels für den marxistischen Sozialismus in Anspruch genommen hat - als Erbe der klassischen deutschen Philosophie betrachtet werden; er ist vielmehr deren völlige Negierung.

28 Charles H. McIlwain, »The Fundamental Law behind the Constitution of the United States«, in C. J. Read, *The Constitution Reconsidered*, New York 1938, S. 7.

Kapitel II
Der Nationalsozialismus im Kampf gegen das Naturrecht

1. *Das christliche Naturrecht*

Die eindeutige Absage an die rationalistischen Traditionen des Naturrechts erzeugte einen Konflikt zwischen den Anhängern des Nationalsozialismus und den Anhängern der verschiedenen naturrechtlichen Überlieferungen. Die historische Bedeutung der nationalsozialistischen Absage an das Naturrecht wird nur ersichtlich, wenn die Antagonisten einer geisteswissenschaftlichen Analyse unterzogen werden.

Erst seit den grundlegenden Forschungen von Ernst Troeltsch kann die geschichtliche Entwicklung des Naturrechts in Westeuropa unter Berücksichtigung der religiösen Komponente dieser Entwicklung voll begriffen werden. Hat Troeltsch doch nicht gezögert, in der konsequenten Ausgestaltung der christlichen Theorie des Naturrechts »das Kulturdogma der Kirche« zu erblicken,[1] das für die Kirche von der gleichen Bedeutung wie etwa das Trinitätsdogma ist. Obwohl die verschiedenen Kirchen und Sekten eine unterschiedliche Haltung zum Naturrecht eingenommen haben, ist es bei keiner von ihnen jemals zu einer radikalen Absage an das Naturrecht gekommen.

Die christliche Überlieferung steht in dieser Hinsicht in engem Zusammenhang mit der Lehre des Zeno – des Begründers der Stoa. Zeno hat als Zeitgenosse miterlebt, wie die kleinen griechischen Stadtstaaten im Reiche Alexander des Großen aufgegangen sind. Dies Erlebnis mag dazu beigetragen haben, daß er das von staatlichen Grenzen unabhängige Reich der Vernunft verherrlicht hat.[2] Nach der Errichtung des Imperium Romanum fand diese Lehre im Corpus Juris ihren historisch bedeutsamsten Niederschlag.

Als Erbin des Imperium Romanum übernahm die römisch-katholische Kirche auch deren Naturrechtslehren, paßte sie allerdings den Bedürfnissen der Kirche weitgehend an, so daß insoweit eine Modifikation vorgelegen hat. Die Anpassung der abstrakten Prinzipien eines allgemeingültigen und rationalen

1 Ernst Troeltsch, *Die Soziallehren der christlichen Kirchen und Gruppen,* 3. Aufl. Tübingen 1923, S. 173.
2 Eduard Zeller, *Die Philosophie der Griechen,* 5. Aufl. Leipzig 1909.

Naturrechts an die Bedürfnisse einer in die Händel dieser Welt verstrickten Kirche wurde durch die mittelalterliche Lehre vom »relativen Naturrecht« bewerkstelligt. Dieser Lehre zufolge konnte nach dem Sündenfall der Mensch das reine Naturrecht nicht wieder erlangen. Er mußte sich deshalb mit einem relativen Naturrecht begnügen, was nicht ausschließt, daß er sich dem absoluten Naturrecht soweit wie möglich zu nähern vermag. Troeltsch hat dargetan,[3] wie im Verlauf der Jahrhunderte diese Lehre stets und von neuem den Widerspruch all derjenigen hervorgerufen hat, die nicht bereit waren, an der Möglichkeit zu zweifeln, daß das absolute Naturrecht dennoch zu verwirklichen sei. Diese Opposition sammelte sich in den Sekten, deren Anhänger trotz unbarmherziger Verfolgungen standhaft an dem Glauben der Verwirklichung des absoluten Naturrechts festhielten.

Während die Sekten die Lehre von der Relativität des Naturrechts ablehnten, wie sie in der katholischen Naturrechtstheorie ihren Niederschlag gefunden hatte, knüpfte das Luthertum gerade an sie an. Von der Annahme ausgehend, daß die Regelung der rechtlichen Beziehungen der Menschen untereinander eine weltliche Angelegenheit und daher mit Sünde behaftet sei, predigte das Luthertum den bedingungslosen Gehorsam gegenüber jedem weltlichen Regiment. Diese »radikal-konservative Verherrlichung der herrschenden Gewalten« (Troeltsch) von seiten des Luthertums ist dadurch zu erklären, daß weltliche Dinge letzten Endes als belanglos angesehen werden. Für den orthodoxen Lutheraner besteht das wahre Christentum in der inneren Herzenschristlichkeit. Letztere ist von den politischen und rechtlichen Verhältnissen der Außenwelt so lange unabhängig, als die Freiheit des Gewissens in religiösen Fragen gewährleistet ist. Der Christ muß nach den Lehren des Luthertums ein hartes und ungerechtes Regiment als Strafe Gottes in Demut hinnehmen. Eine Beeinträchtigung der Gewissensfreiheit ist jedoch ein Verstoß gegen die Grundlagen des christlichen Naturrechts in ihrer lutherischen Gestaltung.

Die ausgesprochen naturrechtsfeindliche nationalsozialistische Doktrin konnte nur in einem Lande zur uneingeschränkten Herrschaft gelangen, in dem das absolute Naturrechtsdenken der christlichen Sekten zwar eine Geschichte, aber keine Tradition hat. Das christliche Sektierertum ist nach dem totalen Zusammenbruch von Thomas Münzers Wiedertäuferbewegung (bei dem Luthers eindeutige Stellungnahme eine nicht geringe Rolle gespielt hat) in Deutschland selten über lokal begrenzte Ansätze hinausgekommen.

Um so bemerkenswerter ist die erstaunlich anwachsende Bewegung der Zeugen Jehovas in den letzten Jahren. Die Angehörigen dieser Sekte, deren Pazifismus keinen Kompromiß zuläßt und deren Verehrung Jehovas die Vernei-

3 Vgl. S. 167, Anm. 1, S. 358 ff.

nung jeglicher weltlicher Autorität einschließt, stellen den Prototyp einer nach absoluten Naturrechtsgrundsätzen lebenden Gemeinschaft dar. Keine der illegalen Gruppen in Deutschland lehnt den Nationalsozialismus kompromißloser ab als diese starrsinnige Sekte. Ihr rasches Anwachsen ist eine Reaktion auf die Verhöhnung aller Naturrechtsprinzipien durch das Dritte Reich. Nur aus diesem fundamentalen Gegensatz erklärt sich der abgrundtiefe Haß der Nationalsozialisten gegen die Zeugen Jehovas, die zu Märtyrern in den Religionskriegen des heutigen Deutschland geworden sind.

Das Fehlen einer deutschen, an absoluten Naturrechtsprinzipien ausgerichteten Tradition dürfte einer der Gründe dafür sein, daß Angehörige der angelsächsischen Länder auf so große Schwierigkeiten stoßen, wenn sie versuchen, das heutige Deutschland zu verstehen. Unter dem Einfluß der verschiedenen Sektenbewegungen durchdringen naturrechtliche Prinzipien das gesamte öffentliche Leben dieser Länder.

Es war vorauszusehen, daß die rein politische nationalsozialistische Doktrin (im Grunde bar jeglicher rationaler Prinzipien) mit dem institutionell in der römisch-katholischen Kirche verankerten relativen Naturrecht in Widerstreit geraten werde. Überraschender war der Konflikt mit der Bekennenden Kirche, besonders angesichts der Tatsache, daß die Lutherische Kirche zunächst dem nationalsozialistischen Regime nicht nur keinen Widerstand geleistet, sondern es in der ersten Zeit in mancher Hinsicht unterstützt hat.

Verglichen mit dem kompromißlosen Widerstand der Zeugen Jehovas gegen den Nationalsozialismus erscheint die Haltung der Bekennenden Kirche nicht eindeutig. Von Ausnahmen abgesehen beschränkte sich ihr Widerstand auf die Verteidigung der christlichen Glaubensfreiheit. Selbst als es noch möglich gewesen wäre, hat sie gegen die Auflösung des Rechtsstaats und die Errichtung der Tyrannis nicht wirksam opponiert. Die Bekennende Kirche ist eine lutherische Kirche und deshalb hat sie nicht anders handeln können.

Luther verkündete: »So Dir Gewalt und Unrecht geschieht, sprich, das ist der Welt Regiment. Willst Du in der Welt leben, so mußt Du das erwarten. Daß Du es dahin bringen willst, daß es anders gehe, denn Christo ergangen ist, das wirst Du nicht erlangen. Willst Du bei den Wölfen sein, so mußt Du mit ihnen heulen. Wir dienen hier in einem Wirtshaus, da der Teufel Herr ist und die Welt Hausfrau und allerlei böse Leute sind das Hausgesinde und diese allesamt sind des Evangelii Feinde und Widersacher. So man Dir Dein Geld stiehlt, Dich schändet an Deinen Ehren, in diesem Hause gehts also zu.«[4]

4 Martin Luther's *Sämtliche Werke (Deutsch)*, Bd. 50, Franfurt a. M. – Erlangen 1851, S. 349. Vgl. Erich Brandenburg, *Martin Luther's Anschauung vom Staate und der Gesellschaft*, Halle 1901, S. 5, Anm. 6.

Der Konflikt zwischen dem Nationalsozialismus auf der einen und der katholischen und lutherischen Kirche auf der anderen Seite ist zum Teil aus der Tatsache zu erklären, daß die Doktrin des Dritten Reiches (bis 1938 ein vorwiegend protestantisches Land) zu einem großen Teil von abtrünnigen Katholiken geformt wurde.

So haben z. B. der Jurist Carl Schmitt, der Propagandist Goebbels und viele andere führende nationalsozialistische Intellektuelle versucht, das feste Gebäude des katholischen Glaubens, das ihre geistige Entwicklung bestimmte, zu zertrümmern. Als Abtrünnige einer vorwiegend auf dem Naturrecht basierenden Staatstheorie wandten sie sich mit dem Überschwang der Bekehrten der preußischen Staatsidee zu. Da diese preußische Staatsidee ihre Prägung durch das Luthertum erhalten hat, konnten die Konvertiten als ehemalige Katholiken für die typisch lutherische Schranke der Staatsgewalt, die Gewissensfreiheit, kaum Verständnis aufbringen.

Luther hatte erklärt: »Das weltliche Regiment hat Gesetze, die sich nicht weiter erstrecken, denn über Leib und Gut und was äußerlich ist auf Erden; denn über die Seelen will Gott niemand regieren lassen, denn sich selbst allein. Darum, wo weltliche Gewalt sich vermißt, den Seelen Gesetze zu geben, da greift sie Gott in sein Regiment und verführt und verderbt nur die Seelen.«[5]

5 Martin Luther, *Von weltlicher Obrigkeit,* Sämtliche Werke, Bd. 27, Frankfurt a. M. - Erlangen 1851, S. 83. Vgl. Erich Brandenburg, *a.a.O.*, S. 23.
In seinem jüngsten Buch, *Der Leviathan in der Staatslehre des Thomas Hobbes* (Hamburg 1938), versucht Carl Schmitt zu beweisen, daß die moderne Gedanken- und Gewissensfreiheit ihren geschichtlichen Ursprung nicht - wie gewöhnlich angenommen - im Protestantismus hat. Schmitt argumentiert, Hobbes zufolge stehe es dem einzelnen frei zu glauben, was er will, vorausgesetzt, er legt ein Zungenbekenntnis zur Staatsreligion ab. Daher habe Hobbes selbst mit der Aushöhlung des allmächtigen Leviathan begonnen. »Schon wenige Jahre nach dem Erscheinen des *Leviathan* fiel der Blick des ersten liberalen Juden auf die kaum sichtbare Bruchstelle« (Schmitt, op. cit., S. 86). Diesem »ersten liberalen Juden« sei es gelungen, durch »eine kleine, umschaltende Gedankenbewegung aus der jüdischen Existenz heraus« (Schmitt, op. cit., S. 88) Hobbes Gedankengang zu pervertieren. Während Hobbes von einem inneren Vorbehalt sprach, den der allmächtige Staat dem Individuum gnädigerweise hinsichtlich seiner Religion zugestand, postulierte Spinoza (denn niemand anders meint Schmitt mit der Bezeichnung »erster liberaler Jude«) das Prinzip der Glaubensfreiheit in einer Art und Weise, die es dem Staate zur Pflicht macht, alle religiösen Bekenntnisse zu respektieren, es sei denn, sie untergraben die öffentliche Sicherheit. So tat Spinoza, Schmitt zufolge, den entscheidenden Schritt in der Entwicklung des neutralen und agnostischen Staatsbegriffes des 19. und 20. Jahrhunderts, d. h. *des* Staatsbegriffes, der im nationalsozialistischen Deutschland den tiefsten Abscheu hervorruft.
Es ist nicht schwer, die politische Absicht dieser neuartigen Geschichtsinterpretation zu entdecken. Indem Schmitt erklärt, die Lehre von der Gewissensfreiheit sei ein Produkt jüdischen Denkens, versucht er den Kampf der Bekennenden Kirche für diese Lehre als eine jüdische Angelegenheit zu brandmarken.
Schmitt übersieht jedoch zweierlei. Erstens: Das Prinzip der Toleranz, wie es von Spinoza in seinem *Tractatus Politicus* entwickelt wurde, war von Roger Williams in Rhode Island zu ei-

In seinem Konflikt mit der Bekennenden Kirche beruft sich der Nationalsozialismus auf die Aussagen Adolf Hitlers, er betrachte sich nicht als religiösen Reformator. Wiederholt versicherte er, der Nationalsozialismus sei lediglich eine weltliche Bewegung, welche die Regelung der Beziehungen des einzelnen zu Gott den Kirchen überlasse. Er vermochte es jedoch nicht, den bereits geschöpften Verdacht zu beseitigen. Solange der Nationalsozialismus den Anspruch erhebt, autoritativ festzusetzen, was »äußerlich ist auf Erden«, solange das Dritte Reich verlangt, »über die Seelen zu regieren«, kann es zu keinem Frieden mit der Bekennenden Kirche kommen. Sie müßte ihre fundamentalen Prinzipien aufgeben, wenn sie der politischen Kontrolle der Gewissensfreiheit zustimmte.

Für das bekennende Luthertum ist die Freiheit des Gewissens ein absoluter Wert und jeglicher Kompromiß käme einer Selbstaufgabe gleich.

Um die Spannungen zwischen Kirche und Staat im Dritten Reich zu verstehen, sollte man äußere Symptome nicht überbewerten oder gar den neuen Wotanskult, den einige Lehrer betreiben, zu wichtig nehmen. Wegen des Wotanskultes hätte der Nationalsozialismus niemals den Kirchenkampf begonnen. Der Konflikt entstand, als der Nationalsozialismus auf die Reste eines absoluten Naturrechtsglaubens stieß, der für sich eine von Staats Gnaden unabhängige Geltung beanspruchte. Der Nationalsozialismus war und ist bereit, das Christentum zu respektieren, wenn sich die christliche Religion – wie es Artikel 24 des nationalsozialistischen Parteiprogramms verlangt – den Lebensforderungen des deutschen Volkes unterordnet. So stoßen wir in der religiösen Sphäre auf den gleichen Vorbehalt wie in der Rechtssphäre: Der mögliche Vorrang der politischen Erwägungen (der Vorbehalt des Politischen) zwingt den Nationalsozialismus, den Vertretern aller von Naturrechtslehren beeinflußten Ideologien den Kampf anzusagen. Am »Christentum unter Vorbehalt« ist dem Nationalsozialismus das Christentum weniger wichtig als der Vorbehalt.

Obwohl der Nationalsozialismus aus propagandistischen Gründen seine Religionspolitik nicht so eindeutig offenbart wie seine Rechtspolitik, liegt kein grundsätzlicher Unterschied vor. Der Nationalsozialismus akzeptiert weder absolute religiöse noch absolute ethische Werte, wie sie in Rechtsordnungen verkörpert sind. Der Wert einer Religion wird nicht nach ihrem metaphy-

ner Zeit realisiert worden, als Spinoza erst zwei Jahre alt war. Zweitens: Spinozas Vorstellung, daß die Gedankenfreiheit jedem garantiert sein müsse und daß das Interventionsrecht nur für das öffentliche Bekenntnis, nicht aber für den privaten Glauben gelte, ist keineswegs ein Produkt »jüdischer Mentalität«. Es war ein Deutscher von rein arischer Abstammung, der den gleichen Gedanken in seiner Doktorarbeit entwickelt hat: Johann Wolfgang von Goethe (vgl. *Dichtung und Wahrheit*, 3. Band, 11. Buch).

sischen Gehalt, sondern nach ihrer politischen Zweckmäßigkeit beurteilt. Ludendorffs Christenhaß beruhte auf der Annahme, daß das Christentum im nächsten Krieg keine Gewähr für die höchste Anspannung aller psychischen Kräfte der Soldaten abzugeben vermöge. Auf dem Nürnberger Parteitag des Jahres 1937 ließ Hitler verlauten: »Indem wir im Volk das Bleibende und Seiende erkennen, sehen wir in ihm den einzigen Zweck ... Auch Religionen haben nur dann einen Sinn, wenn sie der Erhaltung der lebenden Substanz der Menschheit dienen.«[6] Es ist nur eine Frage der Zeit, bis der Zynismus eines nationalsozialistischen Religionskommissars sich zu dem Schlagwort verdichtet, daß auch Religion nur sei, »was dem deutschen Volke nützt«.

Machiavelli kann als der geistige Vater dieser an politischen Zweckmäßigkeitserwägungen orientierten Kritik des Christentums angesehen werden. In seinen *Discorsi* finden wir Gedanken, die sehr häufig in den nationalsozialistischen antichristlichen Pamphleten zum Rassenproblem wiederkehren. Selbstverständlich wird Machiavelli als Quelle nicht zitiert und seine Hinweise auf das klassische Altertum werden durch die Verherrlichung der Germanen ersetzt. Machiavelli schrieb: »Die alte Religion sprach überdies nur Männer voll weltlichen Ruhmes heilig, wie Feldherrn und Staatenlenker. Unsere Religion hat mehr die demütigen und beschaulichen Menschen als die tätigen selig gesprochen. Sie hat das höchste Gut in Demut, Entsagung und Verachtung des Irdischen gesetzt; jene setzte es in hohen Mut, Leibesstärke und alles, was den Menschen kraftvoll machte. Verlangt auch unsere Religion, daß man stark sei, so will sie doch, daß man diese Stärke im Leiden und nicht in kraftvollen Taten äußert. Diese Lebensweise scheint also die Welt schwach gemacht (zu haben).«[7]

Die Historiker sind bei der Bewertung Machiavellis zu dem Schluß gekommen, daß eine an den Erfordernissen des Stammesstaates ausgerichtete Religion Heidentum darstellt. Das Bestreben, politisches Zweckmäßigkeitsdenken absolut zu setzen und alle anderen Werte nur insoweit anzuerkennen als sie politischen Zwecken dienstbar gemacht werden können, ist neomachiavellistisches Heidentum, eine der wesentlichsten Komponenten in der nationalsozialistischen Weltanschauung. Machiavelli preist den römischen König Numa Pompilius, weil er speziell für Rom geeignete Götter erfunden hat: »... Wenn man also zu entscheiden hätte, welchem König Rom mehr Dank schuldete, dem Romulus oder Numa, so glaube ich, daß Numa den Vorrang verdient. Denn wo Religion ist, läßt sich leicht eine Kriegsmacht aufrich-

6 Veröffentlicht in *D. Jstz.* 1937, S. 873.
7 Niccolo Machiavelli, *Discorsi, Politische Betrachtungen über die alte und die italienische Geschichte,* verdeutscht und eingeleitet von F. v. Oppeln-Bronikowski (Klassiker der Politik, Bd. 22), Berlin 1922, S. 131.

ten ...«[8] Die Bewunderung für die Frühantike bringt die Sehnsucht nach einer Polis zum Ausdruck, in welcher es keinen Widerstreit zwischen einer allumfassenden Ethik und einer spezifischen Staatsräson gibt.

Indem der Nationalsozialismus den Glauben an die Gültigkeit jeglicher allumfassenden Gerechtigkeitsidee ablehnt, setzt er ein national beschränktes Zweckmäßigkeitsdenken an die Stelle humanistischer Naturrechtswerte. Wenn man die enge Verbindung zwischen Christentum und Naturrecht in Betracht zieht, scheint die Schlußfolgerung berechtigt, daß das Dritte Reich einen Weg vom universalen zum lokalen Gott, vom Monotheismus zum Xenotheismus einschlägt.[9]

Die Ablehnung allumfassender Werte ist jedoch für den Nationalsozialismus ein zweischneidiges Schwert; ist sie einerseits eine scharfe Waffe für den Maßnahmenstaat, so erwachsen ihm andererseits hieraus neue Feinde. Seine Gegner erhalten Verstärkung aus Kreisen, auf deren Hilfe sie niemals gerechnet hätten. Gürke, ein nationalsozialistischer Völkerrechtler, trifft den Nagel auf den Kopf, wenn er feststellt, daß die verschiedenen Feinde des Nationalsozialismus, Demokraten, Sozialisten, Katholiken, trotz ihrer unterschiedlichen Auffassungen etwas gemeinsam haben: »Allen dreien ist gemeinsam, daß sie die ganze Menschheit mit ihren Lehren erfassen und dadurch befreien ... wollen.«[10] Im heutigen Deutschland bahnt sich eine Einheitsfront all derer an, die naturrechtliche Ideen der verschiedensten Schattierungen vertreten; es ist eine Reaktion gegen die totale Negierung aller absoluten Werte von seiten des opportunistischen Leviathan.

2. *Das weltliche Naturrecht*

Zwar ist die christliche Religion historisch und zum Teil auch dogmatisch an das Naturrecht gebunden; das rationale Naturrechtsdenken jedoch muß nicht notwendigerweise mit christlichen Begriffen verknüpft sein.

Schon die Scholastiker des späten Mittelalters haben sich mit der Frage beschäftigt, ob das Recht vernünftig sei, weil es von Gott gewollt, oder ob es von Gott gewollt werde, weil es vernünftig sei.[11] Die Scholastiker haben sich schließlich für die zweite Alternative entschieden und dadurch der Lehre den Weg gebahnt, daß ein vom Willen Gottes unabhängiges vernünftiges Recht

8 Op. cit., S. 35.

9 Hermann Heller, *Staatslehre*, Leyden 1934, S. 218.

10 Norbert Gürke, »Der Stand der Völkerrechtswissenschaft«, *Dtsch. Rw.*, Bd. 2, 1937, S. 57-83, S. 75.

11 Otto von Gierke, *Johannes Althusius und die Entwicklung der naturrechtlichen Staatstheorien*, 2. Aufl. Breslau, 1902, S. 73/4, Anm. 44.

besteht. Mit Hugo Grotius berühmter Formulierung, daß es ein ewiges, absolutes von der Vernunft diktiertes Recht auch dann gäbe, wenn kein Gott existiere, begann das klassische Zeitalter des säkularisierten Naturrechts. In den Schriften Pufendorfs hat die rationale Naturrechtslehre die absolute Monarchie gerechtfertigt, ohne im entferntesten eine revolutionäre Ideologie zu sein, während sie bei Rousseau der Legitimation der radikalen Demokratie diente. Das säkularisierte Naturrechtsdenken beeinflußte die Gesetzgebung Friedrichs des Großen und fand schwerlich hingebungsvollere Interpreten als die Philosophen des deutschen Idealismus, Immanuel Kant und den jungen Fichte. Kant nannte das Recht den »Augapfel Gottes« und bezeichnete den Staat als Rechtsassekuranz. Den Behauptungen nationalsozialistischer Theoretiker zum Trotz, das Naturrecht sei undeutsch, ist entgegenzuhalten, daß es weitgehend eine Schöpfung deutscher Denker im Zeitalter der Aufklärung darstellt.[12]

Im 17. und 18. Jahrhundert hatte zunächst – wie Hans Kelsen im einzelnen dargetan hat[13] – das Naturrecht die bestehende Staats- und Gesellschaftsordnung legitimiert. Als der naturrechtliche Rationalismus trotz der konservativen Grundeinstellung der prominentesten Repräsentanten des Natur- und Völkerrechts sich im Verlauf der Französischen Revolution zur Rechtfertigung revolutionärer[14] Bestrebungen terroristischen Charakters mißbrauchen ließ, zog er sich den Haß all derer zu, deren Existenz mit der Erhaltung der bestehenden Verhältnisse auf das engste verknüpft war. Die Reaktion gegen das durch seine radikalen Maßnahmen diskreditierte rationale Naturrecht hat in Burke und Hegel ihre prominentesten Repräsentanten gefunden.

Gegenüber den revolutionären Erscheinungsformen der rationalen Naturrechtslehre appellierte Burke an die traditionellen Werte einer jahrhundertelangen Entwicklung. Indem er den Urteilen der Vernunft die Vor-Urteile der Geschichte, dem Naturrecht das historische Recht gegenüberstellte, indem er die Ersitzung (prescription) als besten Rechtstitel ansah, legte er das Fundament für die romantische Geschichtsauffassung und damit schließlich für die Theorie der Restauration.[15]

12 Hugo Preuß, *Verfassungspolitische Entwicklungen in Deutschland und Westeuropa. Historische Grundlegung zu einem Staatsrecht der Deutschen Republik.* Aus dem Nachlaß von Hugo Preuß, herausgegeben und eingeleitet von Hedwig Hintze, Berlin 1925, S. 400/1.

13 Hans Kelsen, *Die philosophischen Grundlagen der Naturrechtslehre und des Rechtspositivismus,* Berlin-Charlottenburg 1928, S. 39/40.

14 Hermann Heller, »Political Science«, in *Encyclopaedia of Social Sciences,* hrsg. v. Seligman und Johnson, Bd. 12, New York 1934, S. 218.

15 Roscoe Pound in *Interpretation of Legal History,* New York 1923, S. 19, hat gezeigt, daß der Historischen Rechtsschule eine irrationale Naturrechtsvorstellung zugrunde gelegen hat. Vgl. Rexius, »Studien zur Staatslehre der historischen Schule«, *H. Z.* Bd. 107, S. 513-15 (1911).

Es erübrigt sich darauf hinzuweisen, daß Burkes Ideen, besonders in der Gestalt, die Savigny ihnen gab, für die Entwicklung des deutschen Rechtsdenkens im 19. Jahrhundert eine überragende Bedeutung gehabt haben. Burke beeinflußte insbesondere die Bewegung, die die Ablehnung des rationalen Naturrechts forderte. Für die vorliegende Erörterung ist bedeutsam, daß der Nationalsozialismus eine Anknüpfung an Burke und Savigny trotz der gemeinsamen Gegnerschaft gegen das Naturrecht bewußt ablehnt. Burkes Appell an die irrationalen Kräfte der historischen Entwicklung ist in der Tat nur wirksam, wenn die Tradition ungebrochen, nicht aber wenn sie zerbrochen ist. Die Nationalsozialisten sind nicht die Bewahrer einer ererbten Tradition, sondern die Repräsentanten einer entwurzelten Generation. Das »gute, alte Recht« ist ihnen ebensowenig heilig, wie das aus rationalen Prinzipien abgeleitete neue Recht. Die Vorstellung, daß ein Recht allein deshalb respektiert werden muß, weil es schon lange in Geltung ist und hinter ihm eine alte Tradition steht, ist dem am reinen Zweckmäßigkeitsdenken orientierten Nationalsozialismus ebenso fremd wie der Glaube an ein rationales Naturrecht. Zwar hätte der Nationalsozialismus Burke wegen seines Kampfes gegen die Französische Revolution respektiert. Seine Sympathien für den Aufstand der nordamerikanischen Kolonisten, deren verbriefte Rechte mißachtet worden waren, wären hingegen als Landesverrat betrachtet worden. Wie sehr auch die rationale und traditionale Herrschaftstheorie differieren mögen, in der Anerkennung des Rechts als des entscheidenden Faktors im gesellschaftlichen und politischen Leben stimmen sie jedoch überein. In dieser Beziehung unterscheiden sie sich scharf vom Nationalsozialismus, für den das Recht keinen Eigenwert hat. Zwischen der traditionsbewußten Achtung des irrationalen Rechts und der irrationalen Mißachtung des tradierten Rechts besteht eine unüberbrückbare Kluft.

Allerdings versucht die nationalsozialistische Rechtstheorie ihre Ablehnung der historischen Rechtsschule anders zu begründen. Larenz führt aus, daß der Nationalsozialismus und die historische Rechtsschule gemeinsam der Überzeugung seien, daß alles Recht in Volk und Volkstum verwurzelt sei, beide verstünden jedoch unter »Volksgeist« etwas wesentlich Verschiedenes. »Unsere Kritik an der Historischen Schule«, sagt er, »muß sich in erster Linie gegen die Gleichsetzung des Volksgeistes mit der psychologisch verstandenen Volksüberzeugung richten.«[16]

Der Nationalsozialismus lehnt die romantische Vorstellung ab, daß das Recht »gefunden« wird, wenn sich der Richter in die Seele seines Volkes versenkt und überlieferten Rechtsbräuchen nachgeht. Gegen die historische Rechts-

16 Carl Larenz, »Volksgeist und Recht. Zur Revision der Rechtsanschauung der historischen Schule«, *Ztschr. f. dtsch. Kult. Philos.*, Bd. I, S. 40; insbes. S. 52.

schule wird der Vorwurf der Gesetzesfeindschaft erhoben. Nicht der Richter ist berufen, ausfindig zu machen, was die Rechtsüberzeugung des Volkes ist, sondern der Führer, der »große Mann«. Für die historische Rechtsschule ist das Rechtsbewußtsein des Volkes echte Quelle des Rechts. Bei Larenz jedoch steht dem »großen Mann« die Entscheidung darüber zu, ob man der Volksüberzeugung folgen soll. Er allein kann entscheiden, ob die Volksüberzeugung »echt« ist und daher als Richtschnur zu gelten habe oder ob sie »nur dem kollektiven Meinen« entspricht und man sich von ihr freizumachen hat. Wenn es dem Führer freisteht, die Volksüberzeugung von »recht« und »unrecht« als Richtschnur anzuerkennen oder zu verwerfen, dann ist die Lehre vom Volksgeist in eine Ideologie verwandelt, die es dem Führer gestattet, nach eigenem Gutdünken zu entscheiden, was rechtens sei.

Hegels Einstellung zum Naturrecht änderte sich im Verlaufe der Französischen Revolution und in den folgenden Jahrzehnten. Seine Schrift *Die Verfassung Deutschlands*[17] aus dem Jahre 1803 dürfte in diesem Zusammenhang von besonderer Bedeutung sein. Burke hatte in erster Linie die sozialen Gefahren, die seiner Klasse aus der Französischen Revolution erwuchsen, gesehen. Hegel erblickte angesichts der Schwäche des Heiligen Römischen Reiches politische Gefahren für Deutschland. Deshalb postulierte er die Suprematie des »Politischen« über alles gesetzte oder überkommene Recht. Sein Gedanke, daß das Wesen des Staates politisch durch die Feindschaft gegenüber anderen Staaten bestimmt werde, war der rationalen Naturrechtslehre völlig fremd. Was dem Naturrechtsdenken am Staate wesentlich erschien, nämlich der Zusammenschluß der Bürger zur Erreichung friedlicher Zwecke, gehört bei Hegel nicht mehr zur staatlichen Sphäre. Er ist geneigt, zeitgenössische Staatsrechtslehrer zu verurteilen, weil sie den Staat mit der bürgerlichen Gesellschaft gleichgesetzt haben.[18]

Hegels These steht im Gegensatz zu der Idee Kants, durch die Errichtung eines Völkerbundes zu einem ewigen Frieden zu gelangen. Hegel führt aus, daß auch ein Völkerbund Feinde haben müsse, weil das Feindverhältnis Wesensmerkmal jedes Staates sei. Da der Staat ein Individuum ist, glaubt Hegel, daß er nur als Feind anderer Staaten gedacht werden kann. Hegel betont, daß ein Staat notwendigerweise Feinde erzeugen müsse.[19] Trotz seines Bekenntnisses zur politischen Interessenlehre gibt Hegel die Vorstellung eines Naturrechts nicht völlig auf. Mit Hilfe der These, »daß die absolute sittliche Totalität nichts

17 Hegel, »Die Verfassung Deutschlands«, *Sämtliche Werke*, hrsg. v. Lasson, Bd. VII, Leipzig 1913, S. 3-149.

18 Hegel, *Grundlinien der Philosophie des Rechts*, hrsg. v. Lasson, 3. Aufl. Leipzig 1930, § 182, Zusatz, S. 334.

19 Ib., § 324, Zusatz, S. 369.

anderes als ein Volk sei«,[20] benutzt er das Naturrecht zur Rechtfertigung des bestehenden Staates, dessen *raison d'état* anderweitig nicht gerechtfertigt werden kann. Damit hat Hegel den Appell an die Staatsraison »gleich einem Bastard legitimiert«.[21] Im Zeitalter des Naturrechts spielte die Staatsraison zwar in der politischen Praxis eine bedeutsame Rolle, war jedoch in der politischen Theorie verfemt. Die nationalsozialistischen Theoretiker sind in ihrer Stellungnahme zu Hegel keineswegs einer Meinung. Reichsminister Hans Frank bezeichnet ihn als den vielleicht größten Rechts- und Staatsphilosophen Deutschlands.[22] Alfred Rosenberg dagegen lehnt Hegels Staatslehre als »gehaltloses Schema«[23] ab. Aber selbst ernstzunehmende Schriftsteller, wie etwa Koellreutter, behaupten, daß Adolf Hitler mit Hegels Staatsvergottung nichts zu tun habe, da seine Weltanschauung auf dem Volke aufbaue und nicht auf dem Staate.[24] Im Gegensatz dazu vertreten Huber und Larenz die Ansicht, Hegel gehöre in die Ahnenreihe des Nationalsozialismus. Der Hegelianer Larenz[25] weist darauf hin, daß der junge Hegel die Sittlichkeit weniger im Staat als im Gemeinschaftsleben und im Volk verkörpert gesehen hat. Diese Hegeldebatte innerhalb der nationalsozialistischen Literatur bleibt jedoch völlig in philologischen Äußerlichkeiten stecken. Bereits Löwenstein[26] hat darauf hingewiesen, daß Hegel die Worte Volk und Staat unterschiedslos verwende und daß er an Stellen ein- und dasselbe griechische Zitat einmal mit *Volk* und das andere Mal mit *Staat* übersetzt habe. Hinter diesem philologischen Geplänkel verbergen sich jedoch tiefergehende Differenzen. Insoweit der Nationalsozialismus das rationale Naturrecht ablehnt und sich zu einem Begriff des »Politischen« bekennt, der sich vom Feindbegriff herleitet, bestehen tatsächlich enge Zusammenhänge zwischen ihm und der Hegelschen Philosophie. Insoweit jedoch der Nationalsozialismus spezifische Inhalte verkündet – wie in seiner Rassentheorie und Blut- und Bodenlehre – lassen sich auch nicht die entferntesten Zusammenhänge feststellen.

Bei der Behandlung der Judenfrage fordert Hegel die bürgerlichen Rechte für die Juden. Er verurteilt eine Politik, die den Juden die vollen Rechte in Staat

20 Hegel, »Über die wissenschaftlichen Behandlungsarten des Naturrechts«, *Sämtliche Werke*, hrsg. v. Lasson, Bd. VII, Leipzig 1913, S. 329-416, insbes. S. 371.

21 Friedrich Meinecke, *Die Idee der Staatsraison*, München 1924, S. 435.

22 Hans Frank, »Die Aufgaben des Rechts«, *Akademie Ztschr.* 1938, S. 4.

23 Alfred Rosenberg, *Der Mythos des 20. Jahrhunderts*, München 1933, S. 527.

24 Otto Koellreutter, *Grundfragen des völkischen und staatlichen Lebens im deutschen Volksstaat*, Berlin-Charlottenburg 1935, S. 14 und Koellreutter, *Volk und Staat in der Weltanschauung des Nationalsozialismus*, Berlin 1935, S. 12 ff.

25 Carl Larenz, »Die Rechts- und Staatsphilosophie des deutschen Idealismus und ihre Gegenwartsbedeutung«, in *Handbuch der Philosophie*, hrsg. von A. Bäumler und M. Schröter, Abteilung IV, München und Berlin 1934, S. 153, 187/8.

26 Julius Löwenstein, *Hegels Staatsidee. Ihr Doppelgesicht und ihr Einfluß im 19. Jahrhundert*, Berlin 1927, S. 158, Anm. 45.

und Gesellschaft vorenthält. Die Einstellung Hegels ist um so bedeutsamer, als er die Juden als ein Volk betrachtet. Er rechtfertigt seine Auffassung damit, daß die Juden Menschen seien und deshalb das Recht hätten, als Menschen behandelt zu werden.[27] Hegel und Savigny brachen mit der großen Tradition des deutschen säkularisierten Naturrechtsdenkens. Vergeblich versuchten einige Kantianer, diese Tradition aufrechtzuerhalten.

Die wissenschaftliche Ablehnung des säkularisierten Naturrechts führte nicht zu seinem Untergang. Bereits 1910 warf Ernst Troeltsch die Frage auf, inwieweit die sozialistische Arbeiterbewegung von naturrechtlichem Ideengut beeinflußt worden sei. Er maß damals diesem Einfluß keine große Bedeutung zu, denn, so führte er aus: »Der heutige marxistische Sozialismus hat freilich jeden inneren Zusammenhang mit diesem absoluten christlichen Naturrecht der Freiheit und Liebe abgebrochen und alles ... auf die Naturgesetze der ökonomischen Entwicklung gestellt.«[28] Aber schon drei Jahre später änderte Troeltsch seine Meinung. Er bezeichnete die Sozialdemokratie als die »Erbin des radikalen Naturrechts«[29] und erklärte, daß die »Tendenzen der Sekten an die Sozialdemokratie übergegangen« seien.[30]

Die Erörterung der Zusammenhänge zwischen Sozialismus und Naturrecht[31] wirft die Frage auf, inwieweit die Reste des proletarischen Sozialismus eine gemeinsame Front gegen den Nationalsozialismus mit solchen Gruppen bilden können, die sich zum rationalen Naturrecht bekennen. Die Anhänger des proletarischen Sozialismus stehen heute vor dem Problem, welchen Ausdruck sie ihrer spontanen Reaktion gegen die Naturrechtsfeindschaft des Nationalsozialismus verleihen können, ohne Gefahr zu laufen, Utopisten zu werden. Die wiedererstehende proletarisch-sozialistische Bewegung muß in der jetzigen Periode der Illegalität zu dieser Schicksalsfrage Stellung nehmen. Sie bildet den Gegenstand der Debatten vieler illegaler Gruppen im heutigen Deutschland.

Marx und Engels haben mehr als 40 Jahre gegen den Versuch gekämpft, den Sozialismus auf eine rationale naturrechtliche Grundlage zu stellen. In ihren Schriften kehrt die Ablehnung jeglichen Sozialismus naturrechtlicher Prägung

27 Hegel, *Grundlinien der Philosophie des Rechts,* hrsg. von Lasson, 3. Aufl. Leipzig 1930, § 270, S. 212.
28 Ernst Troeltsch, »Das stoisch-christliche Naturrecht und das moderne profane Naturrecht« (1911), in *Gesammelte Werke,* Band IV, Tübingen 1925, S. 166-191; insbes. S. 186.
29 Ernst Troeltsch, »Das christliche Naturrecht (Überblick)«, (1913) a.a.O., S. 156-166; insbes. S. 165.
30 Ib.
31 Max Weber, *Wirtschaft und Gesellschaft,* Tübingen 1921, S. 499-501, sah, daß die Anfänge eines proletarischen Naturrechts durch die Marx'sche Feindschaft gegenüber dem Naturrecht im Keime erstickt worden sind.

ständig wieder. Sie verspotteten solche Versuche als absolut utopisch. Engels schrieb: »Proudhon stellt an die heutige Gesellschaft die Forderung, sich nicht nach den Gesetzen ihrer eigenen ökonomischen Entwicklung, sondern nach den Vorschriften der Gerechtigkeit ... umzugestalten. Wo wir beweisen, *predigt* und lamentiert Proudhon.«[32]

In seiner *Kritik des Gothaer Programms* weist Marx scharf die naturrechtlich begründete Rechtfertigung des Sozialismus an Stelle einer gesellschaftswissenschaftlichen Fundierung zurück. Er sagt: »Die deutsche Arbeiterpartei zeigt, wie ihr die sozialistischen Ideen nicht einmal hauttief sitzen, indem sie statt die bestehende Gesellschaft (und es gilt dies von jeder künftigen) als Grundlage des bestehenden Staates (oder künftigen für die künftige Gesellschaft) zu behandeln, den Staat vielmehr als ein selbständiges Wesen behandelt, das seine eigenen geistigen, sittlichen, freiheitlichen Grundlagen hat.«[33] Im *Anti-Dühring* betont Engels, ähnlich wie seine konservativen Antipoden, die vernichtenden Folgen, die das rationalistische Naturrechtsdenken in der Französischen Revolution gezeigt hatte. Er dachte dabei weniger an die eigentliche Revolution, als vielmehr an ihren Umschlag in die napoleonische Diktatur. Der Schritt von »der Utopie zur Wissenschaft« besteht in der Ersetzung naturrechtlich-rationaler Konstruktionen durch historisch-soziologische Entwicklungsgesetze.

Marx wäre kein Schüler Hegels gewesen, wenn er sich dessen scharfen und ungetrübten Blick für die politischen Realitäten nicht zu eigen gemacht hätte. Hegel hatte mit schonungsloser Offenheit dargelegt, daß politische Konflikte nicht nach Recht, sondern durch Macht entschieden werden. Marx stand ganz in der Tradition Hegels, als er den Arbeiter im *Kapital* folgende Worte zur Rechtfertigung des Klassenkampfes um die Verkürzung des Arbeitstages sprechen ließ: »Ich verlange einen Arbeitstag von normaler Länge und ich verlange ihn ohne Appell an Dein Herz, denn in Geldsachen hört die Gemütlichkeit auf. Du magst ein Musterbürger sein, vielleicht Mitglied des Vereins zur Abschaffung der Tierquälerei und obendrein im Geruch der Heiligkeit stehen, aber dem Ding, das Du mir gegenüber repräsentierst, schlägt kein Herz in seiner Brust ... es findet hier also eine Antinomie statt – Recht wider Recht – beide gleichmäßig durch das Gesetz des Warenaustausches besiegelt. Zwischen beiden Rechten entscheidet die Gewalt.«[34]

So löst Marx den Begriff der Gerechtigkeit an sich auf und setzt an seine Stelle

32 Friedrich Engels, *Zur Wohnungsfrage (3. Abschnitt)*, in *MEW*, Bd. 18, S. 273.

33 Zitiert nach Karl Marx, *Politische Schriften*, Bd. II, hrsg. von H. J. Lieber, Stuttgart 1960, S. 1033 [= *MEW*, Bd. 19, S. 28].

34 Karl Marx, *Das Kapital*, Bd. I, Volksausgabe hrsg. von K. Kautsky, 3. Aufl. Stuttgart 1920, S. 184 = *MEW*, Bd. 23, S. 248/9.

relative Gerechtigkeiten, die den jeweiligen ökonomischen Voraussetzungen adäquat sind. Er sagt: »Die Gerechtigkeit der Transaktionen, die zwischen den Produktionsagenten vorgehen, beruht darauf, daß die Transaktionen aus den Produktionsverhältnissen als natürliche Konsequenzen entspringen. Die juristischen Formen können als bloße Formen diesen Inhalt nicht bestimmen, sie drücken ihn nur aus. Dieser Inhalt ist gerecht, sobald er der Produktionsweise entspricht, ihr adäquat ist. Er ist ungerecht, sobald er ihr widerspricht. Sklaverei auf der Basis der kapitalistischen Produktionsweise ist ungerecht, ebenso der Betrug auf die Qualität der Ware.«[35]

Man kann es verstehen, daß der liberale Benedetto Croce Marx einen Machiavellisten genannt hat. Und doch ist diese Charakterisierung falsch, weil sie nur eine Seite von Marx sieht.[36] Auch der einflußreichste Denker des 19. Jahrhunderts konnte nicht den unserer Epoche inhärenten Widerspruch lösen: mit unserem Gewissen an ein Naturrecht gebunden zu sein, dessen Negierung unser Intellekt uns gebietet. Die berühmte Formel »das Proletariat hat keine Ideale zu verwirklichen« wird ergänzt durch die Forderung, daß das Proletariat »die Elemente der Freiheit in Bewegung setzen solle«. Karl Marx zufolge ist es Utopie zu meinen, daß guter Wille genüge, um unter den gegebenen Verhältnissen ein Reich der Gerechtigkeit zu begründen.

In einem der letzten Kapitel des 3. Bandes des *Kapital* schrieb Marx: »Das Reich der Freiheit beginnt in der Tat erst da, wo das Arbeiten, das durch Not und äußere Zweckmäßigkeit bestimmt ist, aufhört; es liegt also der Natur der Sache nach jenseits der Sphäre der eigentlichen materiellen Produktion. Wie der Wilde mit der Natur ringen muß, um seine Bedürfnisse zu befriedigen, um sein Leben zu erhalten und zu reproduzieren, so muß es der Zivilisierte, und er muß es in allen Gesellschaftsformen und unter allen möglichen Produktionsweisen. Mit seiner Entwicklung erweitert sich dies Reich der Naturnotwendigkeit, weil die Bedürfnisse; aber zugleich erweitern sich die Produktivkräfte, die diese befriedigen. Die Freiheit in diesem Gebiet kann nur darin bestehen, daß der vergesellschaftete Mensch, die assoziierten Produzenten diesen ihren Stoffwechsel mit der Natur rationell regeln, unter ihre gemeinschaftliche Kontrolle bringen, statt von ihm als von einer blinden Macht beherrscht zu werden, ihn mit dem geringsten Kraftaufwand und unter den ihrer menschlichen Natur würdigsten und adäquatesten Bedingungen vollziehen. Aber es bleibt dies immer ein Reich der Notwendigkeit.«[37]

35 Karl Marx, *Das Kapital,* Bd. III, 1, Volksausgabe hrsg. von B. Kautsky und K. Kautsky, Berlin 1929, S. 290/1 [= *MEW,* Bd. 25, S. 351/2].

36 Helmuth Plessner, *Grenzen der Gemeinschaft. Eine Kritik des sozialen Radikalismus,* Bonn 1924, S. 32.

37 Karl Marx, *Das Kapital,* Bd. III, 2, Volksausgabe hrsg. von B. Kautsky und K. Kautsky, Berlin 1929, S. 316 = *MEW,* Bd. 25, S. 828.

Daher ist es die historische Funktion des Klassenkampfes, die ökonomische Basis für die rationale Ordnung zu schaffen, wie es Marx in einer seiner Frühschriften formuliert hat:

»Wenn die kommunistischen Handwerker sich vereinen, so gilt ihnen zunächst die Lehre, die Propaganda etc. als Zweck. Aber zugleich eignen sie sich dadurch ein neues Bedürfnis, das Bedürfnis der Gesellschaft an, und was als Mittel erscheint, ist zum Zweck geworden. Diese praktische Bewegung kann man in ihren glänzendsten Resultaten anschauen, wenn man sozialistische französische ouvriers vereinigt sieht. Rauchen, Trinken, Essen etc. sind nicht mehr da als Mittel der Verbindung oder als verbindende Mittel. Die Gesellschaft, der Verein, die Unterhaltung, die wieder die Gesellschaft zum Zweck hat, reicht ihnen hin –, die Brüderlichkeit der Menschen ist keine Phrase, sondern Wahrheit bei ihnen und der Adel der Menschheit leuchtet uns aus den von der Arbeit verhärteten Gestalten entgegen.«[38]

So ist für die marxistische Theorie einerseits die Ablehnung jeglicher utopischen Anwendung des Naturrechts für die Zeit des Klassenkampfes charakteristisch, während andererseits die Vision einer naturrechtlichen Ordnung nach siegreicher Beendigung des Klassenkonfliktes systemimmanent erscheint. Ist diese Interpretation der Marxschen Lehre richtig, so steht der Eingliederung der Marxisten in die Einheitsfront der Naturrechtler nichts im Wege. Die Marxisten legen jedoch in ihrer Opposition gegen den Nationalsozialismus den Nachdruck nicht in erster Linie darauf, daß für einen bestimmten Zeitraum die Unverbrüchlichkeit des Rechts aufgehoben ist, sie werfen dem Nationalsozialismus in diesem Zusammenhang vielmehr vor, daß er sich weigert, die Gesellschaft jemals einem an absoluten Werten orientierten Rechtsideal unterzuordnen.

Eine Klarstellung des Verhältnisses von marxistischem Sozialismus und Naturrecht ist bedeutsam, weil die Verkennung des Problems in Gestalt des Syndikalismus und Reformismus bis zu einem gewissen Grade dem Faschismus den Weg geebnet hat. Gleich Marx haßt Sorel[39] das, was er *l'arbitraire* nennt, d. h. den utopischen Versuch, politische Entscheidungen aus rationalen Konstruktionen abzuleiten. Sorel entkleidete den Klassenkampf seines visionären Endzieles und bejahte ihn als Bewegung um ihrer selbst willen. Er machte ihn zu einem Mythos, weil für ihn die Bewegung alles, das Ziel nichts war. So wurde Sorel der Prophet der ziellosen Politik, der die Aktivität um der Akti-

38 Karl Marx, *Die Frühschriften (Nationalökonomie und Philosophie)*, hrsg. von S. Landshut, Stuttgart 1953 = Kröners Taschenausgabe, Bd. 209, S. 265. [= *MEW, Ergänzungsband, Erster Teil*, S. 553/4.]

39 Michael Freund, *George Sorel. Der revolutionäre Konservativismus*, Frankfurt a. M. 1932, S. 233.

vität willen propagierte. Im Laufe seines Lebens unterstützte er die unterschiedlichsten militanten Bewegungen und zwar nicht, weil er an ihre Ziele glaubte, sondern weil er ihre Militanz bejahte.

Vaugeois, Mitglied der Action Française, der Sorel nahegestanden hatte, erklärte einmal: »Toute force est bonne, en tant qu'elle est belle et triomphe.«[40] Dieser Aspekt der Philosophie Sorels kommt in den Schriften Ernst Jüngers, des einflußreichsten nationalistischen Schriftstellers der deutschen Nachkriegszeit, zum Ausdruck, wenn er schreibt: »Nicht wofür wir kämpfen ist das Wesentliche, sondern wie wir kämpfen.«[41] Jeder, der glaubt, politische Aktivität erschöpfe sich darin, den Entwicklungsgesetzen der Gesellschaft zu folgen, wird das Schicksal von Sorel teilen. Sorel ging vom Syndikalismus zur Action Française über; sein Schüler Mussolini wechselte vom Sozialismus zum Faschismus. Sorels Bewunderer Carl Schmitt vertauschte den politischen Katholizismus mit dem Nationalsozialismus, als er die Überzeugung gewonnen hatte, der integrale Nationalismus sei die Parole des Tages.

Sorels Einfluß beschränkte sich auf einen kleinen Kreis von Intellektuellen; die nachfolgenden Sätze lassen jedoch erkennen, welche Wirkungen er auslöste. »Zu den großen Erfahrungen und Begegnungen, die mich als Juristen zum Nationalsozialismus geleitet haben, gehört ein Gespräch mit einem weltberühmten, weitgereisten, über 70 Jahre alten erfahrenen Rechtsgelehrten aus den USA, der mir 1932 das Ergebnis seiner Gegenwartserfahrungen und seiner Diagnose unseres heutigen Zustandes in dem Satz zusammenfaßte: Wir erleben heute den Bankrott der *idées générales.*«(Carl Schmitt)[42]

Die Tatsache, daß sich der geistreichste Staatstheoretiker Nachkriegsdeutschlands einer politischen Bewegung anschloß, nicht um ihrer Ideen willen, sondern wegen ihrer Ideenlosigkeit, ist symptomatisch für den Grad, den der politische Gewaltästhetizismus bereits erreicht hat. Zu beachten ist jedoch, daß der Bankrott der *idées générales* nicht das Erlebnis einer ganzen Generation darstellt, sondern nur für eine Gruppe Entwurzelter innerhalb dieser Generation gilt. Diese Gruppe macht aus ihrer Not eine Tugend, aus ihrer Prinzipienlosigkeit ein Prinzip und aus ihrer geistigen Armut eine politische Theorie.[43] Ob man heute Faschist oder Antifaschist ist, kann von der Einstellung zur Gültigkeit der *idées générales* abhängen. Nur jemand, der an die Existenz solcher Prinzipien glaubt, wird bereit sein, unter Einsatz seines Lebens gegen das

40 Zitiert in Waldemar Gurian, *Der integrale Nationalismus in Frankreich. Charles Maurras und die Action française,* Frankfurt a. M. 1931, S. 88.

41 Ernst Jünger, *Der Kampf als inneres Erlebnis,* 5. Aufl. Berlin 1933, S. 78.

42 Carl Schmitt, »Nationalsozialistisches Rechtsdenken«, *Dtsch. Recht,* 1934, S. 225.

43 Noch charakteristischer als Carl Schmitts bekannter Aufsatz über das Wesen des Politischen ist ein Buch von Richard Behrendt, *Politischer Aktivismus,* Berlin 1932.

politische System des Nationalsozialismus und seine nihilistische Weltanschauung zu kämpfen. Der persönliche Einsatz, der heute von jedem Gegner des Nationalsozialismus in Deutschland gefordert wird, läßt die Restbestände der marxistischen Opposition die Bedeutung des Naturrechts nicht vergessen: Noch niemals hat jemand sein Leben um der »Bewegungsgesetze der Gesellschaft« willen auf das Spiel gesetzt. »Im Bewußtsein von Relativitäten findet man nicht den Mut, Gewalt anzuwenden und Blut zu vergießen«, wie Leo Trotzki treffend bemerkt hat.

Andererseits hindert seine gegenwärtige politische Ohnmacht den Marxismus daran, seinen verhängnisvollen Fehler zu wiederholen, naturrechtliche Postulate als Gebote praktischer Politik zu verfechten. Die Tragik des politischen Marxismus in Deutschland liegt zum Teil in der Tatsache begründet, daß er – allen Warnungen seiner Begründer zum Trotz – seinem Glauben an die Verwirklichung des Naturrechts auch unter kapitalistischen Bedingungen zum Opfer gefallen ist. Alfred Meusel[44] hat überzeugend dargelegt, daß die Sozialdemokratie allmählich einen utopischen Pazifismus an die Stelle einer marxistischen Analyse des Imperialismus gesetzt hat. Er sagt, daß Kautsky die herrschenden Tendenzen im Zeitalter des Imperialismus richtig analysiert und ihre Folgen vorausgesagt habe. Aber seine menschlich hochachtbare Friedensliebe habe ihn dazu getrieben, einen Ausweg aus dem *circulus vitiosus* von Weltkrieg und Weltrevolution zu suchen. Daher umwob er die politische Demokratie mit einem goldenen Schimmer und neigte zu der Auffassung, daß man Freihandel und Abrüstung an die Stelle des Imperialismus setzen könne, zwar nicht ohne Kampf, aber doch ohne solch schwere Erschütterungen wie Krieg und Revolution.

Die theoretische Debatte von 1912 wurde zur schicksalsschweren Entscheidung von 1919. Im Vertrauen auf Demokratie und Völkerbund fand sich die deutsche Sozialdemokratie im Fahrwasser Wilsonscher Gedanken, die auf unverfälschten naturrechtlichen Prinzipien fußten. So wurde aus der marxistischen Sozialdemokratie eine Partei mit utopisch-naturrechtlichem Programm. Die Sozialdemokratie, die einst den ideologischen Schleier vom ökonomischen System der kapitalistischen Gesellschaft gerissen hatte, erlebte ihrerseits, daß der Nationalsozialismus ihren eigenen Utopismus als Ideologie entlarvte. Der verfrühte Versuch, eine auf utopischem Naturrecht basierende Ordnung zu verwirklichen, wurde der Sozialdemokratie zum Verhängnis. Die NSDAP ist im Kampf gegen den demokratischen und pazifistischen Utopismus der Nachkriegssozialdemokratie groß geworden. Der Versuch des Nationalsozialismus, jegliches naturrechtliche Denken auszurotten, stellt das andere Extrem

44 Alfred Meusel, »Der klassische Sozialismus«, *Arch. f. Rechts- u. Wirtsch.-Phil.* Bd. XXIV, 1930-1, S. 125-168, insbes. S. 148.

dar und weckt das Gewissen all derer, die der Meinung sind, daß ein Leben ohne Streben nach einer am Gerechtigkeitsprinzip ausgerichteten Ordnung nicht lebenswert ist.

Kapitel III
Nationalsozialismus und gemeinschaftliches Naturrecht

1. *Gesellschaftliches und gemeinschaftliches Naturrecht*

Die Ablehnung des rationalen Naturrechts durch den Nationalsozialismus hat den Widerstand all der Gruppen heraufbeschworen, für die das rationale Naturrecht noch ein positiver Wert ist. Aber dies ist nur eine Seite des Verhältnisses zwischen Nationalsozialismus und Naturrecht.

Der Begriff des Naturrechts entbehrt der Eindeutigkeit, denn er enthält das schillernde Wort »Recht«; nicht minder unbestimmt ist, welche Phänomene jeweils als »natürlich« angesprochen werden können. Carl L. Becker hat auf diese Schwierigkeit bei seiner Untersuchung der geistigen und historischen Entwicklung, die der Unabhängigkeitserklärung der USA voraufging, hingewiesen. Seine Ausführungen machen besonders deutlich, welche Zusammenhänge zwischen dem klassischen Naturrecht der Aufklärungsperiode und der von Newton beeinflußten Physik bestehen.

Nachdem er auseinandergesetzt hat, daß das überstaatliche Recht (welches mit dem Naturrecht identisch ist) zu verschiedenen Zeiten unterschiedliche Formen aufweist, beschäftigt er sich mit der Frage, wie sich das göttliche Recht in der Natur enthüllt. Becker unterscheidet im Hinblick auf den Begriff des Naturrechts zwischen zwei Arten von Natur. Becker zufolge kann »Natur« begriffen werden als »rationaler Kontrolle unterworfen« oder als »blinde Gewalt, die sich Menschen und Dinge unterwirft«.[1]

Da das Naturrecht in jeder Periode mit dem jeweiligen naturwissenschaftlichen Denken in Zusammenhang steht, war zu erwarten, daß sich der Begriff des Naturrechts wandeln werde, wenn die evolutionäre Biologie als führende Naturwissenschaft an die Stelle der klassischen Physik träte.

1 Carl L. Becker, *The Declaration of Independence,* New York 1922, S. 278. In der nationalsozialistischen Literatur wird das Problem erörtert von Max Mikorey, »Naturgesetz und Staatsgesetz«, *Akademie Ztschr.* 1936, S. 932 ff., insbes. S. 942.

Insoweit der Nationalsozialismus auf dem Rassegedanken basiert, hat er bereits die Vorherrschaft der Biologie akzeptiert.[2] Die nationalsozialistische Rassentheorie verwirft den rationalen Optimismus der klassischen Physik, welche die Entdeckung allgemeingültiger Naturgesetze als das höchste Ziel naturwissenschaftlicher Bemühungen ansah. Was man »biologistisches« politisches Denken und Handeln nennen könnte, basiert auf der Anerkennung und Pflege »vitaler« Kräfte. Diese vitalen, irrationalen Kräfte verdichten sich zu dem Begriff der Rasse und finden ihren politischen Ausdruck in der Rassengemeinschaft. Außer dem rationalen und gesellschaftlichen Naturrecht gibt es ein irrationales und gemeinschaftliches, biologisch fundiertes Naturrecht, das der langen Reihe historischer Spielarten des Naturrechts hinzugefügt werden kann.

Der Unterschied zwischen gesellschaftlichem und gemeinschaftlichem Naturrecht wurde schon von den Staatsrechtlern des 17. Jahrhunderts hervorgehoben. Er wird gekennzeichnet durch die Begriffe *societas* und *socialitas*. Gierke behandelt einige längst vergessene Rechtstheoretiker, die als Repräsentanten einer Art gemeinschaftlichen Naturrechts betrachtet werden können.[3] Diese Theoretiker wären heute kaum noch von Interesse, wenn nicht Leibniz zu ihnen gehörte, der, wie Gierke sagt, »das Recht aus der Gemeinschaft (ableitet) und in jeder Gemeinschaft einen organischen Bestandteil des Reichs der Geister im Universum (sieht).«[4]

Leibniz' Theorie vom gemeinschaftlichen Naturrecht ist in seiner unvollendeten Schrift *Vom Naturrecht* enthalten. Einige Passagen sollen zitiert werden, weil sie für die Abgrenzung des (aus der Vernunft abgeleiteten) *gesellschaftlichen* Naturrechts von dem (aus dem Instinkt abgeleiteten) *gemeinschaftlichen* Naturrecht wichtig sind. Leibniz schrieb:

»Eine natürliche Gemeinschaft ist, so die Natur haben will. Die Zeichen, daraus man schließen kann, daß die Natur etwas will, sind, wenn uns die Natur eine Begierde gegeben und Kräfte oder Wirkung solche zu erfüllen: denn die Natur tut nichts vergebens.«[5] Bei Leibniz findet sich nur ansatzweise eine Abstufung der Formen der natürlichen Gemeinschaft: die eheliche Gemeinschaft, die Familie, die Hausgemeinschaft und schließlich die bürgerliche Gemeinschaft. Um so bemerkenswerter ist es, daß Gurvitch[6], ein französischer

2 Die materialistische Geschichtsauffassung ist bemüht, aus den wechselnden Produktionsverhältnissen die Entwicklung der naturwissenschaftlichen Fragestellungen abzuleiten. Vgl. Otto Bauer, »Das Weltbild des Kapitalismus«, in *Der lebendige Marxismus, Festgabe zum 70. Geburtstag von Karl Kautsky*, hrsg. v. Otto Jenssen, Jena 1924, S. 407-464.

3 Otto von Gierke, *Das deutsche Genossenschaftsrecht*, Bd. IV, Berlin 1913, S. 391, Anm. 47.

4 Ib., S. 392, Anm. 49; S. 491.

5 Leibniz, *Deutsche Schriften*, Berlin 1838, Bd. I, S. 414.

6 George Gurvitch, Artikel »Natural Law«, in *Encyclopaedia of the Social Sciences*, hrsg. v. Johnson und Seligman, New York 1933, Bd. XI, S. 284/5.

Jurist, sich neuerdings mit dieser fast vergessenen Theorie des gemeinschaftlichen Naturrechts[7] beschäftigt hat.

Im folgenden sollen einige idealtypische Merkmale der beiden Hauptformen des Naturrechts herausgearbeitet werden. Die konkreten Ausprägungen bleiben jedoch unberücksichtigt.

Das *gesellschaftliche Naturrecht* geht von einem isolierten Individuum aus, das sich beständig im Kampf mit anderen isolierten Individuen befindet, sofern nicht dieser Krieg aller gegen alle durch eine mit Hilfe eines bewußten Aktes der Vernunft geschaffene Ordnung ersetzt wird.

Das *gemeinschaftliche Naturrecht* lehrt, daß unter den einzelnen Individuen eine auf natürlichen Instinkten beruhende harmonische Ordnung besteht, die dem »Wesenswillen« der Gemeinschaftsmitglieder entspringt und entspricht.

Das *gesellschaftliche Naturrecht* sieht im Recht die primäre Quelle geordneten menschlichen Zusammenlebens.

Das *gemeinschaftliche Naturrecht* sieht im Recht lediglich *eine* Ausdrucksform der Gemeinschaft, deren Zusammenhalt durch außerrechtliche Kräfte bewirkt und aufrechterhalten wird. Das Recht hat bestenfalls eine unterstützende Funktion.

Das *gesellschaftliche Naturrecht* ist souverän. Als Ausfluß der allmächtigen Vernunft ist es an keine Schranken gebunden. Das gesellschaftliche Naturrecht ist der Triumph des Geistes über den Körper, es verachtet die Triebe, weil seine Existenz auf ihrer Überwindung beruht. Aus der Überwindung der Triebe leitet sich seine Legitimation her.

Das *gemeinschaftliche Naturrecht* ist Träger einer delegierten Gewalt. Es ist inhaltlich mit den erdgebundenen Kräften, die es erzeugt haben, verknüpft; von ihnen leitet es seine zeitlich und räumlich beschränkte Herrschaft ab. Das gemeinschaftliche Naturrecht lehnt die Vernunft ab, wenn diese die Berechtigung der Triebe infrage stellt, auf deren Bejahung das gemeinschaftliche Naturrecht beruht.

Das *gesellschaftliche Naturrecht* ist universal. Eine beschränkte Herrschaft des Rechts würde Anarchie hervorrufen. In der Verhütung der Anarchie besteht

7 Diese Hinweise auf die Geschichte des gemeinschaftlichen Naturrechts waren notwendig, weil die nationalsozialistischen Propagandisten dieser Theorie – Wolgast und Dietze – diese Hinweise unterlassen. Da der Nationalsozialismus angeblich die originäre Schöpfung Adolf Hitlers ist, werden solche historischen Ableitungen im Dritten Reich nicht gern gesehen. Dietzes »Naturrecht aus Blut und Boden«, *Akademie Ztschr.* 1936, S. 818, ist die beste Zusammenfassung der nationalsozialistischen Theorie des gemeinschaftlichen Naturrechts.

aber gerade das Wesen des gesellschaftlichen Naturrechts. Das gesellschaftliche Naturrecht hat für die ganze Welt Gültigkeit *(jus gentium)*. Dem *jus gentium* als natürlichem steht das *jus civile* als positives Recht gegenüber.

Das *gemeinschaftliche Naturrecht* ist in seiner Geltung räumlich und zeitlich sowie auf einen bestimmten Personenkreis beschränkt. Das Gemeinschaftsbewußtsein, dem es seine Existenz verdankt, tritt nur im Prozeß der Differenzierung von anderen Gemeinschaften in Erscheinung. Das gemeinschaftliche Naturrecht ist nur innerhalb einer konkreten sozialen Gruppe vorstellbar.

Das *gesellschaftliche Naturrecht* ist egalitär. Es setzt die Existenz gleichwertiger, vernunftbegabter Wesen voraus, die durch Übereinkunft die Entstehung des Rechts gewollt und bewirkt haben.

Das *gemeinschaftliche Naturrecht* ist nicht egalitär, analog der Urform aller Gemeinschaften, der Familie, deren Grundlage die Ungleichheit ihrer Mitglieder ist.

Bevor dieser Katalog von Gegenüberstellungen abgeschlossen wird, soll noch auf das jeweilige Verhältnis von *Staat* und *Volk* unter der Herrschaft des gesellschaftlichen und gemeinschaftlichen Naturrechts hingewiesen werden.

Dem *gesellschaftlichen Naturrecht* erscheint »Das Volk« als eine Vielheit von Staatsbürgern, die erst aufgrund ihrer gemeinsamen Staatsangehörigkeit eine Einheit bilden. *Volk* ist ein juristischer Begriff, der aus dem Staatsbegriff abgeleitet ist, welcher seinerseits ein Rechtsbegriff ist.

Für das *gemeinschaftliche Naturrecht* ist der Staat lediglich die sekundäre Ausdrucksform der primären Einheit aller *Volksgenossen*. Die Volksgemeinschaft ist eine biologische Formung, die auch dann existiert, wenn sie nicht als Staat organisiert ist. Der Staat ist eine von der biologisch begriffenen Volksgemeinschaft abgeleitete organische Erscheinung.

Als Beispiele für den fundamentalen Unterschied dieser Denkmodelle seien zwei Zitate, eins von Justice Holmes und eins von Adolf Hitler, angeführt.

In *Missouri v. Holland* sagte Justice Holmes über die Väter der amerikanischen Verfassung: »Ihnen genügte es, sich klar zu machen oder zumindest zu hoffen, daß sie eine Organisation begründet hatten, während es ein Jahrhundert dauerte und ihre Nachfolger viel Schweiß und Blut kostete, um unter Beweis zu stellen, daß sie eine Nation geschaffen hatten«.[8]

Demgegenüber entwickelte Adolf Hitler die Ansicht: »Der Staat ist ein Mittel zum Zweck. Sein Zweck liegt in der Erhaltung und Förderung einer Gemeinschaft physisch und seelisch gleichartiger Lebewesen ... Staaten, die nicht die-

8 252 US 416, 433 (Amtliche Entscheidungen des US Supreme Court, 1920).

sem Zweck dienen, sind Fehlerscheinungen, ja Mißgeburten. Die Tatsache ihres Bestehens ändert sowenig daran, als etwa der Erfolg einer Flibustiergemeinschaft die Räuberei zu rechtfertigen vermag.«[9] Diese Stelle aus Hitlers *Mein Kampf* wird häufig als Kern der nationalsozialistischen Staatstheorie bezeichnet.

Rationales Naturrechtsdenken herrschte vor, als die Vereinigten Staaten von Amerika entstanden, während das Dritte Reich auf dem Hintergrund irrationalen Naturrechtsdenkens geschaffen wurde. Was unter Gemeinschaftsnaturrecht im heutigen Deutschland zu verstehen ist, hat Theodor Buddeberg besonders klar zum Ausdruck gebracht. Er schreibt: »Recht eines Staates und in einem Staat kann auf die Dauer nur bestehen auf der Basis einer weitgehend gleichen Herkunft der dem Staate Angehörenden ... Diese gleiche Herkunft schafft allein die gemeinsame und gleiche Anschauung von dem, was Recht ist – Sinn des ›natürlichen Rechts‹! – und dem gemeinsamen tragenden Glauben – Sinn des ›göttlichen Rechts‹! – ohne den kein Recht bestehen kann.«[10] Nach dieser Lehre offenbart sich das göttliche Recht im Rasseninstinkt. Seine Säkularisierung als natürliches Recht erfolgt bei Überschreitung der Bewußtseinsschwelle. Als ein weiteres Beispiel für diese Grundhaltung diene das Zitat von Pfenning: »In ihrem (d. h. der Rasse) Willensrhythmus können nur Menschen gleicher Rasse, gleichen Erbgutes mitschwingen ... *Die Glieder* (einer Gemeinschaft) *reagieren infolge ihrer rassischen Gleichheit auf eine gegebene, gesamtvölkische Notlage in der gleichen Richtung.*«[11]

Solange nur die Ablehnung des rationalen Naturrechts durch den Nationalsozialismus in Betracht gezogen wird, kann man dessen geistesgeschichtliche Herkunft aus der abendländischen Kultur ableiten. Der biologische Mystizismus jedoch, den man häufig in der nationalsozialistischen Literatur antrifft, ist ein Importartikel weißrussischer Emigranten, deren Einfluß auf das Denken der Nationalsozialisten nicht abzuschätzen ist. Es überrascht nicht, daß Alfred Rosenberg – Verfasser des *Mythos des 20. Jahrhunderts*, Kreuzzugsprediger gegen den Bolschewismus und Kulturpapst des Nationalsozialismus – weißrussischer Emigrant ist.[12]

9 Adolf Hitler, *Mein Kampf*, 85.-94. Auflage München 1934, S. 433/4.

10 Karl Th. Buddeberg, »Descartes und der politische Absolutismus«, *Arch. f. Rechts- u. Soz.-Phil.* Bd. XXX, 1936/7, S. 544.

11 Andreas Pfenning, »Gemeinschaft und Staatswissenschaft. Versuch einer systematischen Bestimmung des Gemeinschaftsbegriffes«, *Ztschr. f. d. ges. Staatsw.* Bd. 96, S. 313 und S. 317; Unterstreichung im Original.

12 Konrad Heiden, *Die Geschichte des Nationalsozialismus*, Berlin 1932, S. 46 ff., hat den Einfluß der russischen Emigranten auf die Entwicklung des Nationalsozialismus hervorgehoben. In der Frühzeit des Nationalsozialismus war München das »Koblenz« der weißrussischen Emigranten. Von diesen Kreisen haben die Nationalsozialisten auch eine besondere Form des Antisemitismus entlehnt.

Über diese Denkart sagte Max Weber: »Wo auf dem Boden genuiner Mystik Gemeinschaftshandeln entsteht, da ist es der Akosmismus des mystischen Liebesgefühls, der seinen Charakter prägt. In diesem Sinn kann die Mystik, entgegen dem ›logisch‹ Deduzierbaren, psychologisch gemeinschaftsbildend wirken. Die feste Überzeugung, daß die christliche Bruderliebe, wenn hinlänglich rein und stark, zur Einheit in allen Dingen, auch im dogmatischen Glauben führen müsse, daß also Menschen, die sich hinlänglich, im johanneischen Sinne, mystisch lieben, auch gleichartig denken und gerade aus der Irrationalität dieses Fühlens heraus solidarisch gottgewollt handeln, ist die Kernidee des orientalisch-mystischen Kirchenbegriffs, der deshalb die unfehlbare rationale Lehrautorität entbehren kann, und auch dem slavophilen Gemeinschaftsbegriff innerhalb und außerhalb der Kirche zugrunde liegt.«[13]

Die praktische Bedeutung des theoretischen Unterschieds zwischen gemeinschaftlichem und gesellschaftlichem Naturrecht zeigt sich im Völkerrechtsdenken des Nationalsozialismus, wie es in der Außenpolitik des Dritten Reiches zum Ausdruck kommt.

Dietzes *Naturrecht der Gegenwart*[14] weist einen interessanten Bruch auf. Nachdem Dietze die Anwendung des gesellschaftlichen Naturrechts auf die Innenpolitik heftig attackiert hat, akzeptiert er ohne Vorbehalt alle jene Naturrechtsprinzipien, die auf dem Felde der Außenpolitik die Remilitarisierung Deutschlands legitimiert haben: Gleichberechtigung, Selbstbestimmung, Freiheit in der Wahl der Verteidigungsmittel usw.

Verfolgt man jedoch die neue deutsche Literatur, insbesondere Publikationen aus der Zeit nach dem 7. März 1936 (dem Tag der Remilitarisierung des Rheinlandes), so stellt man einen bedeutsamen Wandel fest.[15] Gürke, Professor des Völkerrechts an der Universität München, hat die neue nationalsozialistische Völkerrechtstheorie, die auf dem Gedanken der Völkerrechts*gemeinschaft* basiert, dahingehend formuliert, daß das Völkerrecht neben den bestehenden stetigen Verbindungen von Staaten und Völkern deren rassische und kulturelle Ähnlichkeit voraussetze.[16] Gürke weist auch auf die praktischen Konsequenzen seiner Lehre hin. Solange z. B. das bolschewistische Rußland von Juden regiert und vom Marxismus geleitet wird, bleibt es rassisch und kulturell ein Fremdling in der konkreten Völkergemeinschaft und steht im

13 Max Weber, *Wirtschaft und Gesellschaft*, Tübingen 1922, S. 315-6.

14 Hans-Helmut Dietze, *Naturrecht der Gegenwart*, Bonn 1936.

15 In diesem Zusammenhang ist die Arbeit des Würzburger Völkerrechtslehrers Wolgast, »Völkerrecht«, in *Das gesamte Deutsche Recht in systematischer Darstellung*, Teil XIII, Berlin 1934, S. 698-993, von Bedeutung. Wolgast bekennt sich zu Adolf Hitler, dem Führer und Tönnies, dem Seher des Dritten Reiches.

16 Norbert Gürke, *Grundzüge des Völkerrechts*, Berlin 1936, S. 17.

Einklang mit nationalsozialistischen Vorstellungen außerhalb des Völkerrechts.

Nicht minder bedeutsam ist, daß nach nationalsozialistischem Denken die *Volksgemeinschaft* die Grenzen der *gesellschaftlich* strukturierten Staaten überschreiten kann. Aus der Tatsache, daß *Volks*genossen unter fremder *Staats*hoheit leben, ergaben sich für den Nationalsozialismus eindeutige politische Folgerungen. Während der Zeit der Remilitarisierung diente das *gesellschaftliche* Naturrecht als völkerrechtliche Basis. In der darauffolgenden Phase betrachtete das nationalsozialistische Regime das *gemeinschaftliche* Naturrecht als theoretische Grundlage seiner Außenpolitik. Bei der Herausarbeitung der Unterschiede zwischen gesellschaftlichem und gemeinschaftlichem Naturrecht bin ich den Gedankengängen und Formulierungen von Ferdinand Tönnies gefolgt.[17] Tönnies sah das gemeinschaftliche Naturrecht als bloße Hypothese an. Wolgast und Dietze betrachten das gemeinschaftliche Naturrecht jedoch als politische Realität. Bei dem Versuch, Tönnies für den Nationalsozialismus zu beanspruchen, haben Wolgast und Dietze jedoch dessen Theorien verfälscht. Die Jugendbewegung hatte aus Tönnies soziologischem Gemeinschaftsbegriff ein Allheilmittel für die Leiden unserer Gesellschaft gemacht.[18] Von der Jugendbewegung hat der Nationalsozialismus den Fetisch der Gemeinschaft übernommen, die Hans Freyer im Einklang mit Helmuth Plessner als »die Lebenslüge unserer Zeit« bezeichnet hat.[19] Somit hat sich Ernst Troeltschs Prophezeiung, daß die Idealisierung der Gruppen in eine Brutalisierung der Romantik und einer Romantisierung des Zynismus auslaufen werde, bewahrheitet.[20]

2. *Gemeinschaftliches Naturrecht und »Konkretes Ordnungsdenken«*

In der nationalsozialistischen Doktrin ist die Lehre von der Gemeinschaft das echte Kriterium für die Unterscheidung von deutscher und nicht-deutscher Gesinnung.[21]

17 Ferdinand Tönnies, *Einführung in die Soziologie*, Stuttgart 1931, S. 217, § 42.

18 Karl Landauer, »Zum Niedergang des Faschismus«, *Gesellschaft 1925*, S. 168-173, S. 169.

19 Hans Freyer, *Soziologie als Wirklichkeitswissenschaft*, Leipzig 1930, S. 240.

20 Ernst Troeltsch, »Naturrecht und Humanität in der Weltpolitik« (Vortrag bei der zweiten Jahresfeier der Deutschen Hochschule für Politik), Berlin 1923, S. 16. Dieser Vortrag wurde von Ernest Barker übersetzt und im Anhang zu dessen Übersetzung von Gierkes Genossenschaftsrecht, Bd. III, *Natural Law and the Theory of Society 1500 to 1800*, Cambridge 1958 abgedruckt. Gierke wurde in den angelsächsischen Ländern weitgehend als der theoretische Begründer des modernen Pluralismus angesehen.

21 Angesichts dieser Behauptung ist der Hinweis angebracht, daß der *Gemeinschafts*begriff in der Nachkriegsperiode auch bei der marxistischen Arbeiterbewegung eine Zeitlang in Gebrauch war. Obwohl diese Aneignung des *Gemeinschafts*begriffes in der sozialistischen Be-

Prägnanten Ausdruck findet diese Einstellung in einem Aufsatz von Johannes Heckel, Professor an der Universität München,[22] der versucht, Stahl, den Begründer der preußischen konservativen Partei, durch den Hinweis auf dessen jüdische Abstammung zu diskreditieren. Stahl - so argumentiert er - sei im Grunde liberal-marxistisch gewesen, was bereits schon daraus hervorgehe, daß er den Staat nicht als *Gemeinschaft* angesehen habe. Die Behauptung, daß zwischen »deutscher Art« und Gemeinschaftsdenken ein innerer Zusammenhang bestehe, ist ebenso falsch wie die Behauptung, daß normatives Denken typisch jüdisch sei.[23]

Die Vorstellung, daß generelle Normen vorhanden sein müssen, um die Freiheitssphäre des einzelnen vor Übergriffen der politischen Gewalt zu schützen, der Satz, daß gegen den einzelnen Strafen nur nach Maßgabe des Gesetzes verhängt werden dürfen, die Lehre von der Gleichheit aller vor dem Gesetz - alle diese Gedanken werden als »jüdischer« Normativismus abgestempelt und abgelehnt. Nicht die unpersönlich kalte und abstrakte Norm, die rational ausgeklügelt und unbeweglich festgelegt worden ist, garantiert das Wohlergehen der Gemeinschaft und bietet die Gewähr dafür, daß der »Gerechtigkeit« zum Siege verholfen wird; allein die unumschränkte Macht, nach »Lage der Sache« zu handeln, ist Garantie für die Herrschaft eines Rechtssystems, das sich am Schutz der Gemeinschaft als zentralem Lebenswert orientiert.

wegung in Ansätzen stecken blieb, stellte sie keinen Einzelfall dar. Ähnlich findet man Spuren einer *Gemeinschafts*theorie bei Friedrich Engels im *Ursprung der Familie*. Der von Engels geschilderte Urzustand, der der »Selbstentfremdung« vorausging, trägt viele Züge des gemeinschaftlichen Naturrechts.

Plessners Argumentation, daß die Theorie von Marx dem Proletariat nur als Theorie der Befreiung von der Maschinensklaverei verständlich sei, ist richtig. Wenn Plessner jedoch fortfährt, »der Sozialist (hebt die Gesellschaft) zugunsten der Gemeinschaft auf«, so verabsolutiert er Tendenzen, die zu der Zeit, als das Buch erschien, in der deutschen sozialistischen Jugend vorhanden waren. Sie kamen jedoch in der Politik der deutschen Arbeiterparteien niemals zum Tragen. Helmuth Plessner, *Grenzen der Gemeinschaft. Eine Kritik des sozialen Radikalismus*, Bonn 1924, S. 31.

22 Johannes Heckel, »Der Einbruch des jüdischen Geistes in das deutsche Staats- und Kirchenrecht durch F. J. Stahl«, *H. Z.* 155, 529 (1937).

23 Trotz seiner grenzenlosen Skepsis gegenüber der These, daß es eine rassische Affinität für eine bestimmte Staatstheorie gäbe, hält es der Verfasser für nicht uninteressant, zumindest einen »echten Arier« anzuführen, der sich mit Staatstheorien beschäftigt und keine Theorie *der Gemeinschaft* entwickelt hat. Justus Möser, dessen Deutschtum bisher noch von keinem nationalsozialistischen Autor in Zweifel gezogen worden ist, schrieb: »Jede bürgerliche Gesellschaft gleicht einer Aktienkompanie. Bürger ist, wer Aktionär ist. Ursprünglich gab es nur Landaktien, später auch Geldaktien, heute gehören alle Vermögen und selbst die Leiber zur Einlage. Knecht ist ein Mensch ohne Aktie im Staat, daher ohne Lasten und Vorteile, was der Religion so wenig widerspricht als ohne Aktie in der ostindischen Kompanie zu sein. Zugrunde liegt ein ausdrücklicher oder stillschweigender Sozialkontrakt der vereinigten Landbesitzer, die ihre Höfe als ganze, halbe oder Viertelaktien einwarfen.« Justus Möser, *Patriotische Phantasien*, III, 3. Aufl. Berlin 1804, Nr. 62.

Der Vorstellung, daß die Gemeinschaft alleinige Quelle des Rechts sei, entspricht die Lehre, daß es außerhalb der Gemeinschaft kein Recht geben könne. Dernedde faßt dieses Dogma folgendermaßen zusammen: »Über den Lebensnotwendigkeiten des Volkes steht kein ›besonderer Rechtswert‹, es darf für sie keine Schranke geben, die angeblich aus dem Begriff des Rechts folgt.«[24] Der nationalsozialistischen Lehre gelten außerhalb der Gemeinschaft allein die Gebote der Politik. Wer außerhalb der Gemeinschaft steht, ist der wirkliche oder potentielle Feind. Innerhalb der Gemeinschaft gelten Friede, Ordnung und Recht. Außerhalb der Gemeinschaft gelten Macht, Kampf und Vernichtung. Vom Standpunkt des Nationalsozialismus würde die Begründung einer Rechtsnorm, die gleicherweise auf die Beziehungen innerhalb und außerhalb der Gemeinschaft anwendbar ist, die erfolgreiche Durchführung der Politik erschweren. Die Lehre vom Gemeinschaftsnaturrecht steht daher nicht im Widerspruch zum Willkürregime des Maßnahmenstaates; vielmehr setzt sie seine Existenz voraus. Gerber schreibt: »Das politische System des Nationalsozialismus ... ist ›am geltenden Gemeinschaftswert orientiert‹, d. h. substantiell am klar erkannten Wesen des deutschen Volkes. In ihm findet die heutige Gerechtigkeitsauffassung des deutschen Volkes ihren Ausdruck.«[25]

Außer der Aufgabe, den »deutschen« Begriff von Gerechtigkeit zum Ausdruck zu bringen, hat die nationalsozialistische Lehre vom Gemeinschaftsnaturrecht noch eine andere Funktion. Sie liefert die Legitimation für die bestehende Wirtschafts- und Gesellschaftsordnung. Heinrich Herrfahrdt, Professor an der Universität Marburg, hat gezeigt, wie die gegenwärtige Gesellschaftsordnung aufgrund der Gemeinschaftsideologie legitimiert wird. Er sagt: »Gerade in Fragen des Rechtsstaates und der Rechtssicherheit ist unsere deutsche Rechtspflege Wege gegangen, die in allen wesentlichen Punkten dem Gemeinschaftsdenken des Nationalsozialismus entsprechen. Soweit man dabei überhaupt von liberalen Einschlägen sprechen kann, handelt es sich gerade um solche Seiten des Liberalismus, die als bleibende Werte inzwischen Allgemeingut geworden und in diesem Sinne auch vom Nationalsozialismus aufgenommen sind, wenn er z. B. die freie Entfaltung möglichst vieler selbständiger Existenzen im Dienst des Gemeinwohles anstrebt.«[26]

Da die Gemeinschaft zum Halbgott erhoben worden ist, braucht eine Institution nur als Gemeinschaft bezeichnet zu werden, um glorifiziert und legiti-

24 Carl Dernedde, »Werdendes Staatsrecht«, *Ztschr. f. d. ges. Staatsw.* 1935, Bd. 95, S. 349.

25 Hans Gerber, »Volk und Staat. Grundlinien einer deutschen Staatsphilosophie, *Ztschr. f. dtsch. Kult. Philos.* Bd. III, 1937, S. 47.

26 Heinrich Herrfahrdt, »Politische Verfassungslehre«, *Arch. f. Rechts- u. Soz.-Phil.* Bd. XXX, 1936/7, S. 109.

miert zu sein. Warum sollte der Begriff der Gemeinschaft auf die Nation als Ganzes beschränkt sein? Stellt nicht die Familie den Prototyp der Gemeinschaft dar? Und wenn die Familie eine Gemeinschaft ist, ist dann nicht auch die Werkstatt eine Gemeinschaft und der Fabrikbetrieb ebenfalls? So gibt die Lehre von der Gemeinschaft den Rechtsbeziehungen der »Volksgenossen« untereinander ein völlig neues Gesicht.

Die Lehre von der Gemeinschaft ist der Angelpunkt im gesamten nationalsozialistischen Rechtssystem. Die Lehre von der Gemeinschaft umschließt den Dualismus von Normenstaat und Maßnahmenstaat.

Es bleibt noch zu zeigen, welche Verbindung zwischen Gemeinschaftsnaturrecht und Normenstaat besteht. Diese Verbindung tritt am klarsten in Carl Schmitts Schrift *Drei Arten des rechtswissenschaftlichen Denkens* zutage, der einflußreichsten rechtstheoretischen Abhandlung der letzten Jahre. In dieser Schrift unterscheidet Schmitt drei Arten des Rechtsdenkens:

1. Den *Normativismus,* der als Gesetzes- und Regeldenken gekennzeichnet wird.
2. Den *Dezisionismus,* ein Entscheidungsdenken ohne Berücksichtigung rechtlicher Grundlagen.
3. Das *konkrete Ordnungsdenken,* das sich nach Schmitts Darstellung auf konkrete Gemeinschaften innerhalb einer Volksgruppe bezieht. Schmitt stellt fest: »Für das konkrete Ordnungsdenken ist ›Ordnung‹ auch juristisch nicht in erster Linie Regel oder eine Summe von Regeln, sondern umgekehrt, die Regel nur ein Bestandteil und ein Mittel der Ordnung.«[27]

Dies ist in der deutschen rechtstheoretischen Literatur kein neuer Gedanke. Es handelt sich um die Neufassung einer These von Eugen Ehrlich, die besagt, daß das im konkreten Fall tatsächlich angewandte Recht nicht in den geschriebenen Gesetzen, sondern in den Rechtsgewohnheiten der jeweiligen Rechtsgenossen zu finden sei.

Mit der Feststellung, daß das konkrete Ordnungsdenken weder originell noch für nationalsozialistisches Denken charakteristisch ist, ist aber die Bedeutung der Schmittschen Theorie noch nicht erschöpft. Wie Maunz[28] mit Recht hervorhebt, stellt sie einen Wendepunkt in der Entwicklung der nationalsozialistischen Rechtslehre dar. Nicht das konkrete Ordnungsdenken an sich, sondern seine Kombination mit der Gemeinschaftsidee ist das Entscheidende.

27 Carl Schmitt, *Über die drei Arten des rechtswissenschaftlichen Denkens* (= Schriften der Akademie für Deutsches Recht), Hamburg 1934, S. 13.
28 Theodor Maunz in Frank, *Deutsches Verwaltungsrecht,* München 1937, S. 46/7.

Ehrlich hatte sich mit der Feststellung begnügt, daß die gesellschaftliche Ordnung weit häufiger von den Gesellschaftsmitgliedern spontan erzeugt werde, als dies die zünftige Jurisprudenz annimmt. Wenn Schmitt sagt, daß »mit dem neuen Gemeinschaftsdenken auch das konkrete Ordnungsdenken wieder lebendig geworden ist«,[29] umgibt er die Träger des konkreten Ordnungsdenkens mit der gleichen mystischen Gloriole, die für den nationalsozialistischen Gemeinschaftsbegriff kennzeichnend ist.

Schmitts Ablehnung des normativistischen Rechtsdenkens stimmt völlig mit seiner in der Weimarer Zeit vertretenen Auffassung überein. Er hat von Hegel die Tendenz übernommen, das »Konkrete« als Waffe gegen das »Abstrakte« zu benutzen. Hegel zufolge müssen die Grundsätze der Vernunft konkret erfaßt werden, damit die wahre Freiheit zur Herrschaft gelangen kann. Hegel bezeichnet die Richtung, in der sich die Abstraktion verkörpert, als Liberalismus und betont, daß, von Frankreich ausgehend, die Abstraktion die romanischen Nationen in Form des Liberalismus beherrscht habe, aber allenthalben »bankrutt« gemacht habe.[30] Schmitt, der die Souveränität des Staates im Ausnahmezustand entdeckte, der mit Vorliebe Hobbes' Worte zitiert: »auctoritas non veritas facit leges« und der 1932 den Satz prägte, das Beste in der Welt sei ein Befehl,[31] rückte vom Dezisionismus ab, als die Diktatur gekommen und der Ausnahmezustand im autoritären Führerstaat verewigt worden war.[32]

Eine kritische Untersuchung der Schmittschen Lehre läßt erkennen, daß im konkreten Ordnungsdenken die konkreten Gemeinschaften gar nicht die primären Rechtsquellen sind. Wäre dies der Fall, dann müßte jede konkrete Gruppe, sofern sie nur ein geordnetes Ganzes darstellt, als gleichwertig mit jeder anderen Ordnung angesehen werden. In diesem Falle würde Schmitts Theorie logischerweise auf einen Autonomieliberalismus (Liberalismus autonomer Gruppen) hinauslaufen. Diese Folgerung ist jedoch unrichtig, da Schmitts »konkretes Ordnungsdenken« in Verbindung mit dem Begriff der Gemeinschaft in Wirklichkeit ein dezisionistisches Element enthält. Nur diejenigen Gruppen werden als Träger konkreten Ordnungsdenkens anerkannt, denen der Charakter der »Gemeinschaft« vom Nationalsozialismus zugesprochen wird.

Die Klärung dieses Problems hat nicht nur eine theoretische, sondern auch eine eminent praktisch-politische Bedeutung, wie aus den Aufsätzen von

29 Carl Schmitt, *Über die drei Arten des rechtswissenschaftlichen Denkens,* Hamburg 1934, S. 52.

30 Hegel, *Philosophie der Geschichte,* Sämtliche Werke hrsg. von H. Glockner, Bd. 11, Stuttgart 1949, S. 565/6.

31 Carl Schmitt, *Legalität und Legitimität,* München 1932, S. 13.

32 Georg Dahm, »Die drei Arten des rechtswissenschaftlichen Denkens«, *Ztschr. f. d. ges. Staatsw.,* Bd. 95, S. 181/8.

Friedrich Völtzer[33] und Friedrich Kühn hervorgeht. Nach der Prüfung des inneren Zusammenhanges zwischen der nationalsozialistischen Staatsidee und dem neubegründeten Ständewesen gelangt Kühn zu der Feststellung, daß die neue Organisation der Industrie organisch aus dem Nationalsozialismus erwachsen sei. Im ständischen Bereich hat »die Selbstverwaltung beim Aufbau des nationalsozialistischen Staates besonders fest Fuß zu fassen vermocht ... Hier (ist) der Nationalsozialismus von sich aus zu ihr gelangt. Er hat sie aus eigensten Grundsätzen seines politischen Denkens heraus aufgenommen und sie sich damit gleichsam neu erschlossen.«[34] Kühn weist auch auf die geistige Brücke zwischen dem nationalsozialistischen Staatsgedanken und dem Ständewesen hin. »Die berufliche Zusammengehörigkeit, wie sie sich im Stande verkörpert, vermag auch heute noch im starken Maße Gemeinschaft zu bilden.«[35]

Wenn aber die berufliche Zusammengehörigkeit eine besonders geeignete Basis für eine Gemeinschaft als Verkörperung konkreten Ordnungsdenkens ist, warum sind dann alle Berufsgruppen qualifiziert, solche Gemeinschaften zu bilden, mit alleiniger Ausnahme der Arbeiter?

Vom nationalsozialistischen Standpunkt aus gesehen waren die Arbeiterorganisationen vor 1933 marxistisch verpestet und jüdisch verseucht. Am 2. Mai 1933 haben die Nationalsozialisten gewaltsam die Gewerkschaften übernommen und jegliche Spur von Marxismus und Judentum »ausgerottet«. Warum konnten die »gleichgeschalteten« Gewerkschaften nicht bestehen bleiben? Warum waren die Unternehmer, die Handwerker, die Bauern, die freien Berufe und die Künstler qualifiziert, Gemeinschaften zu bilden, nicht aber die Arbeiter? Warum mußten sich die Arbeiter mit der *Front aller schaffenden Deutschen* begnügen, während alle anderen Gruppen außer ihrer Zugehörigkeit zur deutschen Arbeitsfront autonome Stände bilden, denen das Merkmal der Gemeinschaft zuerkannt wird?

Völtzer gibt eine klare Antwort. Nachdem er die Besetzung der Gewerkschaftszentrale durch die SA geschildert hat, fährt er fort: »In der Praxis ergab sich damals das Bild gleichgeschalteter Arbeitgeber- und Arbeitnehmerverbände, und es kann heute ruhig eingestanden werden, daß diese Verbände mit nationalsozialistischen Vorzeichen drauf und dran gingen, einen frischfröhlichen Klassenkampf zu führen.«[36] Die Erfahrungen dieses Treuhänders der

33 Friedrich Völtzer, »Vom Werden des deutschen Sozialismus«, *Ztschr. f. d. ges. Staatsw.*, Bd. 96, S. 1 ff.

34 Friedrich Kühn, »Der vorläufige Aufbau der gewerblichen Wirtschaft«, *Arch. f. öff. Recht*, N. F. Bd. 27, S. 334-363, S. 360.

35 Ib., S. 360.

36 Friedrich Völtzer, op. cit., S. 9.

Arbeit sind eine wertvolle Informationsquelle. Sie machen deutlich, daß der Klassenkampfgedanke in den deutschen Gewerkschaften weder auf marxistische Verseuchung noch auf jüdische Zersetzung zurückzuführen ist. Da die gleichen Gewerkschaften unter nationalsozialistischen Vorzeichen drauf und dran waren, den Klassenkampf fortzusetzen, muß man den Schluß ziehen, daß die organisierten Arbeiter den Klassenkampf selbst dann weiterführen wollen, wenn die Leiter der Organisationen aus weltanschaulichen Gründen dagegen sind. Daher können Gewerkschaften vom Standpunkt der Nationalsozialisten aus gesehen nicht als »Gemeinschaften« betrachtet werden.

Weder Norm noch abstraktes Prinzip entscheiden, ob eine Gruppe eine Gemeinschaft ist. Die Grundfrage des konkreten Ordnungsdenkens sprengt das System der konkreten Gemeinschaften. Diese Frage muß »entschieden« werden, und diese Entscheidung muß – um Schmitts Terminologie zu verwenden – aus dem »Nichts« erfolgen. In Wirklichkeit jedoch ist dieses »Nichts« durchaus kein Nichts, sondern das Wertsystem der bestehenden Klassengesellschaft. Es handelt sich dabei um eine politische Entscheidung *par excellence*, die deshalb in den Bereich des Maßnahmenstaates fällt.

Die theoretische Unzulänglichkeit des konkreten Ordnungsdenkens ist selbst Nationalsozialisten nicht verborgen geblieben. Havestädt[37] warnt seine Leser davor, das konkrete Ordnungsdenken als einen Gegensatz zur Rechtstheorie aufzufassen. Jede derartige Abkehr vom normativistischen Denken würde nur eine Art Pluralismus zur Folge haben. Havestädt stellt das dezisionistische Element als Grundlage des konkreten Ordnungsdenkens heraus, indem er sagt: »Eine Berufsgemeinschaft, die ihre Aufgaben vergißt, hört auf Gemeinschaft zu sein und verliert damit die Wirklichkeit ihrer Ordnung.«[38] Die »Wirklichkeit« einer Ordnung besteht somit nicht in der Tatsache ihrer Existenz, sondern in der Erfüllung eines ihr von außen her gesetzten Zweckes.

Von dem konkreten Ordnungsdenken bleibt auch nicht ein Hauch übrig, wenn es auf seine normativistischen und dezisionistischen Elemente zurückgeführt wird.

Es ist kein Zufall, daß Schmitt in seinen späteren Schriften Probleme des Entscheidungsdenkens mehr am Rande behandelt. Die nationalsozialistische juristische Literatur ist voll von Abhandlungen über die »Gemeinschaft« als Prototyp nationalsozialistischen Rechtsdenkens. Es gibt auch eine fast unübersehbare Literatur über Fragen des politischen Rechts. Es fehlen jedoch weitgehend theoretische Studien, die sich mit der Verbindung zwischen Gemein-

37 Georg Havestädt, »Die Grundverhältnisse des Eigentums«, *Verwaltungsarchiv*, Bd. 42, S. 337-68.

38 Ib., S. 365.

schaftsrecht und politischem Recht beschäftigen. Ernst Rudolf Huber, Professor in Kiel, hat dieses Problem wenigstens gestreift. Er legt sich die Frage vor, ob rechtliche Prinzipien im politischen Bereich die gleiche Gültigkeit haben wie in anderen Lebensbereichen. Er schreibt: »Wenn es im Bereich der politischen Führungsordnung die ›Rechtsstellung‹ des Gefolgsmanns nicht ebenso gäbe wie in den sonstigen Lebensordnungen die Rechtsstellung des Gemeinschaftsmitglieds, so hätten wir eine Trennung von außerordentlichem Maße innerhalb der Rechtsordnung, die nicht überbrückt wäre. Der Dualismus zwischen dem ›politischen Recht‹ der Führungsordnung und dem ›unpolitischen Recht‹ der sonstigen Lebensordnungen wäre schlimmer als die alte Trennung von öffentlichem und privatem Recht.«[39]

Es verdient jedoch Beachtung, daß Huber die Frage, inwieweit in der politischen und in der nicht-politischen Sphäre unterschiedliche Prinzipien gelten, willkürlich auf die Stellung der Gefolgsmänner des Führers beschränkt. Zunächst ist zu erwähnen, daß am 30. Juni 1934 Röhm und dessen Anhänger nicht in den Genuß von Rechtsgarantien entsprechend der Rechtsstellung politischer Gefolgsleute des Führers gelangt sind. In einer wissenschaftlichen Abhandlung sollte auch darauf hingewiesen werden, daß die postulierte Unterstellung der politischen Gefolgsleute unter die Normen des Rechts im nationalsozialistischen Regierungssystem eine bedeutsame Ausnahme von dem entgegengesetzten Prinzip darstellt, daß politische Fragen außerhalb der Sphäre des Rechts stehen. In dieser Abhandlung ist Huber wiederholt als radikaler Vertreter der Lehre zu Wort gekommen, daß der Rechtsstaat durch einen Staat ersetzt werden müsse, dessen politische Ordnung frei von rechtlichen Normierungen und Beziehungen sein soll. Huber hat maßgeblich dazu beigetragen, jener »Trennung von außerordentlichem Maße« in die deutsche Rechtsordnung Eingang zu verschaffen und dergestalt einen »Dualismus schlimmer als die alte Trennung von öffentlichem und privatem Recht« zu begründen. Jetzt, da es nicht mehr um die politischen Feinde, sondern um die politischen Freunde und Gefolgsleute des Führers geht, die in Gefahr sind, schreckt er vor den Folgen dessen zurück, was seine Gesinnungsfreunde und er jahrelang befürwortet haben – die Ausmerzung des Rechts aus dem Bereich des Politischen! Wäre Huber der von ihm selbst angeschnittenen Frage nicht ausgewichen, dann wäre er mit dem Phänomen des Doppelstaates konfrontiert worden einschließlich des Dualismus von Normen- und Maßnahmenstaat.

Hans Peter Ipsen glaubt, der Problematik des Doppelstaates entgehen zu können, wenn er sie aus dem Bereich des materiellen Rechts in den Bereich des

39 Ernst Rudolf Huber, »Die Rechtsstellung des Volksgenossen. Erläutert am Beispiel der Eigentumsordnung«, *Ztschr. f. d. ges. Staatsw.*, Bd. 96, 1936, S. 449.

Prozeßrechts, d. h. aber der Zuständigkeit, verweist. Ipsens Behandlung der Frage von *Politik und Justiz*[40] reduziert das Hauptproblem des neuen deutschen Verfassungsrechts auf reinen Formalismus.

Daher beschreibt Ipsen nicht die Phänomene selbst, sondern nur die Symptome. Er sagt: »Die Justizlosigkeit des Hoheitlichen beginnt da, wo der hoheitliche Qualifikationsträger - des Staates oder der Partei - sie in concreto anordnet. Die normativ bestimmte Grenze der Justiz gegenüber Hoheitsakten - also die Zuständigkeitsordnung der Justizverfassung - gilt nur generell und tritt zurück gegenüber jeder konkreten Qualifikation.«[41]

Obwohl Ipsen glaubt, daß alle staatlichen Akte (ob gerichtlicher Kontrolle unterworfen oder nicht) Ausfluß ein und desselben Rechtssystems sind,[42] kann er die Frage nicht übergehen, ob solche Akte vom Standpunkt der Gerechtigkeit aus gesehen zu rechtfertigen sind.

Im Vorwort zu seinem Buch relativiert Ipsen die Idee der Gerechtigkeit noch weitgehender als andere nationalsozialistische Juristen. Er stellt fest, daß es eine besondere Gerechtigkeit für Nationalsozialisten gibt, die nur für die Gefolgsleute Adolf Hitlers Geltung hat. Die Hauptschlußfolgerungen seines Buches, sagt er, »kann nur derjenige billigen, der in seinem Rechtsgefühl überzeugt ist von der Gerechtigkeit der getroffenen Ordnung und der sicher sein kann, daß auch der justizlose Ausgleich von Rechtsstreitigkeiten ein gerechter sein wird. Daß er in dieser Erwartung nicht enttäuscht wird, kann im neuen Staat jeder annehmen, der ihn bejaht.«[43]

Wie aber steht es mit denjenigen, die ihn nicht bejahen? Will Ipsen damit sagen, daß die rassischen Außenseiter, die Ausländer oder die Deutschen, die dem Regime neutral oder feindlich gegenüberstehen, keine Gerechtigkeit erwarten können? Es sind wahrscheinlich keine moralischen Skrupel, die Ipsen daran hindern, offen zu erklären: Gerechtigkeit gibt es nur für uns, mit den andern soll verfahren werden, wie wir es für richtig halten. Ipsens Hemmungen sind intellektueller Art.

Wenn Ipsen anzuerkennen bereit wäre, daß der nationalsozialistische Staat nicht nur innerhalb des gleichen Systems Freund und Feind verschieden behandelt, sondern daß es darüber hinaus im heutigen Deutschland zwei unterschiedliche Herrschaftssysteme gibt, wäre seine Theorie als Ganzes unhaltbar und könnte nur dazu dienen, das wahre Problem, wie in Deutschland regiert

40 Hans Peter Ipsen, *Politik und Justiz, Das Problem der justizlosen Hoheitsakte*, Hamburg 1937.
41 *Ib.*, S. 276.
42 Er sagt, »Recht und Politik (sind) nicht heteronome Bereiche, sondern homogene Gebiete ... in einer staatlichen Ordnung, in der Gerechtigkeit herrscht«, *op. cit.*, S. 239.
43 *Ib.*, S. 12.

wird, zu verschleiern. So hat Ipsen keine andere Wahl, als dieser peinlichen Frage auszuweichen. Dies ist um so beachtlicher, als Ipsens Buch zu dem besten gehört, was auf diesem Gebiet im nationalsozialistischen Deutschland publiziert worden ist.

Ipsen schließt das Vorwort zu seinem Buch mit den Worten: »Wer ihn (den NS-Staat) aber nicht bejaht, hat auch nicht Teil an der deutschen Rechtswissenschaft.«[44] Daß der wesentliche Punkt nicht der Anteil an der deutschen Rechtswissenschaft, sondern die Durchleuchtung der deutschen Herrschafts»ordnung« ist, dürfte jedem klar geworden sein, der einmal mit dem Maßnahmenstaat in Konflikt geraten ist. Der Umstand, daß Ipsen dem Zentralproblem ausweicht, beweist, daß, solange es keine Freiheit der Forschung gibt, Spezialuntersuchungen politisch relevanter Probleme – mögen sie auch noch so kenntnisreich sein –, streng wissenschaftlichen Anforderungen nicht Genüge leisten können.

Ipsens Behauptung, nur ein Nationalsozialist könne zur Analyse des deutschen Rechts der Gegenwart beitragen, muß mit Nachdruck zurückgewiesen werden. Wäre diese These richtig, so resultierte sie in der Ablehnung jeder Form des internationalen Privatrechts. Basiert letzteres doch auf der Hypothese, daß einem jeden Richter eines bestimmten Rechts die Fähigkeit beigemessen wird, die Normen einer anderen Rechtsordnung zutreffend auszulegen.

Das Problem ist grundsätzlich von Max Weber in *Der Sinn der Wertfreiheit der soziologischen und ökonomischen Wissenschaften* behandelt worden. Er ging von dem hypothetischen Fall eines Anarchisten aus, der zugleich Rechtskundiger ist, und sagte, obwohl dieser die Normen, die er zu analysieren hat, ablehnt, könne »gerade jener sozusagen archimedische Punkt *außerhalb* der uns so selbstverständlichen Konventionen und Voraussetzungen, auf die ihn seine objektive Überzeugung – wenn sie echt ist – stellt, ihn befähigen, in den Grundanschauungen der üblichen Rechtslehre eine Problematik zu erkennen, die allen denjenigen entgeht, welchen jene allzu selbstverständlich sind. Denn der radikalste Zweifel ist der Vater der Erkenntnis.«[45] Diese Sätze sind die methodologische Rechtfertigung des vorliegenden Buches.

Im nationalsozialistischen Staat besteht die Aufgabe der Wissenschaft nicht in erster Linie darin, die rechtlichen und sozialen Phänomene wissenschaftlich zu analysieren. Hans Frank hat die Aufgabe der NS-Wissenschaft unmißverständlich folgendermaßen in einem Vortrag umrissen: »Der Nationalsozialis-

44 *Ib.*, S. 12.
45 Max Weber, »Der Sinn der Wertfreiheit der soziologischen und ökonomischen Wissenschaften«, *Gesammelte Aufsätze zur Wissenschaftslehre*, Tübingen 1922, S. 458.

mus muß neben dem Ziel auch der Inhalt Ihres Wirkens sein, d. h.: Inhalt der theoretischen, der dem geistigen Forschen dienenden Arbeit kann niemals die leere Abstraktion und die Freude an der möglichst theoretisch gefaßten Niederlegung Ihrer Erkenntnisse an sich sein, sondern immer nur die im nationalsozialistischen Sinne anzustrebende Förderung der Substanzwerte unseres Volkes . . . Nicht das Buch soll das Ziel sein . . . auch nicht die Freude an der Erkenntnis: ›Ich habe nunmehr in mir und in meinem Werk eine ganz neue Betrachtung . . . erschlossen‹, sondern nur der Gedanke: Diene ich mit meiner wissenschaftlichen Erkenntnis der Förderung des Nationalsozialismus?«[46]

Dieses Zitat macht deutlich, daß im heutigen Deutschland der »Vorbehalt des Politischen« nicht nur für das Recht und die Religion, sondern auch für die Wissenschaft gilt. Frank, der Autor des vielzitierten Satzes, »Recht ist, was dem deutschen Volke nützt«, bringt in der oben zitierten Rede klar zum Ausdruck, daß das nationalsozialistische Deutschland als Wahrheit nur das anerkennt, was den jeweiligen Zielen der herrschenden Partei dienlich ist. Eine solche Theorie der »Wahrheit unter Vorbehalt« würde das Ende der Wissenschaft bedeuten.[47]

46 Hans Frank, »Der Nationalsozialismus und die Wissenschaft der Wirtschaftslehre«, *Schmoller's Jahrbuch*, Bd. 58, S. 641-50, insbes. S. 643. (Rede vom 4. 10. 1934.)

47 Heinrich Rickert, *Kant als Philosoph der modernen Kultur. Ein geschichtsphilosophischer Versuch,* Tübingen 1924, S. 50, hat dargelegt, daß »die Menschen, die das wissenschaftliche Erkennen sich zum *Beruf* erwählt haben, in der Hinsicht Griechen bleiben müssen, daß sie das Wissen nicht zu außerwissenschaftlichen Zwecken suchen, sondern es lieben um der Theorie willen«.

Teil III
Die Rechtswirklichkeit des Doppelstaates

Les institutions périssent
par leurs victoires.

Renan

Kapitel I
Die Rechtsgeschichte des Doppelstaates

1. Der Doppelstaat und der dualistische Staat

Je länger das Hitlerregime andauert, desto dringlicher wird es für seine Kritiker, sich darüber Gedanken zu machen, ob es bei der Beurteilung der Einstellung der Staatsangehörigen des Dritten Reiches zum Nationalsozialismus ausreichend ist, zwischen Systemanhängern und Systemgegnern zu unterscheiden. Läßt sich doch nicht übersehen, daß es im heutigen Deutschland Anti-Nationalisten gibt, deren Haltung zum NS-Staat ambivalent, wenn nicht gar schizophren ist. Zwar finden sie das Willkürregime unerträglich, erkennen jedoch gleichzeitig an, daß die vom Dritten Reich propagierte und angeblich bereits realisierte Gemeinschaftsidee »etwas Großes sei«.

Es ist eines der Hauptanliegen der nachfolgenden Kapitel dieses Buches nachzuweisen, daß diese »staatsfeindlichen Sympathisanten« des NS-Staats Opfer zweier fundamentaler Mißverständnisse sind. Übersehen sie doch, daß

1. die gegenwärtige deutsche Gemeinschaftsideologie nur eine Verhüllung der nach wie vor bestehenden kapitalistischen Gesellschaftsstruktur ist;
2. daß die Glorifizierung der Gemeinschaftsideologie das Funktionieren der Willkürmethoden des Maßnahmenstaates überhaupt erst ermöglicht.

Die Ersetzung des Rechtsstaats durch den Doppelstaat ist lediglich ein Symptom. Die Wurzeln des Übels liegen gerade dort, wo die unkritischen Gegner des Nationalsozialismus glauben, gute Gründe für seine Bewunderung entdeckt zu haben – nämlich in der Symbiose von romantischem Gemeinschaftsdenken und militantem Kapitalismus. In der Tat ist für die Erhaltung des heutigen deutschen Kapitalismus der autoritäre Doppelstaat unentbehrlich.

Eine jede kritische Studie, die sich das Ziel setzt, die Rechts- und Sozialstruktur des Doppelstaats zu analysieren, kommt um die Beantwortung der Frage nicht herum, ob das Modell des Doppelstaats ein Novum darstellt oder ob es nicht vielmehr eine Wiedergeburt des dualistischen Staates ist, wie er vor Begründung des Absolutismus im Zeitalter des Ständewesens bestanden hat.

Im dualistischen Staat kommt jeder einzelne Hoheitsakt (einschließlich des Budget), in dem der Staatswille zum Ausdruck gelangt, aufgrund einer speziellen Vereinbarung zustande. Die Verfassungsgeschichte des dualistischen Staates ist die Geschichte nicht abreißender Kompromisse. Der Doppelstaat hingegen ist durch das Vorliegen einer fingierten allumfassenden Vereinbarung gekennzeichnet. Von einem Doppelstaat sollte nur dann gesprochen werden, wenn die Staatsgewalt strukturell einheitlich organisiert ist, ihre Handhabe jedoch funktionell nach verschiedenartigen Methoden in Erscheinung tritt.

Soziologisch gesehen ist für den Doppelstaat die Tatsache kennzeichnend, daß die herrschende Klasse bereit ist, unter folgenden Bedingungen in die Errichtung einer monistischen Staatsgewalt einzuwilligen:

1. daß die für ihre ökonomische Existenz lebenswichtigen Vorgänge nach einem ihr tragbar erscheinenden Recht geregelt werden;
2. daß die beherrschte Klasse ökonomisch entmachtet wird, nachdem ihr vorher als kollektive Einheit der Schutz der Rechtsordnung entzogen worden ist.

Ferdinand Tönnies und Werner Sombart haben das Hauptmerkmal des modernen Staates in seiner *Zwieschlächtigkeit* erblickt.[1] Dies gilt nicht nur für den dualistischen, sondern insbesondere auch für den Doppelstaat.

Nur für England, wo sich der Doppelstaat niemals voll durchgesetzt hat, sind diese Unterschiede bedeutungslos geblieben. Otto Hintze führt hierzu aus: »Es gab nur einen Staat, in dem von der Herrschaft des Rechts die Rede sein konnte: England . . . die kontinentalen Staaten mit ihrem Militarismus, ihrem Absolutismus, ihrer Bürokratie standen vor ganz anderen Problemen. Hier war die Frage nicht, wie die Herrschaft des Rechts im Staat herzustellen, sondern wie die beiden miteinander streitenden Rechtssysteme des alten gemeinen Rechts und des neuen monarchischen Verwaltungsrechts miteinander auszugleichen und in Harmonie zu bringen seien.« Hintze sieht diesen Antagonismus zweier grundsätzlich verschiedener Systeme als entscheidenden Faktor in der deutschen Rechtsgeschichte an. »Ich möchte behaupten«, sagte er, »daß es bei uns immer im Grunde das eigentliche Problem des Rechtsstaats geblieben ist.«[2]

Es würde zu weit führen, im einzelnen auf die unterschiedliche Entwicklung dieses Problems in England und auf dem Kontinent einzugehen. Es muß ge-

1 Vgl. Ferdinand Tönnies, *Gemeinschaft und Gesellschaft*, 6. und 7. Aufl. Berlin 1926, S. 227, und Werner Sombart, *Das Wirtschaftsleben im Zeitalter des Hochkapitalismus*, München und Leipzig 1937, Bd. I, S. 48.

2 Otto Hintze, »Preußens Entwicklung zum Rechtsstaat«, in *Geist und Epochen der preußischen Geschichte. Gesammelte Abhandlungen*, Bd. III, hrsg. von Fritz Hartung, Leipzig 1943, S. 113.

nügen, auf die verschiedenartigen Wirkungen hinzuweisen, die es gehabt hat, je nachdem ob das Landheer oder die Flotte die ausschlaggebende militärische Waffengattung gewesen ist – d. h. die Armee in Deutschland und die Marine in England. Hintze bemerkt hierzu: »Die Landmacht ist eine Organisation, die den Körper des Staates selbst durchsetzt und militärisch gestaltet. Die Seemacht ist nur die gepanzerte Faust, die hinausgreift in die fremde Welt; sie ist nicht geeignet, gegen irgendwelche ›inneren Feinde‹ gebraucht zu werden.«[3]

Hier liegt ein Ansatzpunkt für das Verständnis des Problems, warum England niemals ein Doppelstaat geworden ist. Seine Insellage und die Tatsache, daß seine Marine überwiegend für den Einsatz zur Verteidigung gedacht war, haben die Überschneidung der Rechts- und Machtsphäre verhindert. Michael Freund sagt: »Die politische Theorie der Engländer im 16. und 17. Jahrhundert konnte eine Trennung der Rechts- und Machtsphäre ausbilden, die nicht nur bildlich für die Gesellschaftsorganisation, sondern auch räumlich gemeint war. Absolut war der König auf dem Meer und in den Kolonien; der innere Kern des Reiches wurde unter die Herrschaft des common law und des ständischen Rechts gestellt.«[4] Als im Verlauf der Kämpfe um die *Ship money writs* die Ausdehnung der königlichen Prärogative zu einer akuten Gefahr wurde, sind die verfassungsrechtlich entscheidend wichtigen Probleme in einer für das Verständnis der deutschen Gegenwart richtungweisenden Art formuliert worden.

In dem Prozeß *Rex v. Chambers* führte einer der Richter über den drohenden Wandel aus, es gäbe bereits neben der Herrschaft des traditionellen Rechts eine Herrschaft der an das traditionelle Recht nicht gebundenen Regierung; vieles, was unter der Herrschaft des Rechts nicht geschehen könne, könne bereits unter »the rule of government« verwirklicht werden.[5]

Diese Gefahr wurde in England jedoch rechtzeitig erkannt und in einem großartigen Kampf um die Erhaltung des Rechts gebannt. In seiner Autobiographie bemerkte D'Ewes: »Wenn dies von rechts wegen geschehen könnte, dann wäre niemand einen Pfifferling wert.«[6]

3 Otto Hintze, »Staatsverfassung und Heeresverfassung«, in *Gesammelte Abhandlungen*, Bd. I, hrsg. von Fritz Hartung, Leipzig 1941, S. 72.

4 Michael Freund, »Zur Deutung der Utopia des Thomas Morus. Ein Beitrag zur Geschichte der Staatsraison in England«, *H. Z.* Bd. 142, S. 255 (1930).

5 Zitiert in John Rushworth, *Historical Collections*, London 1721, Bd. II, S. 323.

6 *The Autobiography and Correspondence of Sir Simonds D'Ewes*, hrsg. v. James Orchard Halliwell, London 1845, Bd. II, S. 130.

Diese Aversion gegen den Doppelstaat ist zur Zeit des Erzbischofs Laud von religiösen Emigranten nach den nordamerikanischen Kolonien verpflanzt worden. Spuren davon lassen sich noch im Amerika des 19. Jahrhunderts auffinden, als während des Sezessionskrieges die Gefahr der Errichtung eines Doppelstaates erneut auftauchte. Der Supreme Court hat der Entwicklung Einhalt geboten.

In *Ex parte Milligan* verteidigte Justice Davis den Rechtsstaat mit folgenden Worten: »Niemals ist dem menschlichen Hirn eine Theorie mit verhängnisvolleren Wirkungen entsprungen als die Lehre, daß im Falle eines ernsten Staatsnotstandes jede beliebige Rechtsbestimmung suspendiert werden könne. Eine solche Lehre führt direkt zu Anarchie oder Despotismus, aber diese Theorie vom Staatsnotstand ... ist falsch ... Kriegsrecht (Martial Law) kann nicht mit einer *drohenden* Invasion begründet werden. Der Staatsnotstand muß tatsächlich vorliegen. So wie der Notstand die Herrschaft des Kriegsrechts begründet, so beschränkt er auch dessen Dauer. Denn es bedeutete eine schwerwiegende Usurpation von Machtbefugnissen, wenn das Kriegsrecht aufrechterhalten würde, nachdem die Gerichte wieder eingesetzt worden sind. Kriegsrecht (Martial Law) kann niemals bestehen, solange die Gerichte offen sind und ihre Tätigkeit in der üblichen Weise und unbehindert auszuüben in der Lage sind.«[7]

Mit Recht stellt Morstein-Marx fest, daß die deutsche und die amerikanische Notstandsregulierung verfassungsrechtliche Antipoden sind.[8] Um so verfehlter ist Reinhard Höhns Behauptung, daß zwischen der nationalsozialistischen Abneigung gegen Rechtsnormen und dem angelsächsischen Festhalten an der Herrschaft des Rechts »kein wahrer Gegensatz, sondern nur ein Gegensatz in Worten« bestehe.[9] Diceys klassischer Definition zufolge kann »the rule of law« als Formel benutzt werden, um die Tatsache auszudrücken, daß in England die verfassungsrechtlichen Regeln, die in anderen Ländern selbstverständlicher Bestandteil einer geschriebenen Verfassung sind, nicht die Quelle, sondern die Folge der Rechte des Individuums sind – so wie sie die Gerichte

7 Amtliche Entscheidungen des US Supreme Court, 1866, *4 Wallace 2 (121, 127):* »No doctrine, involving more pernicious consequences, was ever invented by the wit of man than that any of its provisions can be suspended during any of the great emergencies of government. Such a doctrine leads directly to anarchy or despotism, but the theory of necessity ... is false ... Martial Law cannot arise from a threatened invasion. The necessity must be actual and present ... Martial Law can never exist where the courts are open, and in the proper and unobstructed exercise of their jurisdiction.«

8 F. Morstein-Marx, »Roosevelt's New Deal und das Dilemma amerikanischer Staatsführung«, *Verwaltungsarchiv*, Bd. 40, 1935, S. 155-213.

9 Reinhard Höhn, »Die parlamentarischen Demokratien und das neue deutsche Verfassungsrecht«, *Dtsch. Rw.* 1938, S. 24-54, S. 43.

definieren und anwenden.[10] Höhn übersieht, daß im nationalsozialistischen Denken Individualrechte in der Sphäre des öffentlichen Rechts bestenfalls Reflexe von Statuten zu sein vermögen, während im englischen Rechtsstaat das öffentliche Recht ein Bündel der Rechte von Individuen ist.[11]

Seit dem 28. Februar 1933 hat sich die im Ansatz seit dem 17. Jahrhundert bestehende Kluft zwischen dem kontinentalen und dem angelsächsischen Verfassungsdenken erneut aufgetan. Heute wiederholt sich gleichsam die verfassungsrechtliche Krisensituation des 17. Jahrhunderts. Damals hat sich die Tendenz, die in England scheiterte, Schritt für Schritt in den deutschen Territorien durchgesetzt. Fiel doch damals eine verhängnisvolle Entscheidung: Nachdem die monarchische Gewalt das politische Rückgrat der Stände gebrochen hatte, ergänzte sie das überlieferte Recht durch eine ausschließlich an politischen Zielen ausgerichtete absolutistische Herrschaftsordnung.

Eine historische Skizze der Entwicklung in Brandenburg-Preußen seit der Begründung des Absolutismus durch Friedrich Wilhelm, den Großen Kurfürsten (1640-1688), soll die »Zwieschlächtigkeit« des damaligen Staates als Erscheinungsform des Doppelstaates darstellen. Diese Skizze wird sich auf die Territorien der Hohenzollern beschränken. Im Süden, Westen und Nordwesten Deutschlands (dem Land der freien Bauern) ist die Entwicklung anders verlaufen.

2. *Die Geschichte des Doppelstaates in Preußen und Deutschland*

a. *Die Begründung der absoluten Monarchie*

Die Entmachtung des Adels durch die absoluten Fürsten während des 17. und 18. Jahrhunderts bedeutete nicht das Ende der »Zwieschlächtigkeit« des Staates. Anfangs konnte der Verzicht auf politische Macht von den Ständen nur gegen Überlassung sozialer Privilegien erlangt werden.

Der Berliner Landtagsrezeß vom 5. August 1653 stellte ausdrücklich fest: »Die Leibeigenschaft thuet denen Orthen, da sie introduciret und gebräuch-

10 A. V. Dicey, *Introduction to the Study of the Law of the Constitution*, 8. Aufl. London 1926, S. 198/9: »The Rule of Law may be used as a formula for expressing the fact that with us the law of the constitution, the rules which in foreign countries naturally form part of a constitutional code, are not the source but the consequence of the rights of individuals, as defined and enforced by the Courts.«

11 Vgl. William Ebenstein, »Rule of Law im Lichte der reinen Rechtslehre«, *Revue internationale de la théorie du droit*, 1938, S. 316.

lich, allerdinge verbleiben ...«[12] Darüber hinaus schloß der Landtagsabschied die Möglichkeit des kurfürstlichen Fiskals aus, in die Zuständigkeit der adligen Gerichte einzugreifen. Vor diesen Gerichten galt eine gesetzliche Beweislastregel, die die realen Machtverhältnisse deutlich widerspiegelt: Wenn der Junker Anspruch auf Frondienste geltend machte, mußte der Bauer im Streitfall den Nachweis erbringen, daß er zu solchen Diensten nicht verpflichtet sei. Nachdem die Gesindeordnung von 1681 die Translokierung von einem Dorf ins andere, von einem Hof auf den anderen gestattet hatte, kam der neue sozialpolitische Kompromiß in der 1722 erlassenen und 1769 bestätigten kurmärkischen Gesindeordnung voll zur Wirkung. Hinfort wurden lokale Gewohnheiten selbst dann sanktioniert, wenn sie bis zur Verkäuflichkeit des Leibeigenen führten.[13]

Nur gegen solche Zugeständnisse verzichtete der Landadel auf seine politische Macht und ließ die Begründung des *miles perpetuus* zu.[14] Das Ergebnis war eine absolute, jedoch nicht totalitäre Monarchie, da die nahezu völlige Auslieferung der Bauern an den Landadel der Einwirkungsmöglichkeit der Staatsmacht auf die wirtschaftliche Lage der Hintersassen Schranken setzte. So endete die Macht des preußischen Staates beim Landrat.[15]

Wichtiger jedoch als die Zugeständnisse an die Junker war die Tatsache, daß neben das tradierte, von den Gerichten angewandte Recht eine an der monarchischen Staatsraison ausgerichtete Verwaltungspraxis trat. Die neue Verwaltungspraxis war organisatorisch und funktionell von dem überlieferten materiellen Recht und der Zuständigkeit der Gerichte losgelöst. Die Neuerung wurde aus dem Grundsatz hergeleitet, daß es in »Polizeisachen keine Appellation« gibt. Der absolute Staat war stark genug, die für ihn wichtigen Angelegenheiten sowohl der Zuständigkeit der ständischen Mitwirkung als auch der Herrschaft des ständisch orientierten Rechts zu entziehen.[16] Er war jedoch weder fähig noch willens, dieses materielle ständische Recht auch für alle die Bereiche auszuschalten, die nicht lebenswichtig für die Erreichung seiner Ziele waren.

12 Die Urkunde ist abgedruckt in Altmann, *Ausgewählte Urkunden zur Brandenburgisch-Preußischen Verfassungs- und Verwaltungsgeschichte*, 2. Aufl. Berlin 1914, S. 92.

13 Carl Brinkmann in *Landeskunde der Provinz Brandenburg*, Berlin 1910, Bd. II, S. 298.

14 Bernhard Erdmannsdörffer, *Deutsche Geschichte vom Westfälischen Frieden bis zum Regierungsantritt Friedrichs des Großen 1648-1740*, Berlin 1892, Bd. I, S. 423.

15 Otto Hintze, *Die Hohenzollern und ihr Werk*, Berlin 1916, S. 206: »In Wahrheit zog sich der Adel aus seiner bisherigen politischen Stellung zurück, um seine wirtschaftlich-sozialen Interessen um so erfolgreicher wahrzunehmen. Er gab seinen Widerstand gegen die Begründung eines militärischen Großstaats auf, um sich dafür in den Kreisen seines lokalen Herrentums um so stärker zu befestigen.«

16 Otto Hintze, »Preußens Entwicklung zum Rechtsstaat«, in *Geist und Epochen der preußischen Geschichte. Gesammelte Abhandlungen*, Bd. III, hrsg. von F. Hartung, Leipzig 1943, S. 147/8.

So konnten die Stände das überlieferte Recht nicht nur für alle die Fragen beibehalten, die für ihre ökonomischen Privilegien Bedeutung besaßen, sie konnten auch die Grundlagen für eine wirtschaftliche Selbstverwaltung schaffen. Nicht nur blieb das *Ständische Kreditwerk* erhalten (es wurde erst 1820 abgeschafft) – es wurde 1719 ergänzt durch eine *Marsch- und Molestienkasse*, die – höchst bezeichnend – die »leiturgische« Verteilung der militärischen Lasten auf die einzelnen Standesmitglieder vorsah. Noch bedeutsamer waren die *Landschaften*, die der Aufsicht des Adels unterstanden. Für die Struktur dieser Körperschaften ist § 28 des *Reglements des ritterschaftlichen Pfandbriefinstituts für die Kur- und Neumark* kennzeichnend. Diese Körperschaften wurden ausschließlich vom Landadel verwaltet und königliche Beamte ausdrücklich von der Teilnahme an der Verwaltung ausgeschlossen.[17]

Eine Analyse der Rechtslage der Stände in den deutschen Territorien an der Wende des 18. zum 19. Jahrhundert ergibt, daß ihre überkommenen Privilegien auf eine mittlere Position reduziert waren. Über ihnen erstreckte sich der Machtbereich der Fürsten, unter ihnen der Machtbereich des Landadels. Ohne Einschränkung war der Schutz der Gerichte nur dem privilegierten Landadel zuerkannt.[18] Auf der Basis der gutsherrlichen Herrschaft über die Hintersassen erhob sich ein Staat, der den früheren Dualismus weitgehend beseitigt hatte. Seine »Zwieschlächtigkeit« bestand aber in abgeänderter Form fort: in dem Nebeneinander von rechtlich normierter und staatspolitisch orientierter Ordnung. Max Weber hat diese Situation mit den Worten gekennzeichnet, es habe ein »Nebeneinander von unzerbrechlicher Traditionsgebundenheit einerseits und andererseits eines Ersatzes der Herrschaft rationaler Regeln durch Kabinettsjustiz« bestanden.[19]

b. Der aufgeklärte Absolutismus

In der zweiten Hälfte des 18. Jahrhunderts hatte sich der Rechtsgedanke in Sphären ausgebreitet, die ihm bis dahin unzugänglich gewesen waren. Absolute Herrscher wie Friedrich der Große und Joseph der Zweite legten den Machtbefugnissen des Landadels durch Einführung eines gewissen Bauernschutzes rechtliche Schranken auf – wie wirksam sie in der Praxis auch gewesen sein mögen. Im Zeichen der Aufklärung neigte der gestärkte monarchische Absolutismus dazu, den Lehren des Naturrechts auch solche Bereiche staatlicher Betätigung zu öffnen, die bis dahin als eigentlicher Herrschaftsbe-

17 Willy Spatz in *Landeskunde der Provinz Brandenburg*, Berlin 1910, Bd. II, S. 275, »Zur Verwaltungsgeschichte der Städte und Dörfer, Marken und Kreise«.

18 Edgar Loening, *Gerichte und Verwaltungsbehörden in Brandenburg-Preußen*, Halle 1914, S. 322.

19 Max Weber, *Wirtschaft und Gesellschaft*, Tübingen 1922, S. 703.

reich der Staatsraison gegolten und infolgedessen weitgehend außerhalb der Rechtsordnung gestanden hatten.

Otto Hintze sieht in diesen Bestrebungen des aufgeklärten Absolutismus einen Versuch, die »Zwieschlächtigkeit« des Staates völlig zu überwinden.[20] Primäres Ziel war es, durch Überwindung des staatlichen Dualismus den Monarchen zum alleinigen Inhaber politischer Gewalt zu machen und sie gleichzeitig dem Naturrecht unterzuordnen. Programmatisch machte die absolute Monarchie nicht nur die Zentralisierung der Staatsgewalt, sondern auch eine allgemeingültige Rechtsordnung erforderlich.

Natürlich bestand zwischen Idee und Wirklichkeit eine breite Kluft. Hugo Preuß sagte, das Allgemeine Preußische Landrecht lese sich, »als ob die Vordersätze von dem Philosophen von Sanssouci, die praktisch entscheidenden Nachsätze vom König von Preußen diktiert wären.«[21]

Die Aufklärung hob weder die widernatürliche Tyrannis des Adels über die Leibeigenen noch die despotische Staatsraison auf. Friedrich der Große kennzeichnete die Spannung zwischen Naturrechtsideologie und der positiv rechtlichen Realität folgendermaßen: In den meisten europäischen Staaten gäbe es Provinzen, in denen die schollenpflichtigen Bauern die Leibeigenen ihrer Grundherren seien. Das sei der denkbar elendste Zustand und rufe den größten Abscheu der Menschheit hervor. Solche Mißstände würden zu Recht verurteilt und man könnte annehmen, der Wunsch, diese barbarischen Gepflogenheiten abzuschaffen, reiche zu ihrer Beseitigung aus. Dies träfe jedoch nicht zu, denn diese Verhältnisse beruhten auf alten Verträgen zwischen Feudalherren und Bauern. Der Versuch, diese abscheuliche Institution abzuschaffen, würde die gesamte Agrarwirtschaft durcheinanderbringen. Es wäre unerläßlich notwendig, den Adel für die ihm erwachsenen Einkommensverluste zu entschädigen.[22]

Angesichts dieser skeptischen Grundeinstellung gegenüber dem, was »für die Wirtschaft tragbar« erschien, ist es verständlich, daß alle Versuche, die Frondienste von 6 auf 2 oder 3 Tage in der Woche zu reduzieren, auf den Rittergütern scheiterten[23] und daß das neumärkische Gesinderecht in Geltung blieb,

20 Otto Hintze, »Preußens Entwicklung zum Rechtsstaat«, *Geist und Epochen der preußischen Geschichte. Gesammelte Abhandlungen*, Bd. III, hrsg. v. F. Hartung, Leipzig 1943, S. 168.

21 Hugo Preuß, *Verfassungspolitische Entwicklungen in Deutschland und Westeuropa. Historische Grundlagen zu einem Staatsrecht der Deutschen Republik*, Berlin 1925, S. 401.

22 [Anmerkung des Herausgebers: Leicht gekürzte Wiedergabe des französischen Originaltextes von Friedrich dem Großen aus: ›Mémoires pour servir à l'histoire de la Maison de Brandebourg‹, *Oeuvres de Frédéric le Grand*, édité par Johann-David-Erdmann Preuss, Tome IX, Berlin 1848, p. 205/6.]

23 Otto Hintze, »Zur Agrarpolitik Friedrichs des Großen«, *Forschungen zur Brandenburgisch-Preußischen Geschichte*, Bd. 10, S. 287.

obwohl das Allgemeine Landrecht den Bauern die staatsbürgerliche Freiheit zusprach.[24]

Derselbe Fehlschlag ist in der staatlichen Sphäre zu beobachten. Die Instruktionen für das Generaldirektorium, die der Naturrechtler Cocceji (Justizminister unter Friedrich dem Großen) 1747 abfaßte, enthalten die Bestimmung, daß alle Klagen »und Prozeßsachen, sie mögen bei Immediat- oder Mediatuntertanen ... oder auch mit dem fisco selbst entstehen bei den dazu bestellten Gerichten und Justizcollegiis angebracht und dediziert werden.« Ein neues Ressort-Reglement vom 19. 6. 1749 steht jedoch dazu in Widerspruch. Zwar hielt es am oben genannten allgemeinen Grundsatz fest, doch sieht es zahlreiche Ausnahmen für die Anwendung des Gesetzes vor. Friedrich der Große mußte den Plan, die ganze Verwaltungsjustiz an die ordentlichen Gerichte zu übertragen, fallenlassen. Er hielt vielmehr an dem Prinzip fest, daß sofern in Prozessen wesentliche Verwaltungsinteressen berührt wurden, die Verwaltungsbehörden zuständig sein sollten, den Fall zu entscheiden. »So behauptete sich der Polizeistaat«, wie Otto Hintze im einzelnen ausführt, »noch siegreich gegenüber den vordringenden Ideen des Rechtsstaates.«[25]

Die zwei Jahrzehnte zwischen dem Tode Friedrichs des Großen und dem temporären Zusammenbruch seines Staates zur Zeit Napoleons sind durch das Vordringen des Rechtsstaates gekennzeichnet. Das Preußische Allgemeine Landrecht enthält eine berühmte Polizeidefinition. Unter dem Einfluß des Naturrechts werden als Aufgaben der Polizei die Abwehr von Gefahren und die Aufrechterhaltung der Ordnung bezeichnet. Zwar enthält das Allgemeine Landrecht auch die Bestimmung, daß die Majestäts- und Hoheitsrechte der gerichtlichen Kontrolle nicht unterworfen sind, aber selbst diese Bestimmung stellt gegenüber dem früheren Rechtszustand einen deutlichen Fortschritt dar, denn der Begriff der Majestäts- und Hoheitsrechte ist unzweifelhaft viel enger als die vage Formulierung des *status politicus*. Die 1797 für Neu-Ostpreußen erlassene Verordnung sah eine weitgehende gerichtliche Kontrolle der Verwaltung vor. Eine Kabinettsorder von 1803 bestimmte, daß die Gerichte und nicht die Verwaltungsinstanzen in allen Fragen des privaten und öffentlichen Rechts zuständig sein sollten.[26] Nach der Katastrophe von 1806 fand die Entwicklung zum Rechtsstaat in den Stein-Hardenbergschen Reformen keine Fortsetzung und Vollendung, sondern erlitt im Gegenteil einen schweren Rückschlag.

24 Carl Brinkmann, *op. cit.* Bd. II, S. 298.

25 Otto Hintze, *Die Hohenzollern und ihr Werk*, Berlin 1916, S. 352.

26 A. Wagner, *Der Kampf der Justiz gegen die Verwaltung in Preußen. Dargelegt an der rechtsgeschichtlichen Entwicklung des Konfliktgesetzes von 1844*, Hamburg 1936.

c. *Die absolute Bürokratie*

Die Französische Revolution und ihre Auswirkungen haben der Symbiose von rationalem Naturrecht und utilitaristischer Staatsraison, die sich im Laufe des 18. Jahrhunderts angebahnt hatte, ein Ende gesetzt. Mit der Bauernbefreiung zerfiel das Fundament des aufgeklärten Absolutismus. Gleichzeitig – ebenfalls eine Folge der Französischen Revolution – wandten sich die herrschenden politischen Kreise vom Naturrecht ab; waren doch seine potentiellen Gefahren nur allzu offenkundig geworden. Die teilweise Ersetzung der patrimonialen durch bürokratische Verwaltungsmethoden (die nach der Bauernbefreiung notwendig geworden war) blieb nicht auf die vornehmlich agrarischen Landstriche beschränkt. Sie durchdrang den ganzen Staat und verwandelte den Absolutismus der aufgeklärten Monarchie in die absolute Herrschaft der staatlichen Bürokratie. Diese absolute Bürokratie war die Realität der staatlichen Ordnung, wie sie zur Zeit der Abfassung von Hegels *Grundlinien der Philosophie des Rechts* (1821) in Preußen bestand.

Georg Friedrich Knapps bahnbrechende Arbeiten über die sozialen Folgen der Bauernbefreiung entheben uns der Aufgabe, diese ausführlicher darzustellen. Die Aufhebung der Erbuntertänigkeit kann nur in Zusammenhang mit dem Regulierungsedikt vom 14. September 1811 und der Deklaration vom 29. Mai 1816 verstanden werden.[27]

Gleichzeitig fiel der Bauernschutz der absoluten Monarchie zur Verhinderung des Bauernlegens fort. Infolgedessen wurden die schwächsten Bauernschichten zu Gutstagelöhnern. Otto Hintze[28] hat berechnet, daß von den 145 000 Erbuntertänigen in den alten preußischen Provinzen (ohne Posen und Schlesien) nach der Bauernbefreiung nur ungefähr 45 000 selbständige Bauern wurden. Der Rest ist von den Junkern »gelegt« worden und sank ins Landproletariat ab.[29]

27 G. F. Knapp, *Die Bauernbefreiung und der Ursprung der Landarbeiter in den älteren Teilen Preußens*, 2. Aufl. München 1927. Das Regulierungsedikt sah als Entgelt für die Befreiung die Abtretung von Land durch die befreiten Bauern an die Junker vor. Die erblichen Lassiten hatten ein Drittel, die nichterblichen die Hälfte ihres Landes abzugeben. Die nicht spannfähigen Bauern waren von der Regulierung ausgeschlossen.

28 Otto Hintze, *Die Hohenzollern und ihr Werk*, Berlin 1916, S. 495.

29 Gustav Schmoller machte folgende Aufstellung über die Aufgliederung der Landbevölkerung zur Zeit der absoluten Monarchie in Brandenburg (*Umrisse und Untersuchungen zur Verfassungs-, Verwaltungs- und Wirtschaftsgeschichte*, Leipzig 1898, S. 623):

1618	*1746*	*1804*	
18 558	16 646	18 097	Bauern und Fischer
13 644	12 709	21 045	Kossäten
2 659	18 456	33 228	Instleute etc.

Kossäten hatten zwar Land, jedoch keine Anteile an der Allmende und kein Vieh.

Mit der Aufhebung der Erbuntertänigkeit ging eine Verschärfung der polizeistaatlichen Tendenzen einher. Die Modifikation, die der Polizeibegriff unter dem Einfluß des Naturrechts im Zeitalter des aufgeklärten Absolutismus erfahren hatte, ist nur bei Berücksichtigung der Sozialstruktur dieser Periode voll zu verstehen. Die breite Masse der Bevölkerung war von der neuen, am Naturrecht orientierten Gesetzgebung kaum berührt worden, da sie großenteils der patrimonialen Gerichtsbarkeit der Junker unterstand und nicht den staatlichen Instanzen. Für die oberen Schichten bedeutete der aufgeklärte Absolutismus eine Abschwächung des polizeilichen Drucks, da die ehemals autonomen Stände jetzt sozial und ökonomisch in die absolute Monarchie integriert waren. Je mehr sich die großen Güter in Ostdeutschland in agrarkapitalistische Unternehmungen umwandelten, desto besser fügten sie sich in den straff organisierten preußischen Staat ein.[30] Diese ökonomische Entwicklung hatte höchst bedeutsame soziale Folgen. Die wirtschaftlichen Interessen der Großgrundbesitzer sind für die Entwicklung des Kapitalismus von hoher Bedeutung. »Die Politik des Merkantilismus ist immer auch getragen von der Gutsherrschaft, dem kapitalistischen Umwandlungsprodukt der Grundherrschaft.« (Hilferding)[31]

Die Aufhebung der Erbuntertänigkeit durch das Edikt vom 9. Oktober 1807 stellte die preußische Verwaltung vor neue Aufgaben. Die preußische Staatsverwaltung, die bis dahin beim Landrat aufgehört hatte, erfaßte nunmehr auch die unteren Schichten der Bevölkerung. Die gleichzeitige Einführung der Freizügigkeit, die Beseitigung des Zunftzwangs und sonstiger Beschränkungen des Gewerbes befreite die städtische Bevölkerung von den Fesseln, die bisher die staatliche Kontrolle der handel- und gewerbetreibenden Bevölkerung erleichtert hatte.

Noch bevor das Edikt vom 9. Oktober 1807 in Kraft war, welches verhieß, daß es nach dem Martinitag 1810 nur freie Leute in Preußen geben solle, war eine bedeutsame Änderung im Polizeirecht eingetreten. Durch die Verordnung vom 26. Dezember 1808 war den Polizeibehörden »die Fürsorge wegen des Gemeinwohls unserer getreuen Untertanen sowohl in negativer als positiver Hinsicht« überantwortet. Durch diese Verordnung wurde demnach der gesetzlich eng begrenzte Begriff der Polizei und ihrer Funktionen aufgegeben, wie er in 10 II 17 des Allgemeinen Landrechts festgelegt worden war.[32] Die in der Zeit des aufgeklärten Absolutismus begonnene Ausarbeitung und Ver-

30 Marie Dumler, »Die Bestrebungen zur Befreiung der Privatbauern in Preußen«, *Forschungen zur Brandenburgisch-Preußischen Geschichte*, Bd. 33, S. 186/7.

31 Rudolf Hilferding, *Das Finanzkapital*, Marx-Studien, Bd. II, Wien 1923, S. 432.

32 Edgar Loening, *Gerichte und Verwaltungsbehörden in Brandenburg-Preußen*, Halle 1914, S. 129.

wirklichung eines an rechtsstaatlichen Prinzipien ausgerichteten Polizeirechts wurde gleichzeitig mit der Bauernbefreiung abgebrochen und durch die Polizeiallmacht der absolutistischen Bürokratie ersetzt. Insoweit den Junkern die Ausübung der Polizeigewalt in den Gutsbezirken überantwortet wurde, entschädigte sie das neue Polizeirecht für die verlorene Gewalt über die nunmehr »freien« Bauern.

Das neue Polizeirecht brachte die gerichtliche Kontrolle der Polizei im wesentlichen in Wegfall, was sich schon aus der Bestimmung ergab, daß die Polizei die Fürsorge für die getreuen Untertanen sowohl in negativer als positiver Hinsicht ausüben solle. Friese, der geistige Vater der Verordnung vom 26. Dezember 1808, hat diesen Wandel klar erkannt. Wenn die Polizei nicht nur eine abwehrende und schützende Funktion besitzt – wie dies das Allgemeine Landrecht vorsah – sondern auch eine positive (was eine fast unumschränkte Zuständigkeit bedeutete), und wenn man zugestand, daß »ein gewisser Grad von gesetzgebender Macht unzertrennbar von der Polizeiverwaltung« sei, dann war die Polizei auch berechtigt, »erlaubte Handlungen einzuschränken oder Handlungen zu befehlen, wozu die Gesetze keine Zwangsverbindlichkeiten festgesetzt haben.«[33] Dementsprechend reduzierte § 38 der Verordnung die Kontrolle der Polizei auf ein Minimum. Dies bedeutete in der Praxis, daß die Polizei (insoweit das Allgemeine Landrecht nicht ausdrücklich etwas anderes vorsah) eine selbständige Ordnung neben der gesetzlichen Ordnung des Staates errichten konnte.

So wiederholten sich in den Jahren 1808-1816 die Ereignisse von 1653 unter komplizierteren Verhältnissen. Ebenso wie im Jahre 1653 nach dem 30jährigen Krieg die Grundlage für den Absolutismus der Landesfürsten nach Abfindung der politisch entmachteten Stände in Gestalt erweiterter sozialer Machtbefugnisse geschaffen wurde, bildete die Niederlage in den napoleonischen Kriegen die Ausgangsbasis für einen neuen Kompromiß. »Der absolute Monarch hatte sich gegen den Adel durchgesetzt, indem er ihm eine verstärkte Erbuntertänigkeit der Bauern zuerkannt hat. Die absolute Bürokratie suchte sich gegen den Adel durchzusetzen, indem sie ihm den Bauern in modernisierter Form preisgab: durch die Bauernbefreiung.«[34]

33 Friese, zitiert bei Edgar Loening, *op. cit.*, S. 133. Walter Hamel (*Dtsch. Recht* 1936, S. 413) hat die Aufmerksamkeit auf diese wichtige Entwicklung des Polizeirechts gelenkt.

34 Eckart Kehr, »Zur Genesis der preußischen Bürokratie und des Rechtsstaats. Ein Beitrag zum Diktaturproblem«, in *Der Primat der Innenpolitik. Gesammelte Aufsätze zur preußisch-deutschen Sozialgeschichte im 19. und 20. Jahrhundert*, hrsg. und eingeleitet von Hans-Ulrich Wehler, Berlin 1965, S. 40 (= Veröffentlichungen der Historischen Kommission zu Berlin, Bd. 19).

Läßt sich aus der vor-nationalsozialistischen Geschichte die These ableiten, daß ein militärischer Zusammenbruch den Auftakt zur Errichtung des politischen Absolutismus bildet? Die militärische Reorganisation nach dem Westfälischen Frieden (1648) brachte den *miles perpetuus* hervor, während der Tilsiter Frieden (1807) die Einführung der allgemeinen Wehrpflicht zur Folge hatte. Beide in das gesamte Staatswesen tief einschneidende Reformen konnten sich nur auf dem Wege des Kompromisses mit den herrschenden Klassen durchsetzen. Die Machtstellung der Oberschichten in Deutschland scheint teilweise aus der Konsolidierung der absolutistischen Staatsmacht zu resultieren; sie konnte nur im Bunde mit den herrschenden und auf Kosten der unteren Klassen gelingen.

Wie dem auch sei – der preußische Staat der Reaktionszeit unterscheidet sich trotz Beibehaltung der monistischen Staatsorganisation in wesentlichen Punkten von der absoluten Monarchie des aufgeklärten Absolutismus. Die Bauernbefreiung bedeutete, daß der Landadel politische Privilegien gegen wirtschaftliche Macht austauschte. Die Verluste und Gewinne dieses Handels ermöglichten es den Junkern, der wirtschaftlichen Entwicklung folgend, ihre patrimonialen Gutsbezirke in kapitalistische, exportorientierte Unternehmen umzuwandeln. Diese neuen Unternehmen ordneten sich leicht in die bürgerliche Rechtsordnung ein, die zur gleichen Zeit durch die Reformen der Gewerbeverfassung einen Modernisierungsprozeß durchmachte. Die Interessen des herrschenden Landadels deckten sich weitgehend mit den wirtschaftlichen Zielen des aus den merkantilistischen Fesseln befreiten handel- und gewerbetreibenden Bürgertums. Denn »solange . . . die zurückgebliebene industrielle Entwicklung die große Landwirtschaft noch zum Export zwingt, ist auch hier der Großgrundbesitzer industrie- und vor allem verkehrsfreundlich.«[35] Die Freihandelstendenzen der deutschen Außenhandelspolitik waren Ausdruck dieser Einstellung; sie ermöglichten das wirtschaftliche Erstarken des Bürgertums, obwohl dessen politische Schwächung das Hauptziel der absolutistischen Bürokratie gewesen ist. Die einsetzende Entwicklung der Industrie stärkte jedoch den Einfluß des Bürgertums und bedrohte die politische Machtstellung der Junker.

Die Innenpolitik der regierenden Adelsbürokratie[36] wurde durch die mit polizeilichen Mitteln betriebene Demagogenverfolgung und Bekämpfung der

35 Rudolf Hilferding, *op. cit.*, S. 432.

36 Im Gegensatz zur Monarchie Friedrichs des Großen, in der die höheren Positionen in Armee und Verwaltung dem Adel vorbehalten waren, während die politische Leitung des Staates in den Händen des Königs und seiner bürgerlichen Kabinettsräte lag, fiel in der Restaurationszeit auch die politische Führung in die Hand der sich aus dem Adel rekrutierenden höheren Bürokratie. Der Fürst von Hardenberg in Preußen und Fürst Metternich in Österreich waren ihre bekanntesten Repräsentanten.

Vorläufer der nationalen Einigungsbewegung bestimmt. Mit anderen Worten: ihre Innenpolitik war im wesentlichen auf Abwehr der revolutionären demokratischen Bestrebungen (in dieser Zeit identisch mit den nationalen Bewegungen) eingestellt. Diese Bestrebungen machten sich in ganz Europa im Anschluß an die Herausbildung eines Industrieproletariats bemerkbar. Zur gleichen Zeit wandte sich die regierende Adelsbürokratie als Exekutivorgan der agrarkapitalistischen Junker einer liberalen Freihandelspolitik und einer rationalen Privatrechtsordnung zu. Während der Restauration zeigte sich die »Zwieschlächtigkeit« der Monarchie in dem Konflikt zwischen Justiz und Verwaltung.

Das Zeitalter der Restauration erlebte eine Wiedergeburt der Rechtswissenschaft. Ihr bedeutendster Theoretiker, Savigny, war skeptisch hinsichtlich der Möglichkeit, das historisch gewachsene Recht mit den Mitteln der Gesetzgebung abzuändern. Bezeichnenderweise verstand er unter Recht vornehmlich Privatrecht. Der gleiche Savigny vertrat als Justizminister die Auffassung, daß der Staat befugt sei, die Polizeiorgane jeder gerichtlichen Kontrolle zu entziehen. Die Absage an das Naturrecht der Aufklärung bedeutete im Bereich des Privatrechts, daß das historisch gewachsene Recht als unverbrüchlich galt, während die Absage an das Naturrecht im Bereich der Staatsverwaltung die Verdrängung der Ansätze zu einem öffentlichen Recht zugunsten gesetzlich unbeschränkter Macht der Polizei zur Folge hatte. Kennzeichnend dafür sind die wiederholten Versuche, die gerichtliche Kontrolle von Polizeistrafen zu verhindern.

Die Entwicklung wurde bis auf das Jahr 1749 zurückgeworfen. Das Reskript vom 17. April 1812 sprach das Strafrecht in Gesindesachen ausschließlich den Polizeibehörden zu und schloß ausdrücklich die Möglichkeit des Rechtsweges aus. Dabei ist zu bedenken, daß zu den Polizeistrafen für Angehörige der niederen Stände auch körperliche Züchtigungen gehörten und daß auf dem Lande die Junkeraristokratie zumeist im Besitz der patrimonialen Polizeihoheit geblieben war. So gab es neben dem von den Gerichten angewandten Recht ein von den Polizeibehörden geschaffenes und ausschließlich von ihnen gehandhabtes Recht. In der Folgezeit blockierte der Polizeistaat zunehmend den Weg zur gerichtlichen Kontrolle polizeilicher Maßnahmen, selbst in den Fällen, in denen die uneingeschränkte Polizeigewalt durch eine rechtsstaatlich orientierte Interpretation der Verordnung vom 26. Dezember 1808 hätte begrenzt werden können.

Der Abschluß dieser Entwicklung steht bereits unter dem Zeichen der Revolution von 1848. § 6 des Gesetzes »über die Zulässigkeit des Rechtsweges in Beziehung auf polizeiliche Verfügungen« vom 11. Mai 1842 ließ eine gerichtliche Nachprüfung in Polizeisachen nur dann zu, wenn die polizeiliche Verfügung von einer höheren Verwaltungsbehörde für rechtswidrig erklärt worden war. Das Jahr 1847 sah die Einführung des »Konflikts« (s. S. 84), den das nationalsozialistische Deutschland aus der Restaurationszeit übernommen hat – der vor 1933 finstersten Reaktionszeit in der modernen deutschen Geschichte.

Stellt man in Rechnung, daß die Polizei auch »positive Aufgaben« zu erfüllen hatte, daß es eine verwaltungsgerichtliche Kontrolle der Polizei noch nicht und eine gerichtliche Kontrolle nicht mehr gab, so ist leicht einzusehen, warum die Vorstellung von einem Doppelstaat in jener Zeit entstehen konnte. Es entwickelte sich die Ansicht, daß in Verwaltungssachen nicht nach Recht, sondern nach politischen Zweckmäßigkeitserwägungen und nach den Vorstellungen der Staatsräson entschieden werde.[37] So heißt es bei Franz Schnabel: »Die Stein-Hardenbergsche Reformzeit hat, obwohl sie die Staatsaufgaben abbauen und den Bürger auf sich selbst verweisen wollte, doch nicht umhin gekonnt, den alten Polizeistaat und seine Fürsorgegedanken festzuhalten und zu erneuern.«[38] Die Spannung zwischen liberaler Wirtschaftsordnung und autoritärem Polizeistaat verschärfte sich, je mehr die wirtschaftliche Entwicklung dazu beitrug, das Bürgertum zu stärken. Hauptziel des Polizeistaates während der Restaurationszeit war, den politischen Aufstieg des Bürgertums zu erschweren, wenn nicht gar zu verhindern.

Die Revolution von 1848 stellte einen Versuch dar, diesen Konflikt zu lösen. Man kämpfte für den Rechtsstaat, was damals weitgehend mit der Forderung nach der Oberherrschaft der Justiz gleichbedeutend war. Die gesamte Staatstätigkeit sollte in dem Geist und weitgehend mittels der gleichen Methoden gehandhabt werden, die zuerst im Bereich der Ziviljustiz in Erscheinung getreten waren.

Würde der Versuch, das ganze Rechtssystem auf positives Recht zu basieren, mehr Erfolg haben als der frühere Versuch, es am Naturrecht auszurichten? Der Rechtsstaat, den die Revolution von 1848 anstrebte, stellte den erneuten Versuch dar, das Ideal der Universalität des Rechts zu verwirklichen. Die Bemühungen scheiterten an der Vitalität der feudalistisch-bürokratischen Kaste, die sehr viel mehr in politischen als in rechtlichen Kategorien dachte.

d. Der Rechtsstaat

Welche politische Kraft diesen Mächten innewohnte, zeigte sich an dem Widerstand, den sie den liberal-demokratischen Bemühungen nach dem Verfall

37 Ludwig Waldecker, *Von Brandenburg über Preußen zum Reich*, Berlin 1935, S. 114.
38 Franz Schnabel, *Deutsche Geschichte im 19. Jahrhundert*, Freiburg 1929, Bd. II, S. 110.

der feudalen Struktur und der Niederlage des Absolutismus entgegensetzten. Von besonderer Bedeutung ist die Tatsache, daß in den Tagen des Konflikts zwischen Bismarck und der Opposition die Forderung nach Einführung des parlamentarischen Regierungssystems überhaupt nicht und das Bestreben, die Forderungen nach universaler Geltung der rechtsstaatlichen Prinzipien nur unvollkommen durchgesetzt werden konnten.

Indem die Krone die uneingeschränkte militärische Kommandogewalt behielt, blieb ihr der Kern der politischen Macht erhalten. So stehen in der konstitutionellen Monarchie Heeresverwaltung, Außenpolitik und Ausrufung des Belagerungszustandes als »Kronrechte« selbständig neben der rechtsstaatlich parlamentarischen Verfassungsordnung. Während die politischen Vorrechte der Krone für die freihändlerischen Liberalen der 60er Jahre Überbleibsel der Vergangenheit waren, erstrebten die protektionistisch gesinnten Nationalliberalen der Wilhelminischen Ära die Stärkung der politischen und militärischen Machtbefugnisse des Monarchen.

Zu Beginn des Ersten Weltkrieges hat Emil Lederer[39] bereits klar erkannt, daß im dualistischen Staat Bismarcks die monarchische Macht den parlamentarischen Rechtsstaat an Stärke übertraf. Angesichts des militärischen Belagerungszustandes der ersten Kriegsjahre stellte Lederer die These auf, daß der moderne Staat eine Doppelnatur besitze. Er führte aus, daß das Militär, das damals Träger des Belagerungszustandes war, nicht durch die Verfassung berührt werde und daß für den modernen Machtstaat keine Verfassung existiere. Der leiseste Anklang an ein inhaltliches Naturrecht sei beseitigt.[40] Das Militär sei von der Regierung völlig unabhängig und gehe aus einem Konflikt zwischen militärischem Oberkommando und Regierung stets als Sieger hervor.

Meines Wissens wird in Lederers Aufsatz zum ersten Mal das Nebeneinander von Normenstaat und Maßnahmenstaat geschildert. Was Lederer 1915 theoretisch erörtert hatte, daß nämlich diese Konflikte in Wirklichkeit Zusammenstöße zweier verschiedener Regierungssysteme seien, trat 1917 zutage, als die Reichstagsmehrheit mit der Vaterlandspartei die Klingen kreuzte. Die Feinde des Parlamentarismus und der Demokratie kamen sowohl aus den Reihen monarchisch gesinnter Aristokraten als auch aus den imperialistischen Kreisen des Großbürgertums, deren markantester Repräsentant der Großadmiral v. Tirpitz war. Beide streitenden Gruppen wollten dem Dualismus des Staates ein Ende setzen.

39 Emil Lederer, »Zur Soziologie des Weltkrieges«, *Arch. f. Szw.* Bd. 39, S. 359.
40 *Ib.*, S. 373.

Dieser Dualismus schien in der Tat endgültig überwunden, als das Reich nach der Novemberrevolution von 1918 eine parlamentarische Republik wurde. Die selbständige königliche Militärgewalt kam in Wegfall. Der Sieg der konservativen Kräfte schien in sein Gegenteil verkehrt.

Die Weimarer Republik strebte danach, das Staatsleben weitgehendst normativ zu ordnen. Eine der verhängnisvollsten Illusionen der Väter der Weimarer Verfassung war die Vorstellung, daß mit der Beseitigung der Monarchie auch jene Gruppen entmachtet seien, die die Idee des Machtstaates nur zum Zwecke des Ausbaus ihrer eigenen Machtstellung propagierten. Die Vaterlandspartei hätte den Vertretern der deutschen Demokratie zur Genüge beweisen müssen, daß die spezifisch politische Funktion des Staates schon längst kein Attribut der Krone mehr darstellte, sondern daß die Krone zur Fassade geworden war, hinter der sich die machtpolitischen Kräfte verbargen. Die Revolution von 1918 hatte zwar den formalen Dualismus des Staates endgültig beseitigt, nicht aber den politischen Einfluß jener imperialistisch-großkapitalistisch-protektionistischen Kreise, die seit der Bismarckzeit Befürworter der Machtpolitik gewesen waren.

Die Geschichte der Weimarer Zeit sollte den Beweis erbringen, daß die verfassungsmäßig anerkannte politische Gewalt der Monarchie eine geringere Gefahr für den Rechtsstaat darstellte als die staatsrechtliche Negation einer spezifisch politischen Gewalt, wie sie die Weimarer Verfassung kennzeichnete. Die politische Gewalt in ihrer monarchischen Verkleidung hatte eine traditionale Legitimation, die die Rechtfertigung der Monarchie selbst darstellte. Jede traditionale Herrschaftslegitimation ist nicht nur hinsichtlich ihres Ursprungs, sondern auch hinsichtlich ihres Umfangs rechtsgebunden. Als die traditional legitimierten Herrschaftsträger von der Bühne verschwanden, blieb den Verfechtern der Machtpolitik die Wahl zwischen zwei Alternativen: Entweder (a) *praeter legem* eine außerhalb der rechtsstaatlichen Ordnung stehende politische Gewalt zu etablieren und die Verfassung mit dem Ziel der Begründung eines autoritären Machtstaates zu revidieren, oder (b) *contra legem* eine Diktatur an die Stelle der rationalen rechtsstaatlichen Verfassungsordnung zu setzen. Diese Diktatur würde alsdann sowohl von den traditionalen Schranken der Monarchie als auch von den rationalen Schranken der republikanischen Verfassung losgelöst sein.

Der Versuch, die Weimarer Verfassung im Sinne eines autoritären Machtstaates zu revidieren, ist tatsächlich in der Ära Brüning unternommen worden. Mit dem Nebeneinander von außerordentlicher Präsidialgewalt aufgrund Artikel 48 der Weimarer Verfassung einerseits und Aufrechterhaltung eines beträchtlichen Teiles der rechtsstaatlichen Ordnung andererseits tauchte vorübergehend das vertraute Bild des dualistischen Staates erneut auf. Das Scheitern Brünings ebnete den Weg für die vollständige Annullierung der Entscheidung von 1918.

Die NSDAP ist aus einem im Jahre 1918 gegründeten »Ausschuß für einen deutschen Arbeiterfrieden« hervorgegangen – einem hypernationalistischen Spießerverein.[41] Zeitgeschichtlich betrachtet setzt die NSDAP die Politik der Vaterlandspartei fort. Das Dritte Reich möchte direkt an das Bismarckreich anknüpfen und versucht, die dazwischenliegenden Jahre (1918-1933) aus der deutschen Geschichte zu tilgen.

Die Vaterlandspartei war von den großkapitalistischen Verfechtern des Machtstaatsgedankens gegründet worden, um die militärische und wirtschaftliche Mobilmachung durch die politische Mobilmachung zu ergänzen. Als Trägerin der politischen Mobilmachung hat die NSDAP eine wirtschaftliche Mobilmachung in Angriff genommen, die als unentbehrliche Grundlage der geplanten totalen Mobilmachung anzusehen ist. Es ist oben dargetan worden, welche sozialen Kräfte die Begründung des monarchischen und des bürokratischen Absolutismus veranlaßt haben, die beide grundlegende Veränderungen der Militärverfassung nach sich zogen. Es bleibt die Aufgabe zu zeigen, welche sozialen Kräfte bei der Begründung des diktatorischen Absolutismus in Erscheinung getreten sind, der ebenfalls auf das engste mit einem grundlegenden Wandel der Heeresverfassung verbunden ist.

Wir haben darauf hingewiesen, welche Gruppen Kompromisse eingingen, die zum monarchischen und bürokratischen Absolutismus, zum *miles perpetuus* und der Wiedereinführung der allgemeinen Wehrpflicht führten. Wir stehen jetzt vor der Aufgabe zu zeigen, welche sozialen Kräfte bei der Begründung des heutigen Doppelstaates in Deutschland mitwirkten.

41 Konrad Heiden, *Geschichte des Nationalsozialismus*, Berlin 1932, S. 8 ff.

Kapitel II
Die ökonomischen Grundlagen des Doppelstaates

Obwohl der Verfasser kein Nationalökonom ist, scheint es ihm doch unerläßlich, einige wirtschaftliche Aspekte des gegenwärtigen deutschen Regierungssystems zu erörtern, um die ihm zugrunde liegenden zentralen Probleme besser zu begreifen. Nur wenn der wirtschaftliche Hintergrund des Regimes ausreichend berücksichtigt wird, ist verständlich, warum der Staat des heutigen Deutschland »doppelten« Charakter besitzt. Es ist unerläßlich, Art und Stärke der historischen Notwendigkeit zu begreifen, die in der Entstehung des Doppelstaats zum Ausdruck gelangte. Die Gestalt des Doppelstaats mag ein geeigneter Ausgangspunkt zur Beantwortung der vielerörterten Frage sein, ob das gegenwärtige deutsche Wirtschaftssystem »kapitalistisch« oder »sozialistisch« ist.

Obwohl das deutsche Wirtschaftssystem mannigfachen Änderungen unterworfen worden ist, ist es doch in seinem Kern kapitalistisch geblieben. Bis zur Stunde haben die Modifikationen des Wirtschaftssystems, die vor allem eine Tendenz zur Verstaatlichung und Bürokratisierung zum Ausdruck brachten, sich als weniger bedeutsam erwiesen als die überkommenen kapitalistischen Merkmale; andererseits sind sie zahlreich genug, um es zu rechtfertigen, das deutsche Wirtschaftssystem als eine neue Phase des Kapitalismus anzusehen. Dieser neue Typ des Kapitalismus ist so eng mit der Gestalt des Doppelstaats verwoben, daß keiner von ihnen in seiner gegenwärtigen Gestalt ohne den andern bestehen könnte.

Zum Zeitpunkt der nationalsozialistischen Machtergreifung konnte die institutionelle Struktur der deutschen Wirtschaft als organisierter Privat-Kapitalismus mit zahlreichen monopolistischen Zügen und häufigen staatlichen Interventionen gekennzeichnet werden. Das Modell des liberalen Konkurrenz-Kapitalismus entsprach nicht mehr dem Gebot der Stunde; vorherrschend war vielmehr ein »organisierter«, gleichsam monopolistischer Kapitalismus mit zahlreichen Konzernen und Kartellen, die im allgemeinen nur einer lockeren Kontrolle unterworfen waren. Dieses System wurde durch Schutzzölle und staatliche Subventionen gestützt. In einigen Industriezweigen spielten staatliches Eigentum und parteipolitische Kontrollbefugnisse eine gewisse Rolle;

im großen und ganzen beschränkte sich diese Kontrolle aber auf verschiedene Schlüsselindustrien, das Verkehrswesen und die Energieversorgung, und auf solche anderen Industriezweige, in denen staatliche Beteiligungen und Kontrollbefugnisse sehr viel mehr geeignet waren, das kapitalistische System zu stützen als es zu verändern. Während der Weltwirtschaftskrise hatten die staatlichen Machtbefugnisse im Bereich der Wirtschaft erheblich zugenommen. Nur dank staatlicher Interventionen konnten im Bereich der Banken und der Montanindustrie Konkurse vermieden werden. Das Reich dehnte seine Machtbefugnis, regulierend einzugreifen, auf fast alle Bereiche wirtschaftlicher Betätigung aus – einschließlich der Festsetzung der Löhne. – Wie es ein führender Gewerkschaftler ausgedrückt hat: der demokratische Staat und die ihn unterstützenden ökonomischen Gruppen waren bestrebt, sich als »Ärzte am Krankenbett des Kapitalismus« zu betätigen.[1]

In mehr als einer Beziehung erweist sich die Wirtschaftspolitik des Doppelstaats als Fortsetzung, als höherentwickelte Phase des »organisierten« Kapitalismus der Weimarer Periode. Diese Ähnlichkeit wird besonders offenkundig bei einem Vergleich mit dem liberalen Kapitalismus auf der einen Seite und einem folgerichtigen Sozialismus auf der anderen Seite. Während spezifisch institutionelle Merkmale beibehalten wurden, erfolgte gleichzeitig die Umwandlung anderer Merkmale, zumeist in einer Richtung, die sich schon früher bemerkbar gemacht hatte. Diese Modifikationen sind jedoch tiefgreifend genug, um es zu rechtfertigen, die nationalsozialistische Wirtschaft als eine besondere Phase in diesem historischen Prozeß anzusprechen.

Auf den folgenden Seiten wird der Versuch unternommen werden, diese zweifache Perspektive auf die institutionellen Probleme anzuwenden, die bei der Kontrolle des Eigentums und der Organisation von Interessengruppen in Erscheinung treten.

Was zunächst das Rechtsinstitut des Privateigentums im allgemeinen und die Eigentumsrechte an Produktionsmitteln betrifft, sollte von Anfang an klargestellt werden, daß sie beide vom Nationalsozialismus nicht nur im Prinzip, sondern auch realiter aufrechterhalten wurden. Nur Eigentum von Juden wurde beeinträchtigt. Es sollte nicht übersehen werden, daß verglichen mit 1932 das Deutsche Reich die Vorherrschaft des Privateigentums ausgedehnt hat. Sowohl in der Schwerindustrie als auch bei einigen Großbanken wurden Aktien, deren Besitz dem Reich kontrollierenden Einfluß gesichert hatte, privaten Aktiengesellschaften und Unternehmern zurückerstattet. Das Prinzip des Privateigentums wurde selbst für Geschäftszweige aufrechterhalten, denen

1 Fritz Tarnow, *Parteitag der Sozialdemokratischen Partei Deutschlands zu Leipzig 1931*, Berlin 1931, S. 45.

gegenüber das nationalsozialistische Parteiprogramm eine gewisse Antipathie an den Tag gelegt hatte, d. h. vor allem Warenhäuser und Banken.

Die Beibehaltung des Bereichs, der traditionsgemäß dem Privateigentum vorbehalten blieb, wurde jedoch ergänzt durch bedeutsame Änderungen im Eigentum als Rechtsinstitut. Ist doch in mehr als einer Beziehung das Recht, über Eigentum und Kapitalgewinne frei zu verfügen, bedeutsamen Einschränkungen unterworfen worden, z. B. durch die Kontrolle der Investitionen, des Außenhandels und insbesondere des Kapitalexports, des Börsenwesens, bei der Festsetzung von Höchstsätzen für die Ausschüttung von Dividenden, durch den Erlaß des Erbhofgesetzes, das beträchtliche Teile des Grundbesitzes der freien Verfügung seiner Eigentümer entzieht, durch Kontrolle der Preise und des Verbrauchs, vor allem aber und in erster Linie durch Steuern.

Was nun das Privateigentum an den Produktionsmitteln anbelangt, besteht Einigkeit darüber, daß die kleinen und mittleren Unternehmer mehr gelitten haben als die Großunternehmer. Mit der Intensivierung der Aufrüstung nahmen die Beschwerden selbst der Großunternehmer und Kapitalisten zu, die Anstoß an den Einschränkungen nahmen, denen das Privateigentum ausgesetzt war. Wenn nicht alle Zeichen trügen, erfreuen sie sich jedoch noch bis in die Gegenwart einer relativ günstigen Position.

Wenn auch private Eigentumsrechte in gewisser Hinsicht eingeschränkt worden sind, so bestehen sie doch weiter, und mit ihnen besteht die Differenzierung der deutschen Gesellschaft in Klassen fort, in solche, die Eigentum besitzen und solche, die keines besitzen. Wichtig ist in diesem Zusammenhang, daß Einkommen aus investiertem Kapital heute in der Regel sicherer ist als früher. Die individuellen Risiken sind sozusagen in einem allgemeinen politischen Risiko zusammengefaßt, das notwendigerweise aus der Wiederbewaffnung und der Kriegsgefahr entsteht.

Was nun die Bedeutung der öffentlichen Kontrolle anbelangt, dürfte aus der obigen kurzen Zusammenfassung wohlbekannter Tatsachen ersichtlich sein, daß die in der Weimarer Zeit erhebliche Kontrolle gewachsen ist und ständig weiter wächst. Die Intensität und Gründlichkeit des heutigen Kontrollsystems legt die Annahme nahe, daß zusätzliche Faktoren am Werke sind, z. B. eine systematische Kontrolle der Konjunkturpolitik. Ist doch das heutige Regime entschlossen, alle ihm zur Verfügung stehende Macht einzusetzen, um eine neue Krise zu verhindern.

Für diesen Entschluß sind verschiedenartige Gründe maßgebend – teils ökonomische, teils politische, teils militärische. Eine erfolgreiche Kontrolle der Konjunktur – oder anders ausgedrückt – die Verhinderung einer erneuten Krise, macht es unerläßlich, daß der Staat eine besonders intensive Interventionspolitik betreibt. Die Rechtfertigung der ständig wachsenden politischen Kontrolle hängt auf das engste mit der militärischen Bereitschaft zusammen.

Schließlich sei noch ein weiterer Faktor erwähnt: In jeder hochentwickelten Bürokratie existiert eine ihr immanente Tendenz, den Bereich der staatlichen Kontrolle ständig auszudehnen. Wie die Geschichte lehrt, kann dieser Drang im Zaum gehalten werden durch Verfassungsbestimmungen, sonstige Gesetze, parlamentarische Maßnahmen und politischen Einfluß der Opfer einer solchen bürokratischen Kontrolle. Selbstverständlich sind gewisse Kontrollen auf speziellen Gebieten nur vorübergehend notwendig und können später wieder abgeschafft werden. Eine jede ihrer Aufgabe gewachsene Bürokratie wird bemüht sein, Widerstände gegen eine Ausweitung ihrer Machtbefugnisse dadurch abzubauen, daß sie auf den vorübergehenden Charakter der Unbequemlichkeiten hinweist, die mit jeder öffentlichen Kontrolle verbunden sind. Dies gilt auch dann, wenn sie nicht die leiseste Ahnung hat, wie lange der Notstand anhalten wird, ja sogar dann, wenn sie positiv weiß, daß die neuen Kontrollmaßnahmen auf Dauer angelegt sind – sei es, daß sich dies aus ihrer Natur ergibt, sei es, daß Pressure Groups an ihrem Fortbestand interessiert sind.

In manch einer Bürokratie gibt es gewisse Abteilungen, die in enger Zusammenarbeit mit bedeutenden privaten Interessengruppen stehen. Sie werden geneigt sein, Interessenten durch den Hinweis zu beruhigen und zu ermuntern, daß sich aus diesen öffentlichen Kontrollen in der Zukunft Chancen für privatwirtschaftliche Initiativen entwickeln können. Wahrscheinlich wird all dies den Trend nicht beeinflussen, der auf eine ständige Steigerung der Bedeutung der staatlichen Kontrolle im Bereich der Wirtschaft und in anderen Bereichen hinweist.

Was nun die Methoden der von der Zentrale ausgehenden Kontrollen angeht, genügen einige mehr allgemeine Bemerkungen. Sie reichen von unmittelbaren Anordnungen bis zu mehr indirekten Kontrollmethoden. Es dürfte wichtig sein, diese Varianten hinsichtlich des Ausmaßes an Kontrolle im Auge zu behalten; bedeutet doch jeder Schritt, der von unmittelbaren Anordnungen wegführt, die Bewahrung eines Bereiches, in dem sich private Initiative entfalten kann. Die typischste Form der Kontrolle dürfte eine Kombination von gesetzlich normierten allgemeinen Anordnungen und konkreten Entscheidungen sein, die von einer Behörde gefällt werden, der ein weitgehend freies Ermessen gewährt wird, das jedoch nicht zur Willkür entarten soll. Wenn erforderlich, sollen staatliche Zuschüsse gewährt werden.

Die allgemeine Regel, daß die einzelnen Unternehmer (wenn auch nicht alle ihre Geldgeber) einen angemessenen Gewinn machen sollten, läßt den Rückschluß zu, daß den Unternehmern ein gewisser Bereich belassen ist, in dem

Platz für kommerzielle Transaktionen und ihnen daher insoweit die Entfaltung von Privatinitiative ermöglicht wird.

Für private Initiative und Kontrolle treten zwei bedeutsame Entwicklungstendenzen in Erscheinung. Die erste besteht in dem zunehmenden Wachstum monopolistischer Vereinigungen, wie sie sich unter dem Nationalsozialismus entfaltet haben. Zahlreiche Kartelle sind errichtet worden, die zur Stärkung ihrer größeren und einflußreicheren Mitglieder geführt haben. Die zweite Entwicklungstendenz tritt in der ständigen Vergrößerung der einzelnen Konzerne und Trusts in Erscheinung, die trotz ideologischer Ablehnung der Trusts durch den Nationalsozialismus vor sich ging. Diese Entwicklung ist teils eine Folgeerscheinung des Antisemitismus, teils geht sie auf die erhöhten Profite zurück, die dazu verwandt wurden, Aktien anderer Unternehmen zu kaufen, teils führte die Schwierigkeit, Rohstoffe zu beschaffen, zur Ausdehnung der Trusts.

Schließlich muß man die Rolle der Interessengruppen in die Betrachtung mit einbeziehen. Von fundamentaler Bedeutung ist, wie dargelegt, daß alle Gewerkschaften beseitigt worden sind. Anders als Italien hat Deutschland noch nicht einmal staatliche Syndikate als Substitute für Gewerkschaften. Ein erster Schritt in dieser Richtung war bereits in der Weimarer Zeit durch die Institution der Zwangsschlichtung gemacht worden. Sie entsprach einer bei den Gewerkschaften in Erscheinung tretenden Tendenz, sich in Staatsorgane zu verwandeln.

Nach dieser Skizzierung der »strukturellen« Aspekte des nationalsozialistischen Wirtschaftssystems erscheint es angebracht, einen kurzen Überblick über die Wirtschaftspolitik des nationalsozialistischen Staates zu geben. Die Hauptziele der nationalsozialistischen Wirtschaftspolitik können wie folgt zusammengefaßt werden:

1. Die Begründung der politisch-ökonomischen Macht des nationalsozialistischen Staates.
2. Die Steigerung von Beschäftigung und Produktion.
3. Die Sanierung und Förderung von zwei Hauptsektoren der deutschen Wirtschaft und zwar der Schwerindustrie und des Getreideanbaus auf den großen ostelbischen Gütern. Infolge der Wirtschaftskrise befanden sich diese beiden Sektoren in einer lebensbedrohenden Krise und trotz allen politischen Einflusses, den sie auszuüben in der Lage waren, wurde am Ende der Weimarer Republik angenommen, daß sie auch politisch gefährdet seien.

Dem Verständnis der nationalsozialistischen Wirtschaftspolitik mag am besten gedient sein, wenn die oben aufgeführten Probleme getrennt behandelt werden; dies erfolgt, obwohl sich herausstellen wird, daß sie sich überschneiden und ergänzen.

Macht als Ziel einer Wirtschaftspolitik bedeutet, daß die gesamte Wirtschaftspolitik Erwägungen der politischen Notwendigkeit oder Zweckmäßigkeit untergeordnet wird. In der heutigen Weltsituation ist Streben nach Macht gleichbedeutend mit der Option für wirtschaftlichen Nationalismus und Imperialismus. Diese Kraft ist stets am Werk – sowohl außenpolitisch als auch innenpolitisch. Es dürfte kennzeichnend sein, daß die im Innern ausgeübte Macht als ein Mittel angesehen wurde, das geeignet und zugleich gerechtfertigt ist, die Stärkung der Gruppe in ihren Beziehungen nach außen zu bewirken. Die Hauptfunktion der Wirtschaftspolitik bestand darin, das Wirtschaftssystem in ein Instrument umzuwandeln, das geeignet ist, der Machtbehauptung und Machtausdehnung des Staates und der Gruppen zu dienen, die unablässig danach streben, die Machtpositionen noch weiter auszubauen. Folglich muß die Leitung des Wirtschaftsprozesses darauf ausgerichtet sein, die Macht des Staates zu stärken, um diesem zu ermöglichen, seine defensiven sowohl als auch und vor allem seine aggressiven Ziele zu verfolgen. Dies gilt auch dann, wenn sich herausstellen sollte, daß diese Politik mit erheblichen Härten für zahlreiche Produzenten- und Konsumentengruppen verbunden ist.

Die Verfolgung der oben an zweiter und dritter Stelle aufgeführten Ziele steht in Wahrheit im Dienst der Verwirklichung des überragend wichtigen ersten Zieles. Die Überwindung der Arbeitslosigkeit und das Nachlassen der Flaute im Bereich der Schwerindustrie und der Getreideanbau betreibenden großen ostelbischen Güter trugen wesentlich dazu bei, die Machtposition des Regimes zu stärken. Die Ausweitung der Produktion – vor allem Nahrungsmittel- und Stahlerzeugung – stärkten das Regime in seiner Außenpolitik. Der zuletzt erwähnte Aspekt des deutschen Wirtschaftssystems trat immer stärker in den Vordergrund, bis er schließlich alle anderen überschattete. Selbst in Friedenszeiten war die deutsche Wirtschaft eine Kriegswirtschaft.

Das alles überragende Ziel, binnen kürzester Frist den deutschen Staat so mächtig wie möglich zu machen, schrieb zwingend die Beachtung konkreter wirtschaftspolitischer Prinzipien und Methoden vor. Im Licht des angestrebten Endziels stellte jede Verschwendung von Rohstoffen, die möglicherweise für den Aufbau einer Rüstungswirtschaft gebraucht werden könnten, einen Verrat dar. Rohstoffe müssen in einem Maße verwertet werden, das die bisher üblichen Methoden weit hinter sich läßt, namentlich wenn zur Erreichung dieses Ziels die Anwendung politischen Drucks angeordnet ist.

Zur wirksamen Durchführung eines Aufrüstungsprogramms war nicht nur eine rasche Steigerung der Produktion unerläßlich, nicht minder wichtig ist es, den einmal erreichten Stand der Produktion aufrechtzuerhalten. Schon aus

Gründen der ständigen militärischen Alarmbereitschaft mußte jede Art Krise und Rezession verhindert werden. Die Gefahr eines Rückschlags wird allerdings gerade durch die Intensität einer »Konjunktur« gesteigert, die durch die Erhöhung der öffentlichen Ausgaben zustande gekommen ist. Nicht zuletzt macht dies eine äußerst intensive direkte und indirekte Kontrolle unerläßlich. Das deutsche Wirtschaftssystem vermochte eine solche ausgedehnte Kontrolle leichter zu verkraften als die meisten anderen Wirtschaftssysteme, weil seit seinem Bestehen der deutsche Kapitalismus mit dem Staat enger verbunden ist als die meisten anderen kapitalistischen Systeme.

Zu den bereits erörterten zwei Faktoren – völlige und ununterbrochene Verwertung aller Hilfsmittel – muß ein überragend wichtiger dritter Faktor hinzugefügt werden: ständige wirtschaftliche Alarmbereitschaft zwecks Verfolgung einer aggressiven Machtpolitik macht eine ständige Steuerung des Wirtschaftsprozesses unerläßlich mit dem Ziel, bindend festzulegen, was produziert und was konsumiert werden soll. Insoweit müssen a. der Außenhandel und b. der binnenwirtschaftliche Aspekt getrennt untersucht werden:

Seitdem Bismarck im Jahre 1878 die große Schwenkung in seiner Handelspolitik vorgenommen hat, ist der deutsche Kapitalismus enger mit schutzzöllnerischen Tendenzen verbunden als der Kapitalismus anderer Länder. Selbst in der Weimarer Republik (seit 1925) waren schutzzöllnerische Interessen ausschlaggebend. In diesen Jahren war trotz Genf und Locarno der Hinweis auf die Möglichkeit eines Krieges entscheidend wichtig für die Wiedergeburt des deutschen Wirtschafts-Nationalismus. Hinzu kam die Furcht, ein jeder ernsthaft durchgeführte Angriff auf die maßgeblichen Schwerpunkte der deutschen Volkswirtschaft (die westdeutsche Schwerindustrie und den ostdeutschen Großgrundbesitz) würde die gesamte soziale, politische und wirtschaftliche Struktur Deutschlands völlig aus dem Gleichgewicht bringen.

Während der Weltwirtschaftskrise wurde die Schutzzollpolitik verstärkt und andere Methoden, den Welthandel zu drosseln, ebenso rigoros angewandt wie dies auch in anderen Ländern der Fall gewesen ist. Der Machtantritt Hitlers war notwendigerweise gleichbedeutend mit einer Verschärfung der nationalistischen Schutzzollpolitik und dem Streben nach »Autarkie«. Das neue Regime begünstigte diejenigen Wirtschaftsgruppen, die vom »nationalen« Gesichtspunkt aus gesehen besonders wichtig waren, d. h. aber die Schwerindustrie und den primär am Getreidebau interessierten Sektor des Großgrundbesitzes.

Auf dem Gebiet der Außenhandelspolitik machte das Wiederaufrüstungsprogramm eine erhebliche Verstärkung der traditionellen Schutzzollpolitik erforderlich; dieses Programm umschloß zwei einander widersprechende Tendenzen: So viel Autarkie wie möglich bei gleichzeitiger Einfuhr all der Rohstoffe, die für die Aufrüstung von vitaler Bedeutung sind. Die Schwierigkeit dieser Situation wurde durch das Fehlen von Gold und Devisen noch erheblich erhöht. Die nationalsozialistische Regierung war entschlossen, die bereits von der Regierung Brüning eingeführten Importbeschränkungen und Kontrollmaßnahmen des Jahres 1931 anzuwenden und in einer Art und Weise zu verschärfen, die wohl ohne Vorbild sein dürfte. Die Devisenkontrolle erwies sich als die vermutlich einschneidendste Beeinträchtigung der wirtschaftlichen Freiheit der Unternehmer. Diese Importkontrolle stand im engsten Zusammenhang mit den nicht abreißenden politischen und wirtschaftlichen Versuchen, den Exporthandel auszudehnen und umzudirigieren mit dem Ziel, neue Märkte zu erschließen. Dies galt insbesondere für solche Länder, die unter dem Blickwinkel der militärischen und ökonomischen Expansion als besonders bedeutsam angesehen wurden.

Auf dem Gebiet der Binnenwirtschaftspolitik sind zwei Tatsachen von überragender Bedeutung:

1. Die Steigerung der Investitionen übertraf bei weitem den Produktionsanstieg von Konsumgütern.
2. Im Konsumbereich stieg der auf den Staat entfallende Anteil sehr viel mehr als der Anteil, der privaten Verbrauchern für Privatzwecke zugebilligt wurde.

Von der Basis 1928 = 100 ausgehend stieg der Index der gesamten industriellen Produktion von 54 im Jahre 1932 auf 132,7 im ersten Quartal des Jahres 1939. Der Index für die Konsumgüterproduktion stieg von 74 im Jahre 1932 auf 118,1 im Jahre 1938; der Index für die Produktion von Investitionsgütern stieg von 35,4 im Jahre 1932 auf 140,5 im ersten Quartal 1939. Die Produktion von Konsumgütern stieg demnach um 60 Prozent, die Produktion von Investitionsgütern um 260 Prozent.[2] Die Tatsache, daß in einer Aufschwungphase die Investitionen rascher steigen als der Verbrauch, ist an sich nicht ungewöhnlich. Es gibt jedoch vier eng miteinander zusammenhängende Merkmale, die für die deutsche Expansion kennzeichnend sind.

Erstens stieg die Gesamtproduktion rascher als unter normalen Verhältnissen hätte erwartet werden können. Der hohe Grad der Gesamtexpansion ist um so erstaunlicher angesichts der in zahlreichen Industrien vorherrschenden Überkapazität als Ergebnis der Rationalisierung vor 1929. Die Gründe für den hohen Grad der Expansion seit 1932 sind vermutlich in der exzeptionell hohen Investitionsrate zu suchen, die mittels der Kreditausweitung finanziert worden ist.

2 *Deutschlands wirtschaftliche Lage in der Jahresmitte 1939*, hrsg. v. der Reichskreditgesellschaft, Berlin 1939.

Das zweite charakteristische Merkmal der »Hitler-Prosperität« war in dem unterschiedlichen Tempo zu suchen, in dem die Investitionen einerseits und der Konsum andererseits ausgedehnt worden sind. Erheblich hat hierzu die Tatsache beigetragen, daß in den mit der Produktion von Investitionsgütern beschäftigten Industrien zu dem Zeitpunkt, als dieser Prozeß einsetzte, sehr erhebliche, brachliegende Produktionsmittel vorhanden waren. Sie konnten nutzbringend nur verwandt werden, wenn Investitionsmöglichkeiten wieder in Betrieb gesetzt oder *neu* geschaffen wurden.

Genau hier setzte das Wiederaufrüstungsprogramm an, das durch ein sich automatisch steigerndes Tempo gekennzeichnet war. Im allgemeinen wird jede Expansion von Investitionsindustrien durch die ihr nachfolgende Steigerung der Löhne zu einem Wachstum des Absatzes von Konsumgütern und einer Erhöhung des Zinsfußes führen. Dieser Prozeß ist jedoch höchst unerwünscht unter dem Gesichtspunkt einer Wirtschaftspolitik, die daran interessiert ist, eine Rezession bzw. schon einen Rückgang der Produktionsrate zu vermeiden.

Das Hitlerregime mußte gerade hiermit rechnen, als es eine Politik in die Wege leitete, die eine rasche Expansion zwecks Durchführung der Wiederbewaffnung erstrebte. Aus diesem Grunde mußten ungemein starke Bremsen verwendet werden, um die Ausdehnung des Konsums zu drosseln. Dies wurde in der Tat das Kernproblem der deutschen Wirtschaftspolitik. Fast alle prohibitiven und dirigierenden Kontrollmaßnahmen dienten dem einen Ziel, den Verbrauch soweit wie irgend möglich einzuschränken und so viele Produktionsmittel wie irgend angängig für die Zwecke der Kriegsvorbereitung zu verwenden. Letzteres war eines der Hauptmotive, denen die Kontrolle des Außenhandels, der Investitionen, der Preise, der Börsen, der Zinssätze und schließlich und vor allem das Niedrighalten der Löhne dienen sollten. Im ganzen gesehen war die Politik, den Konsum niedrig zu halten, erstaunlich erfolgreich, wenn auch die Ziele der Regierung nicht voll verwirklicht werden konnten.

Es gab erhebliche Preissteigerungen, zumeist in Gestalt von Qualitätsverschlechterungen. Für den Erfolg der gesamten Investitionspolitik war es schlechthin entscheidend, daß eine beachtliche Steigerung der Nominallöhne über das Niveau der Weltwirtschaftskrise verhindert werden konnte. Die Durchführung dieser Lohnpolitik war gleichbedeutend mit einem enormen Druck, der auf die Arbeiterklasse ausgeübt werden mußte. Es wäre für Hitler unmöglich gewesen, diese Politik mit einer Arbeiterklasse zu realisieren, deren wirtschaftliche Organisationen noch funktionierten. Der Umstand, daß gerade in dieser Beziehung Hitler nicht dem Beispiel Mussolinis folgte, kann nicht allein durch den Hinweis auf die höhere Entwicklungsstufe der deutschen Arbeiterbewegung im allgemeinen erklärt werden; diese Tatsache muß vielmehr mittels einer Analyse der Rückwirkungen der gesamten Rüstungs- und Investitionspolitik auf die Lohn- und Arbeitsbedingungen erklärt werden.

Ein drittes besonderes Kennzeichen des mit dem Namen Hitler ständig in Verbindung gebrachten Wirtschaftsaufschwunges ist in der Dauerhaftigkeit und dem Anstieg der öffentlichen Investitionen im Verhältnis zu den Gesamtinvestitionen zu erblicken. In den Anfangsstadien des Hitlerregimes war man geneigt anzunehmen, die Hauptfunktion der öffentlichen Investitionen bestehe in dem sogenannten »pump priming«, d. h. darin, private Investitionen durch Steigerung des Bruttosozialprodukts anzuregen, bis diese Investitionen wieder aus eigenem unternehmerischen Interesse vorgenommen wurden. Im heutigen Deutschland hat sich herausgestellt, daß den öffentlichen Investitionen jedoch eine ganz andere Rolle zufällt. Von dem Augenblick an, in dem sich die deutsche Volkswirtschaft der Vollbeschäftigung näherte, traten öffentliche und private Kapitalanlagen in eine Art Wettbewerb. Das Hitlerregime hat durch seine Aufrüstungspolitik dafür gesorgt, daß die öffentlichen Investitionen in vollem Umfang aufrechterhalten blieben. Die Folge hiervon war, daß die Einschränkungen des privaten Verbrauchs durch Einschränkungen privater Investitionen ergänzt wurden. Tatsächlich wurden nur solche privaten Investitionen zugelassen, die direkt oder indirekt der Aufrüstung dienlich waren.

Es gibt noch ein weiteres Kennzeichen des deutschen Aufrüstungs-»Booms«, der mit der oben erörterten Lohn- und Preispolitik eng verbunden ist. Obwohl ein erheblicher Teil der öffentlichen Investitionen aus zusätzlichen Krediten finanziert wurde, hat es keinerlei bedeutsame Anzeichen einer echten Inflation in Deutschland gegeben: dies gilt auch für die Zeit der Vollbeschäftigung. Erklärt werden kann dies in erster Linie aus der konsequent verfolgten Politik, die Preise niedrig zu halten und das nominale Lohnniveau beizubehalten. Hinzu kommt, daß die Wegsteuerung eines Teils der Gewinne stets von neuem verhindert hat, daß zusätzliche Kaufkraft sich auf Märkten geltend machen konnte, die einer weniger strikten Kontrolle unterworfen waren. Normalerweise hätte diese zusätzliche Kaufkraft die Preise nach oben getrieben. Während der kurzen Zeit, innerhalb deren das Hitlerregime versuchte, die mit der Durchführung der Aufrüstung verbundenen Aufgaben zu lösen, galt eine Einschränkung: es durfte keine Inflation geben. Das deutsche Volk hatte allerdings einen hohen Preis für diesen Anti-Inflationsschutz zu zahlen: es mußte sich einem Bündel von Kontrollen unterwerfen, die in den Bereich der Produktion und des Verbrauchs tief eingriffen, ganz zu schweigen von den traditionellen Freiheitsbereichen wie der Freizügigkeit und der Freiheit der Berufswahl.

Dies galt insbesondere für die Arbeiterschaft, wobei es insoweit keinen Unterschied machte, ob der Einzelne in Arbeit gestanden hatte oder arbeitslos gewesen war. Diese Erwägungen hatten auch für die Klassen Gültigkeit, deren Angehörige über Eigentum verfügten. Die Beeinträchtigung des Eigentumsrechts und der Unternehmensfreiheit wurde ausgeglichen durch eine erhebliche Steigerung des Kapitaleinkommens und der Unternehmensgewinne. Allein die Tatsache, daß ihr Eigentum und ihr sozialer Status erhalten geblieben waren, wurde als positiver Wert angesehen. Im Verhältnis dazu wurden die Opfer, die sie auf dem Gebiet der Politik zu erbringen hatten, als nicht schwerwiegend empfunden. Wenn die Hauptaufgabe darin besteht, in einer Mindestzeit alle zur Verfügung stehenden Mittel für Zwecke der Kriegsvorbereitung zu verwenden, dann kann nicht gleichzeitig versucht werden, größere Experimente auf dem Gebiet der Sozialreform durchzuführen. Solche Reformen (wenn sie z. B. mit dem Ziel der Verwirklichung des Sozialismus in Angriff genommen werden) erfordern Zeit und Energie und würden für einen längeren Zeitabschnitt zu einer Verlangsamung der Produktion führen. Die Anerkennung des Privateigentums als Basis der bestehenden Gesellschaftsordnung war mit Rücksicht auf die Grundhaltung derer, die die Partei unterstützten, nicht nur politisch unerläßlich; sie stellte auch eine unvermeidliche Folgeerscheinung der Rüstungspolitik dar.

Es ist nunmehr an der Zeit, das zweite, vermutlich ausschlaggebende Endziel der nationalsozialistischen Wirtschaftspolitik eingehender zu behandeln: nämlich die um jeden Preis durchzuführende Wiedereingliederung der Arbeitslosen in den Wirtschaftsprozeß sowie die Rettung der politisch und wirtschaftlich machtvollen – allerdings vor 1932 in ihrer Machtstellung bedrohten – Sektoren der deutschen Wirtschaft, die in diesem Zusammenhang oben bereits erwähnt worden sind: nämlich die westliche Schwerindustrie und der östliche Großgrundbesitz.

Was zunächst die Wiedereinstellung der Arbeitslosen anbelangt, könnte man argumentieren, dies sei zum mindesten 1933 das wichtigste, nach außen in Erscheinung tretende Ziel der nationalsozialistischen Wirtschaftspolitik gewesen, und zwar das einzige Ziel, zu dem sich der Nationalsozialismus öffentlich bekannt hatte. Zu Beginn wurde dieses Ziel deshalb besonders herausgestellt, weil die beiden anderen oben erwähnten Ziele vom propagandistischen Blickpunkt aus gesehen wenig hilfreich waren und außerdem die Zeit noch nicht reif war, um sie zu verwirklichen. Um die Arbeitsbeschaffung zu ermöglichen, bediente sich die Hitlerregierung verschiedener Mittel, die frühere Regierungen ebenfalls verwandt hatten. Der Druck der Parteimaschine wurde darüber hinaus in diesem »Feldzug« eingesetzt. Anfangs herrschten die Improvisationen vor. Zeitweise erwies sich diese Methode als recht erfolgreich; als sich jedoch herausstellte, daß sie für die Dauer nicht ausreichend war, entschloß sich die Hitlerregierung, dem allgemeinen Arbeitsbeschaffungsprogramm ein konkretes Endziel zu setzen: Aufrüstung.

Von diesem Augenblick an deckten sich praktisch das Ziel der Arbeitsbeschaffung und das Ziel der Kriegsvorbereitung. Angesichts der Situation, die damals in Deutschland herrschte, hätten die großen Schwierigkeiten eines ausschließlich an der Arbeitsbeschaffung orientierten Wirtschaftsprogramms das bestehende Wirtschaftssystem unweigerlich in die Richtung eines ökonomischen und politischen Nationalismus gedrängt. Dies aber hätte bedeutet, daß man nach einer Übergangsperiode vor der Wahl gestanden hätte, entweder auf die Überwindung der Weltwirtschaftskrise zu warten – eine Lösung des Problems, die vom politischen und psychologischen Gesichtspunkt aus gesehen untragbar war – oder aber alle Bemühungen zwecks Überwindung der Arbeitslosigkeit in einem »großen Plan« zu koordinieren.

In dem Augenblick, in dem das Regime sich entschloß, einen Generalangriff auf das Arbeitslosenproblem zu machen, der gleicherweise systematisch und in seinen verschiedenen Aspekten aufeinander abgestimmt war, wurde es unerläßlich, dem »Plan« eine eindeutige Richtung zu geben: Arbeitsbeschaffung wozu? Wegen der empfindlichen Opfer, die mit der Verwirklichung einer solchen Politik verbunden waren, mußte das Endziel volkstümlich sein. Das einfachste war die Verfolgung einer nationalistischen Politik. Für die Wahl dieses Ziels sprach außerdem, daß es immanent eine Wiederaufbaupolitik beinhaltete.

Die Popularisierung eines Arbeitsbeschaffungsprogramms erforderte kaum mehr als den Hinweis auf die stillgelegten Produktionsmittel und die beschäftigungslosen Arbeiter. Beschäftigungslosigkeit von Mensch und Maschine war ein besonders ernsthaftes Problem in der Schwerindustrie. Waren es nicht in erster Linie diese Industrien und deren Verbündete – die Großgrundbesitzer, die sich die Schätze des »nationalen Grund und Bodens« zunutze machten? So erklärt es sich, daß das Arbeitsbeschaffungsprogramm nicht nur mit der Aufrüstung, sondern auch unlösbar mit der Subventionierung gerade der beiden Sektoren der deutschen Volkswirtschaft gekoppelt wurde, die während so vieler Jahrzehnte in der deutschen Wirtschaft den Ton angegeben hatten.

Im Rahmen dieses Kapitels ist es weder möglich noch notwendig, im einzelnen zu untersuchen, ob die nationalsozialistischen Führer ihr Wirtschaftsprogramm vorsätzlich mit dem Ziel entwickelt haben, die Kohlen-, Eisen- und Stahlindustrien im Westen und die Großgrundbesitzer im Osten vor dem wirtschaftlichen Ruin zu retten.

Es gibt Gegner des Regimes, die glauben, der Nationalsozialismus erschöpfe sich darin, sozusagen der Hausknecht des deutschen Monopolkapitalismus zu sein. In diesem Zusammenhang verweisen sie auf die bedeutsame Rolle, die Vertreter dieser Gruppen in den schicksalvollen Tagen spielten, als Hitler zur Macht gelangte; sie heben die Vorteile hervor, die diese Klassen dem Hitler-Regime verdankten.

Diese übermäßig vereinfachten Theorien sind nur allzu geeignet, eine jede ökonomische Interpretation des Faschismus unnötig zu diskreditieren. Vielmehr sollte sich eine solche Interpretation sehr viel differenzierterer Begriffe bedienen.

Ein Zitat aus Schumpeters Aufsatz *Zur Soziologie der Imperialismen* scheint sich besonders gut für eine Analyse der Beziehungen zwischen Nationalsozialismus und Privatkapitalismus bzw. einer Darlegung der Beziehungen zwischen Politik und Wirtschaft im heutigen deutschen Herrschaftssystem zu eignen: »Der Nationalismus und der Militarismus, keine Geschöpfe des Kapitalismus, werden ›kapitalisiert‹ und saugen schließlich ihre beste Kraft aus dem Kapitalismus. Er zieht sie in seine Kreise und erhält sie dadurch ... am Leben. Und sie beeinflussen ihrerseits den Kapitalismus.«[3]

Die Industriellen und die Großgrundbesitzer unterstützten Hitler in der Annahme, daß sie die Herren bleiben würden, daß sie Hitler für ihre Zwecke gebrauchen und schließlich ihn und seine Bewegung notfalls auch wieder loswerden könnten. Es trifft zu, daß gerade diese Gruppen vom Staat Vergünstigungen erhalten haben. Sie verdanken es der Politik der Hitlerregierung, daß es ihnen ermöglicht wurde, erhebliche Profite zu machen, beträchtliche Kapitalgewinne einzustecken und ihre Positionen in den beherrschenden Konzernen auszubauen und zu verbessern.

Wer diese Vorteile besonders hervorhebt, sollte allerdings den Preis nicht übersehen, der hierfür zu entrichten war. Im günstigsten Fall müssen die vormaligen Herren die Macht mit der Parteielite und mit den Staats- und Parteibürokratien teilen. Ihr Wohlstand und ihre Kontrollrechte sind auch in mehr als einer Beziehung einem erheblichen Wandel unterzogen worden. Es besteht für sie keine Möglichkeit, die nationalsozialistische Führung gegen eine andere auszutauschen. Ihre Existenz beruht weitgehend auf der Chance, daß die Führungsschicht kein Interesse daran hat, sie aus ihren sozialen und wirtschaftlichen Machtpositionen zu verdrängen.

Eine große Anzahl theoretischer und empirischer Studien hat den Nachweis dafür erbracht, daß der Monopolkapitalismus auf der einen Seite und das Wachstum des wirtschaftlichen Nationalismus und Imperialismus auf der anderen Seite eng miteinander verbunden sind und einander verstärken.

3 Joseph Schumpeter, »Zur Soziologie der Imperialismen«, *Arch. f. Szw.* Bd. 46, S. 309.

Das gegenwärtige nationalsozialistische Regime hat den bereits früher bestehenden Monopolen neue hinzugefügt: es hat von ihnen auch – wenn man so sagen darf – die gleiche Grundhaltung in Fragen der Außenpolitik geerbt, die die frühen monopolistischen Wirtschaftsträger stets befürwortet hatten: Nationalismus und Imperialismus. Mit all dem ist die Frage aber noch nicht beantwortet, ob das nationalsozialistische Regime bewußt eine Politik verfolgte, die zuerst von Vertretern monopolistischer Interessen entwickelt worden ist oder ob diese Politik die unabwendbare Folge von »Monopolsituationen« darstellt. Es handelt sich mit anderen Worten darum, sich darüber klar zu werden, ob die Privilegien, die den ausgesprochen monopolistischen Sektoren der deutschen Wirtschaft zuteil geworden sind, eher ein Nebenprodukt der nationalsozialistischen Politik darstellen als deren bewußt verfolgtes Hauptziel.

Der Verfasser dieses Buches neigt dazu, der Rettung der erwähnten kapitalistischen Interessen in dem Gesamtbereich der nationalsozialistischen Ziele eine erhebliche Bedeutung beizumessen; er glaubt jedoch, es sei richtig darzutun, daß die Nationalsozialisten ständig so handelten, als ob der Schutz der Monopolinteressen und die Rettung der gefährdeten Sektoren der deutschen Volkswirtschaft die bedeutsamsten Ziele ihrer Wirtschaftspolitik gewesen wären. Es mag künftiger Forschung vorbehalten bleiben, eine endgültige Aussage darüber zu machen, wieviel Wahrheit in den Worten »als ob« enthalten ist.

Eine Zusammenfassung der Ergebnisse der hier vorgetragenen Analyse der deutschen Wirtschaftsordnung würde etwa wie folgt lauten:

1. Obwohl die Rechte der Privateigentümer eingeschränkt worden sind und Art und Umfang des Rechtsinstituts »Privateigentum« modifiziert worden ist und obwohl namentlich die staatliche Kontrolle über das Eigentum ausgedehnt worden ist, sind die für den Fortbestand des Kapitalismus fundamental wichtigen Institutionen nicht beseitigt worden.
2. Mit Hilfe der staatlichen Kontrollen stehen alle privaten Betätigungen im Dienst der politischen, d. h. aber vornehmlich militärischen Expansion.
3. Alle öffentlichen Investitionen hängen auf das engste mit der Lohnpolitik des Regimes zusammen, die auf der Zerstörung aller Arbeiterorganisationen beruht.
4. Es gibt noch immer kapitalistische Unternehmungen und kapitalistische Märkte, auf denen die Unternehmungen kaufen und verkaufen können; es gibt Märkte, auf denen Eigentumsrechte gehandelt werden, Transaktionen, bei denen es sich um die Gewährung von privaten Krediten handelt, und es gibt auch rechtliche Streitigkeiten der unterschiedlichsten Art, in denen über Ansprüche und Verpflichtungen entschieden wird.
5. Ein erheblich erweiterter Beamtenstaat umgibt ständig den Bereich pri-

vater wirtschaftlicher Betätigungen – sei es, daß er diesen Betätigungen seine Unterstützung gewährt, sei es, daß er sie einschränkt. Diese Bürokratie handelt teilweise im Einklang mit allgemeinen klar formulierten Gesetzen, teilweise stützt sie sich auf Ermächtigungen, die ein mehr oder weniger freies Ermessen zulassen – stets aber unter dem Vorbehalt, daß jede Angelegenheit nach Willkür entschieden werden kann.

Schließlich muß nicht nur der Nachweis erbracht werden, daß zwischen politischen und wirtschaftlichen *Vorgängen* eine enge Beziehung besteht, sondern auch zwischen der wirtschaftlichen und politischen *Struktur*. Das nunmehr zu behandelnde Problem lautet: welches ist die Funktion des Normenstaates und worin bestehen die Funktionen des Maßnahmenstaates im Bereich der Ökonomie? Welche Aspekte der politischen und wirtschaftlichen Ordnung entsprechen einander?

Der Normenstaat funktioniert offenkundig als das rechtliche Rahmenwerk für das Privateigentum: für die sachenrechtlichen und schuldrechtlichen Beziehungen der Privatunternehmen und für die wirtschaftsverwaltungsrechtlichen Beziehungen zwischen Staat und Wirtschaft. Selbst wenn der Gesetzgeber die Spielregeln ändert, bleibt doch ein Minimum an Voraussehbarkeit unentbehrlich, um die vermutlichen Folgen von Entscheidungen auf wirtschaftlichem Gebiet abschätzen zu können.

Um Mißverständnisse zu vermeiden, ist es wichtig zu betonen, daß die Betätigungen der Bürokratie, die Eingriffe in das freie Spiel der wirtschaftlichen Kräfte darstellen, vom Normenstaat vollzogen werden, obwohl solche Eingriffe die vormals bestehende Freiheitssphäre beeinträchtigt haben. Dies gilt zumindest insoweit, als der Rechtsweg noch offen ist, um subjektive Rechte gegenüber anderen privaten Mitgliedern der wirtschaftlichen Gemeinschaft und anderen Eingriffen des Staates zu definieren und zu schützen.

Obwohl der Normenstaat gewisse Zuständigkeiten in Gebieten beibehalten hat, die im engeren Sinne des Wortes nicht als »ökonomisch« bezeichnet werden können, bleibt »die Wirtschaft« im heutigen Deutschland der wichtigste Bereich einer allerdings modifizierten »Rule of Law«. Nicht nur private, sondern auch öffentliche Unternehmen werden vom Normenstaat geregelt und geschützt. Dies ergibt sich schon aus der Notwendigkeit, in einer hochentwikkelten Gesellschaft mit einer modernen Technik gewisse Funktionen zu dezentralisieren. Jede Dezentralisierung macht es unerläßlich, ein System von Regeln zu schaffen, die gleicherweise stabil und flexibel sind. Im heutigen Deutschland erfolgt die sozio-ökonomische Dezentralisierung mittels eines Systems von Institutionen, deren wichtigste Eigentum an Sachgütern, Vertrag, Privatunternehmung und immaterielles Güterrecht heißen. Die privaten Geschäftsunternehmen werden unter dem Nationalsozialismus durch den

Normenstaat geschützt, weil es sich herausgestellt hat, daß auch unter dem Nationalsozialismus die private Wirtschaft als die geeignete Form für die Dezentralisierung sozio-ökonomischer Funktionen angesehen wird.

Wenn hier die These aufgestellt wird, daß im Dritten Reich der Normenstaat eng mit dem bestehenden, wenn auch inzwischen modifizierten System von Eigentum und Privatunternehmen verbunden ist, geschieht dies nicht zuletzt, um den auffallenden Unterschied aufzuzeigen, der bei der Behandlung von »Eigentum« und »Arbeit« besteht. Der Maßnahmenstaat ist im sozialpolitischen Raum in den ökonomischen Bereich eingebrochen, dadurch, daß er alle echten Arbeiterorganisationen zerstörte und alle vormaligen und etwa künftigen Arbeiterführer als »Staatsfeinde« verfolgte.

Wenn die Analyse der Beziehungen zwischen der Welt der Wirtschaft und dem Normenstaat zutrifft, dann kann dem Maßnahmenstaat keine unmittelbare und echte Kontrollfunktion zugesprochen werden, sondern bestenfalls eine einschränkende und dank ihrer Auswirkungen eine indirekt unterstützende Funktion.

1. Nachdem im Jahre 1933 die fundamentale Entscheidung zugunsten eines radikalen Nationalismus gefällt worden war, machte es die Durchführung dieses abenteuerlichen Programms unerläßlich, Sicherungsgarantien gegen politische Störungen und vorzeitige Unterbrechungen zu errichten. Eine solche Garantie war angesichts der zahlreichen Opfer und Beeinträchtigungen unerläßlich, die diese Politik der gesamten Bevölkerung, vor allem aber der Arbeiterschaft und dem kleinen Mittelstand, auferlegte. Die Betätigungen des Maßnahmenstaates und seiner ausführenden Behörde bilden die unerläßliche Voraussetzung für die ununterbrochene Durchführung des wirtschaftlichen Regierungsprogramms.
2. Angesichts der großen und intensiven Anstrengungen, die von der deutschen Gesellschaft verlangt wurden, forderten die Nationalsozialisten die Unterdrückung zumindest aller offenen Klassenkonflikte, die aus dem Weiterbestehen relativ freier Arbeiterorganisationen entstanden wären, die Effizienz des Regimes jedoch durch Verschwendung von Energien und Unterbrechungen der Produktion beeinträchtigt hätten.
3. Durch drastische Drohungen und gesetzlich nicht normierte Sanktionen vermag der Maßnahmenstaat indirekt zum Erfolg der Wirtschaftspolitik der Regierung beizutragen, die insoweit terroristischen Charakter besitzt.

Weil diese Androhungen weder vorausgesagt noch einkalkuliert werden können, ist der Maßnahmenstaat sehr viel mächtiger als der Normenstaat: tatsächlich ist in Zweifelsfällen die Möglichkeit, daß solche Androhungen erfolgen, ausreichend, um die Betroffenen daran zu hindern, sich auf große Risiken einzulassen. Allerdings würde eine allzu häufige Verwendung solcher Druckmittel den gesamten Wirtschaftsprozeß in Unordnung bringen. Auf diese Art und Weise vermag der Maßnahmenstaat auch das Verhalten von Kapitalisten und Unternehmern zu beeinflussen, obwohl sie nominell vom Normenstaat nicht nur kontrolliert, sondern auch geschützt werden.

Die beste Analyse der nationalsozialistischen Revolution, die unter Verwendung der ökonomischen Geschichtsauffassung vorgenommen worden ist, findet sich in Adolf Hitlers Reichstagsrede vom 21. Mai 1935:

»Um das Funktionieren der nationalen Wirtschaft sicherzustellen, war es notwendig, zunächst eine unbedingte Ruhe in die ewige Bewegung der Lohn- und Preisbildung zu bringen. Es war weiter erforderlich, allen nicht aus einem höheren nationalwirtschaftlichen Interesse kommenden Eingriffen die treibenden Voraussetzungen zu entziehen, d. h. die von der Lohn- und Preispolitik lebenden Klassenorganisationen beider Lager aufzuheben. Die Zerschlagung der Kampfgewerkschaften – sowohl der Arbeitgeber als auch der Arbeitnehmer – erforderte die analoge Beseitigung der von diesen Interessentengruppen ausgehaltenen und sie dafür stützenden politischen Parteien. Dies wieder zwang zur Einführung einer neuen konstruktiven und lebendigen Verfassung und zu einem neuen inneren Reichs- und Staatsaufbau.«[4]

4 *Verhandlungen des Reichstags*, IX. Wahlperiode 1933, Bd. 458, Berlin 1936, S. 41.

Kapitel III
Die Soziologie des Doppelstaates

1. *Betriebsgemeinschaft und Werkschar*

Jede soziologische Untersuchung, in der der Begriff »Gemeinschaft« auftaucht, muß auf die Arbeiten von Ferdinand Tönnies zurückgreifen.[1] »Gesellschaft« und »Gemeinschaft« sind nicht beziehungswissenschaftliche Kategorien, sondern soziologische Strukturen, deren Entstehung, Entwicklung und Untergang an exakt nachweisbare Prämissen gebunden sind.[2] Trotz seiner persönlichen Vorliebe für die Gemeinschaft, die durch verwandtschaftliche, nachbarliche und traditionelle Bindungen zusammengehalten werden (wie dies heute noch bei gewissen Dorfgemeinschaften der Fall sein mag), hegt Tönnies keine Illusionen über den Weg, der der westlichen Zivilisation seit langem vorgezeichnet ist: er führt von der Gemeinschaft zur Gesellschaft.

Alfred von Martin hat die bedeutsame Frage aufgeworfen, »ob und unter welchen Umständen eine Wiederentstehung von ›Gemeinschaft‹ ... auf der Stufe der Gesellschaft überhaupt möglich sei«[3]. Er wendet sich gegen alle diejenigen, denen die Sehnsucht nach Gemeinschaft »romantisches Heimweh« ist. In diesem Zusammenhang erwähnt er auch Werner Sombarts verschrobenes Buch *Deutscher Sozialismus*[4].

Im Gegensatz zu der in der nationalsozialistischen Vulgärliteratur üblichen unkritischen Verherrlichung der Gemeinschaft hat Sombarts Buch den Vorzug der Folgerichtigkeit. Er hat den Mut, die Rückkehr zu den Verhältnissen von 1750 und den Zuständen zu fordern, die Gemeinschaft möglich gemacht haben, d. h. aber, »die Jahrhunderte des Teufels« rückgängig zu machen, die die Welt der industriellen Revolution überhaupt hervorgebracht haben. Es erscheint angebrachter, die Schlüssigkeit der Gedankengänge Sombarts anzuerkennen als über sie zu spotten. Jedenfalls ist die Vision einer Wiedergeburt der Gemeinschaft nach Wiederherstellung der ihr adäquaten ökonomischen Bedingungen weniger phantastisch als das Unterfangen, die Industrialisierung

1 Ferdinand Tönnies, *Gemeinschaft und Gesellschaft*, Berlin 1926.
2 Hans Freyer, *Soziologie als Wirklichkeitswissenschaft*, Leipzig 1930, S. 189 ff.
3 Alfred von Martin, »Zur Soziologie der Gegenwart«, *Archiv für Kulturgeschichte*, Bd. 27, S. 94-119, insbes. S. 113.
4 Werner Sombart, *Deutscher Sozialismus*, Berlin 1934.

voranzutreiben und gleichzeitig die Auferstehung eines vorkapitalistischen Gemeinschaftsgeistes zu propagieren.

Der Nationalsozialismus ist zu Beginn von Kräften getragen worden, die daran interessiert waren, die Voraussetzungen für das Funktionieren einer nach Gemeinschaftsprinzipien organisierten Wirtschafts- und Sozialordnung zu schaffen. Erwähnt seien in diesem Zusammenhang die Tendenzen zur Stärkung des Mittelstandes, die Forderung nach Abschaffung der Warenhäuser, der Auflösung der Konsumvereine, der Zerschlagung der Trusts und der Durchführung der Rationalisierungsgesetze des Jahres 1933. Sie sind alle längst überholt.

Die Nationalsozialisten, die zunächst im Zug der mittelständischen Opposition gegen den Sozialismus zu politischem Einfluß gelangten, bringen ihrem Streben nach Errichtung eines »Dritten Reiches« den Kern ihrer ursprünglichen *raison d'être* zum Opfer.[5] Im Zeichen des Vierjahresplans schreitet die Industrialisierung Deutschlands, die Modernisierung seiner Fabriken und die Akkumulierung seines Kapitals in Riesenschritten voran. Ohne es zu wollen, hat der Nationalsozialismus die Richtigkeit des Theorems von Ferdinand Tönnies bestätigt, daß die Entwicklung von »Gemeinschaft« zu »Gesellschaft« unaufhaltsam sei.

So ist denn auch Heinz Marrs Studie *Die Massenwelt im Kampf um ihre Form*[6] nur noch von historischem Interesse. Marr vertrat dort die Ansicht, daß der Arbeiterfrage keine zentrale Bedeutung mehr zukomme. An ihre Stelle seien die Probleme der Bauern und Handwerker getreten. Marr schwebte eine Art bäuerlicher Sozialismus vor. Seine Erwartungen beruhten auf der Annahme, die primär städtisch-industrielle Gesellschaft verliere, obwohl sie weiterhin den größten Teil des Volkes in sich vereine, mehr und mehr an Bedeutung.[7] Seitdem der Nationalsozialismus sein Schicksal unlösbar mit der Remilitarisierung der deutschen Wirtschaft verbunden hat, ist Marrs bäuerlich-handwerkliche Idylle endgültig utopisch geworden.

Mammutbetriebe schießen aus dem Boden, Heere von Spezialarbeitern arbeiten täglich fieberhaft zehn und mehr Stunden. Die Armee fordert, daß die Industriebetriebe dergestalt mechanisiert werden, daß notfalls Frauen und Jugendliche soweit wie möglich die Facharbeiter im Ernstfall ersetzen können. Der Nationalsozialismus hat die industrielle Revolution nicht rückgängig gemacht; er hat vielmehr versucht, ihr Tempo zu beschleunigen.

5 »Germany's Economic War Preparations«, in *The Banker*, Bd. 41, 1937, S. 138.
6 Heinz Marr, *Die Massenwelt im Kampf um ihre Form. Zur Soziologie der deutschen Gegenwart*, Hamburg 1934, S. 549, 564.
7 Ib., S. 550.

Ist die rationalisierte, unpersönliche, komplexe Industriegesellschaft mit einer Gemeinschaftsideologie vereinbar? Welche Folgen hat ein solches Experiment, dessen Durchführung der Nationalsozialismus sich zur Aufgabe gesetzt hat?

Die Nationalsozialisten sind keine soziologischen Theoretiker. Zum Beweis für die Richtigkeit und Durchführbarkeit ihrer Gemeinschaftstheorie verweisen sie auf ihre Erfolge. Sie behaupten, in ihrer Kampfzeit neue Formen der »Gemeinschaft« geschaffen zu haben. SA und SS, Arbeitsdienst und Hitlerjugend seien großartige Manifestationen dieses neuen Gemeinschaftsgeistes. Die Nationalsozialisten erheben den Anspruch, den Beweis dafür erbracht zu haben, daß man Gemeinschaft »wollen« kann, wenn nur der ernsthafte Wille vorhanden ist, Gemeinschaftsgebilde zu schaffen und zu erhalten.

Warum sollte, was im Fall der SA, SS, Arbeitsdienst und Hitlerjugend möglich war, nicht auch außerhalb der politischen Organisationen erreichbar sein? Um dies zu bewerkstelligen, haben die Nationalsozialisten den Versuch unternommen, so unterschiedliche Gebilde wie den Fabrikbetrieb, das Mietshaus und die Hochschule nach den Vorbildern der politischen Kampforganisationen umzuformen. Sie geben sich der Hoffnung hin, ihre weitgesteckten Ziele erreichen zu können, wenn erst einmal tunlichst viele soziale Gebilde mit Gemeinschaftsempfinden durchtränkt sind und dergestalt Quellen konkreten Ordnungsdenkens geworden sind. Der wichtigste wissenschaftliche Interpret dieser Bestrebungen ist Reinhard Höhn. Seine Auffassung tritt wohl am deutlichsten in einer wissenschaftlichen Auseinandersetzung mit dem Verfassungsrechtler Koellreutter in Erscheinung. Nach Koellreutter ist es Aufgabe des Rechts, die Berechenbarkeit staatlicher Handlungen zu ermöglichen und dadurch ein Minimum von Sicherheit zu gewährleisten.

Hierzu sagt Höhn: »Bei gemeinschaftsmäßiger Haltung besteht dieses Problem überhaupt nicht.«[8]

In diesem Zusammenhang taucht das Ideologieproblem in zugespitzter Form auf. Wenn es richtig ist, daß die Prozesse der Rationalisierung und der Entfremdung beschleunigt ablaufen, welche Bedeutung hat alsdann die Verbreitung des Gemeinschaftsbewußtseins? Der offenbare Widerspruch zwischen den ökonomischen Fakten und der nationalsozialistischen Gedankenführung löst sich auf, sobald es sich herausstellt, daß die Anwendung der Gemeinschaftsideologie auf die Betriebe auf einer Fiktion beruht. Denn, selbst wenn sich das ganze Volk zum Nationalsozialismus bekehrt hätte, wäre das Bewußtsein der Mitglieder der verschiedenen sozialen Gruppen nicht notwendi-

8 Reinhard Höhn, Besprechung von Koellreutter, *Grundriß der Allgemeinen Staatslehre* (*J. W.* 1936, S. 1653).

gerweise das gleiche. Wie zu zeigen sein wird, gilt dies um so weniger, je mehr eine Gruppe unter den Einfluß des SA-Geistes gerät.

Die Verpflanzung des Gemeinschaftsgeistes aus dem Bereich des Politischen in den Bereich des Nichtpolitischen ist von Nationalsozialisten auf die Formel gebracht worden: SA-Geist = Gemeinschaftsgeist; Betriebsgeist = SA-Geist; daher: Betriebsgeist = Gemeinschaftsgeist. Eine kritische Untersuchung der ersten Prämisse ergibt, daß bereits die erste Gleichung und demzufolge auch die anderen Gleichungen falsch sind. Selbst wenn man die ganze Legende der »Kampfzeit« zu akzeptieren bereit ist, kann es keinen Zweifel daran geben, daß im soziologischen Sinne die SA in ihrer klassischen Zeit keine Gemeinschaft war. Die SA der Kampfzeit war vielmehr ein Bund.

In Andreas Pfennings Studie *Gemeinschaft und Staatswissenschaft* wird der Begriff »Gemeinschaft« allerdings für die nationalsozialistischen Kampfverbände dem Wort nach verwandt – nicht aber dem Sinn nach. Er charakterisiert sie wie folgt: »Das zugrunde liegende Erlebnis war auch *nicht idealistischer Natur*; es war nicht der Einsatz für eine Idealität, für eine Idee, welche zeitlos und ewig gültig über der konkreten menschlichen und irdischen Wirklichkeit thront ... es wurde nicht ausgelöst im Kampf für eine ... Vorstellung ... aus dem erhabenen Reich des Wahren, Guten und Schönen ... das zugrunde liegende Erlebnis erwuchs aus der *konkreten Notwendigkeit des Kampfes*«.[9] Ähnliche Gedankengänge entwickelt Höhn in seiner Schrift *Rechtsgemeinschaft und Volksgemeinschaft*.[10]

Die Ablehnung des Wortes »Gemeinschaft« für die nationalsozialistischen Kampfverbände legt es nahe, zu untersuchen, ob sie als Bünde gekennzeichnet werden können.

Die soziologische Kategorie des Bundes wurde zuerst von Hermann Schmalenbach entwickelt. Seitdem ist sie von zahlreichen Soziologen übernommen worden, z. B. von von Martin, Marr und Behrendt. Hermann Schmalenbachs Untersuchung des »Bundes«[11], die für das theoretische Verständnis des Nationalsozialismus unentbehrlich ist, ist von Max Webers Herrschaftstheorie und insbesondere dessen Unterscheidung zwischen rationaler, traditionaler und charismatischer Herrschaft beeinflußt. Nicht minder bedeutsam für die Analyse Schmalenbachs ist Ferdinand Tönnies Untersuchung *Gemeinschaft und Gesellschaft*, auf die sich Schmalenbach ständig bezieht. Seine Darlegun-

9 Andreas Pfenning, »Gemeinschaft und Staatswissenschaft. Versuch einer systematischen Bestimmung des Gemeinschaftsbegriffs«, *Ztschr. f. d. ges. Staatsw.* Bd. 96, S. 314.

10 Reinhard Höhn, *Rechtsgemeinschaft und Volksgemeinschaft*, Hamburg 1935, S. 82.

11 Hermann Schmalenbach, »Die soziologische Kategorie des Bundes«, *Die Dioskuren*, Bd. 1, S. 35 ff., insbes. S. 59.

gen machen klar, daß die traditionale Herrschaft der Gemeinschaft zuzuordnen ist, und daß die rationale Herrschaft der unpersönlichen Gesellschaft als politische Ausdrucksform entspricht. Von hier aus gelangt Schmalenbach zu dem Schluß, daß die der charismatischen Herrschaft korrespondierende Organisationsform der Bund ist.

Die Mitglieder eines Bundes finden sich nicht im Einklang mit traditionalen Regeln und Gewohnheiten zusammen, sondern aufgrund emotionaler Erlebnisse. In die Gemeinschaft wird der einzelne geboren; dem Bund tritt er kraft eigenen Entschlusses bei. Die Gemeinschaft will die überkommenen Werte bewahren, während der Bund die entwurzelten Individuen zusammenzufassen bestrebt ist. Gemeinschaft besteht auch dann, wenn der einzelne sich der Mitgliedschaft in der Gemeinschaft nicht voll bewußt ist. Mitgliedschaft in einem Bund setzt hingegen einen bewußten Akt des Beitritts voraus. Die Gemeinschaft lebt von tradierten Werten und leitet diese an die folgenden Generationen weiter. Der Bund als organisierter Zusammenschluß der Gefolgschaft eines charismatischen Führers ist – wie das Charisma selbst – nur zeitlich begrenzt wirksam; er ist »labil« – im Gegensatz zur Gemeinschaft, die ein »stabiles« Gebilde darstellt. Ebenso wie das Charisma steht der Bund im Gegensatz zur Alltagsroutine. Sobald die »Veralltäglichung« der Herrschaft des charismatischen Führers einsetzt, beginnt der Prozeß der Auflösung des Bundes. Wenn die »Veralltäglichung« sich voll auswirkt, zerfällt entweder der Bund oder er wandelt sich zur Gesellschaft und in Ausnahmefällen zu einer Gemeinschaft.

Die Räuber von Friedrich Schiller sind die klassische Schilderung des Bundes. Um Karl Moor, den aus der Bahn geworfenen Führer, sammeln sich die gleichfalls entwurzelten Kameraden, um »eine Welt aus den Angeln zu heben«. Im Grunde wollen sie aber die Gesellschaft gar nicht revolutionieren und die bestehende Ordnung sprengen; sie beklagen lediglich, daß innerhalb dieser Ordnung andere als sie an der Macht sind. Sie erstreben, an die Stelle der momentan Herrschenden eine neue »Elite« zu setzen, die sich aus ihrem Bund rekrutiert. Ungünstige Umstände zwangen den Bund Karl Moors, in die böhmischen Wälder zu flüchten und dort das Dasein von Räubern zu führen. Unter günstigeren Bedingungen hätte Moor die politischen Kommandohöhen besetzt, seine Anhänger hätten die neue Elite gebildet, die »Beute« verteilt, die Gesellschaftsstruktur jedoch unverändert gelassen. Die erfolgreiche charismatische Revolution ist eine idealtypische *circulation des élites.*

Kurz nach der Machtergreifung machten die Nationalsozialisten tatsächlich den Versuch, die Betriebe nach dem Vorbild der SA zu organisieren. Betriebsappelle, Flaggenparaden und Kameradschaftsabende sollten in den Betrieben eine Art »SA-Geist« erzeugen. Das Experiment mißglückte jedoch sehr bald.

Werner Mansfeld – Referent für Arbeitsrecht im Reichsarbeitsministerium – hat klar zum Ausdruck gebracht, was es für eine Bewandtnis mit der Verpflanzung bündischer Ideologien in andere soziale Gebilde hat. Bei Erörterung der Stellung des Unternehmers im Betrieb führt er aus: »Rechtlich wäre an seiner Stellung der Gefolgschaft gegenüber ... nichts geändert, wenn ... der Hinweis auf seine Führerstellung überhaupt unterblieben wäre.«[12]

Heinz Marr, obwohl Anhänger nationalsozialistischer Ideologie, ist genügend Soziologe, um die Schwierigkeiten zu sehen, die bei der Neugestaltung gesellschaftlicher Gruppen im Geist politischer Kampfverbände zu überwinden sind. »Der Bund«, so sagt er, »mag die Seelen noch so tief berühren, die Dauer bleibt ihm versagt«, und fährt fort, daß »rein ökonomische und rechtliche Beziehungen bündischer Durchdringung schwer zugänglich sind.«[13] Marr streift lediglich das Problem, ob es möglich sei, Gemeinschaftsbewußtsein in gesellschaftliche Gebilde zu verpflanzen; er erkennt jedoch klar, wieviel schwerer es ist, das bündische Ethos, das sich heute die politische Welt des Staats erobert hat, innerhalb der Wirtschaft zur Geltung zu bringen, zumal innerhalb des Großbetriebes.[14]

Die Frage ist um so bedeutsamer, als die Nationalsozialisten nach verschiedenartigen Experimenten, wie z. B. der Begründung und Auflösung von Betriebszellenorganisationen (NSBO), zu der Erkenntnis gelangt sind, daß sie mit den bisher verwandten Methoden ihr Ziel nicht erreichen können.

Im Augenblick haben sie in Gestalt der »Werkscharen« einen neuen Weg eingeschlagen. Bei ihrer Begründung vertrat der Führer der Deutschen Arbeitsfront, Robert Ley, die Ansicht: »Ohne eine festgefügte Werkschar ... würde die Betriebsgemeinschaft mit der Zeit zu einem gelben Werkverein herabsinken.«[15] So bezeugt denn Ley die Tatsache, daß die Zerschlagung der Gewerkschaften, die Beseitigung der Betriebsräte und die gewaltsame Unterdrückung

12 Werner Mansfeld, »Der Führer des Betriebes«, *J. W.* 1934, S. 1004. Mansfeld war bis zum Machtantritt Hitlers Syndikus des Arbeitgeberverbandes für den Bergbau. Im Jahre 1933 wurde er in das Arbeitsministerium berufen und mit der Ausarbeitung des nationalsozialistischen Arbeitsgesetzes beauftragt.
»Wenn immer die Gesetzgebung versucht, die Streitigkeiten zwischen den Meistern und ihren Arbeitern zu schlichten, sind ihre Ratgeber stets die Meister«, sagte Adam Smith (*Wealth of Nations*, X). »Der Geist der Gesetze ist das Eigentum«, sagte Linguet. Zitiert in Karl Marx, *Das Kapital*, Bd. I, Kap. 24, S. 668, Anm. 222 (Volksausgabe hrsg. von Karl Kautsky, Stuttgart 1920). [= *MEW*, Bd. 23, S. 766.]

13 Heinz Marr, *op. cit.*, S. 466/7.

14 Ib., S. 468, Anm. 6.

15 *D. A. Z.*, 28. April 1938.

jeglichen proletarischen Klassenbewußtseins genau zu dem Ergebnis geführt haben, das die Gegner des Nationalsozialismus stets vorausgesagt haben: den gelben Werkverein. Das Instrument, dessen sich Ley zwecks Umwandlung privatkapitalistischer Unternehmen in Gemeinschaften bedient, ist »der soldatische Kern der Betriebsgemeinschaft, die dem Führer blind gehorcht und deren Wahlspruch lautet: Der Führer hat immer recht.«[16]

So ist denn der Plan, den Betrieb bündisch zu organisieren und ihn alsdann eine Gemeinschaft zu nennen, fallengelassen worden. Stattdessen wird innerhalb des Betriebes eine Avantgarde gebildet, die das Bündische repräsentiert.

Ley umriß die Aufgaben der Werkschar in voller Offenheit: »Sollte Deutschland wieder einmal eine schwere Belastungsprobe bestehen müssen und sollten sich daraus, wie im großen Krieg, auch schwere Wirtschaftsstörungen in den heimatlichen Betrieben ergeben, so muß jeder Betrieb so in sich geordnet sein, daß er die notwendigen Maßnahmen selbst ergreift und bei sich selber Ordnung schafft.«[17]

Der »soldatische Kern der Betriebsgemeinschaft« soll demnach jede Äußerung des Eigenwillens der Arbeiter im Kern ersticken und »Ordnung« schaffen. Die Werkschar ist eine Organisation zur Unterdrückung von Streiks und – so sagt Ley – »es muß mit allen Mitteln verhindert werden, daß aus der Werkschar – wenn auch nicht jetzt, so doch vielleicht in 50 oder 100 Jahren – jemals eine Klassentruppe werden könnte«.[18] Ausdrücklich schließt Ley die Möglichkeit aus, die Werkscharen verschiedener Betriebe organisatorisch zu größeren Verbänden zusammenzuschließen. Im Gegenteil: »Der Betrieb ist die Heimat der Werkschar . . . deshalb ist die Werkschar nicht eine durchgehende Befehlsorganisation, die sich von dem Betrieb über die Ortsgruppe, den Kreis, den Gau bis zum Reich in einem eigenen Führerkorps fortsetzt.«[19]

Ley hebt nicht nur den Unterschied zwischen den Werkscharen und den quasi-militärischen nationalsozialistischen Organisationen wie der SA und der SS hervor; er grenzt sie auch gegenüber den »ständischen« Berufsgruppen ab. Bei den letzteren bestehen keine prinzipiellen Bedenken gegen Zusammenschlüsse auf überregionaler Basis. Für die in den Betrieben zu errichtenden Werkscharen haben Ley und die nationalsozialistische Parteiführung sie zu verhindern verstanden. Die Werkscharen sind keine Massenorganisationen, sondern kleine Gruppen von Belegschaftsangehörigen, die dazu berufen sind, ihre Arbeitskollegen unter ständiger Kontrolle zu halten. Ohne Werkscharen würden nach Leys Ansicht die Betriebe potentielle Unruheherde bleiben.

16 Ib.
17 Ib.
18 Ib.
19 Ib.

Diese Gefahr würde insbesondere dann erneut heraufbeschworen, wenn überbetriebliche Zusammenschlüsse von Werkscharen zugelassen wären. Leys Leistung besteht darin, einer Gruppe von Streikbrechern den Ehrentitel »Gemeinschaft« verliehen zu haben. Die Werkscharen sind als eine Polizeitruppe geplant, die unter dem Schleier einer Gemeinschaftsideologie bündische Ziele verfolgt.

Dank zunehmender Bürokratisierung verlieren aber auch diejenigen nationalsozialistischen Organisationen ihren bündischen Charakter, die ursprünglich die Merkmale echter Bünde besessen haben. Dies gilt insbesondere für die SS, die längst in eine bürokratisierte Polizeitruppe umgewandelt worden ist.

Der labile Charakter der Bünde bewirkt, daß die Tendenz, bündische Merkmale auf rational organisierte sozio-ökonomische Gebilde zu übertragen, sich ständig abschwächen muß, so daß auf die Dauer eine Abstimmung zwischen den Überresten bündischer Ideologie und den nüchternen Notwendigkeiten moderner technischer und wirtschaftlicher »Betriebe« (im Sinne Max Webers) zum Scheitern verurteilt ist. Diese theoretischen Erwägungen werden durch die Erfahrung bestätigt. Die sozialen und ökonomischen Gebilde des Dritten Reiches sind geblieben, was sie vor Hitlers Machtergreifung waren: intern rationalisierte und extern aufeinander eingespielte Einheiten, die vom Gewinn- und Verlustdenken beherrscht werden. Daß diese sozialen Gebilde »Gemeinschaften« genannt werden und in nebensächlichen Fragen Konzessionen an das Gemeinschaftsbewußtsein gemacht werden, ändert nichts daran.

Mansfeld bringt diesen Aspekt des Nationalsozialismus am klarsten zum Ausdruck: »Die Treue der Volksgenossen zum Führer und des Führers zum Volke darf nicht mit materiellen Dingen verknüpft werden.«[20] Die Pseudogemeinschaft im heutigen Deutschland ist nur eine unerhebliche Modifizierung des kapitalistischen Produktionssystems. Das an der Gemeinschaft orientierte »konkrete Ordnungsdenken« ist nichts weiter als die Neulegitimierung der kapitalistischen Rechtsordnung. Romantische Begeisterung für die Gemeinschaft sollte uns nicht den Blick verstellen für die höchst unromantisch verstärkten Züge des modernen Kapitalismus.

»Auf diese fertige Welt des Kapitals wendet der politische Ökonom mit desto ängstlicherem Eifer und desto größerer Salbung die Rechts- und Eigentumsvorstellungen der vorkapitalistischen Welt an, je lauter die Tatsachen seiner Ideologie ins Gesicht schreien.« (Marx)[21]

20 Werner Mansfeld, »Vom Arbeitsvertrag«, *Dtsch. Arb. R.* 1936, S. 118-130, S. 124.

21 *Karl Marx, Das Kapital*, Bd. I, Kap. 25, S. 692 (Volksausgabe hrsg. von Karl Kautsky, Stuttgart 1920). [= *MEW*, Bd. 23, S. 792.]

Mit ungewöhnlicher Offenheit hat Pfenning die Funktion aller faschistischen Bestrebungen gekennzeichnet. Sie bestehe darin, »mit Hilfe eines ›starken Staates‹ die überkommene bürgerlich-kapitalistische Klassengesellschaft zu galvanisieren, und zwar durch staatliche Beschneidung der Systemauswüchse des Kapitalismus, um überhaupt den Bestand dieser Ordnung zu ermöglichen«.[22] Mit dieser Ansicht steht Pfenning in der nationalsozialistischen Literatur keineswegs isoliert.

Neesse geht sogar soweit, ein allgemeines Gesetz aus dieser allen faschistischen Revolutionen gemeinsamen Tendenz herzuleiten: »Jede revolutionäre Bewegung muß heute darauf bedacht sein, die Beständigkeit und die Ordnung des Wirtschaftslebens aufrechtzuerhalten.«[23]

Auch wenn sie es nur versteckt zugeben, sind sich theoretisch geschulte Nationalsozialisten über den sozialen Charakter des Faschismus im klaren; sie bestreiten nicht, daß der Nationalsozialismus die der imperialistischen Phase des Kapitalismus dienliche politische Struktur ist. Pfenning bemerkt: »Gemeinschaft ist hier eine kluge Notwendigkeit zur Aufrechterhaltung bestimmter gesellschaftlicher Lebensbedingungen.«[24] Pfenning zufolge hat die deutsche Gemeinschaft, deren konstituierendes Element das Blut und nicht ein rationaler Begriff ist, dank ihrer rassischen Basis eine »natürliche Rangordnung«, die eben deshalb respektiert werden muß.

2. *Volksgemeinschaft und Rüstungskonjunktur*

Die Widerlegung der Ansicht, daß die sozialen und ökonomischen Gebilde mit Gemeinschaftsbewußtsein durchdrungen seien, beantwortet jedoch noch nicht die Frage, inwieweit es dem Nationalsozialismus gelungen ist, aus dem deutschen Volk als ganzem eine »Volksgemeinschaft« zu machen. Auszugehen ist hierbei von der erfolgreichen Widerlegung des utopischen Pazifismus der deutschen Linksparteien nach dem Ersten Weltkrieg. Dem Glauben an die Rettung durch eine überstaatliche, rationale Ordnung wie den Völkerbund stellte der Nationalsozialismus das Dogma entgegen, daß der Wiederaufstieg des »Vaterlandes« nur durch den Zusammenschluß aller Deutschen gegen den gemeinsamen Feind möglich sei. Der Gedanke der Volksgemeinschaft ist aus der Niederlage im Ersten Weltkrieg, dem Nachkriegselend und dem Bewußtsein der Gegnerschaft gegen fremde Mächte erwachsen.

22 Andreas Pfenning, »Gemeinschaft und Staatswissenschaft«, *Ztschr. f. d. ges. Staatsw.*, Bd. 96, S. 302.

23 Gottfried Neesse, »Die verfassungsrechtliche Gestaltung der Einpartei«, *Ztschr. f. d. ges. Staatsw.* Bd. 98, S. 680.

24 Vgl. Anm. 22, S. 302.

Dieser Zusammenhang zwischen dem Glauben an eine außenpolitische Bedrohung und dem Erwachen innenpolitischen Gemeinschaftsbewußtseins ist kein Zufall. »Nur in Fällen gemeinsamer Gefahr kann mit einiger Wahrscheinlichkeit auf ein gewisses Maß von Gemeinschaftshandeln gezählt werden.«[25] Gleichzeitig gilt jedoch: »Keine seelische Bindung einer Gemeinschaft ist ... so stark, daß ihr Bruch ganz aus dem Bereich der Möglichkeit rückt.«[26] Es ist einsichtig, daß, wenn der Glaube an Bedrohung von außen die Hauptquelle des Gemeinschaftsbewußtseins ist, die innere Differenzierung bei abnehmender Gefahr wieder stärker hervortreten muß.

Im nationalsozialistischen Deutschland wird das Gemeinschaftsbewußtsein als absoluter Wert angesehen. Die nationalsozialistische Partei erblickt in der Erhaltung dieses Wertes ihre Hauptaufgabe. Wenn jedoch die Hingabe an die Volksgemeinschaft in unmittelbarer Abhängigkeit von der Größe der tatsächlichen bzw. vermeintlichen Gefahr steht, so erklärt sich unschwer die Paradoxie, die wir als die »politische Schere« des Nationalsozialismus bezeichnen möchten; d. h., je erfolgreicher die nationalsozialistische Außenpolitik, desto verkrampfter die nationalsozialistische Innenpolitik.

Eine als »Wert an sich« hypostasierte Volksgemeinschaft setzt die Existenz eines Feindes als Dauererscheinung voraus. Nach dem nationalsozialistischen Katechismus ist es relativ unerheblich, wer dieser Feind ist; ist es doch sogar nicht ausschlaggebend, ob dieser Feind in der Realität vorhanden oder ein Produkt der propagandistisch aufgeputschten Massenhysterie ist. Maßgeblich ist allein, ob der Feind-Komplex ausreichend lebendig erhalten wird, um den Gedanken an die Errichtung einer an rationalen Wertvorstellungen ausgerichteten Gesellschaftsordnung gar nicht aufkommen lassen. Im nationalsozialistischen Wertkodex ersetzt der ständige Feind die fehlende rationale Zielsetzung.[27]

»Im Krieg steckt der Kern der Dinge. Von der Art des totalen Krieges her bestimmen sich Art und Gestalt der Totalität des Staates«, heißt es bei Carl Schmitt, der fortfährt, »der totale Krieg aber erhält seinen Sinn durch den to-

25 Max Weber, *Wirtschaft und Gesellschaft*, Tübingen 1922, S. 198.

26 Helmuth Plessner, *Grenzen der Gemeinschaft. Eine Kritik des sozialen Radikalismus*, Bonn 1924, S. 54.

27 Es ist nicht ohne Reiz, daran zu erinnern, daß die Federalisten im Kampf gegen die Jefferson'sche Demokratie vor über 130 Jahren zu der gleichen Erkenntnis gekommen waren. Einer ihrer Führer, Fisher Ames, schrieb 1802 an Rufus King: »Wie alle Nationen, brauchen wir den äußeren Druck eines mächtigen Nachbarn, dessen Gegenwart zu allen Zeiten im Volke mehr Furcht erregen soll, als ihm die Demagogen Furcht vor der Regierung einreden können.« Zitiert in Raymond Gettel, *History of American Political Thought*, New York 1928, S. 185. Den Brief von Fisher Ames kann man in seiner Bedeutung erst dann voll würdigen, wenn man die Jakobinerfurcht der westlichen Welt nach der Französischen Revolution in Rechnung stellt.

talen Feind.«[28] Auf dem Nürnberger Parteitag des Jahres 1935 hat Hitler sich zu dem Gedanken bekannt: »In einem wilden Triebe kämpfen Völker und Rassen, ohne im einzelnen zu wissen, wofür«[29]. Ähnlich heißt es in einem Leitartikel des *Völkischen Beobachters* vom 21. Dezember 1931: »Rechtsstaat ist die organisierte Lebensform des Volkes, die alle völkische Lebenskraft zur Sicherung des Rechts des Volkes auf Leben nach innen und außen zusammenfaßt . . . Hierzu taugt nur zusammengeballte Volkskraft, wie nur die geballte Ladung den frontbedrohenden Tank zu bändigen vermochte; dies organisierte zum Einsatz-Bringen der geballten Ladung der völkischen Kraft zum Schutz des Volkslebens ist unser Begriff vom Rechtsstaat.«

Man beachte, daß nicht der Verfasser dieses Buches diesen Zeitungsartikel ausgegraben hat. Der Justizstaatssekretär Freisler – Verfasser des Artikels – hielt ihn für wert, im *Handwörterbuch der Rechtswissenschaft*[30] abgedruckt zu werden. Die Tatsache, daß die Phrase eines politisierenden Rechtsanwaltes während der Kampfzeit zum richtungweisenden Dogma eines Chefideologen geworden ist und Aufnahme in die Hauptpublikation der nationalsozialistischen Rechtswissenschaft gefunden hat, beweist zur Genüge, daß selbst die gutgeschulten nationalsozialistischen Juristen den Ideen der Zeit vor 1933 verhaftet geblieben sind. Den Rechtsstaat als »geballte Ladung« zu bezeichnen, mag während der Vorbereitung der charismatischen Revolution wirksam gewesen sein. Die Wiederholung dieser Formulierung drei Jahre nach der Machtergreifung offenbart die geistige Sterilität und Ziellosigkeit der Bewegung.

Als sich die »Veralltäglichung des Charismas« vollzogen hatte, blieb nur die Erinnerung und die Suche nach – alten oder neuen – Feinden. An dieser Stelle vermögen wir auch die Bedeutung des Judenproblems für die nationalsozialistische Politik zu erkennen. Die Bedrohung durch die rassische Gefahr, die die Juden der nationalsozialistischen Theorie zufolge darstellen, soll integrierend wirken. Nach nationalsozialistischer Überzeugung »wühlt« der Jude ununterbrochen in Deutschland, um schließlich die Weltherrschaft zu erlangen. Deshalb befindet sich Deutschland in einem Dauernotstand, dessen es nur durch den Aufbau der Volksgemeinschaft Herr werden kann. Die nationalsozialistische Propaganda ist bestrebt, den Juden als Schreckgespenst hinzustellen.[31]

28 Carl Schmitt, »Totaler Feind, totaler Krieg, totaler Staat«, in *Positionen und Begriffe im Kampf mit Weimar-Genf-Versailles 1923-1939*, Hamburg 1940, S. 235-239; S. 236.

29 Zitiert in *Rasse und Recht*, 1935, S. 29.

30 Artikel »Rechtsstaat« in *Handwörterbuch der Rechtswissenschaft*, Bd. VIII, S. 567 ff., S. 572/3.

31 Carl Schmitt (*Geistesgeschichtliche Lage des Parlamentarismus*, 2. Aufl. München 1926, S. 87) hat einmal zutreffend darauf hingewiesen, daß die Geschichte des Bildes vom Bourgeois ebenso wichtig wie die Geschichte des Bourgeois selber sei. Schmitt hat jedoch dem Marxismus zu unrecht unterstellt, dieses Bild des Bourgeois mystifiziert und »zur Vereinigung alles

Jede Beeinträchtigung der Freiheit und des Wohlbefindens kann mit der Abwehr dieses Schreckgespenstes begründet werden.

Die Volksgemeinschaft nimmt die höchste Stelle im nationalsozialistischen Wertsystem ein. Alles was dieser Gemeinschaft abträglich sein könnte, wird als desintegrierender Faktor betrachtet. Jede Auseinandersetzung in religiösen, ethischen oder sozialen Fragen kann die Volksgemeinschaft aufspalten. Jede Gruppe, die sich zu anderen Werten als der Volksgemeinschaft bekennt, stellt eine solche Gefahr dar. Nach Reinhard Höhn, Professor an der Universität Berlin, ist vom Standpunkt konkreter Gemeinschaften jede Wertgemeinschaft eine Zersetzungsgemeinschaft.[32] Wird die Volksgemeinschaft zum Fetisch erhoben, so folgt daraus die Ablehnung aller Gemeinschaften, die sich auf andere Werte als die Volksgemeinschaft gründen, die Negierung des Rechts als Eigenwert, die Absage an jegliche rationale naturrechtliche Normen und die Identifizierung von Recht und Zweckmäßigkeit.

Trug der Glaube an die Gefahr von außen zur Begründung der Volksgemeinschaft bei, so erfordert ihre Erhaltung die Entdeckung bzw. künstliche Schaffung äußerer Gefahren. Der Mythos vom Dauernotstand wäre unglaubhaft, wenn nicht auf eine feindliche Armee in ständiger Bereitschaft hingewiesen werden könnte. Wenn daher kein realer Feind existiert, muß einer erfunden werden. Ohne Feinde keine Gefahr, ohne Gefahr kein Gemeinschaftsbewußtsein und ohne Gemeinschaftsbewußtsein keine Volksgemeinschaft. Gäbe es keine Volksgemeinschaft, könnte man Gemeinschaften, die sich auf religiöse, soziale oder politische Werte gründen, nicht unterdrücken.

3. *Der Begriff des Politischen in der nationalsozialistischen Theorie*

Im nationalsozialistischen Denken ist »der Feind« konstitutiv für die Vorstellung von Politik. Jedes tiefere Verständnis der nationalsozialistischen Politik hat die Kenntnis dessen, was der Nationalsozialismus unter Politik versteht, zur Voraussetzung. Viele Mißverständnisse der nationalsozialistischen Politik beruhen auf einer falschen Vorstellung von der Bedeutung politischer Aktivität für den Nationalsozialismus. Vorauszuschicken ist ein kurzer Hinweis auf den Politikbegriff, der den verschiedenen Herrschaftssystemen zugrunde liegt. Für die *traditionale* Herrschaft ist charakteristisch, daß weder der Herrscher

Hassenswerten, mit dem man nicht paktiert, sondern das man vernichtet«, verzeichnet zu haben. Das Rassenproblem hat die Funktion eines »Schreckgespenstes« in der nationalsozialistischen Theorie der Gemeinschaft. (Über das »Schreckgespenst« vgl. Paul Szende, »Eine soziologische Theorie der Abstraktion«, *Arch. f. Szw.* Bd. 50, S. 469.)

32 Reinhard Höhn, *Rechtsgemeinschaft und Volksgemeinschaft*, Hamburg 1935, S. 83.

noch die Beherrschten den uns geläufigen Begriff »Politik« kennen. Im Mittelalter, der Zeit traditionaler Herrschaft *par excellence*, war in der Gesellschaftstheorie kein Platz für den spezifisch politischen Aspekt des Staates, worauf F. Kern[33] nachdrücklich hingewiesen hat. Der Bereich des Staates und der Politik stand ganz unter der Kontrolle des Rechts. Kontroversen, die heute als politisch gelten würden, wurden im Zeitalter der traditionalen Herrschaft als Streitigkeiten über subjektive Rechte betrachtet.

Für die *rationale* Herrschaft ist der Versuch kennzeichnend, gesellschaftliche Konflikte mit Hilfe politischer Institutionen zu regeln. Der österreichische Historiker Ludo Moritz Hartmann, demokratischer Sozialist und aus der rationalistischen Tradition hervorgegangen, hat einmal Politik definiert als »die Kunst, gesellschaftliche Tendenzen in rechtliche Formen umzusetzen.«[34] Diese Definition trifft zwar für das rationale, nicht jedoch für andere Herrschaftssysteme zu. Die Besonderheit dieser Definition wird völlig klar, wenn sie Carl Schmitts Definition von Politik[35] als einer Freund-Feind-Beziehung gegenübergestellt wird. Diese Definition des Politischen geht direkt auf Rudolf Smends Aufsatz über die politische Gewalt im Verfassungsstaat zurück.

Smend untersucht die Unterscheidungsmerkmale von Regierung und Verwaltung. Er kommt zu dem Schluß, daß das entscheidende Kriterium der Regierung ihr »politischer« Charakter im Unterschied zum »technischen« Charakter der Verwaltung sei. Smend ist der Meinung, dies gelte sowohl für die Innen- als auch die Außenpolitik: »Das Moment der Objektlosigkeit ist aller auswärtigen Politik eigentümlich, soweit sie Politik und nicht lediglich auf technische Zwecke gerichtet ist ... das politische Element ist ... dasselbe, das im Inneren des Staates die politische Regierung von der technischen Verwaltung teilt.«[36]

In einer Fußnote weist Smend auf Joseph Schumpeters berühmten Artikel *Zur Soziologie der Imperialismen*[37] hin, dem er die Anregung für seine Theorie verdanke. Schumpeter hatte behauptet, daß zielloses Machtstreben dem Imperialismus zugrunde liege.

33 Fritz Kern, *»Über die mittelalterliche Anschauung von Staat, Recht und Verfassung«*, *H. Z.* Bd. 120, S. 63/4.

34 Ludo Moritz Hartmann, »Der Begriff des Politischen«, *Festgabe für Lujo Brentano zu dessen 70. Geburtstag*, München 1916, S. 220.

35 Carl Schmitt, *Der Begriff des Politischen*, München und Leipzig 1932, S. 15.

36 Rudolf Smend, »Die politische Gewalt im Verfassungsstaat und das Problem der Staatsform«, in: *Staatsrechtliche Abhandlungen*, Berlin 1955, S. 80/81.

37 Joseph Schumpeter, »Zur Soziologie der Imperialismen«, *Arch. f. Szw.* Bd. 46, S. 1-39, 275-310 (vgl. Fußnote 51 bei Smend, *op. cit.*).

Aus Smends Behauptung, Objektlosigkeit sei das Wesensmerkmal der Außenpolitik, leitete Schmitt seinerseits die Behauptung ab, die Existenz eines Feindes sei das Wesenselement politischer Aktivität. So lieferte Schmitt den Nationalsozialisten eine Legitimation, indem er bewies, daß fehlender Inhalt kein Mangel, sondern die vollkommene Realisierung des Politischen ist. Schmitts Politiklehre hypostasiert eine politische Vorstellung des Bundes. Diese Art der Politik strebt in einer Situation, in der traditionale Werte keine bindende Kraft mehr haben und rationale Werte nicht akzeptiert werden, nach der Macht um ihrer selbst willen. Im Jahre 1932 fragte der amerikanische Journalist Knickerbocker führende Nationalsozialisten, was die Partei mit der einmal gewonnenen Macht tun würde. Die Antwort lautete: »Festhalten.«[38]

Dies war in aller Kürze die nationalsozialistische Vorstellung von Politik. Den Kampf um die Macht weder als Kampf für subjektive Rechte noch als Kampf für die Realisierung objektiver Rechtsideen zu betrachten, Macht zu erwerben und innezuhaben ohne Rechtstitel, ohne Rechtsziel und jenseits aller Rechtsprinzipien – all das sind nur die Folgen des zentralen Interesses an der Macht um der Macht willen.[39] Ausschlaggebend für den Sieg der Rechten im Nachkriegsdeutschland war die Tatsache, daß sie nach dem Debakel von 1918/19 vom »furor politicus« ergriffen wurde und – angetrieben von dieser Kraft – die weitgehend entpolitisierte demokratische Linke übertrumpfte. Der Niederlage der Linken ging ihr Verzicht auf die »politische Politik« voraus – am besten hat ihn vielleicht Walther Rathenau in seinem Buch *Der Neue Staat*, veröffentlicht im März 1919, zum Ausdruck gebracht: »Der Krieg mit seiner Fortsetzung, dem Frieden, hat die großen Fragen der politischen Politik scheinbar zur höchsten Höhe getrieben, in Wirklichkeit vernichtet . . . Die auswärtige und politische Politik gibt noch einige Theatervorstellungen, dann tritt sie ab, und an ihrer Stelle steht internationale Wirtschafts- und Sozialpolitik.«[40]

Im Gegensatz zu Rathenaus Erwartungen haben Wirtschafts- und Sozialpolitiker nur ein paar Theatervorstellungen gegeben, um dann ihre Plätze denen zu überlassen, die begriffen hatten, daß die Politik und nicht die Wirtschaft ausschlaggebend sein werde.

Auf die Rolle der Außenpolitik beim Werdegang des Nationalsozialismus muß immer wieder hingewiesen werden. Man sollte nicht vergessen, daß mit

38 Hubert R. Knickerbocker, *Deutschland so oder so?*, Berlin 1932, S. 35.

39 Am 20. September 1922 sagte Mussolini in einer Rede in Udine: »Unser Programm ist sehr einfach – wir wollen Italien regieren.«

40 Walther Rathenau, *Gesammelte Schriften*, Bd. V, S. 272.

dem Glauben an die Geltung eines Rechts für die internationalen Beziehungen Mißbrauch getrieben worden war. Daß man Kriegsentschädigungen »Reparationen« und einen Raubzug wie die Ruhrbesetzung »Sanktion« nannte, war ein Schlag ins Gesicht für jene Linke in Deutschland, die an die Gültigkeit des Naturrechts glaubte. Sie hat sich von diesem Schlag nie erholt. Den Aufstieg des Nationalsozialismus kann man nicht verstehen, ohne die Wirkung von Poincarés Außenpolitik auf die deutsche Innenpolitik in Rechnung zu stellen.

Der deutsche Kapitalismus nahm die äußere Gefahr zum Anlaß, die Sozial- und Wirtschaftsordnung zu stabilisieren und damit die Verwirklichung seiner eigenen Interessen zu erleichtern. Als die Gefahr abnahm, mußte eine neue erfunden werden. Die Verteidiger des Kapitalismus konnten die Massen im Nachkriegsdeutschland nicht mehr davon überzeugen, daß er das beste aller Wirtschaftssysteme sei. Der Kapitalismus hatte keine Chance in einer demokratischen Auseinandersetzung mit dem proletarischen Sozialismus, in dessen Ausrottung er seine Rettung erblickte. Die Gewalttätigkeit der deutschen Tyrannis ist nicht nur ein Zeichen ihrer Macht, sondern auch ihrer Angst, diese Macht zu verlieren, ist nicht nur ein Zeichen ihrer politischen Stärke, sondern auch der Schwäche ihrer sozialen Basis. »Für den Frühkapitalismus ist ebenso wie für den Spätkapitalismus ein höchst labiles soziales Gleichgewicht kennzeichnend und beide stehen im Zeichen eines autokratischen Staates«, wie Hans Kelsen ausgeführt hat.[41]

In ideologisch verzerrter Form wird diese These von Heinrich Herrfahrdt, Professor an der Universität Marburg, gestützt. Auf seine eigene ketzerische Frage: »Dürfen wir das Volk als in der nationalsozialistischen Idee geeint voraussetzen, oder ist gerade deshalb Führung notwendig, weil die Idee diese einigende Macht nicht besitzt?« antwortet er: »Das deutsche Volk ist sich einig darüber, daß es wegen seiner Uneinigkeit einen Führer braucht.«[42]

Wie unecht ist die Gemeinschaft eines Volkes, dessen Führer es für nötig befindet, Jugendliche wegen einer Wanderfahrt in unerlaubter Tracht zu bestrafen, da solch ein »Vergehen« die nationale Einheit untergraben könnte. Wie grundsätzlich verschieden ist diese Auffassung von der des englischen Staatsmannes Balfour: »Es ist offensichtlich, daß unsere ganze politische Maschinerie ein im Prinzipiellen so einiges Volk voraussetzt, daß man es sich ruhig leisten kann zu streiten; und man ist seiner eigenen Mäßigung so sicher, daß man nicht ernsthaft von dem nie endenden Getöse des politischen Konflikts

41 Hans Kelsen, »The Party Dictatorship«, *Politica*, Bd. II, S. 31.

42 Heinrich Herrfahrdt, »Politische Verfassungslehre«, *Arch. f. Rechts- u. Soz.-Phil.*, Bd. XXX, S. 107, Anm. 2.

beunruhigt wird.«[43] Wie fundamental widerspricht sie den stolzen Worten Thomas Jeffersons in seiner ersten Inauguraladresse, die nach einem der erbittertsten Kämpfe in der amerikanischen Geschichte niedergeschrieben wurde: »Wenn es unter uns einige gäbe, die diese Union auflösen oder ihre republikanische Form ändern möchten, so sollen sie unbehelligt bleiben als Zeugen für die Sicherheit, mit der Irrtum geduldet werden kann, wo die Vernunft die Freiheit hat, ihn zu bekämpfen.«[44]

Im heutigen Deutschland sind die Kräfte, die eine wirkliche Einheit schaffen könnten, zerschlagen. Hitler wagt es nicht, Hegels Empfehlungen hinsichtlich der Duldung religiöser Sekten zu folgen. Eine Politik, die einem Hausierer den Wandergewerbeschein entzieht, wenn er im Verdacht steht, mit Jehovas Zeugen zu sympathisieren, lehnt Hegels Toleranzforderung ab – wobei man bedenken sollte, daß Hegel stets als ein Vertreter der Staatsvergottung angesehen worden ist. Die Duldung, die Hegel für die religiösen Sekten forderte, stellte offenbar im Preußen des Jahres 1820 keine Gefahr dar. Hegel erwähnt in diesem Zusammenhang die Quäker und die Wiedertäufer; beide bezeichnet er als Mitglieder der bürgerlichen Gesellschaft, die keine Staatsbürger sind. Er meint, der Staat solle tolerant gegenüber den Mitgliedern dieser Gruppen sein, solange er sich auf die »innere Vernünftigkeit« seiner Institutionen verlassen könne.[45]

Das Deutschland Adolf Hitlers kann sich jedoch nicht auf die Vernünftigkeit seiner Institutionen verlassen. Das soziale Substrat, das Volk, ist nicht homogen genug.

Einst hatte der deutsche Kapitalismus ernsthaft geglaubt, die Entfaltung seiner Kräfte würde zur Verbreitung von Frieden, Wohlstand und Kultur beitragen. Der jetzige deutsche Kapitalismus hat diesen Glauben an seine humanitäre Mission verloren. Da er den Glauben an seine eigene *ratio* verloren hat, verleiht er dem Kult des Irrationalen den Status einer Religion. Sowohl der Frühkapitalismus als auch der Spätkapitalismus haben ihre Krisen gekannt und sie mit ökonomischen Mitteln gemeistert. Der Spätkapitalismus der deutschen

43 Earl of Balfour, Einleitung zu Walter Bagehot, *The English Constitution*, Oxford 1928, S. XXIV: ». . . it is evident that our whole political machinery presupposes a people so fundamentally at one that they can safely afford to bicker; and so sure of their own moderation that they are not dangerously disturbed by the never-ending din of political conflict.«

44 »First Inaugural Address, March 4, 1801«, in *A Compilation of the Messages and the Papers of the Presidents*, Bd. I, New York 1897, S. 310: »If there be any among us who would wish to dissolve this Union, or to change its Republican form, let them stand undisturbed as monuments of the safety with which error of opinion may be tolerated where reason is left free to combat it.«

45 Hegel, *Grundlinien der Philosophie des Rechts*, hrsg. v. Lasson, 3. Aufl. Leipzig 1930, § 270, S. 212.

Nachkriegszeit verläßt sich nur auf *ein* Mittel zur Überwindung seiner Existenzkrise – die Rüstungskonjunktur. Der frühe Kapitalismus der liberalen Periode suchte die Funktionen des Staates auf ein Minimum zu reduzieren, weil er auf die ihm immanenten Gesetze vertraute. Der heutige deutsche Kapitalismus braucht jedoch einen Staat, der seinen sozialistischen Gegner beseitigt, der beweist, daß Eigennutz Gemeinnutz ist und der ihm die äußeren Feinde liefert, gegen die er als Voraussetzung seiner Selbsterhaltung rüsten muß.

1653 waren die Stände bereit, die absolute Herrschaft des Großen Kurfürsten zu dulden, wenn ihnen die unumschränkte Herrschaft über ihre Hintersassen überlassen blieb. Ebenso haben die führenden Männer der deutschen Wirtschaft 1933 die Herrschaft der NSDAP anerkannt, als ihnen die Gewähr für die Stärkung ihrer eigenen Machtposition gegeben war.

Die NSDAP versprach, daß Eingriffe in die Wirtschaft soweit wie möglich vermieden werden sollten, daß der Unternehmer wieder Herr im Hause sein werde und die freie Unternehmerinitiative erhalten bleiben solle. Eine weitere wichtige Garantie, die die NSDAP dem deutschen Kapitalismus gab, war – wie Schacht unter stürmischem Applaus der deutschen Wirtschaftsführer erklärte[46] – die Erhaltung einer objektiven, ungestörten Rechtsordnung, den Normenstaat.

Der heutige deutsche Kapitalismus bedarf des Staates in zweierlei Hinsicht: a) gegen seine inneren Feinde zur Erhaltung seiner Existenz und b) in der Rolle des Garanten einer Rechtsordnung, die die Voraussetzung genauer Kalkulation ist, ohne die ein kapitalistisches Unternehmen nicht existieren kann. Der deutsche Kapitalismus benötigt für seine Rettung keinen einheitlichen Staat, sondern einen Doppelstaat, mit Willkür in der politischen und *ratio* in der ökonomischen Sphäre.

Alfred von Martin hat den Doppelcharakter des NS-Staates erkannt und seine Erkenntnis so deutlich, wie das heute in Deutschland möglich ist, zum Ausdruck gebracht: »Wenn die Massen mit Zuhilfenahme irrationaler Ideologien organisiert werden, so verbindet sich ein auf Herrschaft mit einem auf Gemeinschaft ausgerichteten Moment. Und ebenso vereinen sich in diesem Typus von Herrschaft rationale – bürokratisch-organisatorische – mit irrationalen oder (nach Max Webers Ausdruck) ›charismatischen‹ Elementen.«[47]

46 *Fft. Ztg.*, 22. Januar 1937.
47 Alfred von Martin, »Zur Soziologie der Gegenwart«, *Archiv für Kulturgeschichte*, Bd. 27, S. 94-119, S. 118.

Ein Staatsrechtler, bei dem man eine Andeutung des Problems findet, ist Arnold Köttgen, Professor an der Universität Greifswald, der deutlich unter dem Einfluß Max Webers steht: »Gerade im Führerstaat kann auf den charismatischen Charakter der Staatsführung nicht verzichtet werden, während auf der anderen Seite im Unterschied von primitiven Verwaltungsformen die für die Befriedigung moderner Massenbedürfnisse verantwortliche Verwaltung der Gegenwart mit der gleichen Notwendigkeit auf ausgebreitete rationale Ordnungen angewiesen ist.«[48]

Dieses für den Doppelstaat typische Nebeneinander von Rationalität und Irrationalität – der rationale Kern im irrationalen Gehäuse – soll den Abschluß dieser Untersuchung bilden. Der Verfasser geht dabei von der für dieses Problem besonders relevanten Unterscheidung Karl Mannheims zwischen substantieller und funktionaler Rationalität aus.[49] Diese Unterscheidung kann vielleicht am besten am Beispiel des Schachspiels exemplifiziert werden. Wenn es heißt, daß Schach zuviel Ernst für ein Spiel und zuviel Spiel um ernst zu sein ist, so bedeutet das Wort »Spiel« den Mangel an substantieller Rationalität (das Kennzeichen jedes Spiels), während das Wort »Ernst« die hochgradige funktionale Rationalität meint, die vielen als »zu hoch« erscheint.

Die Rechtsordnung des Dritten Reiches weist eine weitestgehende funktionale Rationalität auf, um die Produktion und den Tausch nach kapitalistischen Methoden zu regeln. Die spätkapitalistische Wirtschaft ist jedoch nicht substantiell rational. Deshalb hat sie sich der Politik verschrieben, dieser Politik jedoch den Stempel zielloser Irrationalität aufgeprägt. In seiner Blütezeit war der Kapitalismus ein System substantieller Rationalität, das im Vertrauen auf die lenkende prästabilisierte Harmonie irrationale Hemmnisse zu beseitigen trachtete. Als der Glaube an die substantielle Rationalität des Kapitalismus schwand, blieben die hochgradig rationalisierten, funktionalen Organisationen. Es fragt sich, welcher Art die Spannung zwischen schwindender *substantieller* Rationalität und übersteigerter *funktionaler* Rationalität ist?

Carl Schmitt hat zu einer Zeit, als er noch dem politischen Katholizismus anhing, die Inkongruenz von funktionaler und substantieller Rationalität mit der Schärfe und Klarheit beschrieben, die seine frühen Schriften kennzeichnen: »In der modernen Wirtschaft entspricht einer auf das äußerste rationalisierten Produktion ein völlig irrationaler Konsum. Ein wunderbarer rationeller Mechanismus dient irgendeiner Nachfrage, immer mit demselben Ernst und

48 Arnold Köttgen, »Die Gesetzmäßigkeit der Verwaltung im Führerstaat«, *R. Verw. Bl.* 1936, S. 457-462.

49 Vgl. Karl Mannheim, *Mensch und Gesellschaft im Zeitalter des Umbaus*, Leyden 1935, S. 27, und »Rational and Irrational Elements in Contemporary Society«, *L. T. Hobhouse Memorial Trust Lectures*, No. 4, gehalten am 7. März 1934, London 1934, S. 14.

derselben Präzision, mag die Nachfrage seidene Blusen oder giftige Gase betreffen.«[50]

Solange Carl Schmitt noch glaubte, daß der Katholizismus »der Sieger sein werde«, beunruhigte ihn diese Inkongruenz zutiefst. Er schrieb: »Die echt katholische Angst entspringt der Erkenntnis, daß hier der Begriff des Rationalen in einer für das katholische Gefühl phantastischen Weise verdreht ist, weil ein der Befriedigung beliebiger materieller Bedürfnisse dienender Produktionsmechanismus ›rational‹ heißt, ohne daß nach der allein wesentlichen Rationalität des Zweckes gefragt wird.«[51]

Gleichzeitig mit seiner Abkehr von der katholischen Kirche hat Schmitt auch seine »echt katholische Angst« und die Erkenntnis verloren, daß die »allein wesentliche Rationalität die der Zwecke« sei. Er suchte Zuflucht in Sorels Mythoslehre, von der Heyne einmal zutreffend sagte, sie sei »weil irrational, unwiderlegbar und dem Angriff rationaler Kritik absolut entzogen.«[52]

So ist ein Mythos der Hafen, in welchem der deutsche Kapitalismus Schutz sucht. Der *Mythos des 20. Jahrhunderts* ist nicht nur der Titel der nationalsozialistischen Bibel, er ist auch eines der Mittel zur Errichtung und Erhaltung eines Staates, der sich gegen rationale Kritik durch die Verleugnung substantieller Rationalität zur Wehr setzt. Wie Heyne sagt: »Nicht die ›Richtigkeit‹ ihrer Ideen sind es, die die politische Gemeinschaft und die politische Bewegung tragen . . . Diese sind, weil bloße Gedankensysteme, der Kritik und damit der Zersetzung preisgegeben . . . Wahr ist nur, was wirksam ist, was den Menschen und ihren Gemeinschaften im Lebenskampfe hilft und sie aufrechterhält.«[53]

So gibt der deutsche Kapitalismus, der schließlich die Irrationalität seiner Existenz erkennt, den Anspruch auf substantielle Rationalität auf. Die Spannung zwischen dem Schwinden der substantiellen Rationalität einerseits und der hochentwickelten funktionalen Rationalität andererseits verschärfte sich durch die bewußte Forcierung beider Prozesse. Um die technische Rationalität zu erhöhen, wird die Irrationalität der Ziele gesteigert, und um die irrationalen Ziele zu erreichen, wird die technische Rationalität vorangetrieben. Um der Rüstungsindustrie willen schwillt die Rüstung an; um der Rüstung willen blüht die Rüstungsindustrie auf.

50 Carl Schmitt, *Römischer Katholizismus und politische Form*, Hellerau 1923, S. 31. Dieses Buch hat Schmitt später selbst aus dem Verkehr gezogen.

51 *Ib.*, S. 32/33.

52 Rainer Heyne, »George Sorel und der autoritäre Staat des 20. Jahrhunderts«, *Arch. d. öff. Rechts*, N. F. Bd. 29, S. 129 ff., S. 171.

53 *Ib.*, S. 171/2.

Vor die Wahl zwischen einer substantiellen Rationalität und einer substantiellen Irrationalität gestellt, hat sich der deutsche Kapitalismus für letztere entschieden. Er ist bereit, sich jeder substantiellen Irrationalität anzupassen, wenn nur die wichtigen Voraussetzungen für seine technisch-rationale Ordnung erhalten bleiben. Der deutsche Kapitalismus hat einer irrationalen Ideologie den Vorzug gegeben, die die vorhandenen Bedingungen der technischen Rationalität aufrechterhält, aber gleichzeitig alle Formen der substantiellen Rationalität zerstört.[54]

Wenn eine solche substantielle irrationale Ideologie dem Kapitalismus nützt, ist dieser bereit, die programmatischen Ziele dieser Ideologie zu akzeptieren. Diese Symbiose zwischen Kapitalismus und Nationalsozialismus findet im Doppelstaat ihren institutionellen Ausdruck. Der gesellschaftliche Konflikt äußert sich in der Doppelnatur des Staates. Der Doppelstaat ist die notwendige politische Erscheinungsform einer an Spannungen reichen Zwischenperiode.

Wie sich die Spannungen lösen werden, hängt letztlich von uns selbst ab.

54 Er nennt's Vernunft und braucht's allein,
Nur tierischer als jedes Tier zu sein.
(Goethe, *Faust*).

Anhang I
Verfahren vor dem Reichsarbeitsgericht (Delatowsky und Genossen gegen Neue Deutsche Bestattungskasse)[1]

Der doppelstaatliche Charakter des Hitlerregimes kam mir in Verfolgung der anwaltlichen Vertretung der Interessen mehrerer vormaliger Angestellten des gleichgeschalteten deutschen Freidenker-Verbandes zu Bewußtsein, die Ansprüche auf Zahlung von Abgangsentschädigungen geltend machten. Sie stützten diese Ansprüche auf einen Haustarif aus dem Jahre 1932, dessen formgerechter Abschluß von dem beklagten Verband bestritten wurde. Der beklagte Freidenkerverband führte den Untertitel »Verband für Freidenkertum und Feuerbestattung e. V.«. Das Ziel der verschiedenen auf die Gleichschaltung des Vereines abzielenden staatspolizeilichen Maßnahmen war es, die weltanschaulich-politische Tätigkeit des Verbands zu unterbinden, ohne dessen auf dem Gebiet der Feuerbestattung ausgeübte wirtschaftliche Betätigung zu beeinträchtigen. War doch in den Worten des Reichsarbeitsgerichts die weltanschaulich-politische Betätigung des Verbandes »in ihrer Zielrichtung mit dem Wesen des auf christlicher Grundlage ruhenden nationalsozialistischen Staats unverträglich« (R.A.G. 17, 165).

Die Klagen wurden von den Instanzgerichten mit der Begründung abgewiesen, die Kläger seien beweisfällig geblieben, weil sie den Nachweis für das Vorliegen eines *schriftlichen* Tarifvertrags nicht erbracht hätten. Die Beweisnot der Kläger erklärte sich unschwer aus dem Umstand, daß zwar der beklagte Verband, nicht aber die Kläger Zugang zu den Akten der am Tarifabschluß beteiligten, nunmehr nationalsozialistisch kontrollierten Verbände hatte. Der Versuch, den Nachweis durch Zeugenvernehmungen der im Jahre 1932 am Abschluß des Tarifvertrags mitwirkenden, inzwischen stellenlos gewordenen Verbandsfunktionäre zu erbringen, scheiterte an deren Gedächtnisschwund. Eine Rückfrage bei dem Tarifregister blieb erfolglos.

Noch bevor das klagabweisende Urteil des Landesarbeitsgerichts Rechtskraft erlangt hatte, wurde ich von einem Angestellten der Deutschen Arbeitsfront angerufen, der sich darauf berief, er sei vor dem Umbruch Beisitzer am Landesarbeitsgericht gewesen und kenne sowohl mich als auch meinen Prozeß-

1 [Zur exemplarischen Bedeutung dieses Falls: Ernst Fraenkel, in diesem Band, S. 42.]

gegner Rechtsanwalt Dr. Meissinger von Prozeßvertretungen, die wir an diesem Gericht ausgeübt hatten. Er erklärte sich bereit, meinem Prozeßgegner und mir Einblick in ein formgerechtes, ordnungsgemäß unterschriebenes Exemplar des Tarifvertrages zu ermöglichen. Seinen damals (Ende 1933) bereits ungewöhnlichen Schritt erklärte er mit dem Bemerken, er sei zwar jahrzehntelang Funktionär des Deutschnationalen Handlungsgehilfen-Verbandes gewesen, dessen betont »nationale« Einstellung jedoch nicht verhindert habe, daß ihn das gleiche Schicksal treffe wie die Funktionäre anderer Verbände. Opfer der Gleichschaltung seien zuerst die Kommunisten, anschließend die »Marxisten«, sodann die Sozialdemokraten gewesen und später seien ihnen die Freien Gewerkschaften und die Christlichen Gewerkschaften gefolgt. Nun sei sein Verband an der Reihe. Bevor er aufgrund der gegen ihn ausgesprochenen Kündigung ausscheide, wolle er »denen da noch ein Schnippchen schlagen«. Der Nachweis der Existenz des Tarifvertrags schuf eine neue Situation.

Das Reichsarbeitsgericht wies in einem Urteil vom 7. November 1934 die von mir vorsorglich eingelegte Revision zwar zurück (R.A.G. 14, 266), betonte aber ausdrücklich, daß »zur Geltendmachung der nachträglich aufgefundenen Tarifurkunde« den Klägern die Restitutionsklage zur Verfügung stehe (S. 269).

In dem daraufhin am Landesarbeitsgericht angestrengten Restitutionsverfahren erstritten die Kläger ein obsiegendes Urteil, gegen das die Beklagte Revision einlegte. Routinemäßig fügte ich dem Antrag, den Klägern für die Revisionsinstanz das Armenrecht zu bewilligen, die Bitte hinzu, mich als Prozeßbevollmächtigten zum Armenanwalt zu bestellen.

Noch bevor über diesen Antrag entschieden war, las ich in der Tagespresse von einer Verfügung des Reichsjustizministers Gürtner, daß jüdische Anwälte nicht mehr zu Armenanwälten bestellt werden könnten. In einer von mir daraufhin erbetenen Rücksprache erklärte mir der Präsident des Reichsarbeitsgerichts Dr. Oegg, als Richter sei er (wie mir wohl bekannt) ausschließlich ordnungsgemäß verkündeten Gesetzen, nicht aber Zeitungsnotizen unterworfen. Eine lediglich in der Zeitung bekanntgemachte Anordnung binde ihn nicht. Präsident Dr. Oegg übergab mir alsdann eine Ausfertigung der bereits vorher unterzeichneten Bestallungsurkunde als Armenanwalt.

In der mündlichen Verhandlung vom 25. Juli 1936 war der Beklagte nicht nur – wie bisher – von dem ebenfalls der Gleichschaltung zum Opfer gefallenen Anwalt des Deutschen Arbeitgeberverbandes Dr. Meissinger, sondern auch von einem zweiten Anwalt vertreten, der es nicht für notwendig erachtete, sich vorzustellen. Dr. Meissinger, mit dem ich die Klingen in zahlreichen arbeitsrechtlichen Prozessen gekreuzt hatte, konnte mir noch kurz zuflüstern:

»Vorsicht, Gestapo«. Tatsächlich hat sich dieser Anwalt in dem Verfahren vor dem Reichsarbeitsgericht darauf beschränkt, die Ansicht der Gestapo auseinanderzusetzen, wie sie nach deren Meinung in den verschiedenen Gleichschaltungsmaßnahmen in Erscheinung getreten war. Diese Verfügungen waren so widerspruchsvoll und unklar, daß die mündliche Verhandlung im wesentlichen aus einem Disput der Prozeßbevollmächtigten über die Auslegung dieser Verfügungen bestand.

Es ist nicht erforderlich, im einzelnen über die in der mündlichen Verhandlung vom 25. Juli 1936 vorgebrachten Argumente zu berichten, die in der Urteilsbegründung nachgelesen werden können (R.A.G. 17, 161). Das Reichsarbeitsgericht hat sie kurz in der Frage zusammengefaßt, ob ein Verein trotz Änderung seines Namens und des Vereinszwecks in anderer Rechtsform fortgesetzt werden könne, ohne daß ein Wechsel seiner Rechtspersönlichkeit stattfindet – eine Frage, die die Kläger bejahten und die der Beklagte mit Nachdruck verneinte. Nach Ansicht der Kläger war der Beklagte nach Wegfall seiner weltanschaulichen politischen Zielsetzung in seinem wirtschaftlichen Kerngehalt als »Bestattungskasse« (wie er inzwischen auch umbenannt worden war) und als Rechtspersönlichkeit bestehen geblieben. Nach Ansicht des Beklagten hatte die Gestapo den alten Verein aufgelöst und einen neuen Verein begründet.

Die Verhandlung wurde in etwas aufgelockerter Form durchgeführt und erreichte in einem Zwiegespräch der Anwälte ihren Höhepunkt. Auf den Einwand des klägerischen Anwalts, ein bürgerlich-rechtlicher Verein könne nicht durch staatlichen Hoheitsakt aus dem Nichts geschaffen werden, entgegnete der Anwalt des Beklagten, *die Gestapo könne rechtswirksam alles vornehmen, was ihr notwendig und erforderlich erscheine. »Auch eine Ehe scheiden?«* fragte der Prozeßbevollmächtigte des Klägers. *»Zweifellos«*, entgegnete der Prozeßbevollmächtigte des Beklagten. An dieser Stelle griff der vorsitzende Gerichtspräsident ein und erklärte die Verhandlung für geschlossen, da die einschlägigen Rechtsfragen ausreichend erörtert seien.

Noch am gleichen Tage erging das Urteil. Die von der Gegenseite eingelegte Revision wurde kostenpflichtig zurückgewiesen. Wir hatten gewonnen. Ausdrücklich erkannte das Reichsarbeitsgericht in der schriftlichen Urteilsbegründung an, daß »die Ersetzung eines Vereins durch einen neuen Verein nur in den Formen des bürgerlichen Rechts wirksam erfolgen könne« (R.A.G. 17, 166).

Wenige Tage nach Verkündung des Urteils wurde mir die Abschrift einer Verfügung der Gestapo zugestellt, die beinhaltete, daß die den Klägern durch Urteil des Reichsarbeitsgerichts zugesprochenen Beträge zugunsten des preußischen Staats beschlagnahmt und eingezogen seien.

Anhang II
Verfahren vor dem Amtsgericht Berlin (»Alter Käse«)[1]

Es muß bereits im Jahre 1938 gewesen sein, als ich aus dem Untersuchungsgefängnis die Aufforderung erhielt, einen Untersuchungsgefangenen zu besuchen. Es stellte sich heraus, daß es sich um einen Juden handelte, gegen den ein Haftbefehl wegen Verstoßes gegen die Verordnung des Reichspräsidenten zur Abwehr heimtückischer Angriffe gegenüber der Regierung der nationalen Erhebung vom 31. März 1933 vorlag (RGBl. 1933, T. I, S. 135).

Die Verhaftung war erfolgt, weil der Beschuldigte, der an einer Bushaltestelle sich die dort in einem Schaukasten ausgestellte neueste Nummer der Wochenschrift *Der Stürmer* ansah, vor sich hin sagte: »Das ist ja alles alter Käse.« Der Beschuldigte gab mir an, in diesem Augenblick habe ihn ein SA-Mann, den er vorher nicht bemerkt hatte, mit den Worten festgenommen, er habe den Führer beleidigt. Auf meine erstaunte Frage, wie er denn dazu gekommen sei, diese Bemerkung zu machen, entgegnete er, er entsinne sich genau, vor geraumer Zeit in der Zeitschrift *Die Woche* das gleiche Bild gesehen zu haben. In beiden Zeitschriften sei dieses Bild als Beweis für die katastrophalen Zustände veröffentlicht worden, die in der Sowjetunion herrschten.

Durch Einsichtnahme in die Gerichtsakten, die das in Frage kommende Bild aus dem *Stürmer* enthielten und durch Einsichtnahme in die *Woche*, die ich in der Staatsbibliothek vornahm, konnte ich tatsächlich feststellen, daß die Bilder identisch waren. Nachdem ich mir ein Exemplar der *Woche* besorgt hatte, legte ich meinem Klienten dar, daß bei Vorlage der Abbildung in der *Woche* der Richter durch Vergleich mit der bei den Akten befindlichen Abbildung im *Stürmer* zu dem Schluß gelangen müsse, daß der Beschuldigte eine Äußerung gemacht habe, die der Wahrheit entsprach. Es sei mit großer Wahrscheinlichkeit damit zu rechnen, daß der zuständige Amtsrichter den Haftbefehl aufheben und das Verfahren einstellen werde.

Zu berücksichtigen sei aber, daß nicht nur ein richterlicher, sondern auch ein Haftbefehl der Staatspolizei vorliege. Verhandlungen zwecks Aufhebung auch dieses Haftbefehls zu führen, sei mir jedoch unmöglich. Stehe doch am Eingang zum Hauptquartier der Staatspolizei in der Prinz-Albrecht-Straße ein

1 [Zur exemplarischen Bedeutung dieses Falls: Ernst Fraenkel, in diesem Band, S. 42.]

Schild des Inhalts, daß Juden das Betreten des Gebäudes verboten sei. Es sei zu befürchten, daß die Einstellung des Verfahrens durch das Gericht lediglich bewirken würde, daß die Staatspolizei weniger als im Falle seiner Bestrafung bereit sein werde, auch ihrerseits das Verfahren einzustellen. Auf die Frage des hochintelligenten Beschuldigten, ob es nicht »schlauer« sei, von dem Bild in der *Woche*, das ich mir inzwischen besorgt hatte, keinen Gebrauch zu machen, erklärte ich ihm, dies sei allerdings meine Meinung.

In der Hauptverhandlung vor dem Amtsgericht zeigte sich der Angeklagte der Situation voll und ganz gewachsen. Er bat den Richter, doch zu begreifen, daß er in diesen für die Juden so schwierigen Zeiten sehr nervös sei – dies um so mehr als seine Frau schwer erkrankt sei. Er war voll und ganz geständig. Die richterliche Frage, ob er denn noch immer behaupten wolle, daß der *Stürmer* ein antiquiertes Bild veröffentlicht habe, erklärte der Angeklagte, er könne sich überhaupt nicht vorstellen, wie er zu einer solchen aus der Luft gegriffenen Behauptung gelangt sei.

Nachdem der eifrige SA-Mann, der die Festnahme vorgenommen hatte, bezeugt hatte, wie tief ihn die Worte des Angeklagten als Soldaten des Führers verletzt hatten, beantragte der Vertreter der Staatsanwaltschaft die Verhängung einer relativ kurzen Gefängnisstrafe. Meine Verteidigungsrede beschäftigte sich ausschließlich mit der Frage der Strafhöhe.

Das Gericht folgte dem Antrag der Staatsanwaltschaft, lehnte jedoch, was auch von mir nicht beantragt worden war, ab, die erlittene Untersuchungshaft auf die zu verbüßende Haft anzurechnen.

In der Urteilsbegründung folgte das Gericht der Erwägung der Staatsanwaltschaft, der auch ich nicht widersprochen hatte, es sei ebenso Betrug, wenn alter Wein als junger Wein verkauft würde, wie es als Betrug angesehen werden müsse, wenn eine Zeitschrift ein veraltetes Bild als ein neues Bild publiziere. Die verleumderische Absicht des Angeklagten ginge aus der Verwendung der Worte *»alter Käse«* hervor.

Nach Verbüßung einer relativ kurzen Freiheitsstrafe war der Angeklagte frei. Die Einweisung in ein KZ blieb ihm erspart.

Anhang III
Verordnung des Reichspräsidenten zum Schutz von Volk und Staat vom 28. Februar 1933 (RGBl. I, S. 83)

Auf Grund des Artikels 48 Abs. 2 der Reichsverfassung wird zur Abwehr kommunistischer staatsgefährdender Gewaltakte folgendes verordnet:

§ 1

Die Artikel 114, 115, 117, 118, 123, 124 und 153 der Verfassung des Deutschen Reichs werden bis auf weiteres außer Kraft gesetzt. Es sind daher Beschränkungen der persönlichen Freiheit, des Rechts der freien Meinungsäußerung, einschließlich der Pressefreiheit, des Vereins- und Versammlungsrechts, Eingriffe in das Brief-, Post-, Telegraphen- und Fernsprechgeheimnis, Anordnungen von Haussuchungen und von Beschlagnahmen sowie Beschränkungen des Eigentums auch außerhalb der sonst hierfür bestimmten gesetzlichen Grenzen zulässig.

§ 2

Werden in einem Lande die zur Wiederherstellung der öffentlichen Sicherheit und Ordnung nötigen Maßnahmen nicht getroffen, so kann die Reichsregierung insoweit die Befugnisse der obersten Landesbehörde vorübergehend wahrnehmen.

§ 3

Die Behörden der Länder und Gemeinden (Gemeindeverbände) haben den auf Grund des § 2 erlassenen Anordnungen der Reichsregierung im Rahmen ihrer Zuständigkeit Folge zu leisten.

§ 4

Wer den von den obersten Landesbehörden oder den ihnen nachgeordneten Behörden zur Durchführung dieser Verordnung erlassenen Anordnungen oder den von der Reichsregierung gemäß § 2 erlassenen Anordnungen zuwiderhandelt oder wer zu solcher Zuwiderhandlung auffordert oder anreizt, wird, soweit nicht die Tat nach anderen Vorschriften mit einer schwereren Strafe bedroht ist, mit Gefängnis nicht unter einem Monat oder mit Geldstrafe von 150 bis zu 15 000 Reichsmark bestraft.

Wer durch Zuwiderhandlung nach Abs. 1 eine gemeine Gefahr für Menschenleben herbeiführt, wird mit Zuchthaus, bei mildernden Umständen mit Gefängnis nicht unter sechs Monaten und, wenn die Zuwiderhandlung den Tod eines Menschen verursacht, mit dem Tode, bei mildernden Umständen mit Zuchthaus nicht unter zwei Jahren bestraft. Daneben kann auf Vermögenseinziehung erkannt werden.

Wer zu einer gemeingefährlichen Zuwiderhandlung (Abs. 2) auffordert oder anreizt, wird mit Zuchthaus, bei mildernden Umständen mit Gefängnis nicht unter drei Monaten bestraft.

§ 5

Mit dem Tode sind die Verbrechen zu bestrafen, die das Strafgesetzbuch in den §§ 81 (Hochverrat), 229 (Giftbeibringung), 307 (Brandstiftung), 311 (Explosion), 312 (Überschwemmung), 315 Abs. 2 (Beschädigung von Eisenbahnanlagen), 324 (gemeingefährliche Vergiftung) mit lebenslangem Zuchthaus bedroht.

Mit dem Tode oder, soweit nicht bisher eine schwerere Strafe angedroht ist, mit lebenslangem Zuchthaus oder mit Zuchthaus bis zu 15 Jahren wird bestraft:

1. Wer es unternimmt, den Reichspräsidenten oder ein Mitglied oder einen Kommissar der Reichsregierung oder einer Landesregierung zu töten oder wer zu einer solchen Tötung auffordert, sich erbietet, ein solches Erbieten annimmt oder eine solche Tötung mit einem anderen verabredet;
2. wer in den Fällen des § 115 Abs. 2 des Strafgesetzbuchs (schwerer Aufruhr) oder des § 125 Abs. 2 des Strafgesetzbuchs (schwerer Landfriedensbruch) die Tat mit Waffen oder in bewußtem und gewolltem Zusammenwirken mit einem Bewaffneten begeht;
3. wer eine Freiheitsberaubung (§ 239) des Strafgesetzbuchs in der Absicht begeht, sich des der Freiheit Beraubten als Geisel im politischen Kampfe zu bedienen.

§ 6

Diese Verordnung tritt mit dem Tage der Verkündung in Kraft.
Berlin, den 28. Februar 1933.

Der Reichspräsident
von Hindenburg
Der Reichskanzler
Adolf Hitler
Der Reichsminister des Innern
Frick
Der Reichsminister der Justiz
Dr. Gürtner

Liste der Entscheidungen

1. Deutsche Gerichte

1925

1935

Gericht / Datum	Fundstelle	Seite
Reichsgericht		
24.9.1935	J. W. 1935, S. 3374	*69, 98*
Reichsehrengerichtshof		
30.9.1935	Arb. R. S. Bd. 25, S. 89	*134*
Kammergericht (Oberlandesgericht Berlin)		
22.3.1935	D. Jstz. 1935, S. 686	*90*
3.5.1935	D. Jstz. 1935, S. 1831	*72, 98*
31.5.1935	Rechtsprechung, Beilage zur Dtsch. R. Z. 1935, Nr. 624	*69*
12.7.1935	R. Verw. Bl. 1936, S. 61	*70*
Oberlandesgericht Braunschweig		
29.5.1935	Höchst. R. Rspr. 1936, Nr. 98	*77*
Oberlandesgericht Dresden		
31.1.1935	D. J. Z. 1935, S. 439	*91*
Oberlandesgericht Düsseldorf		
10.7.1935	D. J. Z. 1935, S. 1123	*91*
Oberlandesgericht Kiel		
25.11.1935	Höchst. R. Rspr. 1936, S. 592	*98*
Oberlandesgericht Köln		
1.2.1935	J. W. 1935, S. 1106	*131*
Preußisches Oberverwaltungsgericht		
10.1.1935	R. Verw. Bl. 1935, S. 923	*74*
17.4.1935	J. W. 1935, S. 2676	*69*
2.5.1935	R. Verw. Bl. 1935, S. 577	*80*
23.5.1935	J. W. 1935, S. 2670	*80*
21.11.1935	R. Verw. Bl. 1936, S. 553	*142*
5.12.1935	OVG 97, S. 117	*81, 92*
Hamburger Verwaltungsgericht		
7.10.1935	R. Verw. Bl. 1935, S. 1045	*83*
Sondergericht Hamburg		
15.3.1935	J. W. 1935, S. 2989, sowie Dtsch. R. Z. 1935, Nr. 553	*66, 71*
5.6.1935	J. W. 1935, S. 2987	*105*
Sondergericht Breslau		
16.8.1935	Dtsch. R. Z. 1935, Nr. 554	*111*
Landgericht Dresden		
18.3.1935	J. W. 1935, S. 1949	*69*
Landgericht Hamburg		
4.10.1935	Dtsch. R. Z. 1935, Nr. 631	*138*

1936

Sächsisches Oberverwaltungsgericht		
4.12.1936	J. W. 1937, S. 1368	*109*
Württembergischer Verwaltungsgerichtshof		
9.9.1936	Dtsch. Verw. 1936, S. 385	*73, 74*
Landesarbeitsgericht Gleiwitz		
20.10.1936	Dtsch. Rpfl. 1936, Sp. 592	*89*
Landgericht Hamburg		
5.6.1936	Zentralblatt für Jgdr. u. Jgdwohlf. 1936, S. 281	*110*
Amtsgericht Berlin		
12.8.1936	Zentralblatt für Jgdr. u. Jgdwohlf. 1936, S. 283	*139*

1937

Reichsgericht		
3.3.1937	J. W. 1937, S. 1723	*84*
7.9.1937	RGZ 155, S. 296	*85*
16.11.1937	RGZ 156, S. 313	*137*
23.11.1937	RGZ 152, S. 390	*141*
Reichsdisziplinarhof		
15.6.1937	Ztschr. f. Beamtenr., 1937/8, S. 105	*103*
Reichsarbeitsgericht		
10.2.1937	RAG 18, S. 170	*89*
20.3.1937	J. W. 1937, S. 2310	*144*
14.4.1937	J. W. 1937, S. 2311	*89*
2.6.1937	Arbeitsr. Entsch. 30, S. 153	*144*
Kammergericht		
25.6.1937	Recht des Reichsnährstandes 1938, Nr. 63	*130*
Oberlandesgericht Hamburg		
15.4.1937	Funkarchiv 1937, S. 257	*108*
4.5.1937	Hans. R. u. Ger. Ztg. 1937, S. 216	*143*
12.5.1937	D. Jstz. 1937, S. 1712	*132*
Oberlandesgericht München		
27.1.1937	Jahrb. f. Entsch. der freiw. Gbk., Bd. 15, S. 58	*99, 101*
12.8.1937	D. Jstz. 1938, S. 724	*106*
4.11.1937	Entsch. des KG. und OLG. München 17, S. 273	*87*

Oberlandesgericht Naumburg

20.4.1937	Akademie Ztschr. 1937, S. 538	*141*

Oberlandesgericht Stettin

14.4.1937	J. W. 1937, S. 2212	*99*

Preußisches Oberverwaltungsgericht

28.1.1937	Verkehrsr. Abh. 1937, S. 319	*95*
29.6.1937	R. Verw. Bl. 1937, S. 762	*89*

Landesarbeitsgericht München

31.7.1937	D. Jstz. 1937, S. 1159	*89*

Landgericht Zwickau

14.4.1937	J. W. 1938, S. 2145	*111*

Amtsgericht Frankfurt/Main-Höchst

4.5.1937	Dtsch. Recht 1937, S. 466	*111*

Arbeitsgericht Saalfeld

13.8.1937	J. W. 1937, S. 2850	*144*

1938

Reichsgericht

17.2.1938	J. W. 1938, S. 1018	*110*
23.2.1938	Akademie Ztschr. 1938, S. 349	*147*
30.3.1938	J. W. 1938, S. 1826	*144*
8.9.1938	J. W. 1938, S. 2899	*106*
22.9.1938	J. W. 1938, S. 2957	*94*
27.10.1938	J. W. 1939, S. 29	*106*

Reichsdisziplinarhof

30.8.1938	Dtsch. Verw. 1939, S. 281	*131*

Volksgerichtshof

6.5.1938	D. Jstz. 1938, S. 1193	*107*

Preußisches Oberverwaltungsgericht

10.11.1938	J. W. 1939, S. 382	*82*
15.12.1938	R. Verw. Bl. 1939, S. 544	*115*

Badischer Verwaltungsgerichtshof

11.1.1938	Bad. Verw. Ztschr. 1938, S. 96	*76*

Sächsisches Oberverwaltungsgericht

25.11.1938	R. Verw. Bl. 1939, S. 103	*114*

Landgericht Berlin

7.11.1938	J. W. 1938, S. 3242	*146*

Amtsgericht Berlin-Charlottenburg

8.3.1938	J. W. 1938, S. 3173	*146*

Amtsgericht Berlin-Schöneberg		
16.9.1938	J. W. 1938, S. 3045	*146*
Amtsgericht Wilster		
26.2.1938	J. W. 1938, S. 1264	*111*

1939

Reichsgericht		
17.2.1939	R. Verw. Bl. 1939, S. 727	*90*

2. Gerichte des Vereinigten Königreichs

Rex v. Chambers	John Rushworth, Historical Collections, London, 1721, Bd. II, S. 323	*207*
Regina v. Nelson & Brand	Charge of the Lord Chief Justice of England to the Grand Jury at the Central Criminal Court in the Case of the Queen against Nelson & Brand, 2nd. ed., London 1867, S. 86	*78*
Garde v. Strickland	D. L. Keir und F. H. Lawson, Cases in Constitutional Law, Oxford, 1954, 4. Auflage, S. 436	*57*

3. Gerichte der Vereinigten Staaten von Amerika

Ex parte Milligan	Entscheidungen des US Supreme Court, 4 Wallace 2, 35	*78, 208*
Missouri v. Holland	Entscheidungen des US Supreme Court, 252 US 416, 433	*188*
Myers v. United States	272 US 52, 293	*124*
Schlechter v. United States	295 US 495, 528	*70*

4. Unveröffentlichte Entscheidung des Volksgerichtshofs

Eine Photokopie des unveröffentlichten Urteils des Volksgerichtshofs vom 22.-26. September 1936, 2. Senat, Aktenzeichen: 17 J 336/35; 2 H 38/36 gegen

Alfred Markwitz und Genossen

wegen Vorbereitung zum Hochverrat

kann bei der Historischen Kommission zu Berlin eingesehen werden.

Der Angeklagte Markwitz war nach dem Erlaß des Gesetzes gegen die Neubildung von Parteien vom 15. Juli 1933 der Leiter der nunmehr »illegalen« Berliner SPD.

Horst Dreier

Nachwort
Was ist doppelt am »Doppelstaat«? Zu Rezeption und Bedeutung der klassischen Studie von Ernst Fraenkel

I. *Zur Geschichte des Buches*

Habent sua fata libelli: Bücher haben ihre Schicksale. Auf Ernst Fraenkels Studie »Der Doppelstaat«[1] trifft das in ganz besonderer Weise zu. Schon ihre Entstehung kann man nur als abenteuerlich bezeichnen. Der Autor, ein jüdischer Anwalt, verfaßt sein Werk unter konspirativen Umständen in den Jahren 1936 bis 1938 mitten in Deutschland, ja mitten in Berlin. In der Preußischen Staatsbibliothek sowie der Bibliothek des Kammergerichts trägt er das Material für sein Buch zusammen, im wesentlichen Gerichtsentscheidungen unterschiedlicher Instanzen der Zivil-, Straf-, Verwaltungs-, Arbeits- und Disziplinargerichtsbarkeit, dazu Aufsätze in Fachzeitschriften, amtliche Publikationen und sonstige einschlägige Literatur. Hieraus formt er seine Analyse der Herrschaftsstruktur des Nationalsozialismus. Um sich nicht verdächtig zu machen, gibt er Unmengen von Bestellungen zu allen möglichen anderen Themen und Sachgebieten auf, in denen dann die für ihn wesentlichen gewissermaßen versteckt untergebracht werden. Mit einigen Freunden spricht er über den Plan seiner Publikation. Rechtzeitig vor seiner drohenden Verhaftung gewarnt, flieht er aus Deutschland. Das Manuskript des »Doppelstaates« wird mit Hilfe eines Beamten der französischen Botschaft im Diplomatengepäck aus der deutschen Hauptstadt nach Paris geschmuggelt[2]. Fraenkel geht in die USA, wo im Jahre 1941 eine umgearbeitete und partiell erweiterte Version unter dem Titel »The Dual State« erscheint[3].

1 *Ernst Fraenkel*, Der Doppelstaat, 1974; 2. Aufl. 2001; hier und im folgenden zitiert nach der vorliegenden 3. Auflage von 2012.

2 Vgl. dazu die knappe Schilderung bei *Simone Ladwig-Winters*, Ernst Fraenkel. Ein politisches Leben, 2009, S. 127 f.

3 *Ernst Fraenkel*, The Dual State. A Contribution to the Theory of Dictatorship, New York-London-Toronto 1941 (repr. 1969).

Nach seiner Rückkehr aus dem Exil nimmt Fraenkel in Berlin als Dozent an der Hochschule für Politik seine Lehrtätigkeit auf und wird 1953 zugleich als ordentlicher Professor an die dortige Freie Universität berufen, in die man 1959 die Hochschule für Politik als Otto-Suhr-Institut eingliedert[4]. Lange Zeit sträubt er sich gegen eine Übersetzung seines nur auf englisch verfügbaren Buches[5], stimmt dann aber doch zu. So wird 1971 ein Verlagsvertrag abgeschlossen, und 1974 erscheint die deutsche Fassung als Rückübersetzung aus dem Englischen[6], zu der Fraenkel ein aufschlußreiches Vorwort beisteuert[7], in dem er insbesondere Alexander von Brünneck für dessen unermüdlichen Einsatz für die Publikation dankt[8]. Drei Monate nach der Publikation stirbt Fraenkel im Alter von 77 Jahren in Berlin. Von Brünneck publiziert dann später als Herausgeber des zweiten Bandes von Ernst Fraenkels Gesammelten Schriften[9] zum

4 Vgl. *Winfried Steffani,* Ernst Fraenkel als Persönlichkeit, Zeitschrift für Politikwissenschaft 7 (1997), S. 1261 (1268).

5 *Alexander v. Brünneck,* Vorwort zu diesem Band, in: Ernst Fraenkel, Gesammelte Schriften, Band 2: Nationalsozialismus und Widerstand, herausgegeben von Alexander v. Brünneck, 1999 (im folgenden abgekürzt: GS II), S. 7 (11): »Er sträubte sich lange Zeit dagegen. Möglicherweise fürchtete er, daß aus den historischen und theoretischen Teilen des Doppelstaates, insbesondere aus seiner Kapitalismuskritik, Einwände gegen die von ihm seit Ende der fünfziger Jahre entwickelte Pluralismus-Konzeption abgeleitet werden könnten. Vor allem scheute er die Wiederbegegnung mit der nationalsozialistischen Epoche, unter der er so gelitten hatte.«

6 Auf der Innenseite des Buches heißt es: »Rückübersetzung aus dem Englischen von Manuela Schöps in Zusammenarbeit mit dem Verfasser«. Zu Fraenkels anfänglicher Weigerung, sich damit überhaupt zu befassen, sowie seiner immer stärkeren Involvierung in das Projekt bis hin zur eigenhändigen Redaktion des gesamten Textes siehe nochmals *v. Brünneck*, Vorwort (Fn. 5), S. 12.

7 *Ernst Fraenkel,* in diesem Band S. 39–46.

8 Vgl. *Fraenkel*, in diesem Band S. 46: »Die Herausgabe der deutschen Ausgabe dieses Buchs geht auf Alexander von Brünneck, wissenschaftlicher Assistent am Seminar für Wissenschaft von der Politik an der TU Hannover, zurück. Er hat sich unermüdlich dafür eingesetzt, daß das Buch ins Deutsche rückübersetzt und von der Europäischen Verlagsanstalt verlegt werden solle. Seine Bemühungen sind umso höher zu bewerten, als ich infolge wiederholter schwerer Krankheiten nicht in der Lage war, das Projekt so intensiv zu fördern, wie ich es gewünscht hätte. Für seine außergewöhnliche Einsatzbereitschaft, für sein Interesse und sein Verständnis bin ich ihm zu tiefem Dank verpflichtet.«

9 *Ernst Fraenkel*, Gesammelte Schriften, herausgegeben von Alexander v. Brünneck/Hubertus Buchstein/Gerhard Göhler. Band 1: Recht und Politik in der Weimarer Republik, herausgegeben von Hubertus Buchstein unter Mitarbeit von Rainer Kühn, 1999; Band 2: Nationalsozialismus und Widerstand, herausgegeben von Alexander v. Brünneck, 1999; Band 3: Neuaufbau der Demokratie in Deutschland und Korea, herausgegeben von Gerhard Göhler unter Mitarbeit von Dirk Rüdiger Schumann, 1999; Band 4: Amerikastudien, herausgegeben von Hubertus Buchstein/

ersten Mal den Originaltext des Manuskriptes von 1938 unter dem Titel »Der Urdoppelstaat«[10].

II. Zur Rezeption des Doppelstaates

Fraenkels Buch über den Doppelstaat wurde zunächst in Deutschland eher zurückhaltend rezipiert[11]. Das hat sich in der Zwischenzeit durchgreifend geändert – und dem Erscheinen der deutschen Ausgabe kommt dafür die denkbar größte Bedeutung zu. »Doppelstaat« ist ein weit verbreiteter Begriff geworden, der in allgemeineren historischen Darstellungen[12] ebenso begegnet wie in der Spezialliteratur[13], in Werken der Rechts- und Verfassungsgeschichte[14] wie in noch viel weiter ausgreifenden Gesamtdarstellungen des Rechts[15] und schließlich auch in politikwissenschaftlichen Arbeiten[16]. Nur bei staatsrechtlichen Standardwerken ist fast durchweg Fehlanzeige zu vermelden[17]. Dessen unge-

Rainer Kühn unter Mitarbeit von Cord Arendes und Peter Kuleßa, 2000; Band 5: Demokratie und Pluralismus, herausgegeben von Alexander v. Brünneck, 2007; Band 6: Internationale Politik und Völkerrecht, Politikwissenschaft und Hochschulpolitik, herausgegeben von Hubertus Buchstein/Klaus-Gert Lutterbeck unter Mitarbeit von Katja Staack und Eva-Maria Reinwald, 2011.

10 *Ernst Fraenkel*, Der Urdoppelstaat (1938), in: ders., GS II (Fn. 5), S. 267–473.

11 Zur Erläuterung *v. Brünneck*, Vorwort (Fn. 5), S. 11: »Der Doppelstaat war in seiner englischen Fassung nach 1945 nur in wenigen Exemplaren in Deutschland verfügbar, die meist nur mit Schwierigkeiten über die Fernleihe zu beschaffen waren.«

12 *Hans-Ulrich Wehler*, Deutsche Gesellschaftsgeschichte, Vierter Band: Vom Beginn des Erstens Weltkriegs bis zur Gründung der beiden deutschen Staaten 1914–1949, 2003, S. 558, 625; Fehlanzeige aber etwa bei *Karl Dietrich Bracher*, Zeit der Ideologien. Eine Geschichte des politischen Denkens im 20. Jahrhundert, 1985.

13 Etwa *Ulrich von Hehl*, Nationalsozialistische Herrschaft, 1996, S. 5, 51, 54, 62; *Klaus Hildebrand*, Das Dritte Reich (1978), 5. Aufl. 1995, S. 4, 22, 38, 132 f.; *Norbert Frei*, Der Führerstaat. Nationalsozialistische Herrschaft 1933 bis 1945 (1987), 5. Aufl. 1997, S. 53, 234.

14 Siehe etwa *Karl Kroeschell*, Rechtsgeschichte Deutschlands im 20. Jahrhundert, 1992, S. 80; bei *Dietmar Willoweit*, Deutsche Verfassungsgeschichte. Vom Frankenreich bis zur Wiedervereinigung Deutschlands, 6. Aufl. 2009, ist der »These vom ›Doppelstaat‹« ein eigener Unterabschnitt gewidmet (§ 40 V = S. 321); Fehlanzeige allerdings bei *Werner Frotscher/Bodo Pieroth*, Verfassungsgeschichte, 10. Aufl. 2011.

15 *Uwe Wesel*, Geschichte des Rechts. Von den Frühformen bis zur Gegenwart, 3. Aufl. 2006, S. 511 ff. (= Rn. 307).

16 *Wilhelm Bleek*, Geschichte der Politikwissenschaft in Deutschland, 2001, S. 253; *Jürgen Hartmann*, Geschichte der Politikwissenschaft, 2003, S. 142.

17 Keine Erwähnung etwa bei: *Rolf Grawert*, Die nationalsozialistische Herrschaft, in: Josef Isensee/Paul Kirchhof (Hrsg.), Handbuch des Staatsrechts der Bundesrepublik

achtet handelt es sich heutzutage um einen ganz geläufigen Terminus, ein catchword, mit dem man sich rasch auch über Disziplingrenzen hinweg verständlich machen kann. Als allgemein konsentiert darf gelten, daß Fraenkel mit seiner Studie »die erste große theoretische, empirisch fundierte Analyse des nationalsozialistischen Herrschaftssystems« entwickelt hat, daß es sich um »ein Standardwerk über die Politik, die Justiz und das Recht des Nationalsozialismus handelt«, dem der »Rang eines Klassikers in der Literatur über die nationalsozialistische Epoche« zukommt[18]. Aber wie das bei Klassikern[19] des öfteren so ist: immer seltener werden sie noch genau gelesen, dafür eher pauschal rezipiert und partiell auch als Beleg für Konstellationen genommen, für die sie gar nicht konzipiert waren. So steht in einer gewissen Spannung zur Verbreitung des Doppelstaates und seiner allseits hervorgehobenen analytischen Kraft der Umstand, daß das Konzept des titelgebenden »Doppelten« nicht immer ganz klar und schon gar nicht immer ganz einheitlich gefaßt wird. Teils wirken die Umschreibungen beim Rekurs auf Fraenkel eher unspezifisch-verwaschen, teils beläßt man es bei sehr allgemeinen Referenzbezeugungen, teils ähnelt die Bezugnahme eher einer Assoziation als dem Rückgriff auf ein klar profiliertes analytisches Konzept[20]. Daher sei an dieser Stelle etwas näher der Frage nachgegangen, was eigentlich genau das Doppelte in Ernst Fraenkels »Doppelstaat« ausmacht.

Deutschland, Bd. 1, 3. Aufl. 2003, § 6 (S. 235–265); *Peter Badura*, Staatsrecht, 4. Aufl. 2010; *Gunnar Folke Schuppert*, Staatswissenschaft, 2003. – *Hartmut Maurer*, Staatsrecht I, 6. Aufl. 2010, § 2 Rn. 76 (= S. 67 f.) führt das Buch lediglich in der Literaturliste auf, ohne es im Text zu erwähnen. Eine (wenn auch knappe) Bezugnahme aber bei *Klaus Stern*, Das Staatsrecht der Bundesrepublik Deutschland, Bd. V: Die geschichtlichen Grundlagen des deutschen Staatsrechts, 2000, S. 773.

18 Alle drei Zitate bei *v. Brünneck*, Vorwort (Fn. 5), S. 8. Siehe auch die Rezension von *Michael Stolleis*, JZ 1984, S. 1096 (1097): »Entscheidend ist der inzwischen durch die Forschung vielfach bestätigte Grundgedanke und die von aller Apologetik freie, nüchterne Analyse der bewegenden Kräfte.« *Horst Möller*, Ernst Fraenkel – Analytiker von Demokratie und Diktatur, in: Thomas Brechenmacher (Hrsg.), Identität und Erinnerung. Schlüsselthemen deutsch-jüdischer Geschichte und Gegenwart, 2009, S. 155 (167) hält fest, daß Fraenkels Doppelstaat und Neumanns Behemoth (vgl. dazu Fn. 91) »für Jahrzehnte nahezu die einzigen wegweisenden Beiträge zur reflektierten Strukturanalyse der NS-Diktatur« blieben.

19 Von »Ernst Fraenkels Klassiker ›Der Doppelstaat‹« spricht explizit der österreichische Verfassungshistoriker *Gerald Stourzh*, Spuren einer intellektuellen Reise. Drei Essays, 2009, S. 140 Fn. 54. Seinerseits als »Klassiker der Politikwissenschaft« ausgewiesen wird Fraenkel durch die Aufnahme in das gleichnamige, von Wilhelm Bleek und Hans J. Lietzmann im Jahre 2005 herausgegebene Werk. Vgl. darin *Hubertus Buchstein/Gerhard Göhler*, Ernst Fraenkel (1898–1975), S. 151 ff.

20 *Möller*, Ernst Fraenkel (Fn. 18), S. 168 spricht allgemein davon, »dass häufig verkürzte Definitionen über seine Analysen im Umlauf sind«.

III. Doppelstaat als Dualismus von Partei und Staat?

Beim alleinigen Blick auf den Titel des Werkes könnte sich zwanglos eine Deutung nahelegen, mit Doppelstaat sei im Sinne einer Verdoppelung von Herrschaftsstrukturen das Nebeneinander von Staat und Partei im NS-Regime gemeint. Prominente Stimmen haben sich genau in diesem Sinne auf Fraenkel bezogen[21]. Daß es sich bei dem Verhältnis von Partei und Staat im NS-Regime auch und gerade aus staatsrechtlicher Perspektive um eines seiner ganz wesentlichen Charakteristika handelte, unterliegt längst keinem Zweifel mehr[22]. Es zählt zu den besonderen, den Nationalsozialismus vom italienischen Faschismus unterscheidenden Merkmalen, daß in Deutschland die Partei resp. die Bewegung den Staat nicht lediglich erobern und letztlich in ihm aufgehen wollte, sondern selbständig neben ihm etabliert wurde. Die Partei war dem Staat nicht unter-, sondern gleichgeordnet. Auch griff man nicht zum Mittel einer durchgängigen Verschmelzung von Ämtern und Positionen. Die Funktionsträger der Partei blieben Hoheitsträger eigener Art, so daß es zu einer »eigentümlichen Doppelung des politischen Hoheitsaufbaus« (Ulrich Scheuner 1941) kam. Das zog zahlreiche Koordinations- und Zuständigkeitsprobleme nach sich. Zusammen mit der ebenfalls ständig wachsenden Zahl an Spezialbehörden und -dienststellen, Sonderbevollmächtigten

21 Vgl. etwa *Karl Dietrich Erdmann*, Deutschland unter der Herrschaft des Nationalsozialismus 1933–1939 (= Gebhardt, Handbuch der deutschen Geschichte, Bd. 20), 1980, S. 106, wo es heißt: »E. Fraenkel, The Dual State – A Contribution to the Theory of Dictatorship (New York 1940, 2. Aufl. 1969, dt. 1974) stellte als erster die Unanwendbarkeit des bisherigen Staatsbegriffs auf das nat.soz. System heraus u. charakterisierte diesen [sic] als ›Doppelstaat‹, mit der Unterscheidung zwischen dem zum ›Normenstaat‹ erstarrten Apparat der staatlichen Behörden u. dem daneben von der Partei ausgeübten ›Maßnahmenstaat‹, der nach u. nach bis in alle gesellschaftlichen Bereiche eindrang u. das alte Staatsgefüge aushöhlte.« Ähnlich *Wolfgang Reinhard*, Geschichte der Staatsgewalt, 1999, S. 459: »Die Folge [davon, daß es im nationalsozialistischen Deutschland im Unterschied zum faschistischen Italien nicht um die Usurpation des Staates durch die Partei ging, H.D.] war, daß neue Institutionen der Bewegung, manchmal sogar mehrere, neben die alten des Staates traten, eine Polykratie mit bewußt unklar gehaltenen Zuständigkeitsabgrenzungen, was Ernst Fraenkel 1941 ›Dual State‹ genannt hat.« Und schließlich *Wehler*, Gesellschaftsgeschichte (Fn. 12), S. 558: »Im NS-Regime wird das der ›Doppelstaat‹ (Ernst Fraenkel) sein, mit seiner spannungsreichen Koexistenz von maßnahmeorientierten Parteiorganisationen und kommissarischen Sonderbehörden einerseits, von normverpflichteter, gesetzesbasierter staatlicher Verwaltungsbürokratie andererseits.« Siehe noch Fn. 30.

22 Zum folgenden eingehender und mit zahlreichen Nachweisen *Horst Dreier*, Die deutsche Staatsrechtslehre in der Zeit des Nationalsozialismus, in: VVDStRL 60 (2001), S. 9 (40 ff.)

und Reichskommissaren führte das zur vielzitierten »nationalsozialistischen Polykratie«, also zur oft und eindringlich analysierten Zerfaserung der Herrschaftsstrukturen des NS-Regimes, zu Kompetenzwirrwarr und Doppelhierarchien.

Indes: diesen Dualismus von Partei und Staat meint Fraenkel mit seinem Konzept des Doppelstaates nicht. Und weil ihm das so wichtig ist, stellt er es in seinem Vorwort zur deutschen Ausgabe deutlich heraus: »Um Mißverständnisse auszuschalten, möchte ich bereits hier ausdrücklich betonen, daß ich nicht das Nebeneinander von Staats- und Parteibürokratie im Auge habe, wenn ich vom ›Doppelstaat‹ spreche. Ich messe diesem neuen Phänomen keine überragende Bedeutung bei. [...] Wenn ich im folgenden vom ›Staat‹ rede, verwende ich den Begriff im weiteren Sinne des Wortes als Bezeichnung für den gesamten öffentlichen Apparat, der aus dem Staat im engeren Sinne und der Partei einschließlich ihrer Hilfs- und Nebenorganisationen besteht. [...] Um das Verständnis der überragend wichtigen Unterscheidung von Normen- und Maßnahmenstaat im Gesamtgefüge des nationalsozialistischen Doppelstaats zu erleichtern, glaube ich berechtigt zu sein, die weniger wichtige Unterscheidung zwischen Staat und Partei zu vernachlässigen.«[23]

Die Gründe für diese Ablehnung liegen sicher zum einen im von Fraenkel angesprochenen Selbstbild des NS-Regimes, das gerade auf die Eigenständigkeit der Bewegung größten Wert legte[24]. Sein wiederholtes Insistieren darauf,

23 *Fraenkel,* Doppelstaat, in diesem Band S. 51. Desgleichen bereits *ders.,* Das Dritte Reich als Doppelstaat (1937), in: ders., GS II (Fn. 5), S. 504 (505): »Es wäre irrig, das Phänomen des Doppelstaates, von dem im folgenden gesprochen werden soll, mit dem Problem: Staat und Partei zu identifizieren. [...] Staat und Partei sind in Deutschland so eng ineinander verfilzt, daß der Versuch, eine begriffliche Scheidung zwischen Staat und Partei vorzunehmen und aus ihr rechtserhebliche Folgerungen zu ziehen, von vornherein zum Scheitern verurteilt ist. [...] Deshalb wird im folgenden zwischen Staat und Partei kein grundsätzlicher Unterschied gemacht. Die Partei wird als Bestandteil des Staates ›im weiteren Sinne‹ angesehen; der Trennungsstrich wird in das Gefüge des Staates hineinverlegt.« Freilich irritiert, daß er in der Einleitung zur amerikanischen Ausgabe von 1940 diesem Mißverständnis durchaus Nahrung gegeben hat, wenn er dort schreibt (*Fraenkel,* Doppelstaat, in diesem Band S. 49): »Eine Analyse der Rechtsprechung wird ergeben, daß es eine ständige Spannung gibt zwischen den traditionellen Instanzen, die den Normenstaat repräsentieren und den Organen der Diktatur, den Instrumenten des Maßnahmenstaats.«

24 Vielleicht etwas waghalsig *Fraenkel,* Doppelstaat, in diesem Band S. 51 f.: »Der Umstand, daß die nationalsozialistische Rechts- und Staatslehre auf die Behandlung des Problems Staat – Partei einen solchen Wert legt, ist für mich eine Ermutigung und eine indirekte Rechtfertigung für mein Vorhaben; ist es doch ein gängiger Trick

daß sowohl Partei als auch Staat zum Maßnahmenstaat gehören[25], kann aber durchaus auch als »Kritik an jedweder beschönigenden Teilung in eine reine, unschuldig gebliebene Bürokratie auf der einen und eine Staat und Recht zerstörende Nazi-Bewegung auf der anderen Seite« zu lesen sein[26]: als Vereitelung der Möglichkeit für die staatliche Bürokratie (einschließlich der Gerichte), sich sozusagen von der Verantwortung für die Vernichtung des Rechtsstaates reinzuwaschen[27]. Wäre der Maßnahmenstaat identisch mit den neuen, regimespezifischen Phänomenen von SA, SS und Gestapo, von Gauleitern und Parteibonzen, dann stünde die alte staatliche Bürokratie unter Einschluß der Gerichte gleichsam als Relikt eines im Grunde sauberen und nicht weiter affizierten Behörden- und Gerichtsapparates da. Daß davon im Gegensatz zu einer insbesondere in der Nachkriegszeit gern gepflegten Legende keine Rede sein kann, ist heute durch eine überaus detaillierte und gründliche Forschung vielfach belegt[28].

Natürlich bedeutet dies alles nicht, daß sich nicht ein Konzept des Doppelstaates entwickeln ließe, welches sich auf die Doppelstruktur von Partei und Staat im Dritten Reich bezieht. Nur kann man sich dafür nicht auf Fraenkel

der nationalsozialistischen Rechts- und Staatslehre, die wahre Bedeutung gewisser Probleme dadurch zu verdunkeln, daß auf Nebensächliches ein lautstarker Nachdruck gelegt wird.«

25 *Fraenkel,* Doppelstaat, in diesem Band S. 59: »Machtträger politischer Gewalt können sowohl Instanzen des Staates als auch der Partei sein.« S. 89: »Entscheidungen politischer Art werden aber nicht nur von den Staatsinstanzen, sondern auch von den Parteiinstanzen gefällt.« Vgl. noch Fn. 29.

26 So treffend *Michael Wildt,* Die politische Ordnung der Volksgemeinschaft. Ernst Fraenkels »Doppelstaat« neu betrachtet, in: Mittelweg 36, Bd. 12 (2003), S. 45 (52).

27 Von der Gefahr einer »Unbedenklichkeitsbescheinigung« sprach zu Recht *Stolleis,* Rezension (Fn. 18), S. 1097. Vgl. auch *dens.,* Geschichte des öffentlichen Rechts in Deutschland, Dritter Band: Staats- und Verwaltungsrechtswissenschaft in Republik und Diktatur 1914–1945, 1999, S. 353 f.

28 Bahnbrechend für den Bereich des Zivilrechts *Bernd Rüthers,* Die unbegrenzte Auslegung, 1968 (mittlerweile 6. Aufl. 2005). Wichtig auch der frühe Aufsatz von *Everhardt Franssen,* Positivismus als juristische Strategie, JZ 1969, S. 766 ff. mit vernichtender Kritik an den Verschleierungsstrategien des ersten Präsidenten des Bundesgerichtshofs (Franssen wendet sich direkt gegen: *Hermann Weinkauff,* Die deutsche Justiz und der Nationalsozialismus. Ein Überblick, 1968). Aus den späteren Jahrzehnten beispielsweise Gotthard Jasper/Hansgeorg Loebel (Hrsg.), Justiz und Nationalsozialismus, 1985; Bernhard Diestelkamp/Wolfgang Benz (Hrsg.), Justizalltag im Dritten Reich, 1988; Ralf Dreier/Wolfgang Sellert (Hrsg.), Recht und Justiz im »Dritten Reich«, 1989; *Lothar Gruchmann,* Justiz im Dritten Reich 1933–1940, 3. Aufl. 2001.

berufen[29]. Insofern gehen die oben referierten Bezugnahmen fehl[30]. Und noch einmal eine ganz andere, hier nicht weiter zu verfolgende Frage ist, ob Fraenkel den Charakter des »Bewegungsstaates« im allgemeinen und den der NSDAP im besonderen treffend analysiert hat[31].

IV. Der Doppelstaat in der Definition Ernst Fraenkels

Das erste Zwischenergebnis lautet: Doppelstaat meint gemäß Fraenkel nicht die Verdoppelung von Strukturen und Herrschaftsinstitutionen, sondern eher eine Art von »Doppelgesichtigkeit«[32] des Systems. Diese Doppelgesichtigkeit hat er mit einer oft zitierten Definition einzufangen und zu präzisieren gesucht, die zunächst rekapituliert sei.

»Unter ›Maßnahmenstaat‹ verstehe ich das Herrschaftssystem der unbeschränkten Willkür und Gewalt, das durch keinerlei rechtliche Garantien eingeschränkt ist; unter ›Normenstaat‹ verstehe ich das Regierungssystem, das mit weitgehenden Herrschaftsbefugnissen zwecks Aufrechterhaltung der Rechtsordnung ausgestattet ist, wie sie in Gesetzen, Gerichtsentscheidungen und Verwaltungsakten der Exekutive zum Ausdruck gelangen.«[33]

29 Nochmals ganz deutlich *Fraenkel,* Doppelstaat, in diesem Band S. 51: »Sowohl Partei als auch Staat im engeren Sinne betätigen sich im Bereich des Normenstaats und des Maßnahmenstaats.« S. 101: »Normenstaat und Maßnahmenstaat sind keine komplementären Gewalten, sondern konkurrierende Herrschaftssysteme.«

30 Vgl. oben bei und in Fn. 21. Auch *Karl Dietrich Bracher,* Zusammenbruch des Versailler Systems und Zweiter Weltkrieg, in: Propyläen Weltgeschichte. Eine Universalgeschichte, herausgegeben von Golo Mann, 1960, S. 389 (398 f.) schließt Doppelstaat kurz mit dem Dualismus von Partei und Staat. Gleicher Irrtum bei *Robert O. Paxton,* Anatomie des Faschismus, 2006, S. 179: »In Hitlers Regime, schrieb Fraenkel, konkurrierte ein ›Normenstaat‹, bestehend aus den legal konstituierten Autoritäten und einer traditionellen Verwaltung, mit einem ›Maßnahmenstaat‹ (prerogative state), der durch die Parallelorganisationen der Partei gebildet wurde, um die Macht.«

31 Insofern kritisch *Stefan Breuer,* Ernst Fraenkel und die Struktur faschistischer Herrschaft. Zur Kritik der Doppelstaats-These, in: Hartmut Aden (Hrsg.), Herrschaftstheorien und Herrschaftsphänomene, 2004, S. 39 (46 ff., 48 ff.).

32 So treffend *Stolleis,* Rezension (Fn. 18), S. 1097.

33 *Fraenkel,* Doppelstaat, in diesem Band S. 49. Das klingt klar und strikt nach einer Charakterisierung des Maßnahmenstaates im Sinne seiner Extralegalität und Rechtsgrundlosigkeit. Weniger eindeutig aber heißt es ebd., S. 102: »Das Wesen des Maßnahmenstaates ist in dem Verzicht auf rechtlich gesicherte formale Bindungen zu erblicken, in denen Beschränkungen bei der Ausübung von Hoheitsrechten zum Ausdruck gelangen.« Verzicht auf formal-rechtliche Kontrollen aber kann etwas

Das klingt bei erster Lektüre außerordentlich präzise und trennscharf. Der Unterscheidungscode lautet eindeutig nicht Staat/Partei, sondern scheinbar ebenso eindeutig: rechtlich/nicht rechtlich, oder: legal/illegal[34]. Bei näherem Hinsehen zeigt sich allerdings, daß die Erscheinungsformen des Maßnahmenstaates weitaus komplexer waren bzw. Fraenkel dem Maßnahmenstaat ein breites Spektrum an staatlichen und insbesondere gerichtlichen Entscheidungen zuschlägt, die eben gerade nicht allein durch die faktische Unterminierung oder Derogation staatlich-normativer Prozesse bestimmt sind. Mit jener Differenzierung ist nicht gemeint (um ein anderes, ebenso naheliegendes Mißverständnis auszuräumen), daß im Bereich der politischen Gewalt aktive Institutionen ihrerseits auf gewissen Rechtsgrundlagen beruhten (etwa die Staatspolizei oder die Geheime Staatspolizei [Gestapo])[35]. Vielmehr liegt im folgenden das Augenmerk darauf, daß die Phänomenologie des Maßnahmenstaates bei Zugrundelegung des von Fraenkel ausgebreiteten Fallmaterials sich als durchaus heterogen erweist und sich gerade nicht im Code legal/illegal erschöpft. Vielmehr können zum Maßnahmenstaat auch Gesetze, Gerichtsurteile und Verwaltungsakte gehören, die Fraenkels ›Definition‹ zufolge eigentlich dem Normenstaat zuzuschlagen wären.

V. *Phänomenologie des Maßnahmenstaates*

Tentativ seien daher im folgenden drei verschiedene Erscheinungsformen des Maßnahmenstaates präsentiert: die Konterkarierung des Normenstaates durch offene Illegalität (dazu 1.), die (Selbst-)Restriktion durch Zurücknahme (gerichtlicher) Kontroll- und Überprüfungsmöglichkeiten (dazu 2.); schließlich die Inkorporation der Gerichte in den Maßnahmenstaat (3.).

1. *Konterkarierung des Normenstaates*

Auf der Hand liegt, daß der Code von legal/illegal (rechtlich/nicht rechtlich) oft ganz unwillkürlich im Zentrum steht, wenn die Figur des Doppelstaates in Diskussionen und Debatten eingeführt wird. Er kann als exemplarisch für den »frivolen Zynismus« gelten, von dem Fraenkel selbst spricht, weil er die

ganz anderes als gesetzlose Willkür des faktischen Handelns in seiner Überlegenheit gegenüber den Kontrollen des formalen Rechts bedeuten. Dazu sogleich mehr.

34 In diese Richtung kann man auch verstehen *Fraenkel*, Doppelstaat, in diesem Band S. 114 Fn. 3 a. E.: die »Linie, die Normen- und Maßnahmenstaat voneinander trennt, [ist] die Grenze zwischen Rechtsordnung und Rechtlosigkeit«.

35 Zu den Gesetzen über die Gestapo etwa *Fraenkel*, Doppelstaat, in diesem Band S. 61.

»Ko-Existenz von Rechtsordnung und Rechtlosigkeit« gewissermaßen auf den Punkt bringt[36]. Man erfaßt hiermit Vorgänge, in denen die eigentlich vorgesehenen (und weiter bestehenden, also nicht förmlich aufgehobenen oder eingeschränkten) Regeln (etwa für eine strafrechtliche Verurteilung, eine Enteignung oder eine Wohnungskündigung) nicht beachtet werden, ohne daß es dafür wiederum die Möglichkeit einer Ahndung geben würde. Geläufige Beispiele: der im Strafprozeß freigesprochene Angeklagte wird nach dem Gerichtstermin von SS oder Gestapo in ein KZ verfrachtet; das Eigentum jüdischer Bürger wird ohne Einhaltung des dafür vorgesehenen administrativen und gerichtlichen Verfahrens schlicht eingezogen und anderen übertragen; die Wohnung jüdischer Bürger wird von SA-Leuten gewaltsam geräumt und einfach in Beschlag genommen[37]. Maßnahme in diesem Sinn ist eine *gesetzlose resp. rechtsgrundlose* Einzelaktion, faktisch gedeckt allein durch die allgegenwärtige Überlagerung der eben nicht mehr allgemein weiterbestehenden Normen durch die neue Allgewalt des nationalsozialistischen Systems mit Hitler an der Spitze.

Bei dieser Doppelung von Gewalt und Recht siegt die Rechtlosigkeit über den Rechtsstaat, der nicht nur eigentlich anders handeln würde und müßte, sondern wirklich eine andere Entscheidung trifft oder zumindest vorsieht, aber durch das Vordringen der stärkeren rechtlosen Gewalt gleichsam ausgehebelt wird. Das einschlägige Beispiel fehlt bei Fraenkel nicht, auch wenn man konstatieren muß, daß diese sozusagen prototypische Konstellation von ihm in seinem Buch eher en passant angeführt wird[38]. Unter der recht blassen Abschnittsüberschrift »Das Politische als Objekt des Maßnahmenstaates« heißt es: »Das Nebeneinander von gesetzesgebundenen und gesetzesentbundenen Behörden wirkt sich in der Alltagspraxis wie folgt aus: Falls es aus politischen Gründen wünschenswert ist, korrigieren die Polizeibehörden die Entscheidungen der Gerichte, sperren Freigesprochene auf unbestimmte Zeit in Konzentrationslager ein (Fall Niemöller), setzen Zivilurteile außer Kraft und re-

36 Zitate: *Fraenkel,* Doppelstaat, in diesem Band S. 41, 78.

37 Illustrativ *Fraenkel,* Das Dritte Reich (Fn. 23), S. 513 f.: »Deutschland ist ein Land, in dem ohne Urteilsspruch Tausende jahrelang eingekerkert, ohne Gerichtskontrolle Vermögen beschlagnahmt, ohne Rechtsbehelfe Existenzen vernichtet werden und in dem gleichzeitig um einer Lappalie willen drei Instanzen bemüht werden können, ein Land, in dem es vorgekommen ist, daß ein Mann aus dem Konzentrationslager heraus erfolgreich seine Steuerbeschwerden bearbeiten konnte.«

38 Vgl. aber auch den in Anhang 1 (*Fraenkel,* Doppelstaat, in diesem Band S. 260–262) geschilderten Fall: Nach Obsiegen in einem arbeitsrechtlichen Prozeß erfolgt die Verfügung der Gestapo, derzufolge »die den Klägern durch Urteil des Reichsarbeitsgerichts zugesprochenen Beträge zugunsten des preußischen Staats beschlagnahmt und eingezogen seien« (S. 262).

vidieren die Entscheidungen der sozialen Ehrengerichte durch die Gerichtsbarkeit der Deutschen Arbeitsfront. Dieses Nebeneinander von rechtlich begründeten und rein willkürlichen Staatsakten, für die die Einweisung Freigesprochener in Konzentrationslager das deutlichste Beispiel darstellt, offenbart den Charakter des Dritten Reichs als Doppelstaat.«[39]
Hier erweist sich der Normenstaat sozusagen als das schwächere Glied, dessen Entscheidungen (bzw. Entscheidungsmöglichkeiten) durch den Maßnahmenstaat unterlaufen oder in ihr Gegenteil verkehrt werden[40]. Das machtlose Recht weicht der rechtlosen Macht, die faktische Maßnahme siegt über die vorgängige rechtliche Entscheidung. In einem Satz: Der Normenstaat wird durch den Maßnahmenstaat konterkariert.

2. *Restriktion des Normenstaates*

Ein anderes Erscheinungsbild mit anderem Problemzuschnitt ergibt sich, wenn man sich eine zweite Fallgruppe des Maßnahmenstaates ansieht, der Fraenkel sehr viel mehr Raum widmet und mit der er (ohne daß er das so als Fallgruppe herauspräparieren würde) das Kapitel über den Maßnahmenstaat einleitet[41]. In den hier einschlägigen und – verglichen mit der erstgenannten Kategorie – zahlreicheren Fällen geht es nicht um die Vereitelung der Wirkung von rechtlichen Entscheidungen durch die Willkür der Gewalthaber, sondern um die (Selbst-)Restriktion der Gerichte resp. der Staatsanwaltschaft in ihren Entscheidungen. Wenn etwa, um sogleich den ersten Fall zu nennen, der Generalstaatsanwalt in Berlin auf eine Anfrage des OLG Karlsruhe zum Weiterbestehen der Beschlagnahme von Gewerkschaftsvermögen antwortet, erst müsse hierzu die – gesetzlich nicht vorgesehene – Stellungnahme des

39 *Fraenkel,* Doppelstaat, in diesem Band S. 94; siehe auch die ähnlichen Ausführungen S. 97.

40 Plastisch die Ausführungen von Werner Best aus dem Jahre 1938, die *Fraenkel,* Doppelstaat, in diesem Band S. 95 zitiert: »Wenn die Verwaltungsgerichte immer wieder Juden, ehemaligen Fremdenlegionären und dergl. Wandergewerbescheine zusprechen, wird die Gestapo aufgrund des ihr erteilten Auftrages, Volk und Staat gegenüber den aus dem Hausieren solcher Personen erwachsenen Gefahren zu schützen, immer wieder den erteilten Schein den Inhabern wegnehmen. Die aus dieser Divergenz etwa entspringende Ansehensverminderung trifft daher bestimmt nicht die Gestapo, deren Maßnahme als letzte immer recht behält.«

41 Im folgenden nehme ich ausschließlich auf Fälle Bezug, die Fraenkel in seinem Buch anführt. Ich habe die Gerichtsentscheidungen durchweg nachgeprüft; alle angeführten Zitate stammen aus den Entscheidungen selbst und fallen teils kürzer, teils ausführlicher aus als bei Fraenkel selbst.

Rechtsamts der Deutschen Arbeitsfront eingeholt werden[42], dann wird nicht das Recht des Normenstaates durch Organe des Maßnahmenstaates verdrängt. Vielmehr unterwirft sich eine Institution des Normenstaates, die Generalstaatsanwaltschaft, in vorauseilendem Gehorsam den tatsächlichen oder für gegeben erachteten Machtverhältnissen.

Diese Struktur zeigt sich auch in denjenigen Fällen, die man als Rücknahme gerichtlicher Kontrolle und Akzeptanz der Dominanz politischer Entwicklungen rubrizieren kann, die aber wiederum in rechtsförmiger Gestalt ergehen. Sehr oft spielt dabei eine ausschlaggebende Rolle die Verordnung des Reichspräsidenten zum Schutz von Volk und Staat vom 28. Februar 1933 (sog. Reichstagsbrand-Verordnung), die in ihrem § 1 in beispielloser Weise Grundrechte außer Kraft setzte und deren Einschränkung durch staatliche Maßnahmen ohne weitere Limitierung »auch außerhalb der sonst hierfür bestimmten gesetzlichen Grenzen« für zulässig erklärte[43]. Diese Verordnung bildete im Grunde bis zum Ende des Dritten Reiches die formelle »Grundlage« für repressive ungesetzliche Maßnahmen aller Art, so daß man Fraenkels Charakterisierung als »Verfassungsurkunde« des Dritten Reiches[44] nur zustimmen kann. Was wurde mit ihr nicht alles bewirkt, was mit ihr durch Gerichtsentscheidungen nicht alles gerechtfertigt! Die Gerichte akzeptierten in weitem Umfang die mit der Verordnung (und der auf sie folgenden Umgestaltung der Rechtsordnung des neuen Staates) bewerkstelligte Auf- und Ablösung der Weimarer Reichsverfassung: so etwa die lautlose Beseitigung des in Art. 129 Abs. 3 Satz 3 der Weimarer Reichsverfassung vorgesehenen Rechtes des Beamten auf Einsicht in seine Personalakten, das in den Worten des Preußischen Oberverwaltungsgerichts (PrOVG) »als durch die Verhältnisse überholt anzusehen und ohne ausdrückliche gesetzliche Anordnung außer Kraft

42 OLG Karlsruhe v. 25. Juni 1936 (JW 1936, S. 3266 [3268]). Angeführt bei *Fraenkel,* Doppelstaat, in diesem Band S. 59.

43 Verordnung des Reichspräsidenten zum Schutz von Volk und Staat vom 28. Februar 1933 (RGBl. S. 83): »Auf Grund des Artikels 48 Abs. 2 der Reichsverfassung wird zur Abwehr kommunistischer staatsgefährdender Gewaltakte folgendes verordnet: § 1: Die Artikel 114, 115, 117, 118, 123, 124 und 153 der Verfassung des Deutschen Reichs werden bis auf weiteres außer Kraft gesetzt. Es sind daher Beschränkungen der persönlichen Freiheit, des Rechts der freien Meinungsäußerung, einschließlich der Pressefreiheit, des Vereins- und Versammlungsrechts, Eingriffe in das Brief-, Post-, Telegraphen- und Fernsprechgeheimnis, Anordnungen von Hausdurchsuchungen und von Beschlagnahmen sowie Beschränkungen des Eigentums auch außerhalb der sonst hierfür bestimmten gesetzlichen Grenzen zulässig.«

44 *Fraenkel,* Doppelstaat, in diesem Band S. 55, 75.

getreten« sei[45]; die schrankenlose Weite der Reichstagsbrand-Verordnung, mit der in den Worten des Kammergerichts (KG) »auch alle sonstigen für das Tätigwerden der Polizei auf den angeführten Gebieten gezogenen reichs- und landesgesetzlichen Schranken« beseitigt waren, »soweit es zur Erreichung des mit der Verordnung erstrebten Zieles zweckmäßig und erforderlich ist«, wobei die »Frage ihrer Zweckmäßigkeit und Notwendigkeit einer Nachprüfung durch das Gericht nicht unterliegt«[46].

a) Fremdrestriktion

Oft konnten sich die Gerichte hierbei auf eine neue Rechtslage »berufen«, die ihnen als eigentlich vorgesehenen Kontroll- und Entscheidungsinstanzen die Hände band, indem die Konstellationen schlicht ihrer Beurteilung entzogen wurden. Hier bewirkten neue Normen eine Einengung des Handlungsbereichs des Normenstaates (verstanden als Bereich, in dem eine unabhängige Justiz aufgrund allgemein geltender Normen Entscheidungen trifft) durch Exemtion bestimmter Maßnahmen von gerichtlicher Kontrolle. Exemplarisch läßt sich dieser sich immer weiter ausdehnende Prozeß an der Gestapo zeigen. Während die Akte der ordentlichen Polizei verwaltungsgerichtlicher Überprüfung unterlagen, wurde durch Gesetz vom 30. November 1933[47] die Geheime Staatspolizei (Gestapo) als Sonderpolizeibehörde etabliert, für die wegen des geltenden Enumerationsprinzips eine Kontrolle durch die Verwaltungsgerichte nicht möglich war[48]. Später blieb die Beschreitung des Rechtswegs gegen die auf die Reichstagsbrand-Verordnung gestützte Aufenthaltsbeschränkung dann für einen »Missionar«, vermutlich ein Mitglied der Bekennenden Kirche, durch den Landrat trotz offenkundiger Rechtswidrigkeit der

45 PrOVG v. 17. April 1935 (JW 1935, S. 2676). Es handelt sich hier allerdings nicht um eine originäre Äußerung des Gerichts; vielmehr entstammt die Wendung einem Schreiben des RMdI (Reichsminister des Innern) v. 12. April 1934, welches das Gericht mit jener Passage zunächst zitiert, um dann anzufügen: »An der Richtigkeit der [...] Rechtsauffassung kann kein Zweifel bestehen.« Angeführt bei *Fraenkel*, Doppelstaat, in diesem Band S. 69.

46 KG v. 31. Mai 1935 (Rechtsprechung. Beilage zur Deutschen Richterzeitung 1935, Sp. 636 [636 bzw. 638] = Nr. 624). Der erste Teil des Zitats (bis »wobei«) ist keine originäre Gerichtsaussage, sondern eine affirmative Wiedergabe der Preußischen Durchführungsverordnung zur Reichstagsbrand-Verordnung (Runderlaß des Preußischen Ministers des Innern vom 3. März 1933) in indirekter Rede. Die Entscheidung ist angeführt bei *Fraenkel*, Doppelstaat, in diesem Band S. 69 f.

47 Preußische Gesetzsammlung (PrGS) 1933, S. 413 f.

48 Eindeutig PrOVG v. 2. Mai 1935 (Reichsverwaltungsblatt 1935, S. 577 [577]). Bestätigend PrOVG v. 23. Mai 1935 (JW 1935, S. 2670 [2671]); beide Entscheidungen angeführt bei *Fraenkel*, Doppelstaat, in diesem Band S. 80.

Verfügung erfolglos, weil es sich dabei nach Auffassung des Preußischen Oberverwaltungsgerichts *materiell* um eine Angelegenheit der Gestapo handelte, die gemäß § 7 des am 10. Februar 1936 neugefaßten Gesetzes über die Geheime Staatspolizei[49] einer verwaltungsgerichtlichen Nachprüfung nicht mehr unterlag[50]. Fraenkel zieht die Entscheidungslinien des PrOVG bis zu dessen Grundsatzentscheidung vom November 1938 nach, in der das Gericht fixierte, welche polizeilichen Verwaltungsakte von der gerichtlichen Nachprüfung ausgenommen waren: Danach gehörten gemäß einer nicht rein »formellen« Betrachtung des § 7 des Gesetzes über die Geheime Staatspolizei v. 10. Februar 1936 zusätzlich zu den sonstigen Extensionen auch solche Akte der ordentlichen Polizeibehörden, in denen diese einer (sei es allgemeinen, sei es einzelfallbezogenen) Anordnung der Gestapo als deren Hilfsorgan nachkamen – und dies unabhängig davon, ob es sich materiell um Angelegenheiten der Gestapo handelte oder nicht[51]. Fraenkel resümiert: »Die Bedeutung dieser am 10. November 1938 ergangenen Entscheidung liegt darin, daß in ihr die Macht der Gestapo anerkannt wird, ganze Lebensbereiche der Zuständigkeit des Normenstaats zu entziehen«[52].

49 PrGS 1936, S. 21 f. (22, berichtigt 28). § 7 lautete: »Verfügungen und Angelegenheiten der Geheimen Staatspolizei unterliegen nicht der Nachprüfung durch die Verwaltungsgerichte.« Im nächsten Heft der PrGS (S. 28) wurde die Norm berichtigt: »Auf Seite 22 Zeile 7 von oben muß es statt ›Verfügungen und Angelegenheiten‹ heißen ›Verfügungen *in* Angelegenheiten‹.« (Hervorhebung im Original). Schon aufgrund des in Preußen geltenden Enumerationsprinzips waren Akte der Gestapo selbst der verwaltungsgerichtlichen Überprüfung entzogen. Die Extension bezieht sich darauf, daß nun auch die ordentlichen Polizeibehörden diesem Bereich zugeordnet werden, wenn sie »in Angelegenheiten« staatspolizeilichen Inhalts handeln. Eben dies hatte das PrOVG in zwei Urteilen aus dem Jahre 1935 noch anders betrachtet (PrOVG v. 2. Mai 1935 [Fn. 48], S. 578; PrOVG v. 23. Mai 1935 [Fn. 48], S. 2671; beide angeführt bei *Fraenkel,* Doppelstaat, in diesem Band S. 80). Die gesetzliche Neuregelung von 1936 darf wohl als Reaktion hierauf, nämlich als Restriktion des Kognitionsbereichs der Verwaltungsgerichtsbarkeit, verstanden werden.

50 PrOVG v. 19. März 1936 (JW 1936, S. 2189 f.). Der Leitsatz (S. 2189) lautet: »Materielle Verfügungen der ordentlichen Polizeibehörden staatspol. Inhalts sind auf Grund § 7 Ges. v. 10. Febr. 1936 der verwaltungsgerichtlichen Nachprüfung entzogen.« In Bezug genommen bei *Fraenkel,* Doppelstaat, in diesem Band S. 81 ff.

51 PrOVG v. 10. November 1938 (JW 1939, S. 382 [383]). Angeführt bei *Fraenkel,* Doppelstaat, in diesem Band S. 82 f. Die Verschärfung im Verhältnis zum Urteil v. 19. März 1936 (Fn. 50) liegt in der Loslösung vom materiellen Zuständigkeitsbereich der Gestapo und beruht darauf, daß in diesem Fall eine die Nachprüfung verhindernde Anweisung der Gestapo vorliegt, während jener Konstellation vom 19. März 1936 ein Handeln ohne Anordnung der Gestapo zugrunde lag.

52 *Fraenkel*, Doppelstaat, in diesem Band S. 83. Er bezieht sich damit ausdrücklich auf die nun richterlich anerkannte Möglichkeit der Gestapo, durch allgemeine Anord-

Ein besonders illustrativer Fall, der zugleich indiziert, daß Fremd- und Selbstrestriktion gewissermaßen fließend ineinander übergehen können, betrifft die Verweigerung der Ausstellung einer Geburtsurkunde für einen jüdischen Rechtsanwalt, der nach 1933 nach Frankreich ausgewandert war und sich in den Worten des Reichsgerichts dadurch »der strafrechtlichen Verfolgung durch die Flucht ins Ausland entzogen« hatte[53]. Ungeachtet einer bestehenden gesetzlichen Verpflichtung legte der Standesbeamte den Antrag der Staatspolizei vor, die die Ausstellung untersagte; daraufhin beschied der Standesbeamte den Antragsteller abschlägig. Während das angerufene Amtsgericht den Standesbeamten zur Ausfertigung verpflichtete, revidierte das Landgericht die Entscheidung und wurde vom Reichsgericht bestätigt, das sich einerseits auf das bereits erwähnte Gesetz über die Geheime Staatspolizei v. 10. Februar 1936 stützte, aber darüber hinaus ganz allgemein erklärte, es könne nicht »Aufgabe der ordentlichen Gerichte sein, zu prüfen und zu bestimmen, welche Verwaltungsmaßnahmen zur Erhaltung der Staatssicherheit erforderlich sind; das zu entscheiden muß vielmehr, wegen des staatspolitischen Charakters der hierbei zu lösenden Fragen, ausschließlich dem pflichtgemäßen Ermessen der mit dem polizeilichen Schutze der Staatssicherheit betrauten Sonderbehörden vorbehalten bleiben, die sonst zu rechter Wahrung dieser öffentlichen Belange gar nicht in der Lage wären und auch allein den nötigen Überblick hierfür haben.«[54]

b) Selbstrestriktion

Während im Fall der Geburtsurkunde wenigstens mit Blick auf das Gesetz über die Gestapo ein gewisser Anteil an Fremdrestriktion geltend gemacht werden kann, demonstrieren einige andere von Fraenkel angeführte Fälle, in welch hohem Maße es zu einer – zuweilen vorauseilenden – Unterwerfung unter die neuen Machtverhältnisse kam. So stellte das Reichsarbeitsgericht zwar (entgegen dem vorangegangenen Urteil des Landesarbeitsgerichts, dem-

nungen die hierauf beruhenden Verwaltungsakte der ordentlichen Polizeibehörden der gerichtlichen Nachprüfung zu entziehen. Zur Nachprüfung durch Zivil- und Strafgerichte ebd., S. 84 ff., 86 ff.

53 RG v. 2. November 1936 (JW 1937, S. 98 [98]), angeführt bei *Fraenkel,* Doppelstaat, in diesem Band S. 99 f. Auf S. 100 des Urteils heißt es weiter: »Daß das durch § 16 Abs. 2 PersStG begründete Recht des einzelnen entfallen muß, wenn seine Durchsetzung die allgemeinen Belange gefährden würde, und darum jene Vorschrift, obschon sie keine dahingehende ausdrückliche Ausnahme enthält, der Versagung eines solchen beglaubigten Auszuges aus dem Standesregister aus Gründen der Staatssicherheit nicht im Wege steht, bedarf keiner Ausführung.«

54 Ebd., S. 100.

zufolge die Prüfung der Zulässigkeit einer Kündigung wegen politischer Unzuverlässigkeit den ordentlichen Gerichten entzogen sei) den Grundsatz auf, daß bei der gerichtlichen Überprüfung einer fristlosen Entlassung eines Gemeindeangestellten aus politischen Gründen, für die ein Gutachten der NSDAP-Kreisleitung ausschlaggebend war, das Gericht »in eigener Verantwortlichkeit und in eigenem Urteil zu den für die Entsch. des Rechtsstreits wesentlichen Fragen Stellung zu nehmen« habe – um dann aber fallentscheidend hinzuzufügen, daß die faktische Bedeutung der Kreisleitung durchaus ausschlaggebend sein könne, weil »auch unberechtigte Vorwürfe, selbst ein unberechtigter Verdacht seitens maßgebender Stellen von so großem Gewicht sein können, daß dadurch allein ein wichtiger Grund zur Entlassung gegeben sein« könne[55].

Das OLG Düsseldorf gab einem Berufungskläger recht, der nach den Feststellungen des Landgerichts ersichtlich unwahre Behauptungen über einen Geschäftskonkurrenten (dessen Geschäft sei »jüdisch«) verbreitet und im Berufungsverfahren seine Stellung als Amtswalter der nationalsozialistischen Handwerkerorganisation (NS Hago) herausgestrichen hatte[56]. Das Gericht befand, die Verbreitung der weltanschaulichen Ziele der NSDAP sei Amtspflicht des Berufungsklägers gewesen und fuhr fort: »Eine Amtshandlung verliert diese Eigenschaft [...] auch dann nicht, wenn sie unter irriger Beurteilung des Sachverhaltes oder sogar unter Mißbrauch amtlicher Befugnisse vorgenommen wird. [...] Keinesfalls kann eine solche auf politischem Gebiet liegende Amtsübung von einer vorherigen Prüfung ihrer Rechtmäßigkeit oder gar Sachdienlichkeit durch die Gerichte abhängig gemacht werden.«

Auf dieser Linie liegt schließlich die Entscheidung des Reichsdisziplinarhofes zu der Frage, ob sich ein Beamter eines Dienstvergehens schuldig macht, wenn er sich weigert, eine freiwillige Spende für das Winterhilfswerk der NSDAP zu leisten[57]. Das Gericht charakterisierte ihn mit den Worten: »Der Angeschuldigte [...] hat seit langer Zeit der völkischen Bewegung angehört. Er ist gegenüber dem nationalsozialistischen Staate nicht feindlich eingestellt,

55 Reichsarbeitsgericht v. 14. April 1937 (JW 1937, S. 2310 [Zitate: 2311]). In Bezug genommen bei *Fraenkel*, Doppelstaat, in diesem Band S. 89.

56 OLG Düsseldorf v. 10. Juli 1935 (DJZ 1935, Sp. 1123 [Zitat: 1125 f.]). Angeführt bei *Fraenkel*, Doppelstaat, in diesem Band S. 91.

57 Reichsdisziplinarhof v. 15. Juni 1937 (Zeitschrift für Beamten- und Behördenangestelltenrecht 1937/38, S. 104 [105]). In Bezug genommen bei *Fraenkel*, Doppelstaat, in diesem Band S. 103.

aber ein Eigenbrötler von seltenem Ausmaß.«[58] Der Beamte hatte sich darauf berufen, die »Linderung der Not von Volksgenossen [...] nach eigenem Ermessen und im Rahmen seiner Kräfte« vorgenommen zu haben; die Nichtleistung einer freiwilligen Spende für das Winterhilfswerk könne keine nachteiligen Folgen für ihn haben. Der Reichsdisziplinarhof sah das anders: Der Angeklagte habe »noch heute eine Vorstellung von seiner Freiheit in der krassesten Form liberalistischer Auffassung. [...] Er hat die Beteiligung am Gemeinschaftswerk abgelehnt, weil er zeigen will, daß ihn als freien Mann niemand zwingen könne, also in verwerflicher Ausnützung der Freiheit, die ihm der Führer im Vertrauen auf die deutsche Seele gelassen hat«[59]. Das wurde mit Strafversetzung und 200 RM Geldstrafe geahndet.

Im Grunde geht es bei diesen Beispielsfällen darum, freie Hand für die Exekutive zu schaffen, was sich – nota bene – in rechtsförmlicher Gestalt (und eben anders als in der ersten Kategorie nicht durch nackte Gewalt) vollzieht. Durch das Abstreifen lästiger gesetzlicher Fesseln und die Reduktion von Kontrollmöglichkeiten durch die Gerichtsbarkeit sowie durch entsprechende interpretative Selbstrestriktionen kommt es zur Dezimierung des Kognitionsbereichs der Judikative und zu entsprechend größerem Handlungsfreiraum für die Exekutive. Die Möglichkeit der Kontrolle weicht der (normativ mehr oder minder vorgegebenen) Nicht-Kontrolle. Hier wird der Normenstaat durch den Maßnahmenstaat restringiert.

3. *Inkorporation in den Maßnahmenstaat*

Bei einer dritten, wiederum nicht absolut trennscharf abzugrenzenden Erscheinungsform des Maßnahmenstaates handelt es sich zum einen um Gerichte, die allein schon – wie das Volksgericht oder andere einschlägige Sondergerichte – durch ihre Schaffung und ihren Auftrag als Bestandteil des Maßnahmenstaates anzusehen sind[60]. Nicht minder gravierend sind aber zum anderen die in ihrer Gesamtheit kaum überschaubaren Fälle, in denen Institutionen, die eigentlich in erster Linie auf dem Gebiet des Normenstaates operieren, sich durch ihre Tätigkeit und Spruchpraxis gewissermaßen selbst in den Maßnahmenstaat inkorporieren. Fraenkel nennt das im Zusammen-

58 Reichsdisziplinarhof v. 15. Juni 1937 (Fn. 57), S. 104 (das folgende Zitat ebd.). Bei *Fraenkel*, Doppelstaat, in diesem Band S. 103 heißt es, er sei ein »Vorkämpfer des völkischen Gedankens« gewesen.

59 Reichsdisziplinarhof v. 15. Juni 1937 (Fn. 57), S. 105; der folgende Strafausspruch auf S. 106.

60 Eindeutig *Fraenkel*, Doppelstaat, in diesem Band S. 106.

hang mit der Entscheidung eines bayerischen Oberlandesgerichts plastisch Selbstdegradierung: »Das Gericht degradierte sich selber zu einem Instrument des Maßnahmenstaates, als es sich zu dem folgenden Grundsatz bekannte: ›Die schweren Fälle des Hochverrats verlangen unter allen Umständen eine entsprechende Sühne. Der Schutz des Staates und des Volkes sind wichtiger als die strikte Durchführung alter, bei ausnahmsloser Anwendung zum Widersinn führender Verfahrensgrundsätze.‹«[61]

An solchen Fällen der Inkorporation in den Maßnahmenstaat, der Komplizenschaft und Kooperation herrscht kein Mangel[62]. Dabei sind die Übergänge zur zweiten Kategorie der Selbstrestriktion durchaus fließend, wie etwa die geschilderte Entscheidung des Reichsdisziplinarhofs zeigt[63]. Doch stärker als dort zeichnen sich die hier rubrizierbaren Judikate dadurch aus, daß bei ihnen ein richterlicher Spielraum bestand, von dem man auch in anderer, freiheitsschützender Weise hätte Gebrauch machen können, wenn man sich nicht zu einer aktiven Umdeutung zuungunsten der Freiheitssphäre der betroffenen Bürger entschlossen hätte. Einen aussagekräftigen Indikator für solche Spielräume bildet der Umstand, daß häufig die unteren Instanzen zunächst anders – und nicht der Logik des Maßnahmenstaates folgend – geurteilt hatten.

Um ein erstes Beispiel zu nennen: Mitglieder eines katholischen Jugendvereins hatten Gruppenfahrten unternommen und sportliche Übungen veranstaltet und damit gegen eine auf die Reichstagsbrand-Verordnung gestützte Anordnung des Regierungspräsidenten über die Betätigung konfessioneller Organisationen vom 26. Juni 1934 verstoßen, in der »den konfessionellen Jugend- und Standesvereinigungen jeglicher Art, auch den für einen Einzelfall gebildeten, jede Betätigung außerhalb des kirchlichen, religiösen und charitativen [sic] Gebietes, insbesondere eine solche politischer, sportlicher oder volkssportlicher Art«, untersagt wurde[64]. Das Kammergericht weist den Einwand, die Reichstagsbrand-Verordnung habe sich nur gegen kommunistische

61 OLG München v. 12. August 1937 (Deutsche Justiz 1938, S. 724 [724 f.]), in Bezug genommen bei *Fraenkel,* Doppelstaat, in diesem Band S. 106 f. – In dem angesprochenen Fall war der strafrechtliche Grundsatz des Verbots der Doppelbestrafung (*ne bis in idem*) durchbrochen worden.

62 In einer Entscheidung des Bundessozialgerichts aus dem Jahre 1991 wird rückbetrachtend die Wehrmachtsjustiz unter expliziter Berufung auf Fraenkels Doppelstaat dem Maßnahmenstaat zugeordnet (BSGE 69, 211 [216 ff.]).

63 Vgl. oben bei und in Fn. 57 ff.

64 KG v. 12. Juli 1935 (Reichsverwaltungsblatt 1936, S. 61 [Zitat: 62]). Angeführt bei *Fraenkel,* Doppelstaat, in diesem Band S. 71 f., von dem der konkrete Hinweis auf den Sachverhalt (Veranstaltung von Gruppenfahrten) ebenso stammt wie der auf

staatsgefährdende Gewaltakte gerichtet, mittels einer möglichst extensiven Interpretation dieses Merkmals zurück und bringt das Kunststück fertig, Freizeitaktivitäten christlicher Gruppen als indirekte Unterstützung kommunistischer Umtriebe einzuordnen. Wörtlich heißt es: »Die nationalsozialistische Weltanschauung will die wahre Volksgemeinschaft des ganzen deutschen Volkes unter Überbrückung aller Gegensätze, wie sie sich mannigfach, so auch aus den verschiedenen Ständen und Konfessionen ergeben können. [...] Im Gegensatz zu einer solchen Auffassung und zu einem solchen Streben steht aber nach der Entwicklung der politischen Verhältnisse die konfessionelle Spaltung innerhalb des deutschen Volkes, wenn deren Anhänger die von ihnen vertretene Ansicht außerhalb der eigentlichen kirchlichen Betätigung ausdrücklich zur Schau tragen, um so ihre eigene Meinung zu äußern und damit ihre Absonderung zu zeigen. Diese Art der Betonung einer Spaltung trägt von vornherein den Keim einer Zersetzung des deutschen Volkes in sich und jede derartige Zersetzung ist geeignet, den kommunistischen Bestrebungen ihrerseits Vorschub zu leisten und ihre Ziele zu stützen. [...] Denn die so zur Schau getragene eigene Meinung kann nur zu leicht ein Ansporn für die dem Kommunismus anhängenden oder ihm nahestehenden, vielleicht gegenwärtig politisch noch schwankenden Personen sein, die alsdann darauf die Meinung gründen und weiter verbreiten, daß der nationalsozialistische Staat doch nicht das Volk hinter sich habe.«[65]

Ein weiteres Beispiel: Ebenfalls im Jahre 1935 hebt das Kammergericht ein freisprechendes Schöffengerichtsurteil auf und verurteilt einen Pfarrer der Bekennenden Kirche wegen Verstoßes gegen eine wiederum auf die Reichstagsbrand-Verordnung gestützte Anordnung, die »zur Aufrechterhaltung des inneren Friedens und der öffentlichen Sicherheit und Ordnung jede unsachliche Polemik bei der Erörterung und Wiedergabe kirchenpolitischer Fragen« verbot. Der Pfarrer hatte u.a. seinen Konfirmanden Briefe an ihre Eltern mitgegeben, in denen gegen die (systemkonformen) »Deutschen Christen« Position bezogen worden war[66].

Schließlich illustriert als drittes Beispiel eine klagabweisende Entscheidung des Württembergischen Verwaltungsgerichtshofes (WürttVGH) die schier grenzenlose Möglichkeit, sich entweder ganz allgemein auf die »neuen Ver-

den ursprünglichen Freispruch (im Urteil ist nur von der Revision der Angeklagten die Rede).

65 KG v. 12. Juli 1935 (Fn. 64), S. 62.

66 KG v. 3. Mai 1935 (Deutsche Justiz 1935, S. 1831 [1831]), in Bezug genommen bei *Fraenkel*, Doppelstaat, in diesem Band S. 72.

hältnisse« (wahlweise: den neuen Geist der Volksgemeinschaft, die Bewegung, den im Nationalsozialismus durchgeführten Führergrundsatz, die Umstellung von der alten liberalen auf die neue nationalsozialistische Rechts- und Staatsauffassung etc.) oder nur geringfügig konkreter auf die Reichstagsbrand-Verordnung zu berufen. Ein privater Kinderpflegeverein wollte im Falle der Selbstauflösung sein Vermögen der Inneren Mission zufallen lassen. Die dazu notwendige Satzungsänderung wurde vom Landrat mit der Begründung verweigert, die nationalsozialistische Volkswohlfahrt (NSV) betreue alle Volksgenossen, weswegen ihr das Vermögen zufallen solle; die Ministerialabteilung für Bezirks- und Körperschaftsverwaltung bestätigte diese Entscheidung und stützte sich dabei auf § 1 der Reichstagsbrand-Verordnung. Das Gericht folgte dem und führte aus: »Zum Schutz der öffentlichen Ordnung und Sicherheit gehört im heutigen Staat auch die Wahrung der allgemeinen Belange der völkischen Gemeinschaftsordnung.«[67]

Andere Fälle zeigen, wie weit der Vorbehalt der systemtreuen Gesinnung selbst in geringfügig erscheinenden Konstellationen reichte und wie tief der Durchgriff in den privaten Raum hineinragte. So wurde einer den »ernsten Bibelforschern« (also den Zeugen Jehovas)[68] nahestehenden Frau der Wandergewerbeschein entzogen[69], einer Bezirkshebamme mit dem gleichen »Vor-

67 WürttVGH v. 9. September 1936 (Deutsche Verwaltung 1936, S. 384 [Zitat: 385]), angeführt bei *Fraenkel*, Doppelstaat, in diesem Band S. 74 f.

68 Dieser im Dritten Reich ganz besonders drangsalierten Glaubensgemeinschaft setzt *Fraenkel*, Doppelstaat, in diesem Band S. 168 f. ein schönes kleines Denkmal, wenn er schreibt: »Die Angehörigen dieser Sekte, deren Pazifismus keinen Kompromiß zuläßt und deren Verehrung Jehovas die Verneinung jeglicher weltlicher Autorität einschließt, stellen den Prototyp einer nach absoluten Naturrechtsgrundsätzen lebenden Gemeinschaft dar. Keine der illegalen Gruppen in Deutschland lehnt den Nationalsozialismus kompromißloser ab als diese starrsinnige Sekte. Ihr rasches Anwachsen ist eine Reaktion auf die Verhöhnung aller Naturrechtsprinzipien durch das Dritte Reich. Nur aus diesem fundamentalen Gegensatz erklärt sich der abgrundtiefe Haß der Nationalsozialisten gegen die Zeugen Jehovas, die zu Märtyrern in den Religionskriegen des heutigen Deutschland geworden sind.«

69 BayVGH v. 8. Mai 1936 (Entscheidungen der Gerichte und Verwaltungsbehörden aus dem Rechtsgebiete der inneren Verwaltung, hrsg. v. Rudolf Oeschey, begründet von Anton Reger [Reger], Bd. 56 [1936], S. 533; zur religiösen Haltung und pazifistischen Denkweise der Klägerin heißt es S. 535: »Diese Denkart und ihre Verbreitung ist staatsfeindlich, der Form nach, weil sie gegen das Verbot vom 13. April 1933 verstößt, dem Inhalt nach, weil sie Staat und Kirche beschimpft, Volk und Staat entfremdet und dem Pazifismus Dienste leistet, der mit der heldischen Weltanschauung des derzeitigen Staats- und Volkslebens in unvereinbarem Gegensatz steht.«). Die Entscheidung ist angeführt bei *Fraenkel*, Doppelstaat, in diesem Band S. 109.

wurf« das Anstellungsverhältnis gekündigt[70]. Das Abhalten von Familienandachten im eigenen Haus durch Mitglieder einer verbotenen »Sekte ›Siebenten-Tags-Adventisten, Reformbewegung‹« sah das Reichsgericht – anders als das vorausgegangene freisprechende landgerichtliche Urteil – zumindest unter bestimmten Umständen nicht als straflos an: »Verboten und strafbar sind aber solche Andachten auch dann, wenn die Mitglieder einer Familie durch Abhaltung der Andachten im Familienkreise über den bloßen Zweck der Andacht hinaus zugleich den zwischen den bisherigen Mitgliedern der Sekte bestandenen Zusammenhalt im Rahmen ihrer Familie als einer Keimzelle für die künftige Wiedereröffnung der Sekte dem Verbot zuwider aufrechterhalten wollten.«[71] Das Landgericht Hamburg entzog einem Zeugen Jehovas das Sorgerecht für seine Kinder, weil das Aufwachsen im Glauben ihrer Eltern »das geistige Wohl der Kinder auf das Schwerste« gefährde[72]. Desgleichen wurde einem jüdischen Ehemann das Sorgerecht für ein »arisches« Adoptivkind entzogen mit der Begründung, es werde das »geistige Wohl eines arischen Kindes gefährdet, wenn es in einem jüdischen Haushalt aufwächst, da dort eine Erziehung im deutschen, d.h. nationalsozialistischen Sinne nicht gewährleistet wird«; in einem solchen Fall müßten formaljuristische Erwägungen zugunsten einer »Anwendung der deutschen Grundsätze« zurücktreten, zu denen der dem Parteiprogramm der NSDAP entstammende Satz »Gemeinnutz geht vor Eigennutz« zähle, welcher auch »für die deutschen Staatsangehörigen jüdischer Abstammung« gelte[73].

Zusammengefaßt: Die Gerichte wirken hier als Organ und Instanz des Maßnahmenstaates. An die Stelle des (möglichen oder faktisch verunmöglichten) Rechtsschutzes tritt die aktive Beförderung der Logik des NS-Systems. Das

70 SächsOVG v. 4. Dezember 1936 (JW 1937, S. 1368; in Bezug genommen bei *Fraenkel*, Doppelstaat, in diesem Band S. 109), u.a. mit der Begründung: »Mögen Personen wie Frau K. für sich selbst betrachtet [...] kaum staatsgefährlich werden können, so geben sie durch ihre Einstellung und ihr Bekennen dazu solchen Leuten, die dem Staate wirklich feindlich sind, einen inneren Halt und unterstützen dadurch mittelbar Bestrebungen, die darauf angelegt sind, dem Volke zu schaden.«

71 RG v. 17. Februar 1938 (JW 1938, S. 1017 [Zitat: 1018]); in der Sache hatte ein Freund der Familie regelmäßig am Mittagessen teilgenommen. Der Fall ist angeführt bei *Fraenkel*, Doppelstaat, in diesem Band S. 110.

72 LG Hamburg v. 5. Juni 1936 (Zentralblatt für Jugendrecht und Jugendwohlfahrt 1936/37, Ausgabe A, S. 281 [281]), in Bezug genommen bei *Fraenkel*, Doppelstaat, in diesem Band S. 110 f.

73 AG Berlin v. 12. August 1936 (Zentralblatt für Jugendrecht und Jugendwohlfahrt 1936/37, Ausgabe A, S. 282 [beide Zitate: 283]), angeführt bei *Fraenkel*, Doppelstaat, in diesem Band S. 139.

heißt: In der äußeren Gestalt normenstaatlicher Handlungen, also formeller Rechtsakte wie Urteile und Beschlüsse, konkretisiert und perpetuiert sich der materielle Unrechtsgehalt des Dritten Reiches. Hier wird der Normenstaat in den Maßnahmenstaat inkorporiert.

VI. Das Verhältnis zum Normenstaat

Nach der Klarstellung, daß sich der Doppelstaat nicht auf die Doppelstrukturen von Partei und Staat bezieht, sondern die Ambivalenz und Doppelgesichtigkeit des hoheitlichen Handelns der Behörden und Gerichte beiderlei Provenienz bezeichnet, sowie nach dem Überblick über die Erscheinungsformen des Maßnahmenstaates fällt die Charakterisierung seines Verhältnisses zum Normenstaat nicht schwer. Dies auch deshalb, weil Fraenkel über die Struktur dieser Relation keinen Zweifel aufkommen läßt. Der Maßnahmenstaat, so schärft er immer wieder ein, ist prinzipiell schrankenlos und ohne vorgängige Einhegung[74]; er ist es, der die immer wieder neu auszulotenden Grenzen zum Normenstaat definiert: »Die rechtliche Lage im heutigen Deutschland ist dadurch gekennzeichnet, daß es keine Materie gibt, die sich dem Zugriff der politischen Instanzen zwecks politischer Erledigung ohne jegliche Rechtsgarantien zu entziehen vermöchte.«[75] Und: »Die Grenzen des Maßnahmenstaates werden ihm nicht von außen gesetzt; sie liegen in der Selbstbeschränkung, die sich der Maßnahmenstaat auferlegt.«[76] Kennzeichen des Doppelstaates ist gerade das »Nebeneinander von Normen- und Maßnahmenstaat«, wobei Fraenkel im Normenstaat »eine unerläßliche Ergänzung des Maßnahmenstaates« sieht[77].

Das heißt konkret: Mit dem als Normenstaat umschriebenen Funktionsmechanismus ist weder ein klar umrissener und schon gar nicht dauerhaft feststehender Bereich bestimmter Rechtsmaterien respektive sozialer, ökonomischer oder politischer Handlungsfelder bezeichnet, auf denen sozusagen noch nach der alten Logik einer an rechtsstaatlichen Grundsätzen orientierten

74 *Fraenkel,* Doppelstaat, in diesem Band S. 113: »Es gibt keine Materie, die der Maßnahmenstaat nicht an sich ziehen könnte.«

75 *Fraenkel,* Doppelstaat, in diesem Band S. 98. Eine Seite weiter heißt es (S. 99): »Es gibt keine Materie des gesellschaftlichen oder wirtschaftlichen Lebens, die dem Zugriff des Maßnahmenstaates entzogen ist.« Siehe ferner S. 119: »Oben wurde der Nachweis erbracht, daß jede Angelegenheit aus dem Bereich des Normenstaates in den Bereich des Maßnahmenstaates überführt werden kann, sobald sie zur politischen Frage erklärt worden ist.«

76 *Fraenkel,* Doppelstaat, in diesem Band S. 114.

77 Beide Zitate: *Fraenkel,* Doppelstaat, in diesem Band S. 124.

Herrschaft operiert wird. Sondern solches Operieren läßt sich nur im Sinne einer Momentaufnahme für bestimmte Gebiete konstatieren, ohne daß das dauerhaft so bleiben müßte. Fraenkel benennt als solche Bereiche etwa die für das Funktionieren der Wirtschaft besonders wichtige Gewerbefreiheit sowie das Privateigentum, sodann die Grundsätze der Vertragstreue und der Lauterkeit des Wettbewerbs und schließlich immaterielles Güterrecht und Arbeitsrecht[78]. Dabei kann es nicht überraschen, daß auch hier der Boden schwankend wird, wie vor allem der Abschnitt über den »Status der Juden« deutlich macht[79]. Gleichwohl, und das macht eben die bleibende Pointe des Buches aus, begegnen uns hier Entscheidungen der Gerichte mit Argumentationen und Begründungen, die exakt jene Prinzipien (wie Rechtssicherheit, rechtsstaatliche Grundsätze, Eigentumsgarantie etc.) schützen, die im Maßnahmenstaat relativiert, marginalisiert, ignoriert oder ganz offen mit Füßen getreten wurden.

Auch für die Existenz des Normenstaates, für den »nach wie vor das Prinzip der formalen Rationalität« gilt, wo also »in der strikten Anwendung der bestehenden Gesetze [...] ein Eigenwert gesehen [wird] unabhängig von dem Ergebnis«[80], kann Fraenkel nicht nur aufschlußreiche Zitate hochrangiger NS-Juristen wie Roland Freisler oder Werner Best aufbieten[81], sondern wiederum eingängige Beispiele aus der Judikatur anführen. So hat etwa das Preußische Oberverwaltungsgericht an dem Grundsatz der Gewerbefreiheit festgehalten und es abgelehnt, von den gesetzlichen Form- und Verfahrensvorschriften für die Untersagung von Gewerbebetrieben einfach abzusehen oder sie für »überholt, veraltet und teilweise außer Kraft gesetzt« zu erachten[82]. Ähnlich beschränkte der Bayerische Verwaltungsgerichtshof die Geltungskraft der *clausula rebus sic stantibus* der Tradition gemäß auf eng umgrenzte Ausnahmefälle, zu denen er nicht den Fall einer Stadtgemeinde zählte, die

78 Das sind die sechs Unterabschnitte, die Fraenkel in Kap. III (»Der Normenstaat«) unter Abschnitt 3 (»Der Normenstaat als Hüter der Rechtsinstitutionen«) auflistet und jeweils kurz erläutert (*Fraenkel*, Doppelstaat, in diesem Band S. 120 ff.); siehe auch die knappe Rekapitulation ebd., S. 237 f.

79 *Fraenkel*, Doppelstaat, in diesem Band S. 141 ff.

80 *Fraenkel*, Das Dritte Reich (Fn. 23), S. 510.

81 *Fraenkel*, Doppelstaat, in diesem Band S. 118, 125 f.

82 PrOVG v. 8. Oktober 1936 (JW 1937, S. 1031 [1032], angeführt bei *Fraenkel*, Doppelstaat, in diesem Band S. 128 f.) mit der listigen Begründung: »Die Aufhebung und Änderung von Gesetzen ist aber nicht Aufgabe des Richters, auch dann nicht, wenn er sie persönlich als der nationalsozialistischen Weltanschauung nicht entsprechend hält. [...] Das Gesetzgebungsrecht steht allein dem Führer zu, und Eingriffe der Gerichte in dieses Recht sind ausgeschlossen.«

sich 1881 dazu verpflichtet hatte, der katholischen Kirchengemeinde einen Zuschuß zum Unterhalt eines zweiten Hilfsgeistlichen zu zahlen[83]. Dem Versuch der Gemeinde, sich davon unter Verweis auf die grundlegend geänderten Verhältnisse unter dem Nationalsozialismus zu dispensieren, hielt das Gericht den Grundsatz der Vertragstreue entgegen, der als »Grundlage des wirtschaftlichen Verkehrs und des geordneten Zusammenlebens der Volksgemeinschaft« bezeichnet wurde[84]. Das Preußische Oberverwaltungsgericht ließ es nicht durchgehen, daß ein Bürgermeister ohne ausreichende Rechtsgrundlage Gebühren für die Straßenbenutzung erhoben und sich zur Rechtfertigung auf die Dringlichkeit der Situation berufen hatte, die rasches Handeln erforderlich gemacht habe. Das Gericht[85] verwies darauf, daß die staatliche Aufgabenerfüllung auf der Grundlage alter und neuer Gesetze erfolge und hob hervor, daß »gerade im nationalsozialistischen Staate der Leiter einer Gemeinde sich von willkürlichen Maßnahmen fernhalten muß«[86]. Und das Reichsgericht wehrte Versuche ab, mit dem Hinweis auf den im Parteiprogramm der NSDAP enthaltenen, auf ältere Rechtssprichwörter zurückgehenden Satz »Gemeinnutz geht vor Eigennutz« bestehende Gesetze unangewendet zu lassen[87]. In einem Aufwertungsstreit unterstrich das Gericht die unveränderte Bedeutung der Gesetzesbindung des Richters, verwies auf den Straftatbestand der Rechtsbeugung und statuierte: »Wirtschaftliche Gesichtspunkte dürfen das Gericht nicht dazu veranlassen, eine Entscheidung zu treffen, welche den klaren, gesetzlichen Vorschriften zuwiderlaufen würde. Nach wie vor gilt der die allgemeine Rechtssicherheit verbürgende, an der Spitze des Gerichtsverfassungsgesetzes stehende Grundsatz, daß der Richter dem

83 BayVGH v. 5. Juni 1936 (Reichsverwaltungsblatt 1938, S. 17 f., in Bezug genommen bei *Fraenkel,* Doppelstaat, in diesem Band S. 129 f.).

84 BayVGH v. 5. Juni 1936 (Fn. 83), S. 17. *Fraenkel,* Doppelstaat, in diesem Band S. 130 kommentiert: »Wo die dem kapitalistischen System immanenten Prinzipien in Gefahr sind, fungieren die Gerichte als ›Hüter des Rechts‹«. Die bei Fraenkel durchgängig vertretene und noch stark durch seine Weimarer Positionen geprägte Auffassung, der Normenstaat diene der Aufrechterhaltung des kapitalistischen Systems, ist wegen ihrer schablonenhaften Einseitigkeit oft und zu Recht kritisiert worden. Das kann und muß hier nicht vertieft werden.

85 PrOVG v. 30. August 1938 (Deutsche Verwaltung 1939, S. 281, angeführt bei *Fraenkel,* Doppelstaat, in diesem Band S. 131; dort ist die Entscheidung irrig als eine solche des Reichsdisziplinarhofs ausgewiesen).

86 Ebd. *Fraenkel,* Doppelstaat, in diesem Band S. 131 fügt spöttisch hinzu: »In Fragen der Gebühren für Straßenbenutzung verbeugt sich das Dritte Reich vor der Majestät des Rechts.«

87 RG v. 10. März 1934 (RGZ 144, 106 [112 f.]), angeführt bei *Fraenkel,* Doppelstaat, in diesem Band S. 136.

Gesetz unterworfen ist.«[88] Zur Höhe der Zinsen für Aufwertungshypotheken stellte das LG Hamburg kühl fest: »Brechung der Zinsknechtschaft ist einer der Programmpunkte der NSDAP, und es ist sicher richtig, daß die Reichsregierung bestrebt ist, eine Herabsetzung des Zinsfußes zu fördern. In welchem Umfange und zu welcher Zeit Führer und Reichsregierung durch geeignete Maßnahmen dieses Ziel verwirklichen, muß aber ihnen überlassen bleiben. Die Wirtschaft unseres Volkes ist ein so komplizierter und empfindlicher Apparat, daß nicht von irgendeiner untergeordneten Stelle grundsätzlich in sie eingegriffen werden kann, sondern ein solches Eingreifen den leitenden und dafür geschaffenen Organen vorbehalten bleiben muß.«[89]

Das alles sind, wie unterstrichen sei, Entscheidungen aus den ersten Jahren des Nationalsozialismus. Sie spiegeln im begrenzten Rahmen der ja keineswegs flächendeckend, sondern eher stichprobenartig durchgeführten »empirische[n] Analyse«[90] Fraenkels die Ambivalenz und Zwieschlächtigkeit des Systems wider, wie sie in der Doppelstaats-These prägnant auf den Begriff gebracht worden ist. Ob das eine seinerzeit vielleicht schon tendenziell überholte Betrachtungsweise war und ob die weitere Entwicklung des NS-Regimes dann in den folgenden Jahren endgültig zum »Unstaat« im Sinne der Analyse Franz Neumanns geworden ist[91], soll hier ebenso undiskutiert bleiben wie eine nähere Analyse von Fraenkels längeren Ausführungen zu den Naturrechtslehren[92] oder die (wohl eher geringe) Stichhaltigkeit und innere

88 RG v. 6. Juli 1934 (RGZ 144, 306 ff. [310]), in Bezug genommen bei *Fraenkel*, Doppelstaat, in diesem Band S. 136.

89 LG Hamburg v. 4. Oktober 1935 (Rechtsprechung. Beilage zur Deutschen Richterzeitung 1935, Sp. 644 = Nr. 631). Die Entscheidung wird angeführt bei *Fraenkel*, Doppelstaat, in diesem Band S. 138, der hinzufügt, der klagende Schuldner habe hier fällige Hypothekenzinsen unter Berufung auf Art. 11 des Parteiprogramms der NSDAP verweigert (was sich aus dem Urteilsabdruck nicht ergibt).

90 *Möller*, Ernst Fraenkel (Fn. 18), S. 168.

91 *Franz Neumann*, Behemoth. Struktur und Praxis des Nationalsozialismus 1933–1944 (1944), 1977. Die Frage, ob nun eher Fraenkel oder eher Neumann »Recht« gehabt habe, scheint einigermaßen müßig, auch wenn die verbreitete Auffassung, Fraenkels Konzept habe seine Berechtigung durchaus bis 1938 gehabt, dasjenige Neumanns hingegen überlegene Deutungskraft für Entwicklungen in der Kriegszeit entfaltet, ihrerseits etwas harmonistisch wirkt. Nähere Analyse bei *Gert Schäfer*, Nachwort: Franz Neumanns Behemoth und die heutige Faschismusdiskussion, in: *Neumann*, Behemoth, ebd., S. 663 ff.; *Wolfgang Luthardt*, Unrechtsstaat oder Doppelstaat?, in: Hubert Rottleuthner (Hrsg.), Recht, Rechtsphilosophie und Nationalsozialismus (= Archiv für Rechts- und Sozialphilosophie, Beiheft Nr. 18), 1983, S. 197 ff.

92 Dazu hatte Helmut Ridder schon 1970 angemerkt, »Fraenkels eigenwillige Naturrechtskonzeption, die sich nicht zuletzt aus ersten Entdeckerfreuden an der Welt des

Haltbarkeit einer Geschichte des Doppelstaates, wie er sie im ersten Kapitel des Dritten Teils präsentiert[93]. Vorliegend ging es allein um eine Rekapitulation der Frage, was mit Doppelstaat eigentlich gemeint ist – und was nicht. Das sei jetzt abschließend resümiert.

VII. Resümee

Dem Doppelstaat Ernst Fraenkels liegt der Kerngedanke zugrunde, daß nach 1933 ein Maßnahmenstaat entstanden war, neben dem in gewissem, wenngleich tendenziell schrumpfendem Umfang ein funktionierender Normenstaat weiter existierte. Dieses Nebeneinander war es, was »den Machthabern von Staat und Partei erlaubte, willkürlich Rechte einzelner Personen oder ganzer Bevölkerungsteile aufzuheben«[94].

Doppelstaat bezeichnet daher nicht die Verdoppelung hoheitlicher Strukturen von Partei und Staat[95] und zieht keine Scheidelinie zwischen bestimmten Institutionen. Genausowenig ist mit Normenstaat die Geltung allgemeiner, namentlich in Gesetzesform gegossener Rechtsnormen, mit Maßnahmenstaat der Erlaß einzelner Rechtsakte (Verwaltungsakte, Urteile) gemeint. Vielmehr ist für Fraenkel ganz klar, daß sich der Maßnahmenstaat auch in Gesetzesform realisieren kann[96]; umgekehrt finden sich normenstaatliche Elemente in

Common Law speiste«, werde bei genauerer Analyse »nicht ohne beträchtliche Einbußen davonkommen« (*Helmut Ridder,* Der Doppelstaat – Die Ehe von Kapitalismus und NS-Diktatur, in: DIE ZEIT Nr. 24 v. 12.6.1970, S. 47).

93 Dazu kritisch *Breuer,* Fraenkel (Fn. 31), S. 39 ff. – Des weiteren verwundert zumindest in der Rückschau, daß Fraenkel dem Phänomen des in Gesetzesform gegossenen Unrechts kein Augenmerk widmete. Damit soll er nicht dafür gerügt werden, die (ihrerseits ja keineswegs unproblematische) Radbruchsche Formel von 1946 nicht schon vorweggenommen zu haben. Aber mit den Nürnberger Gesetzen von 1935 hatte er die Problematik sozusagen prototypisch vor Augen. Stattdessen stoßen wir auf die leicht irritierende Feststellung, seit der Reichstagsbrand-Verordnung vom 28. Februar 1933 fänden sich in »demjenigen Teil des staatlichen und gesellschaftlichen Lebens, den wir als den politischen Sektor bezeichnen werden, so gut wie keine Gesetze im Reichsgesetzblatt« (*Fraenkel,* Doppelstaat, in diesem Band S. 56). Dem kann nur ein extrem enges Verständnis vom ›politischen Sektor‹ zugrundeliegen.

94 *Iring Fetscher,* Ein Rest von Normen, der Großteil Willkür, in: Frankfurter Rundschau Nr. 275 v. 26.11.2001, S. 12.

95 Und auch nicht eine Machtteilung, wie man sie im Dualismus des Ständestaates erblicken konnte, den *Georg Jellinek* (Allgemeine Staatslehre, 3. Aufl. 1914, S. 320) beiläufig als »Doppelstaat« bezeichnet hatte.

96 *Fraenkel,* Doppelstaat, in diesem Band S. 155.

denjenigen Entscheidungen, die auf Verläßlichkeit, Rationalität und rechtsstaatliche Grundsätze bauen.

Die Rede vom Doppelstaat bildet also, recht verstanden, eine Art Chiffre für einen bestimmten Funktionsmodus, den Fraenkel als charakteristisch für das NS-System ansieht: das gleichzeitige Bestehen und punktuelle Durchbrechen von bestimmten Rechtsgrundsätzen, die im einen Fall beachtet, im anderen beiseite geschoben werden, ohne daß sie insgesamt förmlich aufgehoben oder sonst in exakter Weise eingeschränkt worden wären. Der Doppelstaat markiert (noch) nicht die vollständige Beseitigung des Rechtsstaates, sondern eine Form von dessen »Ersetzung«[97] dergestalt, daß es nach wie vor bestimmte Gebiete oder Residuen gibt, in denen rechtsstaatliche Grundsätze formeller wie materieller Art geachtet werden, dies aber gleichsam stets unter dem damoklesschwertartigen Vorbehalt einer andersartigen Beurteilung nach der Logik des Maßnahmenstaates steht[98].

Fraenkels »Doppelstaat« beeindruckt auch heute noch nicht allein wegen »seiner exponierten zeitgeschichtlichen Stellung«[99], sondern aufgrund der Fähigkeit, ein hochgradig disparates Material an Behörden- und Gerichtsentscheidungen auf abstrakte und dennoch unmittelbar einleuchtende Grundkategorien zu bringen. Zu Recht hat man vom »singulären Rang« des Werkes gesprochen[100]. Und schließlich und vielleicht vor allem hat Fraenkel einen wunderbaren Titel gefunden, ohne Zweifel »das Gelungenste an diesem auch sonst treffenden analytischen Bericht über Justiz und Herrschaftssystem in Nazi-Deutschland«.[101]

97 *Fraenkel,* Doppelstaat, in diesem Band S. 205.

98 *Fraenkel,* Das Dritte Reich (Fn. 23), S. 509: »Deutschland lebt heute nach doppeltem Recht. Für das deutsche Reich als politisches Gebilde gilt ein gesondertes Recht; als technischer Apparat funktioniert es im Einklang mit allgemein gültigen Gesetzen. Der politische Staat und der technische Staatsapparat leben nicht nur nach zweierlei Recht, sondern auch nach verschiedenen Rechtsprinzipien. Während der technische Staatsapparat ein ausgearbeitetes System von Gesetzen besitzt, lebt der politische Staat von einigen wenigen ganz allgemein gefaßten Rechtssätzen, die fast unbegrenzten Raum für das freie Ermessen politischer Instanzen lassen.«

99 *Alfons Söllner,* Ernst Fraenkel und die Verwestlichung der politischen Kultur in der Bundesrepublik Deutschland, Leviathan 30 (2002), S. 132 (138).

100 *Möller,* Ernst Fraenkel (Fn. 18), S. 167.

101 *Ridder,* Doppelstaat (Fn. 92), S. 47.

Personenregister

Sachregister

ERNST FRAENKEL (1898-1975)

Anwalt in Berlin von 1927 bis zu seiner Flucht am 20. September 1938. Nach verschiedenen Tätigkeiten in den USA und bei der amerikanischen Militärregierung in Korea kehrte Fraenkel nach Deutschland zurück und lehrte seit 1951 Politikwissenschaft am späteren Otto-Suhr-Institut der Freien Universität Berlin.

ALEXANDER VON BRÜNNECK (Jg. 1941)

Professor em. für Öffentliches Recht, insbesondere Staatsrecht und Verfassungsgeschichte an der Europa-Universität Viadrina in Frankfurt (Oder). Brünneck unterstützte Ernst Fraenkel bei der Erstellung der ersten deutschen Ausgabe des Doppelstaates.

HORST DREIER (Jg. 1954)

Professor em. für Rechtsphilosophie, Staats- und Verwaltungsrecht an der Universität Würzburg.

Otto Kirchheimer
Politische Justiz
Verwendung juristischer Verfahrensmöglichkeiten zu politischen Zwecken
Durchgesehene, verbesserte und kommentierte Neuausgabe
Herausgegeben von
L. Klingsporn, M. Peetz und C. Wilke
768 Seiten, Klappenbroschur
ISBN 978-3-86393-094-3

»Politische Justiz« gilt als das Hauptwerk von Otto Kirchheimer. In der Übersetzung von Arkadij R. L. Gurland liegt das Standardwerk zur historischen und vergleichenden Analyse der politischen Justiz und dem Wandel der Rechtsstaatlichkeit jetzt wieder vor. Die korrigierte Neuausgabe schließt mit einer ausführlichen Darstellung der Editionsgeschichte von »Politische Justiz« sowie der werkbiografischen Hintergründe ab.

Arthur Rosenberg
Entstehung und Geschichte der Weimarer Republik
Neuausgabe in einem Band
Herausgegeben und mit einem Vorwort von Mario Keßler
544 Seiten, Broschur
ISBN978-3-86393-101-8
Auch als E-Book erhältlich,
ISBN 978-3-86393-567-2

Rosenbergs materialreiche Analyse der Ursachen des Scheiterns der Weimarer Republik stellt einen Meilenstein in der Geschichtsschreibung des 20. Jahrhunderts dar.

»**Wer sich für jüngere deutsche Geschichte oder für die vielen heute bestehenden Formen massengestützter, mal halbdemokratisch, mal populistisch-diktatorisch erscheinender Herrschaftsformen interessiert, wird den ›Behemoth‹ mit Gewinn lesen. Franz Neumann spricht auch über unsere Gegenwart.**«

Götz Aly in der Süddeutschen Zeitung

Franz Neumann
Behemoth
Struktur und Praxis des
Nationalsozialismus 1933 – 1944
Neu herausgeben von
Alfons Söllner und Michael Wildt

757 Seiten, Klappenbroschur
ISBN 978-3-86393-048-6
Auch als e-book erhältlich

Franz Neumanns »Behemoth« gilt heute als ein »moderner Klassiker« der Sozialwissenschaft. Das Buch, 1942 in der Entscheidungsphase des Zweiten Weltkrieges publiziert, bot die erste Gesamtdarstellung Hitler-Deutschlands aus der Feder eines Emigranten. Die empirische Analyse der vier Säulen der NS-Gesellschaft und die kühne These von der chaotischen Struktur des nationalsozialistischen »Unstaates«, auf die der Name aus der jüdischen Mythologie verweist, sind eine Herausforderung für die historische NS-Forschung geblieben.

Das Vorwort von Alfons Söllner zu dieser Neuedition skizziert die Biografie von Franz Neumann als »political scholar«. Das Nachwort von Michael Wildt stellt den »Behemoth« in den Kontext der internationalen NS-Forschung und fragt insbesondere danach, warum seine Rezeption in der historischen Holocaust-Forschung keine Entsprechung im Nachkriegs-Deutschland fand.

Alfons Söllner ist Professor für Politische Theorie und Ideengeschichte und lehrte bis 2012 an der Technischen Universität Chemnitz.

Michael Wildt ist Professor für Deutsche Geschichte im 20. Jahrhundert mit Schwerpunkt im Nationalsozialismus und lehrt an der Humboldt-Universität zu Berlin.

»Werner Renz zeichnet den großen Frankfurter Auschwitz-Prozess und seine fünf kleinen Folgeverfahren nach und sucht nach einer Antwort auf die Frage, weshalb der Verfolgungseifer der Justiz so bald erlahmte, bis Jahrzehnte später ein paar wenige, noch lebende alte Männer vor Gericht gezogen wurden.«

FAZ

Werner Renz
Auschwitz vor Gericht
Fritz Bauers Vermächtnis
und seine Missachtung

291 Seiten, Broschur
ISBN 978-3-86393-089-9
Auch als e-book erhältlich

Werner Renz, bis 2016 wissenschaftlicher Mitarbeiter und Leiter des Archivs des Fritz Bauer Instituts, arbeitet in diesem Band die NS-Prozesse vom Ersten Auschwitz-Prozess unter Generalstaatsanwalt Fritz Bauer in Frankfurt am Main auf, ebenso die Frankfurter Nachfolgeprozesse (1965 – 1981) bis hin zu den jüngsten Verfahren gegen Demjanjuk, Hanning und Gröning. Er analysiert die jeweilige Rechtsauffassung und die Rechtspraxis dieser Prozesse und deren Resonanz in der Öffentlichkeit.

Eine uneinheitliche Rechtsprechung in den vergangenen Jahrzehnten hatte eine inkonsequente Justizpraxis zur Folge. Freisprüche und Verfahrenseinstellungen liefen für manche Kritiker auf Strafvereitelung hinaus. Zahllose Holocaust-Täter blieben unbehelligt. Das Buch gibt einen Überblick über die Geschichte der Frankfurter Auschwitz-Prozesse.

Werner Renz, Autor von *Fritz Bauer und das Versagen der Justiz. Nazi-Prozesse und ihre »Tragödie«* (Europäische Verlagsanstalt, 2015), Herausgeber von *Interessen um Eichmann* (Campus-Verlag, 2012) und Mitherausgeber von *Der Frankfurter Auschwitz-Prozess (1963 – 1965) – Kommentierte Quellenedition* (Campus- Verlag, 2013) und *Henry Ormond – Anwalt der Opfer* (Campus Verlag, 2015).

Der Vortrag von Fritz Bauer und die in Auszügen hinzugefügte Debatte von 1962 dokumentieren ein Stück Zeitgeschichte und schlagen einen Bogen zu den heutigen Auseinandersetzungen.

Fritz Bauer
Die Wurzeln faschistischen und nationalsozialistischen Handelns
Mit einer Einleitung von
David Johst

122 Seiten, Broschur
ISBN 978-3-86393-085-1
Auch als e-book erhältlich

»Die Wurzeln faschistischen und nationalsozialistischen Handelns« ist der Titel eines Vortrags, den Fritz Bauer 1960 mit außergewöhnlich großer Resonanz vor Vertretern von Jugendverbänden hielt. Der rheinland-pfälzische Landesjugendring hatte die Absicht, diesen Text wegen seiner aufklärerischen Wirkung gymnasialen Oberstufen und Berufsschulen als Broschüre zur Verfügung zu stellen, was jedoch vom Kultusministerium von Rheinland-Pfalz abgelehnt wurde. Nach einer »Großen Anfrage« der SPD wurde diese Entscheidung, die von Presse und Öffentlichkeit heftig diskutiert wurde, Gegenstand einer Landtagsdebatte.

Fritz Bauer (1903 – 1968) war in seiner Zeit als hessischer Generalstaatsanwalt Initiator des Frankfurter Auschwitz-Prozesses (1963 – 1965). Der Ausschwitz-Prozess, die Umstände seines Zustandekommens und die besondere Rolle Fritz Bauers wurden in den vergangenen Jahren Gegenstand eines Dokumentarfilms und von drei Spielfilmen, die international große Beachtung fanden und viele Preise bekamen.

Das ganze Verlagsprogramm finden Sie im Internet unter
www.europaeischeverlagsanstalt.de